Antifa heißt Angriff

Horst Schöppner

Antifa heißt Angriff!

Militanter Antifaschismus in den 1980er-Jahren

rat UNRAST

reihe antifaschistischer texte · UNRAST-Verlag · Hamburg/Münster 2015

In Erinnerung an die Antifaschistin Andrea Wolf,
gefallen 1998 in den Bergen Kurdistans.

Zum Autor

Horst Schöppner ist ein Pseudonym. Auch die Namen der meisten Interviewten sind fiktiv. Doch sie waren alle mit Herz und Seele Teil der antifaschistischen Struktur, die den Nazis in den 1980er-Jahren so effektiv wie möglich in den Arm fiel. Horst Schöppner schrieb unter verschiedenen Pseudonymen für die antifaschistische Zeitschrift *Der Rechte Rand*, die *Junge Welt* und die *Frankfurter Rundschau*. Er recherchierte jahrelang »undercover« in der Neonazi-Szene und veröffentlichte zum Thema Sachbücher und Romane

Impressum

Horst Schöppner | Antifa heißt Angriff | Hamburg/Münster: Unrast 2015 |
reihe antifaschistischer texte | www.unrast-verlag.de | Mitglied in der assoziation
Linker Verlage (aLiVe) | ISBN 978-3-89771-823-4

Inhalt

Raimund Hethey

Vorwort

Es ist kein leichtes Unterfangen, eine Geschichte über Antifaschistinnen und Antifaschisten in der Bundesrepublik zu schreiben, weil viele antifaschistisch aktive Menschen sich nicht gerne einer breiten Öffentlichkeit präsentieren, um sich selbst vor Angriffen vonseiten der Neonazis und vor staatlichen Repressionen zu schützen. Problematisch ist auch die Einordnung eines Menschen in die Schublade »Antifaschist«. Glaubt man einem beamteten Staatsschützer ist jeder echte Demokrat ein Antifaschist, aber nicht jeder Antifaschist ein richtiger Demokrat. Das Dichterwort, wer nichts anderes sei als ein Antifaschist, sei kein Antifaschist, beansprucht ebenso Wahrheit. Darüber hinaus muss zur Kenntnis genommen werden, dass die Facetten des antifaschistischen Widerstands immer vielfältig waren und sind. Niemand kann heute ein Alleinvertretungsrecht für den Kampf gegen Faschisten für sich in Anspruch nehmen. Eine Fülle von Literatur beschäftigt sich mit der Genese und Geschichte des Antifaschismus, dessen Konturen trotzdem nicht schärfer geworden sind. Die Reden von Krisen und Untergängen des Antifaschismus sind Legion, aber der Antifaschismus ist nicht unter zu kriegen wie anhand seiner über neunzig jährigen Geschichte zu erkennen ist. Aktuell gibt es nach Entdeckung der Morde an neun Männern mit Migrationshintergrund und an einer Polizistin durch Neonazis, die sich selber als Nationalsozialistischer Untergrund (NSU) begriffen, heftige Schmähungen gegen AntifaschistInnen, weil sie den Nazi-Terror nicht verhindert haben und aufgrund ihrer Unfähigkeit zu trauern, keinen massenhaften Protest auf die Straße getragen haben. Es gab auch den einen und anderen verdeckten Ruf nach militanten AntifaschistInnen, die sich solchen Nazi-Mördern entgegenstellen, weil der Staat wie gewohnt sein Gewaltmonopol gegen Nazis nicht nur nicht durchsetzte, sondern diese auch noch begünstigte.

Problematisch sind immer wieder Begrifflichkeiten und ihre unterschiedlichen Deutungen. Dazu gehört nicht nur die Frage, wer denn nun ein richtiger Antifaschist sei, sondern auch die Klärung, was einen Faschisten überhaupt ausmacht oder sollte besser von Nationalsozialisten, Neonazis, Rechtsextremen, Rechtsradikalen oder gar von extremen Rechten gesprochen werden. Jeder dieser Begriffe hat seine eigene Bedeutung, bestimmte Aussagekraft und wird mit gewisser durchaus politischer Absicht geäußert. In der Bundesrepublik wird gerne von Extremen geschrieben und gesprochen. Vielleicht eine typisch deutsche Ideologie: Erinnert sei in diesem Zusammenhang an einen philosophisch ausgerichteten Disput, den Karl Marx gegen den damals bereits verblichenen Hegel initiierte. Marx untersuchte das Verhältnis zwischen Extremen und der Mitte und positionierte sich gegen Hegels Vorstellungen vom idealen Staat. Eine seiner Prämissen: Die Mitte okkupieren immer die Herrschenden, diejenigen, die Macht ausüben wollen. In seinem erläuternden Beispiel ist es zunächst der Fürst, der »in der gesetzgebenden Gewalt die Mitte zwischen der Regierungsgewalt und dem ständischen Element bilden [musste], allein die Regierungsgewalt ist ja die Mitte zwischen ihm und der ständischen und die ständische zwischen ihm und der bürgerlichen Gesellschaft«. Marx schlussfolgert: »Hier tritt das ganze Ungereimte dieser Extreme, die abwechselnd bald die Rolle des Extrems, bald die Mitte spielen, hervor. Es sind Januskööpfe, die sich bald von vorn, bald von hinten zeigen und vorn einen anderen Charakter haben als hinten.« Das Gerangel um Extrem oder Mitte sorgt für ziemliche Verwirrung: »Das, was zuerst als Mitte zwischen zwei Extremen bestimmt«, schreibt Marx weiter, »tritt nun selbst als Extrem auf, und das eine der zwei Extreme, das durch es mit dem anderen vermittelt war, tritt nun wieder als Mitte (weil in seiner Unterscheidung von dem anderen Extrem) zwischen sein Extrem und seine Mitte. Es ist eine wechselseitige Bekomplimentierung. [...] Es ist wie der Löwe im Sommernachtstraum [Shakespeare], der ausruft: ›Ich bin Löwe, und ich bin nicht Löwe, sondern Schnock.‹ So ist hier jedes Extrem bald der Löwe des Gegensatzes, bald der Schnock der Vermittelung.« Soweit der an Marx erinnernde Exkurs. Vokabeln wie »Extremismus der Mitte« oder die »NPD sei in Sachsen in der Mitte angekommen« erinnern fatal an das von Marx erörterte Mitte/Extrem Dilemma, das sich seit dem 19. Jahrhundert als akademische Fantasterei entlarvt hat. Solches Wissen scheint Wissenschaftler(innen) fremd, die sich dem Verfassungsschutz verpflichtet fühlen und an Trögen zumeist konservativer, reaktionärer Kreise hängen. Seit Mitte der 1970er-Jahre hat der Verfassungsschutz (VS) über die regelmäßige Publikation seiner Jahresberichte die Begriffe Rechts- und Linksradikalismus durch Rechts- und Linksextremismus ausgetauscht und im öffentlichen Diskurs behauptet. Eine überschaubare Riege von deutschen Professoren hat dazu ergänzend einen »Extremismusansatz« entwickelt, um der Arbeit des Inlandsgeheimdienstes einen wissenschaftlichen Anstrich zu geben. Die Wirkungsmächtigkeit des VS in den Bereich der bürgerlichen Wissenschaft hinein zeigt die dort vorherrschenden Abhängigkeiten, die dem grundgesetzlichen Anspruch von Freiheit von Wissenschaft und Kunst (Art. 5) widersprechen. Von der VS-Spitze ausgehend werden heute verschiedene Hochschulen wie bspw. die TU Chemnitz, TU Dresden, Universität Rostock usw. bedient, die ihrerseits Institute und Zirkel mit Ideologie versorgen, die von staatlich finanzierten Publikationen z.B. der Bundeszentrale für politische Bildung teilweise kostenlos multipliziert werden. Neben dem Totalitarismus-/Extremismusansatz kommt der so genannten Einzeltätertheorie eine herausragende Rolle zu, deren Sinn überwiegend darin besteht, die Existenz größerer Netzwerke von Nazis wider besseres Wissen zu leugnen. Es ist wie im Märchen von des Kaisers neuen Kleidern: man darf nicht erkennen, was deutlich zu sehen ist.

Extremismusansatz, Einzeltätertheorie ziehen sich wie rote Fäden im Umgang mit Kontinuitäten des Faschismus/Nationalsozialismus über die militärische Niederlage 1945 hinaus. Die Organisationsgeschichte nach 1945 zeigt immer wiederkehrend das Bemühen von Neonazis, das von den Alliierten erhobene Verbot von NSDAP Nachfolgestrukturen zu unterlaufen, oftmals mit der Unterstützung durch professionelle Staatsschützer gegen geltendes Recht.

Das vorliegende Buch rückt den militanten Antifaschismus der 80er-Jahre in den Fokus. Die Ausgangslage für AntifaschistInnen stellte sich 1980 im Bezug auf Nazi-Aktivitäten ungefähr so dar: Die 1964 gegründete NPD verlor weiter Mitglieder und hatte ca. 7.200, die 1971 von Dr. Frey ins Leben gerufene DVU kam auf ca. 10.000 zahlende Mitglieder. Die Anzahl rechtsradikaler Verlage und Vertriebsdienste war stark angestiegen. Es gab etliche Anschläge auf jüdische Friedhöfe so in Jugenheim, Worms, Köln und eine Schändung der alten Synagoge in Frankfurt/Main. Im Frühjahr 1980 gründeten NPD-Mitglieder mit Gleichgesinnten in Nordrhein-Westfalen die Bürgerinitiative Ausländerstopp. Am 30. Januar wurde die Wehrsportgruppe Hoffmann (WSG) mit ca. 400 Mitgliedern verboten. Anfang Februar 1980 kam es zur Gründung der National-Sozialistischen Demokratischen Arbeiterpartei (NSDAP) in Frankfurt am Main. Die Deutsche Aktionsgruppen (DA) bekennen sich zu dem Sprengstoffanschlag auf das Landratsamt Esslingen, in dem eine Auschwitz-Ausstellung gezeigt wurde. Am 2. August verüben Neofaschisten einen Sprengstoffanschlag im Bahnhof von Bologna, dabei kommen 85 Menschen ums Leben. Am 22. August 1980 werden bei einem Bombenanschlag der Deutsche[n] Aktionsgruppen (DA) auf ein Ausländerwohnheim in Hamburg zwei Vietnamesen getötet. Am 26. September sterben nach einem Bombenanschlag auf das Münchner Oktoberfest 13 Menschen (einschließlich des mutmaßlichen Attentäters, des Neonazis Gundolf Köhler). 211 Menschen werden z.T. schwer verletzt. Am 19. Dezember werden Shlomo Lewin und Frida Poeschke aus Erlangen ermordet. Der jüdische Verleger und seine Lebensgefährtin wurden in ihrem Wohnhaus erschossen, vermutlich durch ein Mitglied der Wehrsportgruppe Hoffmann. Der mutmaßliche Täter Uwe Behrendt, der nicht gefasst wurde, soll 1987 Selbstmord begangen haben. Im ganzen Jahr 1980 kam es zu amtlich registrierten 1.643 neonazistischen und antisemitischen Übergriffen. Im darauf folgenden Jahr sinkt die Mitgliederzahl der NPD auf 6.500. Es kommt zu Schändungen jüdischer Friedhöfe z.B. in Salzgitter, Hachen- burg/Rheinland-Pfalz und Frankfurt/Main. Im Juni unterzeichnen elf Professoren das *Heidelberger Manifest*, das vom Thule-Seminar verfasst wurde und sich gegen den Zuzug von so genannten Ausländern richtet. Am 26. Oktober kommt es zu umfangreichen Waffenfunden in Hanstedt bei Uelzen, 33 von Neonazis angelegte Erddepots werden entdeckt; der festgenommene, mutmaßliche Täter Heinz Lembke begeht angeblich am 1. November in der Untersuchungshaft Selbstmord. Im gleichen Jahr entlässt der Bayerische Rundfunk Franz Schönhuber nach Erscheinen seines Buches *Ich war dabei*, in dem er die Waffen-SS rechtfertigt. Im gesamten Jahr 1981 kam es zu amtlich registrierten 1.824 Gesetzesverletzungen, davon 1.202 mit neonazistischem, 297 mit ausländerfeindlichem und 323 mit antisemitischem Charakter.

Im Jahr 1980 gab es die schlimmsten Anschläge von Faschisten im Nachkriegs-Europa. Bereits sechs Jahre vorher war während einer antifaschistischen Kundgebung auf der Piazza della Loggin in Brescia eine Sprengladung explodiert. Sechs Menschen starben auf der Stelle, etwa 90 wurden verletzt.

Anfang der 80er-Jahre sorgt jedoch nicht nur der Neonazismus für mediale Aufmerksamkeit, sondern auch die Ergebnisse von Untersuchungen zu Einstellungen der Wahlbevölkerung. Eine von Bundeskanzler Helmut Schmidt (SPD) 1980 in Auftrag gegebene, vom Sozialwissenschaftlichen Institut Nowak und Sörgel erstellte Umfrage über »rechtsextremistisches« Gedankengut in Deutschland, die so genannte *Sinus-Studie*, kommt 1981 zu dem Ergebnis, dass rund 13 Prozent der Wahlbevölkerung über ein rechtsradikales Einstellungspotenzial verfügt. Sechs Prozent billigten der Studie zu Folge »rechtsextremistische« Gewalttaten.

Für manche stellt sich angesichts einer solchen Ausgangslage die Frage, ob es denn einen Widerstand gegen neonazistische Bestrebungen in der bundesrepublikanischen Gesellschaft gibt und wie sich dieser Widerstand äußert. Wer sich bei der Suche nach einer Antwort für die militanten AntifaschistInnen der achtziger Jahre des 20. Jahrhunderts interessiert, konnte bis zur Veröffentlichung des vorliegenden Bandes nur auf Quellen zurückgreifen, die verstreut in der Bundesrepublik in exklusiven, z.T. privaten Archiven zu finden sind. Authentische Zeitzeugen gibt es kaum; denn aktive AntifaschistInnen schreiben offenbar keine Memoiren oder Tagebücher. Das vorliegende Werk öffnet den Blick auf eine überschaubare Gruppe von fünf Männern und einer Frau, die stellvertretend für viele AntifaschistInnen überwiegend anonym Auskunft geben über ihr politisches Engagement in einer Zeit, geprägt durch Auseinandersetzungen um Atomanlagen, die Startbahn West in Frankfurt/Main und den NATO-Doppelbeschluss, die einen konsequenten Antifaschismus so bitter nötig hatte. Sie gehören zu den »Militanten AntifaschistInnen«, die in den 80er-Jahren auch unter Gewaltanwendung gezielt gegen Alt- und Neonazis vorgehen.

Ihre theoretischen Grundlagen erarbeiten sie sich aus linken »Klassikern« wie Dimitroff, Poulantzas, Thalheimer, Kühnl u.a., deren Entwürfen und Ideen sie durch eigene Überlegungen ergänzen und verändern. Für die militanten AntifaschistInnen ist »Faschismus [...] integraler Bestandteil jeder parlamentarischen Demokratie der imperialistischen Metropolen. Das imperialistische System ist faschistisch. Die jeweilige Form bürgerlicher Herrschaft ist kalkulierte Widerstandsbekämpfung«. Sie verfechten auch die Kontinuitätsthese, wonach es neben einer personellen Kontinuität und der weitergeführten kapitalistischen Produktionsweise einen historischen roten Faden vom Nationalsozialismus zur BRD gibt. Die militanten AntifaschistInnen bilden sich aus einem antifaschistischen Informationspool, der Anfang der 80er-Jahre von Mitgliedern des Kommunistischen Bundes (KB) und sich politisch als autonom verstehenden JournalistInnen von alternativen Stadtzeitungen gegründet wurde. Nach einer militanten Auseinandersetzung anlässlich eines Bundesparteitages der NPD in Fallingbostel entwickelt sich der Infopool zu einem Netzwerk aktiver AntifaschistInnen, dessen Maximen schließlich »Antifa heißt Angriff« und »Schlagt die Faschisten, wo ihr sie trefft!« lauten. Angegriffen werden sollen nicht nur aktive Alt- und Neonazis, sondern auch die bürgerliche kapitalistische, patriarchal strukturierte Gesellschaft und deren ökonomischer Überbau. Der Ausspruch von einem Gründer der Kritischen Theorie, Max Horkheimer, gab die Richtung für den antifaschistischen Kampf an. In seinem Aufsatz *Die Juden und Europa 1939* formulierte er: »Wer aber vom Kapitalismus nicht reden will, sollte auch vom Faschismus schweigen«. Von Ende 1983 bis 1985 wird von den Gruppen des Norddeutschen Antifa-Treffens eine Reihe von Aktivitäten entfaltet. Neonazi-Treffen werden ausnahmslos mit antifaschistischen Gegenaktionen angegangen. Naturgemäß kommt es zu direkten Auseinandersetzungen mit Nazis und der Polizei. Antifa-Kommandos verursachen gezielt und überlegt Sachbeschädigungen. Zum hier im Buch dokumentierten Repertoire antifaschistischer Aktionen gehören z.B.: Demonstrationen gegen Treffen und Ehrungen von SS-Mitgliedern; Zerstörung von Nazi-Denkmälern wie Schlageter-Steine, Beschädigung von Kriegerdenkmalen, Verhinderung von FAP-Parteitreffen, Organisation von Schutz für die Chaos-Tage in Hannover, Störung von Veranstaltung der »Neuen Rechten«, Zerstörung von Oberleitungen der Deutschen

Bahn, um gegen die Bereitstellung von Sonderzügen zum Schlesiertreffen der revanchistischen Vertriebenenverbände in Hannover zu protestieren, ein Brandanschlag auf das über 20 m hohe »Kreuz des Ostens«, das der Bund der Vertriebenen 1950 errichtete und immer wieder öffentliche Hinweise auf das Nazi-Treiben durch Flugschriften und Informationsbroschüren. Durch solche zum Teil illegale Aktivitäten werden auch die Behörden wie der VS auf die neue antifaschistische Struktur aufmerksam, ohne sie sogleich richtig zu verorten.

Die Schlagkraft und Effizienz der neuen antifaschistischen Struktur und deren relativ hohe Mobilisierungsfähigkeit zeigt sich z.B. als am 28. September 1985 der Antifaschist Günter Saré anlässlich einer Demonstration gegen eine NPD-Kundgebung gezielt von einem Wasserwerfer überrollt und getötet wird. In über sechzig Städten der Bundesrepublik kommt es daraufhin zu militanten Demonstrationen oder Anschlägen.

Innerhalb der eigenen Gruppen müssen sich die militanten AntifaschistInnen mit den emanzipatorischen Kämpfen der Frauen gegen patriarchale Strukturen auseinandersetzen. Manche Männer glauben, dass militante Aktionen in erster Linie Angelegenheiten von Männern seien und wundern sich darüber, wenn ihnen von Frauen zu Recht ein Macker- Vorwurf gemacht wird. Innerhalb der militanten AntifaschistInnen kommt es zu heftigen Auseinandersetzungen in deren Folge auch einige Männer ausgeschlossen werden müssen. Ende der 80er Jahre zerbröckelt die Struktur aufgrund individueller, persönlicher Probleme und im Zuge eines Ermittlungsverfahrens nach §129a, während dem es zu vorübergehenden Ingewahrsamnahmen kommt, aber zu keinen Verurteilungen.

Trotz des militanten Widerstands und der offensiven Angriffe vonseiten der Antifa befinden sich die Neonazis im Aufwind. Ausgerechnet in dem Zeitraum der Auflösung der im vorliegenden Werk dargestellten militanten Antifa-Struktur, können die Republikaner ihre größten Wahlerfolge erzielen. Ostberliner Nazi-Skinheads gründen die Nationale Alternative (NA). Die *Deutsche National-Zeitung*, der *Deutsche Anzeiger* und die *Deutsche Wochen-Zeitung* des Gerhard Frey erreichen eine gemeinsame Auflagenhöhe von 110.000 Exemplaren. Am 2. Januar 1989 wird erstmalig ein Werbespot der Republikaner im Fernsehen ausgestrahlt, der spielende türkische Kinder zeigt, während im Hintergrund die Filmmusik aus *Spiel mir das Lied vom Tod* erklingt. Bei der Wahl zum Berliner Abgeordnetenhaus am 29. Januar 1989 erhalten Republikaner 7,7 Prozent der Stimmen, bei der Europawahl am 18. Juni gewinnen sie bundesweit 7,1 Prozent der Stimmen, sechs Abgeordnete, darunter Franz Schönhuber und Harald Neubauer, ziehen in das EU-Parlament ein. 1989 gibt es 71 rechtsradikale Organisationen mit ca. 60.000 Mitgliedern, davon ca. 25.000 in DVU und ebenso viele bei den Republikanern.

Nach den Wahlen zum Berliner Abgeordnetenhaus und den Erfolgen der Republikaner begann die SPD, die von Neonazis ausgehenden Probleme zunächst einmal sprachlich zu bewältigen. In Bonn trafen sich deshalb Parteifunktionäre, um über den Umgang mit Neonazis zu beraten. Die Leitung oblag Herta Däubler-Gmelin. Mit Aktenvermerk vom 2. März 1989 unter dem Titel *Einige Vorschläge zum sprachlichen und politischen Umgang mit der rechten Szene im bundesrepublikanischen Parteienspektrum* wurden in Kenntnis gesetzt: Hans-Jochen Vogel, Johannes Rau, Oskar Lafontaine, Anke Fuchs, Hans-Ulrich Klose. »In einer einschlägigen Projektarbeitsgruppe«, so Herta Däubler-Gmelin, „die ich am 9. Februar eingerichtet hatte und zu der Tilman Fichter, Rudolf Härtung, Kerstin Kießler, Malte Ristau, Bernd Schoppe, Martin Stadelmaier und Dagmar Wiebusch gehören, haben wir gestern die Frage des sprachlichen Umgangs mit der rechten Szene diskutiert«. Im Folgenden werden die vertraulichen Arbeitsergebnisse und Handlungsanweisungen für die SPD- Parteiarbeit auszugsweise wörtlich wieder gegeben:

»I. Sprache

1. Die Kleinparteien Nationale Sammlung (NS) und Freiheitliche Arbeiterpartei (FAP) – und, bei Verbot, ihre Nachfolgeorganisationen – empfehlen wir, als Neonazis zu bezeichnen und im Auge zu behalten, dass es hier jederzeit zu rechtsterroristischen übergriffen kommen kann.

2. Die DVU-Liste D, auf die wir bis zum Tag der Europawahl am 18. Juni nicht weniger achten sollten als auf die Schönhuber-Partei, empfehlen wir, als rechtsextremistisch zu bezeichnen und im Auge zu behalten, dass es in dieser Gruppierung viele alte und neue Nazis gibt.

3. Die Republikaner empfehlen wir stur als falsche Republikaner zu bezeichnen oder auch als REPs. Für die weitere Charakterisierung raten wir zu rechtsextremistisch. Außerdem finden im Fall dieser Partei eine durchgehende Unterscheidung zwischen Führung/Funktionärskörper und Wählerschaft angebracht. (Wir werden die anderweitige Charakterisierung der REPs als ›rechtsradikal‹ oder ›(rechts)populistisch‹ nicht verhindern können, sollten aber insbesondere das Etikett ›populistisch‹ nicht befördern).« Es folgen noch einige Hinweise auf den Umgang mit dem rechten Rand der Unionsparteien.

Natürlich gestaltete sich das antifaschistische Engagement der SPD-Basis fern vom Wahlkampf durchaus anders. Zudem finanzierten SPD-Mitglieder die antifaschistische Zeitung *Blick nach rechts*, die über Aktivitäten von Neonazis informiert.

Im Jahr 1989 kommt es im Zuge der Erosion der Sowjetunion und in Folge davon der meisten anderen Systeme des real existierenden Sozialismus auch zum Ende der DDR. Der dadurch ausgelöste nationalistische Taumel führt zur existenziellen Bedrohung für ausländische MitbürgerInnen und ermöglicht den Nazis aus dem Westen der BRD neue Rekrutierungsmöglichkeiten. Über 100 nationalistisch und rechtsradikal ausgerichtete Organisationen erschlossen den Osten für sich, betrieben ihren »Aufbau Ost« während wirtschaftspolitisch die Abwicklung der DDR unter dem Euphemismus »Rückbau« durchgezogen wurde. Den sich bundesweit ausbreitenden Rassismus, befeuert durch Forderungen nach Abschaffung des Asylrechts für Flüchtlinge, trieben organisierte Neonazis auf die Spitze, teilweise mit Duldung des Verfassungsschutzes wie der Anschlag in Solingen zeigte. Die jugendlichen Mörder verkehrten dort in einer Kampfsportschule, die ein V-Mann des nordrhein-westfälischen Verfassungsschutzes führte. Das Pogrom von Rostock- Lichtenhagen im August 1992 wurde von bundesweit bekannten Nazis wie Arnulf Priem mit angezettelt. In Hoyerswerda und Quedlinburg sorgte der Nazi-Mob im Verbund mit einer bürgerlichen Hetzmasse dafür, dass Flüchtlingsunterkünfte geschlossen wurden. Das Verhalten der Polizei während der Angriffe auf die Unterkunft von VietnamesInnen im Sonnenblumenhaus in Rostock-Lichtenhagen grenzte zum Teil an unterlassener Hilfeleistung. Eine bundesweit mobilisierbare antifaschistische Struktur, die dem mörderischen Tun des Nazi-Mobs etwas entgegenzusetzen gehabt hätte, existierte nicht. Dennoch hörte der antifaschistische Kampf nicht auf, der sich im Unterschied zu traditionell bürgerlich orientierten Nazi-GegnerInnen dem braunen Mob auf der Straße direkt entgegenstellt. Gleichwohl orientierte sich die gesamte Linke, von den Ereignissen von 1989 völlig überrascht, in der Bundesrepublik um. Die radikale Linke positionierte sich gegen das neue »Großdeutschland« antinational und gab sich in einigen Teilen »antideutsch«. Mitte der 90er-Jahre formuliert der Generalstaatsanwalt aus Niedersachsen in seinem Abschlussbericht zum 129/129a-Verfahren über die Göttinger Antifa M, eine Nachfolgestruktur der militanten AntifaschistInnen: »Im Jahre 1988 etablierte sich unter dem Symbol der ›Antifaschistischen Aktion‹(›AA‹) in der linksextremistischen Szene in Göttingen zunächst die ›Autonome Antifa Göttingen‹. [...] Demonstrationen führte die ›Autonome Antifa Göttingen‹ jeweils gemeinsam mit verschiedenen Bündnispartnern wie dem DGB, den Grünen oder Studentenvertretungen durch«. Die Staatsanwaltschaft und Polizei nahmen die Militanz der Antifa M nicht sehr ernst, aber waren von der Bündnisarbeit beeindruckt, daher fällt die polizeiliche Gefahreneinschätzung insgesamt relativ milde aus. »Die Göttinger ›Autonome Antifa (M)‹ ist eine linksextremistische Bewegung, deren Fernziel die Beseitigung des ihrer Auffassung nach weltweit – auch in der Bundesrepublik Deutschland – herrschenden ›imperialistischen Systems‹ und die Errichtung einer aus ihrer Sicht gerechteren Gesellschaftsordnung ist. Sie denkt zwar auch über ›Sinn und Unsinn des bewaffneten Kampfes‹ nach und hat Kontakte zu einsitzenden und entlassenen ›RAF‹-Straftätern geknüpft, propagiert indes, auch wenn sie in Schriften für sich

›Militanz‹ in Anspruch nimmt, seit ihrer Gründung generell gerade nicht die Anwendung revolutionärer Gewalt. [...] Ihr Ziel hat die ›Autonome Antifa (M)‹ auch im wesentlichen verwirklichen können, d.h. sie hat sich als gewisser Ordnungsfaktor etabliert und sich sogar als in der Lage erwiesen, den ›schwarzen Block‹ als solchen gewaltfrei zu halten.« Anfang der 90er-Jahre bilden Frauen die »Feministische Antifa« (Fantifa) und treffen sich zum ersten feministischen Antifa-Kongress in Bonn. Es organisieren sich auch Jugendliche mit Migrationshintergrund als eigenständige Antifa-Struktur, um sich gegen Übergriffe von Nazis zu wehren und um deren Aktionen zu stoppen. Ausgehend von einem von der Antifa M 1991 publizierten *Organisierungspapier* findet in vielen Städten eine Diskussion um eine Organisierung oder Organisation von AntifaschistInnen statt. Am Ende wird mit der AA/BO am 25. Juli 1992 in Wuppertal eine bundesweite Struktur geschaffen, die den Charakter antifaschistischer Politik über neun Jahre beeinflussen kann. Dass sich neben der AA/BO eine weitere neue bundesweite Struktur entwickeln kann, das BAT (Bundesweites Antifa-Treffen), zeigt, dass es zur Frage der Organisierung von AntifaschistInnen unterschiedliche Standpunkte gab. Den einen war die AA/BO zu dogmatisch, zu sehr am Antifaschismus der 20er-Jahre des 20. Jahrhunderts orientiert, den anderen schien das BAT zu unverbindlich. Insgesamt entwickelte die Antifa in den 90er-Jahren keine für alle verbindliche Faschismustheorie. Dafür wurden Warenversandhandel ins Leben gerufen, die überwiegend jungen Leuten einheitlichen Anti-Nazi-Stuff (Musik, CDs, Klamotten, Sticker, etc.) verkauften, Antifa wurde zu einem weit verbreiteten Label, Antifaschismus entwickelte sich zu einer Art Pop-Kultur. Zur gleichen Zeit erreichte der Rechtsradikalismus Dimensionen von bis dahin nicht bekanntem Ausmaß. Seit 1990 wurden bis heute über 180 Menschen von Rechtsradikalen ermordet. Soziologen und Pädagogen versuchten diese Gewalt von überwiegend Jugendlichen damit zu erklären, dass besonders die Jugendlichen im Osten der Republik aufgrund ihrer Sozialisation in der ehemaligen DDR und den Folgen der »Wende« desorientiert und perspektivlos seien. Die Konzepte von »akzeptierender Jugendarbeit« scheiterten nach wenigen Jahren. Der Staat reagierte mit Verboten von Naziorganisationen.

Davon waren insbesondere militante Neonazis von der Freiheitliche Deutsche Arbeiterpartei (FAP), der Nationalistische Front (NF), dem Deutscher Kameradschaftsbund (DKB) oder von der Deutsche Alternative (DA) betroffen. Nach den Bundestagswahlen und dem Regierungswechsel rief der Bundeskanzler Schröder (SPD) im Sommer 2000 den »Aufstand der Anständigen« aus. Bereits nach den Pogromen war es zu massenhaften, stillem Protest gekommen. Hunderttausende schlossen sich in so genannten Lichterketten zusammen, um ihrer Ablehnung der rassistisch motivierten Gewalttaten Ausdruck zu verleihen. Auf einem Mal standen antifaschistisch oder antirassistisch engagierten jungen Menschen für ihre politische Arbeit staatliche Geldmittel zur Verfügung und die sonst aus der Position einer Minderheit operierenden AntifaschistInnen standen im Rampenlicht der Öffentlichkeit. Rot-Grün erweckte den Eindruck, dass Antifaschismus und Antirassismus zur Staatsdoktrin erklärt worden sei. Dass dem nicht so war zeigten die im November 2011 öffentlich gemachten Morde des so genannten Nationalsozialistischen Untergrund[es] (NSU). Der Nazi-Terror, den es sichtbar seit den siebziger-Jahren in der Bundesrepublik gab, war plötzlich als etwas Neues, furchtbar Schreckliches zum Tagesthema geworden. Je mehr über die Hintergründe der zehnfachen Mörder bekannt wurde, umso deutlicher wurde erkennbar, dass staatliche Behörden in diesem Nazi-Terror verstrickt waren. Am deutlichsten sichtbar durch das V-Mann-System, das führende Beamte des VS in die Nazi-Szene implementierten. Darüber hinaus zeigen die Anklageschrift des Generalbundesanwalts und Äußerungen des Leiters des Bundeskriminalamts (BKA), dass die staatlichen Repräsentanten immer noch der Einzeltätertheorie anhängen und sie wider besseres Wissen ständig öffentlich propagieren.

Über das besondere Verhältnis von Staat und Neonazis schrieb der kritische Sozialpsychologe Peter Brückner schon 1978, nachdem ihm die auffällig schwachen staatlichen Reaktionen auf Verbrechen von Neonazis aufgefallen waren: »Nicht anders als in der Weimarer Republik werden auch in der BRD ›linke‹ und neonazistische Minderheiten ungleich behandelt. Auch die öffentliche Wiederkehr der ungeschminkten Gestalten des Grauens wird spürbar abgeschwächt reagiert; die offizielle Begründung: von ihnen drohe kaum Gefahr. Wer vom Blitz des Erschreckens über Neo-Nationalsozialisten getroffen wird, fühlt sich manchmal schon gesellschaftlich isoliert; wer die Linke verabscheut, hingegen immer gut aufgenommen. Es gibt für diese Ungleichbehandlung opponierender Minderheiten eine Erklärung auf dem Niveau der politischen Psychologie. Die Gruppen und Grüppchen ganz rechts teilen mit den Organen und Apparaten des Staats nicht nur den Antikommunismus, sondern die Hochschätzung von Staat und Staatlichkeit. Seine Strategien der Ausgrenzung und Abgrenzung sind seit jeher auch die ihren. Man muß sie nicht zu obrigkeitsstaatlicher Gesinnung anleiten, sie verkörpern sie«. Der Kanzlerkandidat der CDU/CSU Franz Josef Strauß erläuterte 1979 dem Magazin *Spiegel*: »Man muss sich der nationalen Kräfte bedienen, auch wenn sie noch so reaktionär sind – mit Hilfstruppen darf man nicht zimperlich sein«. Als sich in der Ukraine eine Regierung mit faschistischen Mitgliedern bildete, verhandelte der Außenminister der Bundesrepublik Franz Walter Steinmeier (SPD) auch mit diesen. Sein Parteigenosse, der ehemalige Erste Bürgermeister von Hamburg, Klaus von Dohnanyi erklärte in einer Talkshow bei Anne Will, dass man auch mit Nazis koalieren müsse, um sie zu bezähmen.

Lange Zeit galt für Linke als unumstößliches Gesetz, weder mit dem Verfassungsschutz noch mit anderen so genannten Staatsbütteln zu kommunizieren oder gar zu kooperieren. In den 90er-Jahren änderte sich diese Haltung. Weil sich die Nazi-Szene nach der Wende dramatisch radikalisierte, wurden Rufe nach staatlicher Unterstützung für den Kampf gegen Nazis lauter. Der »Staat« sollte Flagge zeigen. Immer wieder wurde der Verfassungsschutz z.B. in *taz*-Artikeln über »Rechtsextreme« als eine kompetente Institution befragt, zitiert und aufgefordert gegen rechts aktiv zu werden. Am Wochenende vom 26. bis 28. Mai 1997 kam es sogar zu einem Treffen zwischen gediegenen Repräsentanten der Antifa und des VS, das in dem sich früher als kommunistisches Zentralorgan begreifenden *ak* dokumentiert wurde. In einem Beitrag *Antifa und Verfassungsschutz an einem Tisch* wird über ein Kolloquium an der Hamburger Bundeswehr-Universität berichtet, das von Professor Gessenharter einberufen wurde. Gessenharter war auch maßgeblich an dem Projekt *Handbuch des deutschen Rechtsextremismus* beteiligt, das im Wesentlichen von AntifaschistInnen aus dem Umfeld vom Antifaschistisches Pressearchiv und Bildungszentrum e.V. (Apabiz), den Zeitschriften *Der Rechte Rand* und dem *Antifa-Infoblatt* auf dem Weg gebracht wurde. Auffällig, dass der vom Verfassungsschutz seit Mitte der 70er-Jahre lancierte Begriff »Rechtsextremismus« bei den linken ProjektmitarbeiterInnen nur auf wenig Abwehr stieß. An der dreitägigen Veranstaltung zum »Rechtsextremismus« unter dem Titel *Neuvermessung eines politisch-ideologischen Raumes* nahmen knapp 70 Personen teil. Die Zusammensetzung des Publikums sei nicht alltäglich, weiß der *ak*-Autor zu berichten: »zahlreiche ranghohe Beamte verschiedener Verfassungsschutzämter saßen neben Soldaten mit und ohne Uniform, Wissenschaftler verschiedener Fachrichtungen neben Journalisten unterschiedlicher Couleur und Aktivisten der Antifa-Szene.« Der Begriff »Faschismus« sei während der gesamten Tagung nicht ein einziges Mal gefallen. Wie der Teufel das Weihwasser, so meiden Verfassungsschützer und ihnen nahestehende Wissenschaftler den Begriff »Faschismus« und mit ihnen inzwischen auch ein großer Teil der AntifaschistInnen.

Bertolt Brecht hat in seinen Werken eine umfangreiche Kritik am Faschismus dargelegt. Nach seiner Flucht aus den USA, wo er wegen vermeintlicher kommunistischer Umtriebe unerwünscht war, notierte er am 1. Januar 1948 in der Schweiz, das einzige Land, in das er noch einreisen durfte; die Einreise nach Westdeutschland wurde ihm untersagt: »das deutsche bürgertum ›entnazen‹ heißt, es entbürgern. es hat keinen weg vor sich, immer nur den oder jenen ausweg. weder seine elementaren daseinsbedingungen, noch die speziellen umstände erlauben dieser klasse, die barbarischen mittel abzulegen, selbst wenn der dachshund, der einmal taubenblut geschmeckt hat, vermittels reichlicher prügel zum hundekuchen zurückkehren könnte. nicht nur die laster, auch die gesamten tugenden der klasse haben die naziform bekommen; wo der bürger nicht denkt und wo er denkt, wo er anständig ist und wo er idealist ist und wo er schieber ist, immer ist er nazi. wenn er aufhörte, ein nazi zu sein, könnte er kein bürger mehr sein; nur wenn er kein bürger mehr ist, ist er kein nazi mehr.« Manchen erscheint heute die Ansicht Brechts als platter marxistischer Ansatz und einfach nur das Bürgertum »ausmerzen« (!) kommentierte ein Journalist der *taz*, sei zu wenig. Deshalb hinter Vorgaben von Brecht zurückzufallen, wird dem Nazi-Problem noch weniger gerecht. Jüngste soziologische Untersuchungen weisen auf die Defizite der bürgerlich kapitalistisch, patriarchal strukturierten Gesellschaft hin. Seit 2002 untersuchen Wissenschaftler in einer Langzeitstudie die Ausmaße, Entwicklungen und Ursachen von Vorurteilen in Deutschland. Die Forscher haben die Folgen der Wirtschaftskrise beurteilt und dabei eine »deutliche Vereisung des sozialen Klimas, rohe Bürgerlichkeit und einen zunehmenden Klassenkampf von oben beobachtet«, schreibt Patrick Gensing auf der Website der *Tagesschau*.

Die Heitmeyer-Studie zu »deutschen Zuständen« fand Ende 2011 heraus, dass der Aussage »Deutschland wird in einem gefährlichen Maß überfremdet« 50 Prozent der Bevölkerung zustimmen, 19 Prozent seien sogar der Überzeugung »wenn sich andere bei uns breit machen, muss man ihnen unter Umständen unter Anwendung von Gewalt zeigen, wer Herr im Hause ist«. Ein Drittel der Bevölkerung hegen derbe Vorurteile gegen Sinti und Roma, ergab eine Studie im Jahr 2014. »Rassismus«, besser: »white supremacy« (Vorherrschaft der Weißen) scheint ein wesentlicher Bestandteil der bürgerlichen Gesellschaft zu sein. Der rassistisch argumentierende ehemalige sozialdemokratische Finanzsenator Berlins, Sarrazin hat daraus Kapital geschlagen. Am 22. September 2011 trat er z.B. als ein gefeierter Popstar vor 800 zahlenden ZuschauerInnen in der Stadthalle zu Döbeln auf. Sarrazin erzählte seinem nicht weniger rassistisch eingefärbtem Publikum etwas von Lipizzanern, in die ein belgischer Ackergaul hineingekreuzt und dadurch der Charakter dieser durch und durch edlen Pferde verdorben werde. Genauso sei es bei den Menschen, sagte Sarrazin und das Publikum ist schier begeistert.

Das Wort Lipizzaner kommt aus dem slowenischen. Es meint die ursprünglich »Karster« genannten Pferde der spanischen Hofreitschule aus Wien: weiße Pferde, die ihren heutigen Namen vom Gestüt Lipica seit der Zeit der Habsburgermonarchie um 1786 erhielten. Nach Kritik an seinen reaktionären, menschenfeindlichen Ansichten schlüpfte Sarrazin in die Rolle des Opfers. Dass sein Rassismus auch als Triebkraft für Morde taugt, lässt ihn kalt. Organisierte Neonazis wie der NSU und sein Umfeld haben durch ihr mörderisches Handeln genau das zum wiederholten Mal offenbart. Nach solchen Gewaltexzessen nur nach dem Staat zu rufen, scheint

– wie uns die Geschichte lehrt – wenig hilfreich. Es kann unter Umständen Leben kosten. Dieses Buch erinnert daran, dass dem mörderischen Treiben von Neonazis anders begegnet werden kann.

Antifa heißt Angriff

Einleitung

»Mitte Mai griffen sich Autonome den Wittener Metallformerlehrling Andreas Sievert, 19. Der Junge Mann, als FAP-Mitglied einschlägig bekannt, wurde in eine Szene-Kneipe geschubst, wo ihm die Autonomen Informationen abpressten mit der Drohung: ›Jetzt wirst du eingemacht‹. Durch Ohrfeigen und Rippenstöße misshandelt, packte der Neonazi aus: Auf Photos identifizierte er das FAP-Umfeld und einige regional aktive Republikaner, berichtete über Treffpunkte und Kameradschaftsabende.

Wenige Tage später drangen vier Männer, als Polizei-Sondereinheit getarnt, in die Wohnung des Hamburger FAP-Anhängers Christian Worch, 33, ein. Sie fesselten den Neonazi und flüchteten mit rund 50 Aktenordnern, in denen Unterlagen über die Nationale Liste abgeheftet waren.

Worch wurde vermutlich Opfer eines speziellen ›Ermittlungskommandos‹ der Hamburger Antifaschistischen Aktion, zu der Verfassungsschützer etwa 50 Entschlossene rechnen. Geradezu Respekt zollen Kenner dem ›hohen Organisationsgrad‹ des Kommandos. Über Top-Neonazis werden Personalakten angelegt, Lichtbild und Autokennzeichen inklusive. In Dortmund schrieben linke Aktivisten die rechten Anführer sogar per Steckbrief zur Fahndung aus. Uhrlau[1]: ›Die spielen Verfassungsschutz und machen Selbstjustiz‹«.[2]

Was *Der Spiegel* 1989 beschreibt, gibt einen oberflächlichen Einblick in eine militante Konfrontation zwischen Neonazis und Antifaschisten in den 1980er-Jahren, die kaum bekannt ist. Die Aktionen der Nazigegner waren spektakulär. Gut organisiert griffen sie zu ungewöhnlichen Methoden. Im *Spiegel* ist von speziellen Kommandos, Personalakten, Verhören und Selbstjustiz die Rede.

1 Gemeint ist Ernst Uhrlau. Von 1981 bis 1991 stellvertretender Leiter des Landesamtes für Verfassungsschutz in Hamburg. Er war von Dezember 2005 bis zum 7. Dezember 2011 Präsident des Bundesnachrichtendienstes (BND) und ist seit Anfang Februar 2012 freiberuflich tätig als Berater für die Deutsche Bank. Er ist Mitglied der SPD.

2 Der Spiegel (1989), S. 56.

Doch wer steckte dahinter? Wer waren die Antifaschisten hinter den Angriffen? Warum taten sie, was sie taten? Was ist aus ihnen geworden?

25 Jahre sind kein langer geschichtlicher Zeitraum. Und doch scheint es heute, als habe es diese Antifaschisten der 1980er-Jahre nie gegeben; als haben die, die in diesem Buch »Militante Antifaschisten« genannt werden, nie existiert. Selbst in der einschlägigen Literatur über diese Zeit ist über sie nichts zu finden. Mitunter eine Andeutung, ein Hinweis, aber nichts Fundiertes. Einzig Bernd Langer, der Teil der Struktur der Militanten Antifaschisten war, beschreibt die Ereignisse aus seiner Sicht. Er ist der Einzige, der die Menschen und ihre Taten in seinen Büchern weiter-, und damit überleben lässt!

Die Taten und Motive der antifaschistisch Aktiven von damals aufleben zu lassen, ist Anliegen dieses Buches. Doch ihren Spuren zu folgen erweist sich als aufwändig. Es beginnt schon bei der Bezeichnung der Struktur. Bernd Langer nennt sie »autonome Antifaschisten«. An anderer Stelle und von den interviewten Antifaschisten[3] selbst wurden unterschiedliche Selbstbezeichnungen genannt: »Militante Antifaschisten«, »Autonome Antifaschisten«, »Revolutionäre Antifaschisten« oder einfach nur »Antifaschisten«. Eine einheitliche Bezeichnung gab es nicht.

Aus Gründen der Vereinheitlichung und zum leichteren Verständnis ist die Suche nach einem einheitlichen Begriff sinnvoll. Schließlich destillierte sich »Militante Antifaschisten« heraus. Die Bezeichnung erschien der überwiegenden Mehrheit der Interviewpartner als zutreffend. Niemand fand Militante Antifaschisten falsch oder für sich nicht anwendbar. Mitunter hätten einzelne eine andere Wortkombination gewählt. Entscheidend ist jedoch, dass niemand den Begriff ablehnte oder als falsch bewertete. In einer staatsanwaltlichen Ermittlungsakte gegen Mitglieder der antifaschistischen Struktur hieß es damals: »Unzweifelhaft dürften die Täter im Kreis so genannter ›Militanter Antifaschisten‹ zu suchen sein, deren erklärtes Ziel die Zerschlagung des Faschismus auf allen Ebenen ist. Während ›Antifaschisten‹ als schlichte Gegner des Faschismus in unserer Gesellschaft auf breiter Basis, insbesondere in Parteien, Verbänden, Gewerkschaften und Kirche, anzutreffen sind, bilden die ›Militanten Antifaschisten‹ eine extremistische[4] Minderheit, die in ihrer Verhaltens- und Vorgehensweise terroristische Arbeitsweisen erkennen lassen.«[5]

Schon damals versuchten die Ermittlungsbehörden Antifaschisten als terroristisch

3 Die in diesem Buch verwendete Sprache ist männlich. Aus Gründen der besseren Lesbarkeit wird auf die weiblichen Ergänzungen verzichtet. Selbstverständlich soll das in keinem Fall bedeuten, dass Frauen ausgeschlossen sind, oder ihre Existenz in diesem Text verleugnet werden soll.

4 Siehe Fußnote 6.

5 Antifa-Soligruppe Hamburg (1991), S. 148.

und »extremistisch« im Sinne herrschender Ideologie (Extremismustheorie)[6] zu klassifizieren, und damit zu denunzieren. Aber immerhin ist den Ermittlungsbehörden damals erstmals bewusst, dass sich unter dem Begriff Militante Antifaschisten etwas sehr spezielles gebildet hat, etwas, das sich für die Behörden nur schwer fassen lässt, dessen Symptome sie aber deutlich erkennen und dem sie auch einen Namen geben. Die Geschichte der Militanten Antifaschisten zu recherchieren und aufzuschreiben, und zwar so vollständig und authentisch wie möglich, ist Anliegen dieses Buches.

Gute drei Jahrzehnte liegen die 1980er-Jahre erst zurück, doch schon sind die historischen Fußabdrücke der Militanten Antifaschisten weitgehend verwischt, die Archive fast alle leer, die ehemals Beteiligten kaum noch auffindbar.

Die Recherche in Archiven verlief zu Beginn desaströs. Im Wiesbadener Bildungs- und Solidaritätswerk Anna Seghers waren entscheidende Unterlagen aus den 1980er-Jahren nicht mehr auffindbar. Wichtiges Material, das dort hätte sein müssen, war verschwunden. Das Antifaschistisches Pressearchiv und Bildungszentrum Berlin e.V. (APABIZ) in Berlin hatte ebenfalls über die fragliche Zeit kaum Unterlagen zur Verfügung. In beiden Archiven ist die Geschichte von Neonazis mit Flugblättern, Zeitschriften etc. ausnehmend gut dokumentiert und sortiert. Doch die Seite der Nazi-Gegner ist kaum beleuchtet.

In der Hamburger Roten Flora existiert das Archiv der Sozialen Bewegungen. Doch leider ist es unvollständig, weil ein Brand 1995 zahlreiche Dokumente zerstörte.[7] Trotzdem unterstützten die Archivare dieses Buchprojekt nach Kräften,

6 Extremismustheorie: Sie funktioniert nach einem sehr einfachen Schema. Demnach existiert eine politisch »gute Mitte« die demokratisch ist. Dort führen derzeit CDU und SPD im Wahlkampf »den Kampf um die politische Mitte«. Alle anderen Parteien stehen »rechts« oder »links« dieser »guten und demokratischen Mitte«. Je weiter weg dieser »guten Mitte« eine politische Vorstellung existiert, umso »extremistischer« und damit automatisch undemokratischer wird sie. Für den VS spielt es demnach überhaupt keine Rolle, ob eine politische Gruppierung das ungerechte kapitalistische Wirtschaftssystem verändern möchte, oder bereit ist Menschen wegen ihrer Hautfarbe zu diskriminieren und eine Diktatur plant. Für Anhänger der Extremismustheorie ist rechts gleich links, egal ob die Parteistrukturen demokratisch sind, oder auf dem Füherprinzip beruhen. Wer politisch von der staatlich gesetzten »politischen Mitte« abweicht, ist extremistisch.
Extremistisch: Der Begriff ist selbst in der Extremismusforschung umstritten. Er wird benutzt, um »demokratische Positionen« zu verteidigen. Da aber die Definitionsmacht bei den politischen Institutionen des Staates liegt, definieren diese eine »politische Mitte«. Wäre bspw. die NPD an der Regierung, wäre sie die »politische Mitte« ... Durch den Begriff »extremistisch«, der nie eindeutig definiert ist, können unliebsame Demokratievorstellungen ausgeblendet und Minderheitspositionen als illegitime politische Ziele bezeichnet werden. Das bedeutet im Ergebnis, dass der Verfassungsschutz (VS) all die beobachten kann, und die Gerichte all die Organisationen als illegal verbieten können, die nach staatlicher Definition »extremistisch« sind. So wird bspw. die Kommunistische Plattform vom VS beobachtet, weil sie sich u.a. für die »Errichtung einer neuen sozialistischen Gesellschaft« ausspricht, und den Kapitalismus abschaffen möchte. Sie will dieses Ziel durch Wahlen erreichen, nicht durch Gewalt. Allein die Forderung nach der Abschaffung der aktuellen Wirtschaftsform gilt also als »extremistisch«. (Quelle: http://de.wikipedia.org/wiki/Kommunistische_Plattform#Beobachtung_durch_den_Verfassungsschutz).

7 Vgl. http://asb.nadir.org/ueber_archiv.html. 12.7.2014. 21:52h.

sichteten Material und sendeten es mir zu. Als Goldgrube erwies sich letztendlich ein kleines, aber bestens sortiertes Archiv in Hessen, die Zeitgeschichtliche Dokumentationsstelle Marburg (ZDM)[8]. Nach einer gewissen Wartezeit öffnete es seine Pforten und gab dann wirkliche Schätze preis: bestens sortierte Originaldokumente.

Nach zwei Jahren recherchieren und sammeln lagen mir schließlich einige Hundert kopierter Flugblätter, Broschüren und Zeitungen aus der damaligen Zeit vor. Doch nun zeigte sich das nächste Problem: Zu den vorliegenden Papieren gehören Kopien von Kopien, Flugblätter mit V.i.S.d.P.[9]-Bezeichnungen, die der Phantasie entsprangen. Manche Papiere tragen Gruppennamen als Verantwortliche, andere nicht, ein Datum ist ebenso selten vorhanden, wie die Erwähnung des Ortes der Herausgabe. Im Prinzip das totale Chaos. Wie sollte ich also allgemein nachvollziehbar die Quellenangaben strukturieren? So fiel die Entscheidung, die Flugblätter und Papiere möglichst nach Datum zu benennen. In der Quellenangabe ist dann ein Flugblatt z.B. als »Flugblatt (1983a)« bezeichnet. Im Quellenverzeichnis sind dann von »Flugblatt (1983a)« weitere Informationen – so vorhanden – wie Titel, die herausgebende Gruppe und Ort etc. genannt.

Es war schwierig mit dem Material zu arbeiten, aber anderes war nicht vorhanden. Denn obwohl ich sicher nicht alle möglichen Fundorte aufgesucht habe, dürften kaum noch viel mehr Orginalunterlagen existieren. Aber selbst wenn, die vorliegenden Dokumente geben einen guten Einblick in die politische Ausrichtung und das Selbstverständnis der Militanten Antifaschisten. Auch spiegeln sie die Denkweise und den Stand der Diskussionen der damaligen Zeit gut wider.

Die militante Praxis der Militanten Antifaschisten ist in den Unterlagen gut dokumentiert. Eine Primärquelle der besonderen Art sind Anschlagserklärungen, die zur Vermittlung und Begründung ihrer Aktionen dienten. Meist waren sie an die Städteberichte[10] geheftet, oder wurden in linksradikalen Zeitungen wie der *radikal*[11] veröffentlicht. Die vorhandenen Exemplare der illegalen Zeitung aus den Jahren 1980 bis 1990 wurden fast komplett gesichtet und verarbeitet.

Es gehörte bei den Militanten Antifaschisten zum erklärten Selbstverständnis (wie auch bei den Autonomen), nicht über die eigenen Strukturen oder gar militanten Aktionen zu sprechen. Man befürchtete Repressionen, bewussten oder unbewussten Verrat. Einer der Wenigen, der das Schweigen öffentlich gebrochen hat, ohne juristisch relevantes preiszugeben, ist Bernd Langer. Er ist einer der Interview-

8 www.zdm-online.de.
9 V.i.S.d.P.: Verantwortlich im Sinne des Presserechts.
10 Die an der antifaschistischen Struktur beteiligten Gruppen erarbeiteten für überregionale Treffen so genannte Städteberichte, die über die Aktivitäten der Gruppe, den politischen Gegner und Ereignisse in der eigenen Stadt informierten sowie an die anderen Gruppen verteilt wurden.
11 Siehe die Kapitel: Die Zeitung radikal; Die Militanten Antifaschisten und die radikal.

partner dieses Buches. Insgesamt kommen sechs ehemalige Aktivisten zu Wort, die Gespräche wurden 2007/2008 geführt:

Lars Balkes Jahrgang 1964, war in den 1980er-Jahren politisch aktiv in Hannover. Organisiert in einer Antifa-Gruppe und über diese im Norddeutschen Antifa-Treffen. Mehrere handwerkliche Ausbildungen mit Gesellenbriefen. Heute Geschäftsführer eines holzverarbeitenden Betriebes in Göttingen.

Bernd Langer, Jahrgang 1960, seit 1977 Aktivist bei militanten Auseinandersetzungen, und von Anfang an bei der Organisierung der militanten Antifa-Bewegung beteiligt. Damals wohnhaft in Bad Lauterberg und Göttingen. Seit Mitte der 1980er-Jahre Mitinitiator der Initiative Kunst und Kampf. Ende der 1980er gründet er die Autonome Antifa (M). Heute Autor und Vortragender zu den Themen Antifaschismus, Autonome, Revolution und Kunst. Lebt und arbeitet in Berlin.[12]

Wilhelm Maalkes, Jahrgang 1958, politisch aktiv seit den 1970er-Jahren in Gruppen wie SDAJ[13], KB[14] etc. Ab Anfang der 1980er-Jahre Mitarbeit in einer unabhängigen Antifa-Gruppe mit linken Gewerkschaftsmitgliedern. Mitglied der linken Rocker-Gruppe Wilde Horde aus Mannheim, darüber beteiligt am Süddeutschen Antifa-Treffen. Bäckerlehre, später Umschulung im Bereich Softwareentwicklung. Lebt und arbeitet heute in Spanien.

Michaela Neuberger, Jahrgang 1950, stammt aus dem Raum Hamburg. Politische Sozialisation durch die Studentenbewegung und kommunistische Gruppen. Maßgeblich an Gründung und Aufbau der Antifaschistischen Aktion Hamburg und des norddeutschen Treffens beteiligt. Arbeitsschwerpunkte: Archiv und Recherche. Hochschulausbildung, jahrelange Arbeit im sozialen Bereich. Lebt heute als Rentnerin in Aachen.

Roger Ottenheimer, Jahrgang 1963, seinerzeit wohnhaft im Rheingau. Politisch durch die militanten Auseinandersetzungen an der Frankfurter Startbahn West geprägt. Gründungsmitglied der Antifa AG Wiesbaden und des Süddeutschen Antifa-Treffens. Schreinerlehre, später Studium der Psychologie. Lebt und arbeitet heute als Therapeut in Duisburg.

12 Vgl. http://www.youtube.com/user/Kneippstaedter#p/a/u/0/Ripuvm7abpQ. 12.7.2014, 00:27h; Vgl. http://www.kunst-und-kampf.de/Bernd_L..html. 12.7.2014, 22:09h.

13 Die Sozialistische Deutsche Arbeiterjugend (SDAJ) ist ein marxistisch-leninistisch orientierter Jugendverband.

14 Der Kommunistische Bund (KB) war eine in den 1970er Jahren relativ starke, zunächst maoistisch orientierte, später der undogmatischen Linken zugehörige politische Organisation. Er bestand bis 1991. Bekanntestes Mitglied war Jürgen Trittin.

Sascha Waigel, Jahrgang 1958, seinerzeit aktiv im Raum Reutlingen/Tübingen und in der autonomen Bewegung seit den 1980er-Jahren. Organisiert in einer örtlichen Antifa-Gruppe, die regelmäßig an überregionalen Treffen und dem Süddeutschen Antifa-Treffen teilnimmt. Akademische Ausbildung (BWL). Arbeitet heute als Berater für Gewerkschaften und NGO[15], lebt im Saarland.

In den 1980er-Jahren existierten verschiedene Gruppen, die sich mit dem Thema Antifaschismus beschäftigten, wie z.B. die Vereinigung der Verfolgten des Naziregimes – Bund der Antifaschisten (VVN/BdA), die Deutsche Kommunistische Partei (DKP), der Kommunistische Bund (KB). Selbstverständlich waren auch DGB- und SPD-Mitglieder Antifaschisten sowie sämtliche Autonome. Die Militanten Antifaschisten unterschieden sich insofern von allen anderen Gruppierungen, weil sie Antifaschismus und den Kampf gegen Neonazis in den Mittelpunkt ihrer politischen Aktivitäten stellten, d.h. konsequente Recherche und Ausforschung ihrer Strukturen und Zusammenhänge mit allen Mitteln. Ihre immer wieder postulierte und praktizierte Militanz im Kontext der antifaschistischen Arbeit war ihr Alleinstellungsmerkmal nach außen. Innerhalb der Autonomen war Militanz ebenfalls eine Selbstverständlichkeit, aber sie konzentrierten sich nicht so sehr auf Neonazis. Dass das heute anders ist, hat maßgeblich mit der Entwicklung der Autonomen und den Militanten Antifaschisten der 1980er-Jahren zu tun.

Die Militanten Antifaschisten sind durch ihren hohen Organisationsgrad und ihre inhaltliche Konzentration auf Antifaschismus in den 1980er-Jahren unbedingt von den Autonomen abzugrenzen.

Der Betrachtungszeitraum umfasst die Jahre von 1980 bis 1989/1990. Der Zeitraum ist nicht willkürlich gewählt. Die Geschichte und Funktion der Struktur ist nur im Zusammenhang der politischen Bewegungen der 1980er-Jahre zu verstehen. Vor allem das Aufkommen der Autonomen[16] ist entscheidend. So wie das Jahr 1980 für die autonome Szene einen Anfangspunkt markierte, so stellte das Jahr 1989 einen Endpunkt für die politische Linke in der alten BRD dar, weil Deutschland seitdem auch das Staatsgebiet der einverleibten DDR umfasst. Eine Neuorientierung für linke Organisationen war vor dem Hintergrund des politischen Umbruchs des weltweiten Kräfteverhältnisses notwendig. Das Jahr 1989 wird in der Literatur immer wieder als Wendepunkt genannt: »(…) weil der Zeitpunkt der Entstehung der neuen antifaschistischen Bewegung von den Akteuren selbst auf das Jahr 1989 gelegt wurde (…)«[17], »Noch spielt der Ansatz des Antifaschismus keine so große

15 NGO: non-governmental organization (Nichtregierungsorganisation).
16 Siehe Kapitel: Die Autonomen – politischer Kontext der Militanten Antifaschisten.
17 Schröder, Henning (2003), S. 5. Anm.d.Verf.: Henning Schröder beschäftigt sich in seiner Magisterarbeit mit der antifaschistischen Bewegung der 1990er-Jahre.

Rolle innerhalb der Autonomen, aber das ändert sich schlagartig mit der veränderten gesellschaftlichen Situation 1989«.[18]

Das letzte Zitat ist typisch für die Geschichtsschreibung, denn es ignoriert die Existenz von aktiven Antifaschisten vor 1989. Diese Annahme spiegelt sich auch in linken Büchern über die Autonomen wider. Die Autoren Thomas Schultze und Almut Gross bspw. befassten sich unter wissenschaftlichem Aspekt mit den Autonomen. Das Buch *Die Autonomen. Ursprünge, Entwicklung und Profil der autonomen Bewegung* von 1997 ist das Ergebnis ihrer Diplomarbeit. Nur 15 Seiten widmen sie dem autonomen Antifaschismus, nur vier Seiten umfassen davon die 1980er-Jahre. In der Chronologie kommt zwischen 1980–1990 keine einzige Antifa-Aktion vor![19] Nur nebenbei wird erzählt, dass u.a. gegen Sex-Shops, Bullen, Medien, Ämter, Neonazis und Skinheads gekämpft wurde.[20] Eine Erwähnung militanter Antifaschisten findet überhaupt nur am Rande statt. Sie ist zwar lobend, aber wenig erhellend.

»Die Antifa-Fraktion der Autonomen gehörte dabei immer zu den bestorganisierten der Bewegung. Die Autonomen versuchten in diesem Fall praktischen Widerstand mit einer Analyse der Funktion des Faschismus im bürgerlichen Staat zu verbinden.«[21]

Selbst in dem Buch *Autonome in Bewegung. Aus den ersten 23 Jahren* der Autorengruppe A.G. Grauwacke, immerhin ehemalige und/oder Nochaktive, heißt ein Kapitel: *Antifaschismus – die Bewegung der 90er.*[22]

»Autonome Antifa-Arbeit gab es die ganzen 80er-Jahre über. Dabei bestand eine klare Aufgabenteilung. Im Normalfall war das Thema das Spezialgebiet einiger weniger Personen oder Gruppen, die vor allem in Norddeutschland und West-Berlin systematische Recherche-Arbeit betrieben. Zu bestimmten Gelegenheiten waren dann viele Autonome bereit, sich an Aktionen zu beteiligen. Die Demo von 2.500 überwiegend Autonomen gegen den NPD-Parteitag in Fallingbostel im Oktober 1983, bei der etliche Neonazis und deren Autos angegriffen wurden, war ein erster Mobilisierungshöhepunkt (…).«[23]

Der Zeitraum der 1980er-Jahre umfasst knapp drei Seiten, während das gesamte Kapitel jedoch 21 Seiten lang ist. Große Bekanntheit und zahlreiche Auflagen erreichte das Buch *Feuer und Flamme. Zur Geschichte der Autonomen* aus dem Jahr 1990. Unter dem Pseudonym Geronimo[24] veröffentlichte ein Insider subjektive In-

18 A.G. Grauwacke (2007), S. 292ff.
19 Vgl. Schultze, Thomas; Gross, Almut (1997), S. 38f.
20 Vgl. Schultze, Thomas; Gross, Almut (1997), S. 60.
21 Schultze, Thomas; Gross, Almut (1997), S. 88f.
22 Vgl. A.G. Grauwacke (2007), S. 291ff.
23 A.G. Grauwacke (2007), S. 292.
24 Geronimo nennt selbst den Grund für die Wahl eines Pseudonyms: »Eine kurze Anmerkung zu ›Geronimo‹: Mit der Wahl dieses Pseudonyms soll keineswegs der Eindruck von Konspirativität erweckt werden. Als ich es vor einem halben Jahrzehnt gewählt habe, war es für mich

nenansichten der Szene. Geronimo hat die 1980er-Jahre aktiv miterlebt. Der bekennende Autonome beschränkte sich nicht nur auf die eigene Geschichtsschreibung, sondern versuchte außerdem die unterschiedlichen Politikansätze zu benennen und zu begründen. Lediglich die damals existierenden antifaschistischen Zusammenhänge werden mit keinem Wort erwähnt …

Nur der ehemalige Göttinger Bernd Langer schreibt und spricht offen über seine Mitarbeit in der antifaschistischen Struktur. Sein autobiografisches Buch mit dem Titel: *Operation 1653. Stay rude – stay rebel*[25] gibt seine subjektive Sicht der Geschichte wieder, und einen einmaligen Einblick in die Arbeits- und Denkweise der Antifaschisten von damals. 1997 ging er in seinem Buch *Kunst als Widerstand* auch auf die Entstehung der antifaschistischen Gruppen in den 1980er-Jahren ein.

2011 erschien das Buch *ANTIFA Geschichte und Organisierung*[26]. Es beleuchtet die Antifa-Arbeit der 1980er Jahre auf lediglich acht Seiten.

Es ist auf den ersten Blick kaum zu glauben, dass es schon wenige Jahrzehnte nach historischen Ereignissen schwierig ist, diese angemessen zu beleuchten. Es ist eine oft zitierte Weisheit: Die Geschichte wird von Siegern geschrieben. Doch in diesem Fall wurde sie bisher einfach gar nicht geschrieben. Und was nicht festgehalten ist, existiert offensichtlich schon nach wenigen Generationen nicht mehr.

Dem will dieses Buch entgegenwirken. Hier sollen diejenigen zu Wort kommen, die die Geschichte »gemacht« haben, die Teil dessen waren, was dieses Buch beschreiben will. Dazu war es notwendig, aktiv Beteiligte zu finden und mit ihnen zu sprechen. Das erwies sich als komplizierter als erwartet, ist aber natürlich logisch, immerhin ist gewalttätiges Vorgehen gegen Neonazis eine schwere Straftat. Dazu kam, dass die Autonomen und die mit ihnen verwobenen Kreise – und das waren die Militanten Antifaschisten – in den 1980er-Jahren in der Regel grundsätzlich nicht mit Journalisten oder Buchautoren zusammenarbeiteten.[27] Für das entgegengebrachte Vertrauen der Gesprächspartner möchte ich mich an dieser Stelle deshalb ausdrücklich bedanken!

Ausdruck für den Versuch, einen pragmatischen Umgang mit der Anmaßung zu finden, als einzelner über etwas zu schreiben, von dem ich immer noch finde, dass doch gerade bei diesem Thema alle etwas zu sagen haben und zu sagen haben sollen. Dieser banale Gedanke reflektiert dabei zugleich die innerhalb der autonomen Bewegung vagabundierende Paradoxie des ungelösten Hierarchie- und Führungsproblems. Schließlich gilt doch nach wie vor: Die Autonomen besitzen keine Comandantes oder, genauer formuliert, sie sollten keine besitzen. Jedenfalls nicht in einer befreiten Gesellschaft, in der wir bekanntlich noch nicht leben. Darüber hinaus bietet die Wahl eines Pseudonyms in der gegenwärtigen Situation einen kleinen Schutz vor organisierten Neofaschisten, den ich aus gesundheitlichen Gründen nicht missen möchte.« (Geronimo (2002), S. 13).

25 Vgl. Langer, Bernd (2004).

26 Keller, M.; Kögler, L.; Krawinkel, M.; Schlemermeyer, J. (2011).

27 Anm.d.Verf.: Von Ausnahmen wohl abgesehen, wie das Interview »Wenn Kühnen was auf die Nase kriegt« in der Zeitschrift Konkret von 1986 zeigt.

Die politische Herkunft, bzw. das soziale Umfeld beeinflussten die Militanten Antifaschisten, sie waren ohne die autonome Szene undenkbar und ein Kind ihrer Zeit. Die Autonomen gelten heute als »geschichtslos«. Immer wieder wird dieser Umstand von Politologen und Historikern festgestellt und bemängelt.[28] »Die Geschichtslosigkeit resultiert aus dem Selbstverständnis autonomer Praxis, das vor allem von Spontaneität geprägt ist, geplante, strategische Politik sowie festere Organisationsformen lange Zeit ablehnte und Theorie (und damit auch Geschichte) vor allem als Legitimation der eigenen Praxis verstand. Hinzu kommt, dass historische Aufarbeitung – und sei es nur auf dem Niveau, dass Ereignisse und Debatten von vor fünf Jahren nachvollzogen werden – nur von Menschen erledigt werden kann, die entweder ›dabei‹ waren und/oder sich für die Beschäftigung mit der Geschichte der eigenen Bewegung einsetzen und sich auch Zeit dafür nehmen. Dies kollidiert mit zwei gravierenden Tatsachen: Erstens ist die Zeitspanne, in der sich die meisten AkteurInnen in der linksradikalen Bewegung aufhalten, relativ kurz und reicht meist kaum über das ›schwarz-rote Jahrzehnt‹ vom 17. bis 27. Lebensjahr hinaus. Dies hat zur Folge, dass ein Interesse für geschichtliche Aufarbeitung nicht entsteht und die ›Nachfrage‹ nach geschichtlichen Themen relativ gering ist. (...) Ein kollektives Gedächtnis kann sich so nur beschwerlich bilden.«[29]

Der Politologe Bernd Hüttner nennt als Kernelemente der Autonomen ihre Spontaneität und ihre Ablehnung »geplanter, strategischer Politik sowie fester Organisationsformen«. Die Militanten Antifaschisten unterschieden sich an diesem zentralen Punkten von ihrem politischen Umfeld. Denn genau das Gegenteil war Kern ihrer eigenen Realität: sie planten Aktionen und bauten gezielt feste und tragfähige Strukturen auf.

Für die grundsätzliche Quellenlage ändert das aber leider wenig. Denn hier waren die Militanten Antifaschisten den Autonomen wesensgleich. »Informationen aus und von der Bewegung kursieren in Form – häufig nur lokal verteilter – Flugblätter, der im einschlägigen Buchhandel vertriebenen Dokumentationen zu einzelnen Aktionen und Ereignissen, sowie von – oft über, öfter aber unter der Theke aktueller Szene-Läden gehandelten – Zeitschriften des so genannten grauen Literaturmarktes.«[30]

Doch damit nicht genug der Schwierigkeiten, authentisches Material über die Militanten Antifaschisten zu finden. Langjährige Kenner und Beobachter der autonomen Szene gehen sogar noch einen Schritt weiter. Sie unterstellen den mittlerweile in die Jahre gekommenen ehemaligen Politaktivisten eine ganz besonders

28 Vgl. Hüttner, Bernd (2004), o.S.
29 Hüttner, Bernd (1997a), S. 1f.
30 Rohde, Markus (1992), S. 87.

begründete Sprachlosigkeit: »Während die 68er und 78er noch fleißig, anschaulich und bisweilen sehr amüsant ihre Anpassung an die Verhältnisse veröffentlichten und so interessante Dokumente lieferten, scheinen viele Autonome und andere Linksradikale ihre Biografien lieber vergessen oder kaschieren zu wollen. Sie möchten aus ihrer heutigen Position als Fremdenverkehrsmanager, Doktorandin, Drogenhilfe-Modellprojekts-Chef, Journalistin oder Universitätspressestellenmitarbeiterln wohl nicht mehr an die alten Zeiten erinnert werden.«[31]

Das Schweigen möchte dieses Buch durchbrechen, weshalb es einigen Grundprinzipien folgt. Es sollen so viele Originalaussagen zitiert werden, wie möglich. Nur so ist die maximale Authentizität zu erhalten. Primärquellen und Interviewpartner kommen deshalb ausführlich zu Wort. Das soll auch dazu dienen, durch die Sprache den Zeitgeist aufleben zu lassen und die Gedankenwelt authentisch zu vermitteln.

Inhaltlich möchte das vorliegende Buch Geschichte, Arbeitsweise, Struktur etc. der Militanten Antifaschisten beschreiben. Aber es will auch versuchen, weitergehende Fragen zu beantworten. Warum kommt es bundesweit fast zeitgleich überhaupt zur Bildung antifaschistischer Gruppen? Wie sind sie mit der autonomen Bewegung verknüpft? Was unterscheidet die Militanten Antifaschisten von der autonomen Szene? Welche politischen Aussagen treffen sie? Welche Rolle spielt die Gewalt bei den Militanten Antifaschisten? Woran scheiterten sie aber letztendlich?

Ein Wort zur Verständlichkeit. Der Autor ist Wissenschaftler. Trotzdem soll jeder Satz gemeinverständlich sein. Denn wenn sich Bücher nicht die Mühe machen, verstanden zu werden, steht ihr Sinn in Frage. Politische Bücher sind auch Teil der Suche nach Erkenntnis, ein Schritt zur Erweiterung des Wissens und des Bewusstseins. Jedes Wort in diesem Buch dient dem Ziel, verstanden zu werden. Auch Noam Chomsky ist »intellektuelles Fachchinesisch« zutiefst zuwider: »Die Intellektuellen haben ein Problem: Sie müssen ihre Existenz rechtfertigen. Nun gibt es wenige Dinge auf der Welt, die wir durch und durch verstanden haben. Der Großteil der Phänomene, die wir begreifen, lässt sich – von einigen Gebieten der Physik vielleicht einmal abgesehen – in recht einfachen Worten und mit kurzen Sätzen ausdrücken. Aber damit werden sie natürlich nicht berühmt. Sie bekommen keine Stelle angeboten, niemand bewundert ihre Schriften. Für einen Intellektuellen ist das eine echte Herausforderung. Er muss etwas eher Einfaches als sehr tiefgründig und kompliziert ausgeben. Dies geschieht vor allem durch kooperatives Wirken der Intellektuellen. Sie unterhalten sich untereinander, während der Rest der Welt sie bewundern und ihnen Anerkennung zollen darf. Doch übersetzen Sie einmal das, was diese Menschen einander zu sagen haben, in einfache Worte, und Sie werden feststellen, dass

31 Hüttner, Bernd (1997b), o.S.

dahinter entweder Binsenweisheiten, Absurditäten oder schlicht gar nichts steckt.«[32] Ich hoffe, dass das Buch meinem Anspruch genügt, dass es verständlich ist.

Es galt in den 1980er-Jahren als fortschrittlich, die kleine Schreibweise zu verwenden. Heute ist das bspw. noch an dem Titel von *die tageszeitung* zu sehen. Diese Schreibweise wurde in Zitaten übernommen.

Die Autonomen – politischer Kontext der Militanten Antifaschisten

Eine Abhandlung über die Militanten Antifaschisten in den 1980er-Jahren ist nicht zu verstehen, ohne die Entwicklung der Autonomen, ihre Ideen und Funktionsweise zu kennen.

Die Autonomen sind ein bis heute schwer fassbares Phänomen. Die Beschreibung des Anfangs dieser linksradikalen – und meist militant agierenden – Bewegung, wie sie sich selbst Anfang der 1980er-Jahre nennt, ist vielfach versucht worden, bleibt aber immer widersprüchlich. Die Debatte beginnt schon bei der Frage nach dem genauen Beginn der Existenz der Autonomen.

Ihre Geburtsstunde ist in der Regel mit dem 12. Dezember 1980 datiert. An diesem Tag brennen in Berlin-Kreuzberg Barrikaden. Grund ist die Räumung eines besetzten Hauses. Supermärkte und Schuhgeschäfte werden geplündert. »(…) und die Einsatzwagen der Polizei [müssen] mit quietschenden Reifen im Steinhagel kehrt machen.«[33]

Aber auch der 6. Mai 1980 wird oft als Geburtsstunde der Autonomen bezeichnet. An diesem Tag kommt es anlässlich einer Rekrutenvereidigung der Bundeswehr, gegen die 10.000 Menschen protestieren, zu einer Straßenschlacht am Bremer Weserstadion.[34] Die autonomen Geschichtsschreiber aus dem Autorenkollektiv A.G. Grauwacke legen sich in ihrem Buch *Autonome in Bewegung* nicht auf ein Datum fest. Ihnen zufolge geistert der Begriff Autonome seit Mitte der 70er-Jahre durch die westdeutsche Linke.[35] *Das kleine Westberlin-Lexikon* behauptet, dass der Begriff autonome Gruppen erstmals um 1980 auftaucht.[36]

Der Autor Geronimo kennt die Zeit aus eigenem Erleben. In seinem Buch *Feuer und Flamme – Die Geschichte der Autonomen* nennt er ebenfalls kein Geburtsdatum: »In den jeweiligen Bewegungen bildete sich ein sich selbst als militant verstehender autonomer Flügel heraus, der vor allem von vielen jüngeren Leuten getragen wurde. Ihre Erfahrungen waren dabei stark durch eine in dieser Zeit vorherrschende No-

32 Baillargeon, N.; Barsamian, D. (2002), S. 45f.
33 Agentur BILWET (1991), S. 7.
34 Vgl. Aierbe, Peio (1991), S. 116.
35 Vgl. A.G. Grauwacke (2007), S. 7.
36 Vgl. Mailänder, Ulf; Zander, Ulrich (2003), S. 27f.

Future-Haltung, die Konfrontation gegen bürgerliche Herrschaftsnormen und die Thematisierung der eigenen Bedürfnisse geprägt. Zentrales Medium der Verständigung wurden im Unterschied zu den studentischen Teach-ins der 60er und 70er in den Universitäten so genannte Vollversammlungen, die abgeschottet von einer bürgerlichen Öffentlichkeit den Raum für alle Bewegten öffneten, über ihre politischen Ziele und die dafür notwendigen Formen zu diskutieren.«[37]

Geronimo bezeichnet die Autonomen als Neue Soziale Bewegung (NSB).[38] Damit verwendet er eine Begrifflichkeit, die bis ins 20. Jahrhundert hinein »soziale Bewegung« als Synonym für die verschiedenen Strömungen und Projekte der Arbeiterbewegung bezeichnet, und die nun auf weitere Teile der politisch aktiven Bevölkerung ausgedehnt wird.

»Die NSB verbinden radikaldemokratische Forderungen mit dem Ziel solidarischer, selbstbestimmter Lebensweisen und der Verbesserung der Lebensbedingungen vorwiegend in der Reproduktionssphäre. Thematische Brennpunkte wichtiger Einzelbewegungen sind die Emanzipation von Frauen, Ökologie, Frieden und Abrüstung, selbstverwaltete Lebens- und Arbeitsformen, Hunger und Elend in der Dritten Welt sowie Bürger- und Menschenrechte. Zum Umfeld der NSB zählen aber auch Selbsthilfegruppen im Gesundheits- und Sozialbereich, Schwulen- und Lesbengruppen, Hausbesetzer und militante ›autonome‹ Gruppen.«[39]

Den Neuen Sozialen Bewegungen wird politische Einflussnahme unterstellt, denn viele Forderungen der NSB finden in den 1980er-Jahren ihren Niederschlag in neuen Parteien, wie z.B. den Grünen. Auch ihre Inhalte werden auf politischer Ebene aufgenommen.

»Erinnert sei nur an spektakuläre Vorschläge wie die eines garantierten Mindesteinkommens oder einer Quotierung zugunsten von Frauen im Beschäftigungssystem, an Einrichtungen wie Frauenhäuser und Alternativbetriebe oder an Politikalternativen in nahezu allen gesellschaftlichen Bereichen – von der Kommunalisierung der Energieversorgung bis zur Selbsthilfeförderung im Sozial- und Gesundheitsbereich.«[40]

Die Einflussmöglichkeiten der NSB lassen sich auch dadurch erklären, dass seit Mitte der 70er-Jahre mehr Menschen in Bürgerinitiativen politisch aktiv sind, als in den politischen Parteien![41] Doch es kommt trotzdem nicht zu einer fortschrittlichen Entwicklung in West-Deutschland. Aufgrund der ökonomischen Krise und der Massenarbeitslosigkeit sind die traditionellen Arbeiterklassen-Organisationen,

37 Geronimo (2002), S. 92f.
38 Vgl. Geronimo (2002), S. 92ff.
39 Rucht, Dieter (2003), o.S.
40 Hirsch, J.; Roth, R. (1986), S. 168.
41 Vgl. Hirsch, J.; Roth, R. (1986), S. 168.

Gewerkschaften und sozialdemokratische Parteien, angeschlagen. Tendenziell rechtspopulistische Strömungen nehmen an Stärke zu.[42]

»Parallel zur Schwächung der alten reformistischen Bastionen sind neue soziale Bewegungen außerhalb des etablierten politischen Institutionensystems entstanden, die von ihrer sozialen Basis, ihren Politikvorstellungen und Gesellschaftskonzepten her nicht ohne weiteres in die alten Frontstellungen passen. Das Gefüge der sozialen Kräfte, die im gegenwärtigen gesellschaftlichen Umbruch wirksam sind, haben sich verschoben, und damit auch der Stellenwert und die Bedeutung politischer und sozialer Konflikte. Die Krise des fordistisch-keynesianischen[43] Kapitalismus produzierte so auch eine Krise der linken Gesellschaftstheorie und der mit ihr verbundenen politischen Konzepte.«[44]

Doch zurück zur Frage nach der Geburtsstunde der Autonomen. In den Jahren 1980 bis 1983 erleben die NSB einen Aufschwung. Sie konzentrieren sich thematisch auf Teilbereiche: Hausbesetzungen, Kampf gegen Atomkraftwerke und die Frankfurter Startbahn West, Arbeit für die »DritteWelt« etc. Dem geht in den Jahren 1980/81 eine so genannte Sozialrevolte voraus, deren Grund in der massiven politischen und sozialen Unzufriedenheit liegt. Dabei verbinden sich Überreste politischer Gruppen aus den 1970er-Jahren mit dem relativ spontanen Protest vor allem gegen den Leerstand von Häusern zum Zwecke der Spekulation. Die Auseinandersetzungen mit der Staatsmacht zeigen eine bemerkenswerte Gewaltbereitschaft, die bald zum Merkmal für die Autonomen wird.[45]

Der bekennende Autonome Bernd Langer nennt in seinem Buch *Operation 1653* ebenfalls nur ein ungenaues Ursprungsjahr für die autonome Bewegung.

»Autonome waren Anfang der Achtziger zudem etwas völlig Neues. Eine Bewegung mit Aktivisten zwischen 18 und 28. Nur wer zu dieser Altersklasse zählte, gehörte zur neuen Generation und konnte sich ohne Schwierigkeiten in die Gedankenwelt und die Verhaltensweisen der Szene integrieren.«[46]

42 Vgl. Hirsch, J.; Roth, R. (1986), S. 12.

43 Fordismus: Auf Produktionsseite ist die stark standardisierte Massenherstellung von Konsumgütern, mit Hilfe monofunktionaler Maschinen (Fließbandfertigung) ein Indikator. Sozialpolitisch ist eine Sozialpartnerschaft zwischen Arbeitern und Unternehmern ein Merkmal. Konkret bedeutet das, dass soziale Sicherungssysteme existieren, eine lebenslange Anstellung bei einem Arbeitgeber und einer weitgehenden Vollbeschäftigung angestrebt werden.
Keynesianismus: Die Wirtschaftsphilosophie herrschte nach dem Zweiten Weltkrieg bis Mitte der 1970er-Jahre in allen westlichen Staaten. Als wesentliche Merkmale gelten die gelenkte Volkswirtschaft und der Wohlfahrtsstaat (auch Sozialstaat genannt).

44 Hirsch, J.; Roth, R. (1986), S. 12.

45 Vgl. Geronimo (2002), S. 92ff.; Vgl. Pfahl-Traughber, Armin (2008), S. 38ff.

46 Langer, Bernd (2004), S. 11.

Auch der Verfassungsschutz (VS) zeigt sich gegenüber der neuen Erscheinung verwirrt. Im VS Bericht Bayern gibt es 1981 noch keine Autonomen.[47] Ebenso wenig in Niedersachsen, dort gibt es nur »militante Extremisten«, subsumiert unter dem Begriff Neue Linke.[48] Die Kollegen von der Bundesbehörde schreiben parallel 1981 aber schon von autonomen Gruppen, und ein Jahr später sogar von Autonomen, eingeordnet in die Kategorie Undogmatische Neue Linke.[49] In Nordrhein-Westfalen ist von Autonomen bis 1982 nicht die Rede.[50] Erst ab 1983 sind die militanten Autonomen dort ein Begriff.[51]

Seit 1983 wird den Autonomen vom VS jährlich ein eigenes Kapitel gewidmet.[52] Die Anzahl der Aktivisten wird 1982 auf mehrere Tausend geschätzt. Laut VS organisiert in »(...) diffusen, oft hordenähnlichen Zusammenschlüssen«.[53]

Die Autonomen werden für zahlreiche Brandanschläge, Sabotageaktionen, militante Demonstrationen etc. verantwortlich gemacht. Der Verfassungsschutz kennt »autonome Zellen«, »autonome Antiimperialisten«, »autonome revolutionäre Zellen« etc.[54]

In der linken Szene tauchen Anfang der 1980er-Jahre erste Artikel auf, die versuchen, sich politisch dem Begriff Autonomie zu nähern, und die kurz die italienische operaistische[55] Theorie der autonomia vorstellen. Es beginnt der Versuch, das Wort autonom zu definieren.[56]

Obwohl die Geburtsstunde der Autonomen nicht feststellbar ist, so haben doch auch sie einen historischen Vorläufer. Ebenfalls zusammengefasst unter dem Begriff NSB erlebt eine Bewegung ab Mitte der 1970er-Jahre ihren Aufstieg unter dem Label Spontis.[57] Die Autonomen sind ihre direkten Erben. Parallel zum Entstehen der Autonomen verläuft der Niedergang der dogmatischen marxistisch-leninistischen K-Gruppen.[58] »Mit den ›neuen sozialen Bewegungen‹ bildet sich ein sich selbst als

47 Vgl. Bayerisches Staatsministerium des Innern (1982).
48 Vgl. Der Niedersächsische Minister des Innern (1982), S. 33ff.
49 Vgl. Bundesminister des Innern (1981), S. 98ff.; Bundesminister des Innern (1982), S. 110f.
50 Vgl. Der Innenminister des Landes Nordrhein-Westfalen (1983).
51 Vgl. Der Innenminister des Landes Nordrhein-Westfalen (1984)–(1988).
52 Vgl. Bundesminister des Innern (1983), S. 88f.
53 Bundesminister des Innern (1983), S. 88.
54 Vgl. Bundesminister des Innern (1984), S. 90f.; Bundesminister des Innern (1983), S. 88f.
55 Operaismus: Ist in diesem Kontext die Bezeichnung einer sozialen Bewegung in Italien, die Anfang der 1970er-Jahre weltweite Aufmerksamkeit errang. Die Bewegung organisierte lange Streiks und griff zu militanten Mitteln wie Fabrikbesetzungen und Entführungen, um ihren Zielen näher zu kommen.
56 Vgl. Redaktionsgruppe (1996), S. 33.
57 Spontis: Sie gelten als Nachfolger der APO und grenzen sich von den marxistischen K-Gruppen ab. Sie gelten als antiautoritär, bedürfnisbefriedigungsfreudig und spontan aktionsbereit. Diese sind trotzdem oft gut organisiert, mit beispielhafter, fantasievoller und mitreißender Aussage, z.B. als Straßentheater. Die Spontis lehnen Gewalt nicht kategorisch ab, sondern wenden sie bspw. bei Demonstrationen an.
58 Vgl. Geronimo (2002), S. 15ff.; Vgl. Backes (2006a), S. 45.

autonom-militant verstehender linksradikaler Flügel heraus. Der Zusammenhang der neuen sozialen Bewegungen bildet ab der zweiten Hälfte der 70er-Jahre den Ausgangspunkt für das Entstehen der reformistischen Grünen Partei und für einen linksradikalen Flügel.«[59]

Autonome Gruppen existieren nach Erkenntnissen des Verfassungsschutzes in fast allen größeren Städten Deutschlands, schwerpunktmäßig aber in Berlin, Göttingen, Hamburg und dem Rhein-Main-Gebiet. Die unorganisierten Gruppen orientieren sich an oftmals diffusen kommunistischen oder anarchistischen Ideologiebestandteilen, gemeinsame ideologische oder strategische Konzepte gibt es nicht. Konsens und Gemeinsamkeit existieren lediglich hinsichtlich gewisser allgemeingültiger Grundannahmen: antifaschistisch, antikapitalistisch und antipatriarchal. Außerdem lehnen Autonome Gewalt zur Durchsetzung politischer Ziele definitiv nicht ab.[60]

Das politische Selbstverständnis der Autonomen

So wie die Geburtsstunde der Autonomen nicht feststeht, so sind sie ideologisch auch wenig greifbar. Das Wort autonom »(...) bedeutet selbstständig, unabhängig, nach eigenen Gesetzen lebend/existierend«.[61]

Das Innenministerium Nordrhein-Westfalen schreibt auf seiner Homepage 2007 über die Autonomen: »Linksextremisten, die sich außerhalb der klassischen Organisationsformen wie Parteien in Gruppen zusammengeschlossen haben, um – zumeist auf bestimmten Themenfeldern – aktionistisch geprägte politische Arbeit zu betreiben. Sie verfolgen diffuse anarchistische oder kommunistische Vorstellungen und gelten als potenziell gewaltbereit.«[62]

Bei der Bundeszentrale für politische Bildung ist auf der Homepage über die Autonomen auch Substantielles zu erfahren: »Dem linken Extremismus zugerechnete Gruppierungen, die jegliche Form staatlicher Ordnung ablehnen. Militante Autonome betrachten Gewalt als legitimes Mittel und verüben Gewalttaten.«[63]

Akademische Aufsätze versuchen sich ebenfalls in einer Beschreibung der Autonomen: »Als ›Autonome‹ bezeichnet man Gruppierungen aus dem linken Spektrum. Sie greifen aktuelle gesellschaftliche Themen auf und werden innerhalb der Proteste der jeweiligen NSB aktiv. (...) Den Autonomen fehlt ein festes ideologisches

59 Geronimo (2002), S. 16.
60 Vgl. Eckert, Roland (2003), S. 55f.
61 Duden: Herkunftswörterbuch, S. 56.
62 http://www.mik.nrw.de/extras/glossar.html?tx_szimglossary_pi2%5Bword%5D=514&tx_szimglossary_pi2%5Bfrompg%5D=-1&tx_szimglossary_pi2%5Bdatapg%5D=196&cHash=80646b979e7ae6da2ccbe48e7956a884. 12.7.2014, 18:28h.
63 http://www.bpb.de/nachschlagen/lexika/pocket-politik/16333/autonome. 12.7.2014, 21:40h.

Programm. In den verschiedenen autonomen Gruppen der Groß- und Universitätsstädte (vor allem Berlin, Hamburg und Frankfurt am Main) existiert eine Vielzahl von Ideen und Theorien. Der Konsens besteht lediglich in der Ablehnung alles politisch und rechtlich Bestehenden. Insofern ist es schwierig von den Autonomen als einer einheitlichen Bewegung mit gleichen Theorien und Zielen zu sprechen.«[64]

Der Bundesverfassungsschutz widmet den Autonomen sogar einen eigenen Aufsatz, der online abrufbar ist. Unter dem Titel *Militante Autonome* definieren die Staatsbeamten: »Die Bewegung der Autonomen ist nicht homogen. Autonome verfügen über kein einheitliches ideologisches oder strategisches Konzept. Eine abgeschlossene theoretische Fundierung ist ihnen suspekt und widerspricht ihrem Anspruch, ›nach eigenen Gesetzen‹ – d.h. autonom – zu leben. Viele orientieren sich an diffusen anarchistischen und kommunistischen Ideologiefragmenten oder begnügen sich mit einem Grundgefühl ›militanter Antistaatlichkeit‹, der Auflehnung gegen Autoritäten und Hierarchien, der Verweigerung von Regularien und Lohnarbeit oder dem Ausscheren aus dem ›kapitalistischen Verwertungsprozess‹. ›Freiräume‹ suchen sie u.a. in Wohngemeinschaften mit Gleichgesinnten, oftmals in besetzten oder ›legalisierten‹ Häusern. Als für die meisten Autonomen gültiger ideologischer Minimal-Konsens wird eine – unklare – ›antifaschistische‹, ›antiimperialistische‹ und ›antipatriarchale‹ Grundhaltung vorausgesetzt, die sich gegen die bestehende politische und gesellschaftliche Ordnung richtet, mit dem perspektivischen Ziel, eine unterdrückungsfreie Gesellschaftsordnung zu erkämpfen. Darüber hinaus sind sich Autonome einig in der Bereitschaft, zur Durchsetzung ihrer politischen Ziele Gewalt einzusetzen. Diese wird als angeblich ›befreiende Gewalt‹ gegen die ›strukturelle Gewalt‹ des Staates und der Gesellschaft gerechtfertigt. So erklärten ehemalige Mitarbeiter der Untergrundzeitschrift *radikal*: ›Konträr zum Zustand der Linken haben sich die Herrschaftsverhältnisse verfestigt, und wir können uns heute genauso wenig wie vor 20 Jahren vorstellen, wie sie ohne Bewaffnung und Militanz zu überwinden wären. Selbst wenn es um punktuelle Ziele geht – wie beispielsweise bei Aktionen gegen faschistische Kader und Einrichtungen, in der praktischen Solidarität mit Flüchtlingen – ist der direkte Angriff als Ergänzung und Fortführung militanter Politik unverzichtbar‹.«[65]

Eine weitere Charakterisierung autonomen Selbstverständnisses liefern die zwei ehemaligen Szeneangehörigen Schultze und Gross in ihrem 1997 unter dem Titel *Die Autonomen* veröffentlichten Buch: »Die Autonomen stellen ein Konglomerat

64 Friemann, Andrea (2002), S. 4f.
65 Bundesamt für Verfassungsschutz: Militante Autonome. Charakteristika – Strukturen – Aktionsfelder. http://www.extremismus.com/vs/autonom.htm. 23.11.2007, 14:51h.

vornehmlich aus Sponti- und Italo-›Verschnitten‹ dar. Schlagwörter der autonomen Bewegung, die unterschiedlich gefüllt werden, sind: Selbstbestimmung, Politik der ersten Person, kollektive und Ich-Identität, Solidarität, Aktion vor Theorie, keine Hierarchien, sozialrevolutionär, alltägliche Veränderungen, Unabhängigkeit (...) und diverse Anti-Einstellungen wie Antiimperialismus und Antifaschismus. Eine positive Bestimmung fällt meistens schwerer und bezieht sich auf Freiräume und gegenkulturelle Entwürfe in Musik und Kunst, im Zusammenleben und -arbeiten.«[66]

Es scheint, als gäbe es ausnahmsweise definitorische Schnittmengen zwischen dem VS und den ehemaligen Szenemitgliedern bzgl. der Autonomen. Das unterstreicht die A.G. Grauwacke mit ihrer Begriffsbestimmung. Demnach sind die Autonomen »weniger eine Bewegung, als eine Fraktion oder Strömung«.[67] Andere Quellen wiederum sprechen von »der Bewegung«, oder »der Szene«, die quasi über Nacht entstand.[68]

»Wir sind die Borkenkäfer im massiven Gebälk der Macht, wir sind der Hallimasch im Dickicht der Städte. Auch wir kennen den Weg, an uns kommt keiner vorbei!«[69] Große Worte, aber bis heute ist im Kern unklar, was die Autonomen der 1980er-Jahre nun wirklich sind. Diplom- und Doktorarbeiten, Bücher und Broschüren nähern sich ihnen meist über eine phänomenologische Beschreibung. Demnach entstehen die Autonomen in geringer zeitlicher Verschiebung in Ländern wie Deutschland, Holland und der Schweiz. Gemein ist ihnen, dass sie die Spielregeln des politischen Systems und der bürgerlichen Gesellschaft ablehnen.

»Das zeitgleiche Auftreten ähnlicher Ereignisse in anderen Städten gab der Bewegung eine Pluralform: Bewegungen, die sich gegenseitig austauschten, unterstützten und Antrieb gaben, die aber niemals ideologisch zu einem einheitlichen Gebilde aufgebläht wurden. Überall ähnelten sich die Ereignisse, aber nirgends waren sie gleich. Von Land zu Land, von Stadt zu Stadt, von Kiez zu Kiez und Haus zu Haus – und schließlich noch innerhalb eines jeden Hauses ... je näher man hinsah und je genauer man hinhörte, desto größer wurden die Unterschiede in den Ausdrucksformen der Bewegten und dem Verlauf ihrer Bewegungen.«[70] Am Ende bleibt das Individuum, die Politik der »ersten Person«.[71]

Schultze und Gross bezeichnen die Autonomen als eine Art Entmischungsprodukt. Ihnen zu Folge kam niemand aus dem politischen Nichts zu den Autonomen. Zumindest seit das Phänomen Anfang der 1980er-Jahre das erste Mal unter dem

66 Schultze, Thomas; Gross, Almut (1997), S. 55.
67 A.G. Grauwacke (2007), S. 7.
68 Vgl. Agentur BILWET (1991), S. 7f.
69 Innenministerium des Landes Baden-Württemberg (1985), S. 63.
70 Agentur BILWET (1991), S. 7f.
71 A.G. Grauwacke (2007), S. 100.

Begriff »Autonome« auftaucht. Die meisten waren »vorher bei den Spontis, Stadtindianern[72] oder Anarchisten, hatten in Stadtteil-, Knast-, Universitäts- oder Schülergruppen, Dritte Welt oder sonstigen Initiativen mitgearbeitet, oder sie stammten aus undogmatischen, seltener aus K-Gruppen, aus der Hausbesetzer- und Anti-AKW-Bewegung. Dazu kamen jugendliche Erwerbslose, Punks und anpolitisierte junge Menschen ohne vorheriges politisches Betätigungsfeld.«[73]

Bei den Autonomen fanden sich die radikalsten Kräfte aus den jeweiligen politischen Gruppen und Teilbereichsbewegungen zusammen. Wer bspw. als Mitglied der Anti-AKW-Bewegung zu den Autonomen wechselte, tat dies, weil ihm die Konzentration auf einen politischen Inhalt nicht genügte, oder weil ihm die Militanz fehlte. Die unterschiedliche politische Herkunft der Autonomen schlägt sich nach Schultze und Gross in ihrer Themenvielfalt nieder. Autonome sind in vielfältigen Themenfeldern zu finden: Anti-Kriegs-Politik, AKW, Volkszählung, Startbahn West, Hausbesetzungen etc. Dieses inhaltlich »willkürliche Herumgespringe« hängt den Autoren zu Folge eng mit der Entwicklungsgeschichte der Autonomen zusammen.[74]

»Seit '81 bezeichneten sich große Teile der Linksradikalen in Hannover als Autonome. Es gab ein autonomes Plenum und ein Sammelbecken, welches sich Autonome Bewegung Hannover nannte, wohin ich bald Kontakte fand. Irgendwann – Anfang '82 wohl – fühlte ich mich selbst als Autonomer, wobei das natürlich kein ausdifferenzierter Standpunkt hinsichtlich des Autonomie-Begriffs oder anderen theoretischer Fragen war, sondern eher als Essentials beinhaltete, dass ich mich bei den Militanten eingereiht hatte, jegliche Gespräche oder Verhandlungen mit Vertretern des Staates grundsätzlich ablehnte und die Erkenntnis gereift war, dass dieses ganze System zerschlagen gehörte.«[75]

Selbst Bernd Langer, der seit über drei Jahrzehnten bei den Autonomen aktiv ist, gelingt es nicht, die politischen Weggefährten inhaltlich zu fassen. Denn weder gelten die ehemaligen realsozialistischen Staaten wie die UdSSR oder die DDR, noch die VR China als politische Orientierung. Auch verfolgen die Autonomen keine Politik, die auf die Schemata des Klassenkampfes setzt. Sie sind nicht in Fabriken oder Betrieben politisch aktiv. Hierarchische Organisationsformen oder fest gefügte weltanschauliche Dogmen lehnen Autonome ab. Eine politische, ideologische Führung existiert nicht.[76]

Die politische Entscheidungsinstanz ist für Autonome das Plenum, ein Gesamtrat, der jeder und jedem das gleiche Rede- und Entscheidungsrecht zugesteht. Dass so eine Zusammenkunft grundsätzlich nicht pünktlich beginnt, gehört ebenfalls zu

72 Stadtindianer: Gruppe der Spontis.
73 Schultze, Thomas; Gross, Almut (1997), S. 38.
74 Vgl. Schultze, Thomas; Gross, Almut (1997), S. 38f.
75 A.G. Grauwacke (2007), S. 15.
76 Vgl. Langer, Bernd (1997), S. 29ff.

den Erscheinungsformen der Autonomen.[77] Denn die postulierte »Politik der ersten Person«[78] verachtet nicht nur Strategien und politische Perspektiven, sondern macht das persönliche Befinden des Einzelnen im jeweiligen Moment zu seiner einzigen und individuellen politischen Messlatte. Deshalb gelingt es auch nicht, eine einigermaßen einheitliche Organisation oder politische Strategie zu entwickeln.[79]

Die Autonomen sind deshalb zwangsläufig eine undogmatische Bewegung, die sich aus verschiedenen Strömungen zusammensetzt. Ein Streit der Ideologien, etwa zwischen Kommunismus und Anarchismus, spielt keine maßgebliche Rolle. Ein Konsens wird allerdings bei der Ablehnung kommunistischer Organisationsmuster gefunden.

Aufgrund der fehlenden politischen Übereinstimmungen träumen einige Strömungen von einer sozialrevolutionären Massenmobilisierung. Sie sammeln sich auf 1.-Mai-Kundgebungen und unterstützen Arbeitskämpfe wie wilde Streiks. Andere hingegen mobilisieren gegen Kundgebungen des DGB und organisieren eigene Demonstrationen. Manche autonome Einzelpersonen und Gruppen lehnen jegliche Orientierung an der historischen Arbeiterbewegung ab. Sie versuchen eine neue Konzeption des Klassenkampfes zu entwickeln. Ihr theoretischer Ansatz geht davon aus, dass Anfang der 1980er-Jahre Massenarmut bevorsteht und sich die klassischen kapitalistischen Strukturen auflösen. Durch veränderte Produktionsbedingungen erhalten Flexibilität und Individualität einen immer größeren Stellenwert, die Automatisierung von Produktionsabläufen rationalisiert die menschliche Arbeitskraft weg, die Situation für Arbeiter verändert sich grundlegend. Die Folge sind temporäre Arbeitsverträge und fehlende soziale Absicherung. Die politische Zukunftsbeschreibung von vor 30 Jahren ist heute Realität. Ein großer Teil der Arbeitslosen und Gelegenheitsarbeiter ist nicht organisiert. In der Organisation dieses Spektrums, z.B. in so genannten Jobberinitativen, wird von diesen Autonomen eine politische Perspektive gesehen.

Andere Strömungen in der autonomen Szene halten jede Beteiligung an der kapitalistischen Lohnarbeit für falsch. Sie propagieren den Ausstieg und beginnen in Kollektiven oder selbstverwalteten Betrieben zu arbeiten. Den kapitalistischen Arbeitsbedingungen werden selbstbestimmte entgegengesetzt.[80]

Die autonome Zeitschrift *radikal* stellt fest, dass sich die verschiedenen Strömungen der radikalen Linken als Spontis, Anarchisten oder Kommunisten bezeichnen. Als sich dann die ersten Straßenschlachten Anfang der 1980er-Jahre entwickeln, nennen sich plötzlich alle Autonome. In der Nummer 98 vom September 1981 wird dieses autonom näher umrissen. Demnach kommt es darauf an, sofort

77 Vgl. Agentur BILWET (1991), S. 7f.; Langer, Bernd (1997), S. 29ff.
78 Vgl. A.G. Grauwacke (2007), S. 100.
79 Vgl. Agentur BILWET (1991), S. 7f.; A.G. Grauwacke (2007), S. 12f.
80 Vgl. Langer, Bernd (1997), S. 29ff.

andere Lebensformen zu praktizieren, weil die bürgerliche Gesellschaft keine Perspektive darstellt. Die Zukunft liegt in einer befreiten Gesellschaft, die durch einen kulturrevolutionären Prozess erreicht wird. Die Zerschlagung des Bestehenden führt zu neuen Verhaltensweisen und Bedürfnissen.[81]

Je nach politischem Schwerpunkt eignen sich Fraktionen innerhalb der autonomen Szene Labels an, unter denen sie fortan politisch aktiv sind. Die Selbstbezeichnungen wechseln so häufig wie die Gruppen und ihre Mitglieder: »Autonome Handwerker«, »Autonome Tierschützer«, »Autonome Frauengruppe«, »Sanitäter-Gruppen«, »militante Tierschützer« etc.[82]

Obwohl auch Bernd Langer immer wieder betont, dass die Autonomen politisch nicht auf einen Nenner zu bringen sind, gelingt ihm doch eine gute Beschreibung ihrer politischen Ideenwelt: Das System, der Staat wird als monolithischer Block wahrgenommen. Jeder Lebensabschnitt ist vom Arbeitsplatz bis zum Freizeitangebot perfekt ausgeklügelt und vorgegeben. Die Menschen sollen unter der Knute des Kapitalismus funktionieren. Eine herrschende ökonomische Klasse zieht die Fäden.

In der parlamentarischen Demokratie spielen Parteien keine Rolle. Sie können innerhalb der Spielregeln, die der Verwertungsprozess vorgibt, kleine Reformen durchführen. Deshalb ist es zwecklos, an Veränderungen innerhalb des Systems zu glauben. Jede Reform dient letztendlich der Stabilisierung des Staates und ist insofern Verrat an der revolutionären Idee. Das System hat keine Fehler, es ist der Fehler. Es kann nur zerschlagen werden, Kompromisse sind nicht möglich.

Im Weltmaßstab gelten die USA als imperialistischer Hauptaggressor. Ist irgendwo in der Welt die kapitalistische Wirtschaftsordnung in Gefahr, tritt die CIA auf den Plan oder das US-Militär interveniert, um jeden revolutionären Keim zu ersticken. Vorposten und treuester Vasall der USA in Europa ist Deutschland, im Mittleren Osten hat Israel diese Rolle inne, am Horn von Afrika ist es Südafrika und in Asien Japan und Südkorea.

Im Dienste des Imperialismus wird die Welt ausgeplündert, die Rohstoffe und Reichtümer wandern in die Metropolen. Der hohe Lebensstandard der Industrienationen ist nur möglich, weil andernorts Menschen hungern. Der Wohlstand in den entwickelten Industriestaaten dient auch dazu, die hier lebenden Menschen ruhig zu halten.

Die westlichen Nationen entfachen ein historisch einmaliges Wettrüsten. Sie zwingen so den Ostblock (damals existieren noch die Antagonisten NATO und Warschauer Pakt) wirtschaftlich in die Knie. Über der Welt schwebt ständig

81 Vgl. Geronimo (2002), S. 118ff.
82 Vgl. Manns, H.; Treusch, W.-S. (1987), S. 66.

die Bedrohung der atomaren Vernichtung, ein finaler dritter Weltkrieg scheint unausweichlich.[83]

Die autonome Bewegung ist mit den Befreiungskämpfen solidarisch, unterstützt ihren Kampf um nationale Souveränität und gegen den Imperialismus. Bekannteste Beispiele sind die Arbeits-Brigaden[84] ins revolutionäre Nicaragua der FSLN[85], die Sammlung von Geld für Waffen für die salvadorianische Guerilla FMLN[86], die Unterstützung der Palästinenser und des ANC[87] in Südafrika.

Im Unterschied zu den Antiimps[88], die sich mit der Guerillagruppe Rote Armee Fraktion (RAF)[89] verbandelt wissen, schlägt das autonome Herz für die Revolutionären Zellen[90] (RZ). Die RZ operiert aus der Legalität heraus und verübt Anschläge auf staatliche Einrichtungen und Firmen, die in Rüstungsgeschäfte verwickelt sind, oder Menschen besonders schlimm ausbeuten. Tote sieht das RZ-Konzept nicht vor. Ganz anders die RAF. Sie operiert aus der Illegalität und zieht Verantwortliche

83 Anm.d.Verf.: Die politischen Analysen der Autonomen sind keine Hirngespinste, wie folgendes Zitat von Daniel Ellsberg, einstiger Präsidentenberater und Atomkriegsexperte des US-Verteidigungsministeriums, belegen kann. Er bringt die Strategie der USA in seiner Rede am 29. Juni 1981 in Berlin auf den Punkt: »Die US-amerikanische Regierung ist zu einem begrenzten Nuklearkrieg entschlossen. Um sich Rohstoffe und Weltmärkte zu sichern, ist sie – nach den großen Verlusten der USA im Vietnamkrieg – nunmehr bereit, kleine so genannte taktische Atomwaffen gegen Befreiungsbewegungen und Länder der Dritten Welt einzusetzen. (...) Sollte sich die UDSSR (...) nicht abschrecken lassen, der USA in einem Land der Dritten Welt atomar zu antworten, würde sie durch die von Westeuropa aus gestarteten Mittelstreckenraketen so hart angeschlagen, dass sie nur noch zu einem Gegenschlag auf Westeuropa fähig ist. Der Nuklearkrieg bliebe auf Europa begrenzt. Die UDSSR wäre schwer verwundet, Europa eine verseuchte Wüste mit Millionen Toten. Die USA aber blieben verschont.« Vgl. Autonome Gruppen (1983), S. 6.

84 Arbeitsbrigaden: Personengruppen aus politischen Zusammenhängen reisen auf eigene Kosten nach Nicaragua, um mindestens vier Wochen an Projekten wie Kaffeeernte, Häuserbau, Landwirtschaft o.ä. mitzuwirken. Der Arbeitseinsatz kann im Bereich des Schulbaus liegen, die Verlegung einer Trinkwasserleitung oder eine Wiederaufforstungsmaßnahme zum Ziel haben. Die solidarischen Autonomen stießen dabei oft an ihre psychischen und/oder physischen Grenzen. Viele kehrten erschüttert von der Realität der Armut und des Krieges nach Deutschland zurück. Ob und wie die Arbeitsbrigaden letztendlich wirklich die sandinistische Revolution unterstützten, wurde bisher nicht untersucht. Als Ausdruck praktischer Solidarität sind sie jedoch ein wichtiges Element.

85 FSLN: Frente Sandinista de Liberación Nacional (Sandinistische Nationale Befreiungsfront).

86 FMLN: Frente Farabundo Martí para la Liberación Nacional (Nationale Befreiungsfront Farabundo Martí).

87 ANC: African National Congress (Afrikanischer Nationalkongress).

88 Antiimps: Abkürzung für Antiimperialisten.

89 RAF: Die Rote Armee Fraktion bezeichnete sich als Metropolenguerilla. Sie existierte von 1970 bis 1998, ihre Mitglieder lebten illegal im Untergrund. Sie verübten Bomben- und Brandanschläge auf staatliche Institutionen, US-Einrichtungen und Firmen aus dem militärisch-industriellen Komplex, sowie Mordanschläge auf deren Repräsentanten. Die RAF stellte sich in den Kontext der Kämpfe der nationalen Befreiungsbewegungen in der »Dritten Welt«, war aber auch mit kommunistischen Untergrundgruppen in Europa solidarisch, wie der französischen Action Directe oder den Cellules Communistes Combattantes in Belgien.

90 RZ: Die Revolutionären Zellen waren von den 1970er- bis in die 1990er-Jahre als militantes Netzwerk aktiv und dezentral organisiert. Die legal lebenden Mitglieder verübten Bomben- und Brandanschläge vornehmlich auf staatliche Einrichtungen oder Firmen aus dem so genannten militärisch-industriellen Komplex. Die RZ begriffen sich als Teil der autonomen Bewegung.

für kapitalistische Verbrechen aus Staat und Wirtschaft durch gezielte Tötung zur Verantwortung. Die Antiimps sind bundesweit vernetzt und richteten ihr politisches Handeln nach den Vorgaben der RAF. Zwischen Antiimps und Autonomen verläuft in den meisten Städten ein tiefer Graben.[91]

Autonome Militanz

Ob Autonome gewalttätig agieren, muss nicht diskutiert werden. Gewaltbereitschaft gegen Sachen und Personen sowie Militanz als antagonistisches Prinzip gehören zu ihrem Selbstverständnis. »Es gibt keinen gewaltfreien Autonomen. Autonom ist militanter Widerstand. Das beinhaltet der Begriff autonom, der beinhaltet den Militanzbegriff.«[92]

Gewaltfrei wird mit Wehrlosigkeit gegenüber dem Staat gleichgesetzt. Aber auch hier sind die Autonomen nicht dogmatisch. Wird die Gewaltfreiheit als praktische Kampfform begriffen, z.B. als ziviler Ungehorsam, ist es für Teile der autonomen Bewegung möglich, auch dies als Kampfform zu akzeptieren und zu tolerieren.

Die eigene Militanz wird als legitime Gegengewalt gegen die »strukturelle Gewalt« des Systems gerechtfertigt. Gleichwohl wird über die Anwendung der Gewalt innerhalb der autonomen Szene heftig gestritten, wobei die Frage der Vermittelbarkeit von Aktionen und Angriffszielen meist im Vordergrund steht.

Innerhalb politischer Demonstrationen in Aktionsfeldern wie Anti-AKW, Antiimperialismus, Antimilitarismus, Ökologie, Antifaschismus etc. klinken sich die Autonomen mit militanten Aktionen ein. Gewalttätige Auseinandersetzungen auf der Straße mit der Polizei, oder dem politischen Gegner, wie Neonazis, sind die Folge und gewollt.[93]

Die militanten Aktionen der Autonomen sind Ausdruck der Wut gegen die Missstände des Systems. Sie sollen außerdem zeigen, dass der Staat nicht unangreifbar ist, jeder die Militanz nachahmen und seine eigene Wut praktisch ausdrücken kann, also nicht wehrlos sein muss.[94]

Zu unterscheiden ist die Militanz auf Demonstrationen gegen Polizei oder Symbole des Staates, bzw. des Kapitalismus, und die der Kommandomilitanz, bei der Kleingruppen Anschläge verüben. Auf Demonstrationen werden die Autonomen meist als Schwarzer Block sichtbar militant wahrgenommen, während selbstbestimmte und klandestine Aktionen (militante Anschläge) irgendwo und irgendwann stattfinden. Die autonome Urheberschaft vermittelt sich dabei über

91 Vgl. Langer, Bernd (2004), S. 162ff.
92 Interview des Autors mit Bernd Langer (2008).
93 Vgl. Eckert, Roland (2003), S. 55f.
94 Vgl. Manns, H.; Treusch, W.-S. (1987), S. 71.

das Anschlagsziel selbst oder über eine Erklärung, im Polizeijargon »Selbstbezichtigungsschreiben« genannt.[95]

In den 1980er-Jahren werden laut offizieller Statistik durchschnittlich ca. 1.800 »linksextreme Straftaten« pro Jahr verübt.[96] Natürlich nehmen das die staatlichen Organe nicht hin und verstärken die repressiven Maßnahmen. Ab 1985 werden im StGB[97] die Paragrafen 129a[98], 111[99] und 90[100] verschärft.[101]

Vor allem der §129a wird weitgehend als politisches Instrument gegen die radikale Opposition genutzt: »Zu Beginn der Terroristenhysterie, im Jahre 1976, wurde §129a als neue Norm in das Strafgesetzbuch aufgenommen. §129a StGB bestraft die Bildung einer terroristischen Vereinigung und auch diejenigen, die derartige Vereinigungen unterstützen oder für sie werben. Die Auslegung, was eine terroristische Vereinigung ist und was als Werbung für eine terroristische Vereinigung angesehen wird, blieb der Auslegung einzelner Richter überlassen und führte zu vielen sehr umstrittenen Verurteilungen. So wurden in Berlin Benny Härlin und Michael Klöckner nur deswegen zu 2,5 Jahren Gefängnis verurteilt, weil sie in der Zeitschrift *radikal* ein Bekennerschreiben der »Revolutionären Zellen« abdruckten. Es bildeten sich Unterstützergruppen und Kampagnen gegen diese Art von Justiz – was unter Umständen gemäß Paragraf 129a StGB auch schon als Unterstützung oder Werbung gewertet werden konnte.«[102]

Massenmilitanz

Militanz auf Demonstrationen tritt in den 1980er-Jahren vor allem in Zusammenhang mit Protesten gegen Atomkraft, den NATO-Doppelbeschluss, die Startbahn-West, Militärshows und Hausräumungen auf. Die Massenmilitanz äußert sich meist im Werfen von zufällig auffindbaren Gegenständen oder Mitgebrachtem, wie Pyrotechnik oder Molotow-Cocktails. Beliebt ist der quadratische Pflasterstein, der in den Städten überall zu finden und leicht auszugraben ist. Er wird zum Symbol der autonomen Bewegung wird. Mit jedem Wurf eines Pflastersteins soll aber auch die Systemablehnung und die Wut auf die gesellschaftlichen Verhältnisse zum Ausdruck gebracht werden. An den Wänden stehen Sprüche wie: »Ihr habt uns in Beton geboren, und jetzt beklagt ihr, dass wir Steine in den Händen halten.«

95 Manns, H.; Treusch, W.-S. (1987), S. 68f.; Vgl. Ceylanoglu, Sena (2004), 151ff.
96 Vgl. Eckert, Roland (2003), S. 55f.
97 StGB: Strafgesetzbuch.
98 §129a StGB: Bildung und Unterstützung einer terroristischen Vereinigungen.
99 §111 StGB: Öffentliche Aufforderung zu Straftaten.
100 §90 StGB: Verunglimpfung des Bundespräsidenten.
101 Vgl. Manns, H.; Treusch, W.-S. (1987), S. 65.
102 Mailänder, Ulf; Zander, Ulrich (2003), S. 207f.

Der Pflasterstein wird für die Autonomen das Symbol für Befreiung schlechthin, das Symbol für militanten Widerstand gegen die kapitalistischen Verhältnisse, gegen Ausbeutung und Unterdrückung. Dahinter steht der Wunsch, das System anzugreifen, wenn auch eher symbolisch. Jeder Steinwurf soll außerdem zeigen, dass das Gewaltmonopol des Staates nicht akzeptiert ist. Die Militanz auf der Straße hilft den Autonomen dabei, öffentliche Aufmerksamkeit für ihre Anliegen zu erlangen. Wenn Steine fliegen, berichtet die Presse fast automatisch darüber. Ein beliebter Slogan der Autonomen ist deshalb: »Menschen sterben und ihr schweigt – Steine fliegen und ihr schreit!«[103]

Konspirative Anschläge

Eine andere Form autonomer Militanz äußert sich in konspirativ vorbereiteten und ausgeführten Anschlägen. Ziele sind Objekte, die als Symbol für besonders abzulehnende Auswüchse des Kapitalismus anzusehen sind: Behörden, Banken, militärische Infrastruktur, einzelne Lobbyisten, Sicherheitszäune und Baumaschinen. Aber auch die mit Atomkraftwerken oder anderen zu bekämpfenden Objekten in Zusammenhang stehende Betreiberfirmen, Verantwortliche, Zulieferbetriebe oder auch in der Forschung tätige, sowie an Genehmigungsverfahren beteiligte Firmen und Institute können Ziele einer Kommandoaktion sein. Die konkreten Sabotage-Aktionen dienen dazu, abzulehnende Projekte zu verhindern, ihre Entstehung zu verzögern oder zumindest die Profitrate für beteiligte Unternehmen zu schmälern, damit sie sich in Zukunft ihre Beteiligung aus ökonomischen Gründen vielleicht zweimal überlegen. So wird 1984 ein Anschlag auf einen Strommast an der Startbahn West damit erklärt, dass zwar die Abholzung des Waldgebietes nicht zu verhindern ist, aber die Aktion wenigstens den Preis für das Objekt in die Höhe treiben soll.

Besonders nach dem Super-GAU im AKW Tschernobyl steigen die Zahlen von Anschlägen auf die Infrastruktur des Stromnetzes in die Höhe: 1986 werden über 80 Masten vor allem in Bayern und Baden-Württemberg gefällt, d.h. umgesägt. Fast ausnahmslos gehen nach den Sabotageaktionen Erklärungen bei Redaktionen etablierter Zeitungen ein. Unterzeichnet sind sie meist mit fingierten, oft nur einmal benutzten Gruppenbezeichnungen, wenn auch einige Zusammenhänge feste Gruppennamen als eine Art Wiedererkennungsmerkmal benutzen. In den Bekennerschreiben erklären die Militanten ihre Tat, wollen auf ihre Ziele aufmerksam machen und meist zur Nachahmung anregen. Der Verfassungsschutz behauptet, dass die benutzte Sprache auf ein überdurchschnittliches Bildungsniveau der Ver-

103 Vgl. Ceylanoglu, Sena (2004), 151ff.; Zusammenfassung des Autors aus dem Interview mit Roger Ottenheimer (2007).

fasser hindeutet. Darauf lässt der Behörde zu Folge auch die minutiöse Planung und Durchführung der Anschläge schließen, was die polizeiliche Aufklärung erschwert. Der VS weiß, dass viele der Täter ein normales, unauffälliges Leben führen und nebenbei Aktionen planen und durchführen. Er prägt den Begriff der »Feierabendterroristen«.[104]

Von 1980 steigen die so genannten terroristischen Anschläge von 77 auf 215 im Jahr 1983. 1984 sinken sie auf 145. Allerdings steigen die 1983 begonnenen militanten Aktionen (Brandanschläge) gegen Rechtsradikale in Norddeutschland 1984 schon auf 7.[105]

Ende des Jahrzehnts ändert sich der Trend. Allein in Niedersachsen gehen die »klassischen« Formen autonomer Anschläge von 1987 auf 1988 zurück: bei Brandanschlägen sind es 10 statt 33 im Vorjahr; die Sachbeschädigungen fallen von 21 auf 13.[106] Ab 1989, so der VS, geht von den Autonomen eigentlich keine echte Gefahr mehr aus. Zu kontinuierlicher politischer Arbeit war die »autonome Szene« demnach auch 1989 nicht imstande.[107]

Trotzdem möchten die staatlichen Organe kein Risiko eingehen und wappnen sich präventiv gegen eine mögliche radikale Opposition. 1986 und 1988 werden die »Sicherheitsgesetze« verabschiedet. Darin wird die Anwendbarkeit des Willkürparagrafen 129a erheblich ausgeweitet. Strommasten umsägen oder die Störung öffentlicher Betriebe sind ab sofort terroristische Straftaten. Dafür wird Verrat von potenziellen Mittätern mit der Kronzeugenregelung, also Strafreduktion, belohnt. Das Demonstrationsrecht wird mit dem Verbot der Vermummung verschärft, Helme, Tiefschutz und Unterarmpolsterungen gelten fortan als »passive Bewaffnung« und werden entsprechend geahndet.[108]

Die Zeitschrift radikal

Die Zeitschrift *radikal* spielt für die autonome Szene eine besondere Rolle. Sie erscheint seit 1976. Zunächst zweiwöchentlich publiziert, ist sie gedacht als Informationsträger, Diskussionsforum und »(...) praktisches Instrument im Dienst grundsätzlich aller antikapitalistischen Gruppen in West-Berlin«.[109]

Sie nennt sich in der Anfangszeit im Untertitel *Sozialistische Zeitung für Westberlin*. Die Geschichte der *radikal* ist eine Geschichte der Repression. Schon zwei Jahre

104 Vgl. Manns, H.; Treusch, W.-S. (1987), S. 68f.; Vgl. Ceylanoglu, Sena (2004), 151ff.; Der Spiegel (1986a), S. 71ff.
105 Vgl. Bundesminister des Innern (1985), S. 110f.
106 Vgl. Der Niedersächsische Minister des Innern (1989), S. 46f.
107 Vgl. Bundesminister des Innern (1990), S. 65.
108 Vgl. Geronimo (2002), S. 205.
109 radikal, 1. Jhg., Nr. 1, West-Berlin 1976, S. 2. In: Drücke, Bernd (2007), o.S.

nach ihrem ersten Erscheinen wird 1978 das erste Verfahren eingeleitet. Aufhänger ist der Nachdruck des kriminalisierten *Mescalero-Nachrufs*[110]. Der presserechtlich Verantwortliche der *radikal* wird zu einer Geldstrafe verurteilt. 1979 beträgt die Auflage der *radikal* 3.000 Exemplare. Ab der Ausgabe 69 (1979) übernimmt der neu gegründete Verein Zeitungskooperative e.V. die Verantwortung für die Zeitschrift. Um der drohenden staatlichen Repression entgegenzuwirken, treten politische Gruppen und Einzelpersonen als Herausgeber auf. Die *radikal* erscheint monatlich, der presserechtlich Verantwortliche wechselt mit jeder Ausgabe. Die *radikal* ist das Diskussionsorgan der Hausbesetzerszene. Die Redaktionssitzungen sind 1980 noch öffentlich und finden zweimal die Woche statt. Die Autoren sind Autonome »reinsten Wassers«[111]. In der *radikal* Nr. 85 von 1980 heißt es: »Die 68er Opas haben immer noch nicht begriffen, dass wir nicht für die Öffentlichkeit kämpfen, sondern für uns. Und zwar nicht gegen einen ›Missstand‹, sondern für ein selbstbestimmtes Leben in allen Bereichen. Autonomie, aber subito! (...) Wir machen Aktionen nicht für die tierisch-ernste Revolution, sondern weil's Spaß macht«.[112]

Das Layout der *radikal* wird im Kontext des autonomen Aufbruchs punkiger. Dazu kommt die Rubrik *Herzschläge*. Sie dokumentiert militante Aktionen, Anschlagserklärungen, Bastelanleitungen für Bomben und Brandsätze, Zündmechanismen, Tipps zum Versicherungsbetrug, Auto- oder Ladendiebstahl. Die Zeitung gibt den Stand der Diskussionen in der Autonomen Szene wieder, sie ist ihr Spiegelbild.[113]

Das Blatt ist das auflagenstärkste Sprachrohr der autonomen Bewegung und erlangt überregionale Bedeutung. 1982 werden 14 Privatwohnungen, zwei besetzte Häuser, drei Druckereien, zwei Buchläden und eine Buchvertriebsstelle, ein Verlag und eine Fotosetzerei in Berlin durchsucht. Laut Staatsanwaltschaft erfüllt die Dokumentation von Texten der Revolutionären Zellen in der *radikal* den Straftatbestand des §129a/Abs. 3 StGB (Werben für eine terroristische Vereinigung).[114] Die

110 Mescalero-Nachruf: Am 25. April 1977 erscheint in der Zeitung des AStA der Universität Göttingen ein Artikel mit dem Titel Buback – ein Nachruf. Der Autor nannte sich Mescalero. Kurz davor hatte die RAF den Generalbundesanwalt Siegfried Buback erschossen. Buback arbeitet als Generalbundesanwalt am Bundesgerichtshof, er war Mitglied der NSDAP und Teilnehmer am Russlandfeldzug. Mescalero äußert »klammheimliche Freude« über den Tod von Siegfried Buback, distanziert sich im Kern aber von der Tötung eines Menschen. Der Ring Christlich-Demokratischer Studenten erstattete Strafantrag. Es kommt zu Hausdurchsuchungen und über 140 Beschuldigten. Die Repressionsmaßnahmen führen zu einem zahlreichen Nachdrucken des Artikels. Berühmt wird eine zweite Fassung des Artikels, der von Professoren, Universitätsmitgliedern und Rechtsanwälten veröffentlicht wird. Er ist um ein Vorwort erweitert und fordert eine öffentliche Diskussion des Artikelinhalts. Quelle: http://www.studis-online.de/Studieren/Buback-Nachruf.php. 11.7.2014, 19:00h.

111 Vgl. Drücke, Bernd (2007), o.S.; die tageszeitung (17.11.1986); Vgl. Schultze, Thomas; Gross, Almut (1997), S. 104ff.

112 radikal Nr. 85/1980. In: Drücke, Bernd (2007), o.S.

113 Vgl. Schultze, Thomas; Gross, Almut (1997), S. 104ff.

114 Vgl. Chronologie (1995).

Repression verfolgt laut autonomer Szene aber ein anderes Ziel: »Vor allem in ihrer Koordinationsfunktion für die Bewegung sollte die Zeitung durch massive Einschüchterung zerschlagen werden.«[115]

Im Juni 1983 werden Michael Klöckner und Benny Härlin festgenommen. Die beiden Vorstandsmitglieder der Zeitungskooperative e.V. werden inhaftiert.[116] Erneut dient der Terrorismusparagraf 129a als Begründung. Das Verfahren löst eine breite Solidaritätsbewegung aus. Die Bundestagsfraktion der Grünen, die Kreuzberger SPD, die Schriftsteller Robert Jungk, Peter Schneider, Hans Magnus Enzensberger, Günter Grass und andere unterzeichnen eine Erklärung. Darin wird kritisiert, dass fünfzig Jahre nach der nationalsozialistischen Bücherverbrennung in Deutschland wieder die Freiheit des Wortes vor einer vermeintlichen Gefährdung des Staates zurückstecken muss.[117]

Das Konto der *radikal* wird gesperrt und beschlagnahmt, das Postfach überwacht und eine Person festgenommen, die das Postfach leeren möchte. Die *taz*[118] stellt der *radikal* ihre Adresse zur Verfügung, damit diese weiter postalisch erreichbar ist. Im Mai durchsucht der Staatsschutz dann die Räume der *taz* und beschlagnahmt alle eingegangenen Briefe an die *radikal*. Kurz danach stellt die *radikal* ihr legales Erscheinen ein. Die Nummer 126/127 mit dem Untertitel *Fachblatt für alles, was Terroristen Spaß macht*, ist die letzte, die legal erscheint. Die Redaktion teilt mit, unter diesen Bedingungen nicht länger legal weiterarbeiten zu können.

»Bewegung ade, die Zeitung hat ihren Rhythmus verloren. Die Frequenzen oszillieren zwischen (…) Öffnung und Konspirativität; Lust am Zeitungmachen und Sicherheitsdisziplin; aufhören, weil das Ding in keinem Verhältnis mehr zur greifbaren Gefahr steht und Weitermachen, weil's unerträglich wäre, dem Druck der Repression nachzugeben (…). Aufhören – eine andere Zeitung – eine andere *radi*[119] (…) Heute sind wir selber als Mythos erstarrt, haben oft versucht, das Vergangene in die Gegenwart zu projizieren, wohl wissend, dass wir nur mit der künstlichen Spritze aus Trotz und Stolz am Leben erhalten werden. Noch zeichnen die Oszillographen einen schwachen Herzimpuls, doch der Staatsanwalt soll uns nicht daran hindern, den Stecker selber rauszuziehen, wenn uns danach ist. (…) Eure Zeitung für Zerstörung und Wiedergeburt. Noch nie war sie so wertvoll wie heute – denn zumindest für eine Weile gehen die Lichter aus. (…) uns gehört die Nacht.«[120]

115 Chronologie (1995).
116 Die beiden werden zu Haftstrafen verurteilt, die sie jedoch nicht antreten, weil sie für Die Grünen ins Europa-Parlament gewählt werden, und somit diplomatische Immunität genießen.
117 Vgl. Chronologie (1995); Vgl. Drücke, Bernd (2007), o.S.; Vgl. radikal (Nr. 134), S. 4f.
118 taz: die tageszeitung.
119 radi: Abkürzung für die radikal.
120 radikal (1984), S. 3f.

Im Herbst 1984 erscheint die *radikal* mit der Ausgabe 128 erstmals aus dem Untergrund. Das anonyme Redaktionskollektiv ist neu zusammengesetzt und untertitelt die 52 Seiten starke Ausgabe mit *Anleitung für den Herzinfarkt von Staat und Staatsanwalt*. Die Auflage beträgt 6.000 Exemplare, die Kontaktadresse liegt in Zürich. Seitdem wird das Blatt nur noch verdeckt geschrieben, produziert und verteilt. Die Postadressen werden wahlweise nach Dänemark, Österreich, den Niederlanden oder in die Schweiz ausgelagert, wo es damals noch keine Terrorparagrafen wie den 129a gibt. Kontakte sind in den 1980er-Jahren nur schriftlich mit der Post möglich, Geld für Abonnements kommt bar im Briefumschlag, die Druckereien arbeiten illegal, die Zeitung muss konspirativ verpackt und versendet werden. Es ist ein enormer Aufwand. Die *radikal* erscheint unter diesen Bedingungen nur noch unregelmäßig. Die unbekannten Macher akzeptieren die Illegalität und beginnen sich darin zu bewegen. Doch die Schwachstelle ist und bleibt der Versand der Zeitschrift, denn in diesem Moment müssen die Zeitungsmitarbeiter aus dem Untergrund auftauchen und mit der legalen Oberfläche angreifbares Terrain betreten.[121]

»Es ging ja nie um illegalität als selbstzweck, sondern als voraussetzung für freie kommunikation und vermittlung radikaler politischer inhalte. unsere verantwortung hörte an einem ziemlich eindeutigen punkt auf. wir machen die redaktionsarbeit und die zeitung, organisieren die produktion, notwendige kohle und den vetrieb bis an die stelle, wo die *radi* in den postämtern liegt. ab da hatten die zeitungen die illegale struktur verlassen.«[122]

Die Repression gegen die Zeitung, ihre Verbreiter und Hersteller lässt nicht nach, konzentriert sich nun aber auf Verkaufsstellen und Handverkäufer. 1986/87 werden in zwei groß angelegten Durchsuchungsaktionen über 100 Buchhandlungen, Infoläden und Privatwohnungen von der Polizei durchsucht. Auszüge aus der Anklageschrift der Staatsanwaltschaft:

»(…) eine Vereinigung, deren Zwecke oder deren Tätigkeit darauf gerichtet sind, Mord, Totschlag, erpresserischer Menschenraub, Geiselnahme, Sprengstoff- und Brandanschläge sowie andere Straftaten zu begehen, unterstützt und für eine solche geworben zu haben (…) die Bundesrepublik Deutschland böswillig verächtlich gemacht und zu rechtswidrigen Taten aufgefordert zu haben. (…)

Auf Seite 33 (Teil 1) wird wahrheitswidrig behauptet, ›Heute vor zehn Jahren, am 9.5.1976, wurde die Genossin Ulrike Meinhof im Hochsicherheitsknast von Stuttgart-Stammheim von Schergen des BRD-Staates ermordet.‹

121 Vgl. Chronologie (1995); Vgl. radikal (1984a), S. 2; Redaktionsgruppe (1996), S. 47f.; Vgl. Langer, Bernd (2004), S. 12.

122 ID-Archiv im IISG/Amsterdam (Hg.) (1989), S. 33.

(…) über die Notwendigkeit, ›einen sicheren und zuverlässigen Zeitzünder zu entwickeln‹. Dieser Erklärung schließt sich eine ›Anleitung für den Bau eines elektrischen Zeitzünders‹ (…) an (…). Die Erklärung und die Bauanleitung sollen bewirken, daß Sprengstoffanschläge verübt werden. (…)

Als Aktionen des militanten Widerstands werden u.a. genannt: Werfen von Steinen und Molotow-Cocktails auf Polizeibeamte, Zerstören von Bauwagen und Baumaschinen, Ansägen von Strommasten. (…)›Direkte Aktionen sind Angriffe gegen Verantwortliche, Firmen, Institutionen, Planungsbüros und Einzelpersonen. Gerade unter den Firmen befindet sich ein großer Teil des Großkapitals: Rüstungskonzerne wie MTU, MAN, Siemens, Thyssen‹ (…)

Sie [die Angeklagten] nahmen auch zumindest billigend in Kauf, dass die Bundesrepublik Deutschland durch eine besonders verletzende Äußerung in ihrer Eigenschaft als Rechtsstaat herabgewürdigt wurde und dass unbestimmt viele Personen, die unserem Staat ohnehin ablehnend gegenüberstehen, dazu angehalten wurden, erhebliche Straftaten zu begehen.«[123]

Gegen 164 Buchhändler und 28 Handverkäufer ermittelt die Staatsanwaltschaft. Schließlich wird gegen 38 Personen Anklage erhoben, bei 12 Angeschuldigten kommt es zur Gerichtsverhandlung. Davon werden sieben Angeklagte freigesprochen, fünf erhalten Bewährungsstrafen. Von den ursprünglich 192 des »Werbens für eine terroristische Vereinigung« verdächtigten Personen gelten am Ende fünf als schuldig! Die Höchststrafe lautet 10 Monate auf Bewährung. Hier zeigt sich einmal mehr die praktische Anwendbarkeit des §129 als Durchleuchtungsinstrument politischer Opposition.[124]

Die Repression bedeutet die weitere Illegalisierung von Herstellung und Verkauf der *radikal*, und wirkt somit als ihr faktisches Verbot. Der Zugang zur Zeitschrift ist für alle Lesewilligen noch schwieriger. Generalbundesanwalt Kurt Rebmann schätzt die durchschnittliche Auflagenstärke trotz allem auf 4.000 bis 5.000 Exemplare. Da die *radikal* zusätzlich von Hand fotokopiert und verbreitet wird, liegt die Zahl der regelmäßigen Leser aber wahrscheinlich noch wesentlich höher.[125] Für die autonome Szene ist die *radikal* auch ein Symbol gegen die staatliche Kontrolle: »Diese Publikation ohne staatlichen Zensurzugriff bietet Austauschmöglichkeiten über Erklärungen und Raum für militante Debatte ohne Maulkorb.«[126]

Inhaltlich billigt und fördert die *radikal* militante Aktivitäten aller Art und räumt den Ideen und Zielen autonomer Gruppen viel Platz ein, behauptet der Staatsschutz 1989. Fast jede Ausgabe der Zeitschrift wird sofort nach ihrem Erscheinen krimi-

123 ID-Archiv im IISG/Amsterdam (Hg.) (1989), S. 137f.
124 Vgl. Chronologie (1995); Vgl. Drücke, Bernd (2007), o.S.; Vgl. radikal (Nr. 134), S. 4f.
125 Vgl. Chronologie (1995); Vgl. Drücke, Bernd (2007), o.S.; Vgl. radikal (Nr. 134), S. 4f.
126 Antifa-Soligruppe Hamburg (1991), S. 149.

nalisiert. Trotzdem erscheint sie selbst nach dem Repressionsschlag 1986/87 durchschnittlich dreimal jährlich mit einem Umfang von bis zu 120 Seiten.[127]

Nach Angaben von Generalbundesanwalt Kurt Rebmann ist die *radikal* das seit Jahren auflagenstärkste Organ der »terroristischen Untergrundpresse«. Sicherlich ist das Sprachrohr der Autonomen zugleich auch die in den 1980er-Jahren am heftigsten kriminalisierte Zeitschrift in Westeuropa.[128]

Heute ist es still geworden um die *radikal.* Zwischen 1995 und 2010 erscheinen nur ein Dutzend Ausgaben.[129] Vielleicht ist der Gebrauchswert gesunken, weil die Internetplattform *indymedia* oder die Berliner Flugblattsammlung *Interim*[130] das ehemalige Zentralorgan der Autonomen überflüssig machen. Vielleicht gibt es aber auch keine autonome Szene mehr, die eine solche Zeitung braucht. Oder es fehlen die (illegalen) Strukturen, die eine solche Zeitung tragen können …

Entwicklung des Neonazismus in den 1980er-Jahren

Die Entwicklung der Militanten Antifaschisten in den 1980er-Jahren ist eng verzahnt mit dem Erstarken des Neonazismus in den 1970er- und 1980er-Jahren. Deshalb ein kurzer Überblick.

In den 1970er-Jahren verliert die NPD kontinuierlich an Bedeutung. Interne Richtungskämpfe führen zu großen Mitgliederverlusten. Ausgetretene Parteiaktivisten gründen eine Vielzahl neuer Gruppen und Parteien, die sich demonstrativ durch zur Schau gestellte Radikalität von der NPD absetzen. 1971 gründen sich illegal die NSDAP/AO[131], 1974 die Wehrsportgruppe Hoffmann und 1975 die Volkssozialistische Bewegung Deutschlands/Partei der Arbeit (VSBD/PdA).

127 Vgl. Drücke, Bernd (2007), o.S.; Vgl. radikal (Nr. 134), S. 4f.

128 Zu einem heftigen Schlag holen die Repressionsorgane 1993 aus. Die ermittelnden Behörden starten im Frühjahr 1993 eine Abhöraktion in einem Ferienhaus in der Eifel. Im September 1993 findet ein angebliches Redaktionstreffen der illegalen Zeitschrift statt. 1995 durchsuchen Beamte bundesweit mehr als 80 Privatwohnungen und linke Projekte. Vier angebliche Redakteure der radikal werden verhaftet und landen in Untersuchungshaft. Die staatlichen Repressionsorgane versuchen die illegale Zeitschrift als solche, also nicht nur einzelne Ausgaben, mit Hilfe des §129 StGB zur »kriminellen Vereinigung« zu erklären. Die normale Redaktionsarbeit wäre dann die Tat einer solchen »kriminellen Vereinigung«, deren Zweck wiederum ja das Begehen von Straftaten ist. Damit würden die Behörden erreichen, dass jede Handlung der Redaktion als »terroristischer Akt« gelten würde und die radikal könnte als gesamtes Projekt verboten werden. Bisher ist immer nur ein Verbot nach Erscheinen einer neuen Ausgabe möglich, also nach inhaltlicher Überprüfung. Die Kriminalisierung der Verhafteten gelingt nicht, eine »kriminelle Vereinigung« sind die angeblichen Redaktionsmitglieder laut Gericht nicht. Vgl. Drücke, Bernd (2007), o.S.; Vgl. radikal (Nr. 134), S. 4f.

129 Quelle: https://radikalrl.wordpress.com/category/radikal-163/. 11.7.2014, 19:14h.

130 Interim: Wöchentliches Berlin-Info, das illegal herausgegeben wird und der autonomen linksradikalen Szene als Informations- und Diskussionsplattform dient.

131 NSDAP/AO: Nationalsozialistische Deutsche Arbeiterpartei/Auslands- und Aufbauorganisation.

Herausragende Bedeutung erlangt die 1978 von Michael Kühnen[132] in Hamburg gegründete Aktionsfront Nationaler Sozialisten (ANS).
Bei den neuen neonazistischen Gruppierungen handelt es sich um gefährliche und bewaffnete Organisationen. Sie verüben Überfälle auf Bundeswehreinrichtungen, um sich Waffen zu beschaffen, rauben Banken aus und gehen gewalttätig gegen Andersdenkende und Ausländer vor. Dazu einige konkrete Beispiele:
Die Deutschen Aktionsgruppen (DA) verüben 1980 mehrere Sprengstoff- und Brandanschläge im gesamten Bundesgebiet, darunter auf das Landratsamt in Esslingen (weil dort eine Ausstellung über Auschwitz gezeigt wird), auf eine Schule in Hamburg sowie auf Flüchtlingsunterkünfte in Lörrach, Leinfelden und Hamburg. Zwei vietnamesische Flüchtlinge sterben an den Folgen der Brandverletzungen.
Ein Mitglied der VSBD/PdA erschießt 1980 an der deutsch-schweizerischen Grenze zwei Beamte und verletzt zwei weitere schwer. 1981 stoppt die Polizei fünf Neonazis der Organisation auf dem Weg zu einem Banküberfall in München. Zwei sterben im Kugelhagel, die anderen können die Beamten festnehmen.
Der schwerste Anschlag ereignet sich am 26. September 1980 auf dem Münchner Oktoberfest. Gundolf Köhler, Mitglied der Wehrsportgruppe Hoffmann zündet eine Bombe, die dreizehn Personen tötet und 219 verletzt. Die 400 Personen umfassende Neonazitruppe um Karl-Heinz Hoffmann[133] plante außerdem die Befreiung von Rudolf Heß[134] aus dem Spandauer Gefängnis, die Ermordung von Staatsanwälten und Abtrünnigen sowie einen Anschlag auf die Ölraffinerie in Ingolstadt.[135]

Die neuen Gruppierungen zeichnen sich durch Militanz und ideologische Nähe zur NSDAP aus. Untereinander ist die Situation aber von deutlicher Abgrenzung geprägt. Erst Michael Kühnen schafft als integrative Figur eine Annäherung. Unter seiner Leitung gelingt es 1983, einen großen Teil der neonazistischen Splittergruppen in der Aktionsfront Nationaler Sozialisten/Nationale Aktivisten (ANS/NA) zusammenzuführen.[136]

132 Michael Kühnen (*1955; †1991) beginnt seine Neonazi-Karriere mit 14 Jahren in der Jugendorganisation der NPD. Von 1974 bis 1977 Zeitsoldat bei der Bundeswehr. Mitbegründer der NSDAP/AO, der ANS, der Wehrsportgruppe Werwolf und der Gesinnungsgemeinschaft der Neuen Front (GdNF). Führer der Freiheitliche Deutsche Arbeiterpartei (FAP). Er stirbt 1991 an Aids. Seine Urne entwenden Antifaschisten aus seinem Grab, sie gilt bis heute als verschwunden.

133 Karl-Heinz Hoffmann (*1937) gründet 1973 die nach ihm benannte und 1980 als verfassungsfeindliche Organisation verbotene neonazistische Wehrsportgruppe Hoffmann. Nach Verbüßung einer fast zehnjährigen Haftstrafe wird er nach 1989 in Ostdeutschland Immobilienmakler und ist bis heute in der rechten Szene aktiv.

134 Rudolf Heß (*1894; † 1987) war ab 1933 Hitlers Stellvertreter und einer der 24 Angeklagten im Nürnberger Prozess. Verurteilt als Hauptkriegsverbrecher saß er in Berlin-Spandau in Haft. Tod durch Suizid.

135 Vgl. Hundseder, Franziska (2003), S. 70 f.; Vgl. Langer, Bernd (1997), S. 47; Müller, Rudolf (1984), S. 238ff.

136 Vgl. Langer, Bernd (1997), S. 46.

In einem Flugblatt von 1982 der Antifaschistischen Aktion Hamburg heißt es über die ANS: »Die Nazi-Organisation (…) verteilte Hetzschriften, in denen die Vernichtung von Juden während des Hitler-Faschismus geleugnet wurde, störte linke Veranstaltungen und beschmierte jüdische Gräber. Kühnen und seine Kumpane hatten bundesweiten Kontakt zu anderen berüchtigten Nazis, u.a. zur Wehrsportgruppe Hoffmann. (…) Seit ungefähr einem halben Jahr werden die Faschisten zunehmend offener und brutaler. (…) Einige weitere Nazi-Provokationen der letzten Zeit: Am 4.12. des letzten Jahres wurden 5 Antifaschisten im Kino Klick brutal zusammengeschlagen. Dabei: die SA[137] und auch Tibor Schwarz, der schon in der ANS/NA aktiv war. Seitdem terrorisieren die Nazis regelmäßig am Freitag die ›langen Nächte‹ im Klick.

Anfang Januar wird in einer linken Kneipe in Harburg ein Türke von 5 Nazis krankenhausreif geschlagen. Vorher hatten sie Sprüche wie ›Heil Hitler‹ und ›Ausländer raus‹ gebrüllt. Bei der ›Reichsgründungsfeier‹ der Deutschen Volksunion am 16. Januar 82 war die SA als ›Saalschutz‹ dabei. Eine Woche später fand in Wandsbek eine ähnliche Veranstaltung statt. Wieder waren Mitglieder der SA – diesmal zusammen mit mindestens zwei ehemaligen ANSlern – anwesend. (…)

Wenn Michael Kühnen demnächst aus dem Gefängnis wegen ›guter Führung‹ vorzeitig entlassen wird, werden die Hamburger Neonazis einen zusätzlichen Auftrieb erhalten. Bei vielen von ihnen gilt er als Idol. Kühnen selbst hat in Interviews folgendes geäußert: ›Meine Aufgabe wird es sein wieder eine eigene politische Truppe aufzubauen‹ und ›Ich war, bin und bleibe Nationalsozialist‹«.[138]

Hamburg war zu jener Zeit die Stadt mit den meisten Aktionen von Neonazis, allen voran agierte die ANS, auch als Hansa-Bande bzw. Freizeitverein Hansa bekannt. Schon 1977 werden der Hansa-Bande sieben Anschläge auf DKP-Büros und 202 Hakenkreuzschmierereien auf jüdischen Friedhöfen und Synagogen zugeschrieben. Die Neonazis treten in Uniform öffentlich auf und stören SPD-Wahlveranstaltungen. Bundesweit kommt es verstärkt zu faschistischen Aktionen, Anschlägen und Toten, doch Schwerpunkt bleibt Hamburg:

- Bundesweites Aufsehen erregt 1978 eine Eselsmasken-Aktion, bei der sich ANS-Mitglieder Schilder umhängten: »Ich Esel glaube noch, dass in deutschen KZs Juden vergast wurden«.
- Am 22. August 1980 starben die beiden Vietnamesen Ngoc Nguyen und Anh Lan Do nach einem Brandanschlag der Deutschen Aktionsgruppen um Manfred Roeder auf ein Hamburger Übergangsheim für Flüchtlinge.[139]

137 SA: Savage Army, eine rechte Schlägertruppe der ANS.
138 Flugblatt (1982).
139 Vgl. http://de.wikipedia.org/wiki/Todesopfer_rechtsextremer_Gewalt_in_Deutschland#Vor_der_deutschen_Wiedervereinigung_.281945.E2.80.931990.29. 15.11.2014, 12:34h.

- Am 29. Mai 1981 wird das ANS-Mitglied Johannes Bügner Opfer eines Fememordes. Der 28-jährige Friedhelm Enk, der von mehreren Gesinnungsgenossen begleitet wird, holt den 25-jährigen ANS-Aktivisten aus einer Gaststätte und ermordete ihn mit 20 Messerstichen an der Stadtgrenze von Hamburg. Grund für die Tat ist die angebliche Homosexualität Bügners.[140]
- Am 21. November 1981 verüben Neonazis einen Anschlag auf den DKP-Buchladen in Hamburg im Richtweg. Nur durch Zufall kommt niemand zu Schaden.[141]
- Im Mai 1982 ersticht ein Mann in Garbsen seinen indischen Nachbarn, weil die Familie, welche er als »Kanakerpack« bezeichnet, einen Kinderwagen im Kellergang abgestellt hat.[142]
- Im Juni 1982 wird in Norderstedt Tevik Gürel (26) erschlagen. Vor der Tat sollen die Skinheads »Ausländer raus!« geschrien haben.[143]
- Am 16. Oktober 1982 wird Adrian Maleika auf dem Spiel des Hamburger SV gegen Werder Bremen von Skinheads und gewalttätigen HSV-Anhängern des Fanclubs Die Löwen ermordet. Er und seine Freunde werden von Skinheads mit Gaspistolen, Leuchtmunition, Knüppeln und Mauersteinen angegriffen. Maleika flüchtet in ein Gehölz, wo ihn ein Skinhead entdeckt, einen Stein an seinen Kopf wirft und ihn brutal zusammentritt. Adrian Maleika stirbt später an Schädelbasisbruch und Gehirnblutungen.[144]
- Im Mai 1983 zerstören Neonazis einen türkischen Lebensmittelladen in Hamburg durch Brandanschlag.[145]
- Am 9. März 1984 wird auf das GAL-Büro in Bergedorf ein Brandsatz geworfen und explodiert vor dem Eingang, während im Büro eine Frauenarbeitsgruppe tagt. Den Frauen bleibt nur die Flucht durch das Feuer.[146]
- Am 30. März 1984 explodiert ein Molotow-Cocktail vor dem Bergedorfer GAL-Büro in Hamburg. In das Büro ist schon 1982 und 1983 eingebrochen worden. Stadtbekannte Neonazis haben das Büro mehrfach ausgespäht, wie Zeugen aussagen. Vermeintliche Ausländer werden im Umkreis des Büros beschimpft und angepöbelt.[147]

140 Vgl. Der Spiegel (1984), S. 71; Vgl. Roggenkamp, Viola (1982), o.S.; Vgl. http://de.wikipedia.org/wiki/Todesopfer_rechtsextremer_Gewalt_in_Deutschland#Vor_der_deutschen_Wiedervereinigung_.281945.E2.80.931990.29. 15.11.2014, 12:34h.
141 Vgl. Flugblatt (1981).
142 Vgl. http://de.wikipedia.org/wiki/Todesopfer_rechtsextremer_Gewalt_in_Deutschland#Vor_der_deutschen_Wiedervereinigung_.281945.E2.80.931990.29. 15.11.2014, 12:34h.
143 Vgl. http://de.wikipedia.org/wiki/Todesopfer_rechtsextremer_Gewalt_in_Deutschland#Vor_der_deutschen_Wiedervereinigung_.281945.E2.80.931990.29. 15.11.2014, 12:34h.
144 Vgl. http://de.wikipedia.org/wiki/Todesopfer_rechtsextremer_Gewalt_in_Deutschland#Vor_der_deutschen_Wiedervereinigung_.281945.E2.80.931990.29. 15.11.2014, 12:34h.
145 Vgl. Flugblatt (1986g).
146 Vgl. Flugblatt (1984); Vgl. Städtebericht Hamburg (1984a).
147 Vgl. die tageszeitung (13.3.1984); Städtebericht Hamburg (1984); Die Welt (6.4.1984).

- 1984 wird das DKP-Mitglied und Arzt Dr. Karl-Rainer Fabig terrorisiert. Er wird zusammengeschlagen und sein Gartenhaus angezündet.[148]
- Im Juni 1985 explodiert ein türkischer Laden in Eimsbüttel. Neonazis gelten als Täter.[149]
- Am 25. Juli 1985 wird Mehmet Kaymakcı (29) von drei Neonazi-Skinheads in Hamburg mit einer Gehwegplatte erschlagen.[150]
- Am 24. Dezember 1985 erliegt der aus der Türkei stammende 26-jährige Ramazan Avcı seinen Verletzungen. Drei Tage haben ihn fünf Skinheads in Hamburg-Hohenfelde zusammengeschlagen, nachdem sie ihn mit einem PKW gehetzt und angefahren haben. Die Täter schlagen und treten auf den am Boden Liegenden so schwer ein, dass er ins Koma fällt und im Krankenhaus seinen Verletzungen erliegt.[151]

Die ANS/NA breitet sich zunehmend aus und rekrutiert bundesweit Jugendliche, Skinheads und Fußballfans. Die Organisation entwickelt eine regelrechte Sogwirkung in der neonazistischen Szene. Am 1. Mai 1982 preschen etwa hundert Fußballhooligans und Neonazis der ANS/NA durch die 1. Mai-Kundgebung des DGB am Römerberg in Frankfurt am Main. Mit »Rotfront verrecke«, »Kanaken raus« und »Sieg Heil«-Rufen drängen sie sich durch die Menge.[152]

Am 7. Dezember 1983 wird die bundesweite Organisation ANS/NA vom Bundesinnenminister verboten. Daraufhin unterwandern und übernehmen die ANS/NA-Kader die 1979 gegründete Splitterpartei Freiheitliche Deutsche Arbeiterpartei (FAP), die bis zu ihrem Verbot 1995 organisatorischer Rahmen der nazistischen Gewaltszene bleibt.[153]

Binnen kurzer Zeit ist die FAP die aktivste Neonazi-Gruppe der Republik. Obwohl legal, treten FAP-Mitglieder und Anhänger militant auf und beteiligen sich an Gewaltakten:

- Bei FAP-Anhängern werden umfangreiche Waffenarsenale entdeckt;
- FAP-Anhänger terrorisieren politische Gegner mit anonymen Anrufen und Morddrohungen;
- Sie versammeln sich zu paramilitärischen Wehrsportübungen und Gedenkfeiern;

148 Vgl. Städtebericht Hamburg (1984a).
149 Vgl. Flugblatt (1986g); https://linksunten.indymedia.org/de/node/118284. 10.10.2014, 12:13h.
150 Vgl. Flugblatt (1986g); https://linksunten.indymedia.org/de/node/118284. 10.10.2014, 12:13h.
151 Vgl. Flugblatt (1986g); https://linksunten.indymedia.org/de/node/118284. 10.10.2014, 12:13h; http://de.wikipedia.org/wiki/Todesopfer_rechtsextremer_Gewalt_in_Deutschland#Vor_der_deutschen_Wiedervereinigung_.281945.E2.80.931990.29. 15.11.2014, 12:34h.
152 Vgl. http://antifa-frankfurt.org/Mai/Chronologie.html. 20.6.2008, 6:50h.
153 Vgl. Langer, Bernd (1997), S. 46; Vgl. Mecklenburg, Jens (Hg.) (1996), S. 149f.

- FAP-Anhänger greifen ein besetztes Haus mit Molotow-Cocktails an und verletzen Antifaschisten und so genannte Ausländer mit Spaten, Baseballschlägern, Reizstoffsprühgeräten, Gaspistolen und Kampfmessern;
- FAP-Mitglieder überfallen außerdem mindestens drei Banken.

Seit der Übernahme der FAP durch die Mitglieder der ANS/NA tritt die Partei offen neonazistisch auf und verlangt die Rehabilitierung des Nationalsozialismus.[154]

Seit Ende der 1970er-Jahre treten auch die ersten Neonazi-Skinheads in Erscheinung. Die Kahlköpfe sind nur teilweise Mitglieder neonazistischer Organisationen. Die Mehrzahl ist mehr an Alkohol, Musik und Schlägereien interessiert als an Politik. Neonazi-Skins lassen sich zwar für Demonstrationen mobilisieren und führen selber Aktionen durch, doch bleiben sie ihrem subkulturellen rassistischen Milieu verhaftet.[155]

»In den letzten Jahren haben die Neonazis starken Aufwind bekommen, die Nazipropaganda hat sich verstärkt und gesellschaftlich einen (noch) besseren Boden bekommen. Die Zahl und Qualität von faschistischen Terroraktionen liegt in den 80er-Jahren wesentlich höher als noch vor 10 Jahren. Faschistische Organisationen und Banden haben ihren Einfluss besonders auf Arbeitslose und Arbeiterjugendliche verstärken können. Gerade Skins und faschistoide Fußballfans geben diese Entwicklung deutlich wieder. So gibt es 1985 ca. 15 faschistische ›Fußballfanclubs‹«.[156]

Die Staatsschutzabteilungen der Polizei halten die Neonazis in den 1980er-Jahren für unberechenbar und äußerst gefährlich. Denn sie sind von der »geistigen Kapazität her nicht gerade weltbewegend und irgendwie alle Psychopathen, völlig verbiestert«.[157]

Drohbriefe wie dieser aus Hamburg, unterstreichen das Zusammentreffen von faschistischem Fanatismus, haarsträubenden Hass und individuellem Irrsinn:

»An alle K-Gruppen[158] und Einzelpersonen die von der DDR bezahlt werden! Ab sofort bläst Euch der Wind ins Gesicht. Maßnahmen zur Vertreibung der K-Schweine:

1. Unbewegliches Eigentum: Bemalung der Hauswände; Zerstörung der Fensterscheiben; Vertreibung; Brandsätze.
2. Bewegliches Eigentum: Bemalung der Privat-PKW; Beschädigung der Fahrzeuge (Antennen, Reifen Beulen usw.); Beschädigung der Lenkeinrichtung; Brandsätze.
3. Persönliche Angriffe: Telefonanrufe (Tag und Nacht); Belästigungen; Schläge;

154 Vgl. Der Spiegel (1986), S. 72ff.
155 Vgl. Langer, Bernd (1997), S. 46.
156 Antifaschistische Aktion Wuppertal (1985).
157 Der Spiegel (1984), S. 71.
158 K steht hier für Kommunisten.

Invalidität; Frauen werden vergewaltigt und für alle Zukunft als K-Schweine gekennzeichnet«.[159]

Anfang der 80er-Jahre sorgt nicht nur der Neonazismus für mediale Aufmerksamkeit, die politischen Einstellungen der Wahlberechtigten werden untersucht. Eine *Sinus-Studie*[160] kommt 1981 zu dem Ergebnis, dass rund 13 Prozent der Wahlbevölkerung zum »rechtsextremistischen« Einstellungspotenzial zählen. Das bedeutet, dass demnach 13 Prozent aller Wähler über ein geschlossenes »äußerst rechtes Weltbild« verfügen. Sechs Prozent der Wahlbevölkerung billigen der Studie zu Folge »rechtsextremistische« Gewalttaten. Einzelne »rechtsextreme« Statements werden sogar von weiteren 37 Prozent der Wahlberechtigten akzeptiert.[161]

Seit der Europawahl 1984 sind bei den Landtagswahlen in Bremen, Baden-Württemberg und Schleswig-Holstein kontinuierlich Stimmengewinne bei rechten Gruppen festzustellen. 15 bis 20 Prozent der Jugendlichen sind für rechte Parolen, ansprechbar und auch bereit, solche Gruppen zu wählen. Ideologisch zeigen sich folgende Traditionslinien in den Denkmustern der Wähler: »(...) völkische Denkweise, Ausländerfeindlichkeit, Antikommunismus, Ruf nach dem ›starken Staat‹ und Kult der Gewalt. Die oft biologistisch verbrämte Position ›Der Stärkere setzt sich durch‹ ist mit der Behauptung verbunden, dass Humanismus der menschlichen Natur widerspreche und nur ein Ausdruck von Feigheit sei.«[162]

»Eine Psydata-Umfrage kurz vor der Kommunalwahl in Frankfurt belegt, dass viele Aussagen der Neonazis weit über das eigentliche Wählerpotenzial hinaus Anklang finden. Zustimmung gab es für die folgenden Aussagen:

- Deutsche Politiker müssen endlich die Interessen des deutschen Volkes vertreten (67%).
- Ruhe und Sauberkeit in unserer Stadt sollte oberstes politisches Gebot sein (58%).
- Deutsche müssen bei der Arbeits- und Wohnungssuche endlich wieder bevorzugt behandelt werden (50%).
- Wegen der vielen Ausländer haben wir so viele Arbeitslose (30%).«[163]

Untersuchungen zeigen, dass vor allem Männer aus zwei Altersgruppen für neonazistisches Gedankengut anfällig sind: alte Männer über 60 und junge Män-

159 Vgl. Städtebericht Hamburg (1984a).
160 Sinus-Studie: Eine von Bundeskanzler Helmut Schmidt 1980 in Auftrag gegebene, vom Sozialwissenschaftlichen Institut Nowak und Sörgel erstellte Umfrage über »rechtsextremistisches« Gedankengut in Deutschland. Die Studie ist in Deutschland die erste ihrer Art.
161 Faller, Kurt (1989), S. 118ff.
162 Faller, Kurt (1989), S. 118.
163 Faller, Kurt (1989), S. 120.

ner zwischen 18 und 25 Jahren. In so genannten Krisenregionen (bspw. mit hohem Arbeitslosenpotenzial) verzeichnen rechte Gruppen einen deutlich höheren Anteil an Wählerstimmen. Besonders erfolgreich sind die Republikaner bei konservativen Beamten, vor allem Polizisten, Soldaten und Verwaltungsbeamten, die NPD erzielte auffallend höhere Gewinne an Bundeswehrstandorten. Überraschend ist, dass z.B. in Berlin etwa 20% der Wähler der Republikaner ehemalige SPD-Wähler und häufig auch Gewerkschaftsmitglieder sind.[164]

So überrascht es in diesem Klima nicht, dass legale rechtsradikale Parteien in den 1980er-Jahren an Auftrieb gewinnen. Bei der Europawahl 1984 kann die NPD 0,8 Prozent (knapp 200.000 Stimmen) verbuchen. 1986 verabreden NPD und DVU eine Zusammenarbeit, die zu weiteren Wahlerfolgen führt. 1987 erringt die DVU in Bremen erstmalig seit 1968 wieder ein parlamentarisches Mandat.

Den eigentlichen Durchbruch bei den bundesdeutschen Wahlen schaffen aber nicht NPD und DVU, sondern die 1983 gegründeten Republikaner (REP) mit einer fremdenfeindlichen Kampagne. Bei der Berliner Wahl am 29. Januar 1989 erhalten sie 7,5 Prozent der Zweitstimmen (11 Mandate im Abgeordnetenhaus und weitere 36 in den Bezirksverordnetenversammlungen). Damit bekommen die REP einen Bekanntheitsgrad weit über Berlin hinaus. Die Mitgliederzahlen steigen rasch, Berichte von Übertritten aus den Unionsparteien häufen sich, die Organisation kann bundesweit auf Landes- und Kreisebene ausbauen, und im April 1989 die Gründung des elften und letzten Landesverbandes im Saarland melden. Bei der Europawahl am 18. Juni 1989 erhalten die Republikaner in der Bundesrepublik über zwei Millionen Stimmen (7,1 Prozent).[165]

Auch in den 1980er-Jahren tötet Rassismus. Bei Wikipedia ist eine sicherlich unvollständige Liste abzurufen. Die Morde in Hamburg sind nicht mehr enthalten. Die Toten sprechen eine deutliche Sprache über die Stimmung in Westdeutschland:

- Am 5. Januar 1980 wird der türkische Kommunist Celalettin Kesim am Kottbusser Tor in Berlin von türkischen Faschisten (Graue Wölfe) und Islamisten erstochen.
- Am 26. September 1980 sterben auf dem Oktoberfest 13 Menschen, 211 werden verletzt, 68 davon schwer.
- Am 19. Dezember 1980 werden der Verleger Shlomo Lewin und dessen Freundin Frieda Poeschke in Erlangen durch Uwe Behrendt, Mitglied der Wehrsportgruppe Hoffmann, umgebracht.
- Am 1. Januar 1981 wird im Kreis Ludwigsburg Sydi Battal Koparan von Anhängern des rechtsextremen Motorradclubs Stander Greif erschlagen. Nach der

164 Vgl. Faller, Kurt (1989), S. 120f.
165 Vgl. Stöss, Richard (2007), S. 84ff.

Tat ziehen die Skinheads durch den Ort und schreien: »Wo wohnen hier noch Scheißtürken?«

- Am 24. Juni 1982 erschießt der Neonazi Helmut Oxner bei einem Amoklauf in Nürnberg drei Menschen (William Schenck, Rufus Surles und Mohamed Ehap). Weitere drei Menschen werden verletzt.
- Nach einem Brandanschlag der Gruppe Ludwig[166] am 7. Januar 1984 in München erliegt einige Monate später das 20-jährige Barmädchen Corinna Tatarotti ihren Verbrennungen.
- 1984 schießt ein Mitglied der türkischen Grauen Wölfe in Berlin auf Fatma E. und ihre Rechtsanwältin Seyran Ateş. Fatma E. stirbt, Seyran Ateş wird lebensgefährlich verletzt.
- Am 3. Februar 1987 wird der 17-jährige Nazi-Skinhead Gerd-Roger Bornemann von vier ihm bekannten Neonazis aus dem Spektrum der FAP in Hannover ermordet.
- In der Nacht vom 16. auf den 17. Dezember 1988 steckt der 19-jährige Auszubildende Josef Saller, Mitglied der Neonazi-Organisation Nationalistische Front, aus rassistischen Gründen in der Schwandorfer Innenstadt ein Haus in Brand, in dem vorwiegend Türken wohnen. Vor Gericht sagt er: »Ich hasse Ausländer«. Durch den Brandanschlag verlieren vier Menschen ihr Leben.
- Am 12. Mai 1989 wird der Familienvater Ufuk Sahin im Märkischen Viertel niedergestochen und verstirbt. Der Täter gibt als Motiv das orientalische Aussehen seines Opfers an. Rund 7.000 Menschen nehmen am Trauermarsch teil. Dieser wird durch Neonazis gestört.[167]

Historische Entwicklung der Militanten Antifaschisten

Ab Mitte der 70er-Jahre versucht die NPD eine neue nazistische Sammlungsbewegung zu initiieren. Zentraler Bestandteil ist das seit 1975 jährlich stattfindende NPD-Deutschland-Treffen am 17. Juni, dem damaligen Tag der Deutschen Einheit.

1977 nehmen 4.000 Nazis in Frankfurt am Main an der Kundgebung teil und greifen eine Gegendemonstration mit etwa 1.000 Antifaschisten an. Ein Jahr später wird zu einer bundesweiten Gegenaktion nach Frankfurt mobilisiert, um das Tref-

166 Gruppe Ludwig: Terroristische Organisation, die in Oberitalien und Deutschland zwischen 1977 und 1984 mindestens zehn Anschläge verübte. Die Motive blieben weitgehend im Dunkeln, aber Inhalte und Aufmachung der teilweise mit Hakenkreuzen und der Parole »Gott mit uns« versehenen Schreiben lassen einen diffusen rechtsradikalen und katholisch-fundamentalistischen Hintergrund erkennen.

167 Vgl. http://de.wikipedia.org/wiki/Todesopfer_rechtsextremer_Gewalt_in_Deutschland#Vor_der_deutschen_Wiedervereinigung_.281945.E2.80.931990.29. 15.11.2014, 12:34h.

fen zu verhindern. Die 10.000 Antifaschisten wollen den zentralen Kundgebungsplatz der NPD auf dem Römerberg besetzen, es kommt zu schweren Auseinandersetzungen mit der Polizei. 1978 rufen verschiedene Gruppen zum Aktionsbündnis Rock gegen Rechts (RgR) nach Frankfurt auf. Ein Verein wird gegründet, in dem sich politische Organisationen, Künstler- und Musikgruppen sammeln, die mit Veranstaltungen zu einer breiten antifaschistischen Mobilisierung beitragen. Die Idee: Politik und Kultur gegen rechts zu verbinden. 1979 wird das RgR ein riesiger Erfolg. Obwohl verboten, setzen Antifaschisten eine Großdemonstration durch, die NPD taucht nicht auf. Ein Jahr später gibt es schon zwei RgR-Veranstaltungen. In Frankfurt findet ein großes Konzert statt, obwohl sich die NPD dort gar nicht trifft, sondern in Philippsthal bei Eschwege. Für den 17. Juni wird zur Blockade der Zufahrtsstraßen nach Philippsthal aufgerufen. Es gelingt den 10.000 Gegendemonstranten, die NPD-Veranstaltung empfindlich zu behindern.[168] Es kommt zu gewalttätigen Zusammenstößen mit Neonazis. Ein Augenzeuge berichtet von einem Kontrollpunkt »Friedewald« bei dem plötzlich Neonazis auftauchen: »Einer fährt mit einem Wagen in eine Gruppe Antifaschisten und verletzt einen schwer. Danach mehrfach tätliche Auseinandersetzungen zwischen ihnen und uns.«[169] Auch an anderen Orten kommt es zu Gewalttätigkeiten. Dabei geht die Aggression von den Neonazis aus, aber die Antwort der Antifaschisten lässt nicht auf sich warten: »Wir sind um ca. 10 Uhr mit ungefähr 100–150 Fahrzeugen von Friedewald aus auf Schleichwegen nach Heimboldshausen gefahren. Kurz bevor wir eintrafen, hatte eine Gruppe von Nazis, die per Bus unterwegs waren, einen PKW mit Antifaschisten angegriffen, der sich offensichtlich allein durchgeschlagen hatte. Die Nazis hatten den Wagen umstellt und mit Eisenstangen die Scheiben eingeschlagen, Scheinwerfer demoliert etc. Den Insassen passierte zum Glück nichts, da die Faschisten offensichtlich durch eintreffende Demonstranten in die Flucht geschlagen werden konnten. Z.T. fliehen sie zu Fuß über die Wiesen am Waldrand. Ein zurückgelassener Mercedes von NPD'lern wird im Hinterhof eines Hauses just an der Stelle entdeckt, wo auch der PKW des Antifaschisten zertrümmert wurde. Dicker Rauch signalisiert uns, dass der Mercedes offensichtlich nicht feuerfest ist«.[170]

In den folgenden Jahren kommt es zu keinen weiteren ernsthaften Versuchen der NPD, öffentliche Aufmärsche zu organisieren. Der Mobilisierungserfolg gegen die NPD-Treffen zeigte, dass das Potenzial antifaschistischer Initiativen, die bereit sind, sich an praktischen Verhinderungsaktionen zu beteiligen, gewachsen ist.[171]

Es entstehen bundesweit antifaschistische Zusammenschlüsse und Arbeitskreise.

168 Vgl. Langer, Bernd (1997), S. 47.
169 Broschüre (1980), S. 8.
170 Broschüre (1980), S. 15.
171 Vgl. Langer, Bernd (1997), S. 47.

Die Gruppen setzen sich aus Christen, Sozialdemokraten, Jugendzentrums-Bewegten, Gewerkschaftern etc. zusammen. Die inhaltliche Klammer ist das aktive Eintreten gegen neonazistische Gruppen. Es gibt weder einen Konsens über den Begriff »Faschismus« noch über das praktische Vorgehen gegen Neonazi-Gruppen. Es geht allein darum, möglichst viele Personen für die antifaschistische Mobilisierung zu gewinnen.[172]

Prägend für die Organisierung ist der Kommunistische Bund (KB). Er ist Teil der so genannten Marxistisch-Leninistischen-Bewegung, die Anfang der 1970er-Jahre aus der Studentenbewegung hervorgeht. Merkmal des KB ist eine hierarchische Organisation, eine orthodoxe und dogmatische Auslegung der Schriften von Marx, Engels und Lenin. Der KB leistet auf dem Feld der antifaschistischen Praxis Pionierarbeit, indem er so genannte Antifa-Kommissionen, die auch unter anderen Namen wie Antifaschistische Gruppe XY auftreten, in vielen Städten gründet. Vielerorts gelingen organisationsübergreifende Bündnisse und Aktionen gegen Neonazis. Aber der Dogmatismus einzelner Gruppen macht die Praxis in den Aktionsbündnissen oft schwer. So hat bspw. die VVN einen Unvereinbarkeitsbeschluss gegenüber den radikalen Kräften formuliert. Viele DKP-Mitglieder sind auch Mitglied der VVN und stehen immer wieder im Widerspruch zu den Planungen der Bündnisse. Mitunter sabotieren sie diese sogar aktiv.[173]

Inhaltlich steht bei der treibenden Kraft KB die »Faschisierungsthese« im Vordergrund. Der KB betrachtet die gesellschaftliche Entwicklung in der BRD als zunehmende Faschisierung. Die Sichtweise basiert auf Annahmen der radikalen Linken Anfang der 1970er-Jahre. Demnach führt eine rasch aufkommende wirtschaftliche Krise zu einer Zuspitzung der gesellschaftlichen Widersprüche, und diese dann automatisch zu genannter Faschisierung:[174] »(...) Faschismus stellt für uns eine der Herrschaftsformen des Kapitalismus dar, deren sich das Kapital in einer bestimmten historischen Situation zu bedienen sucht. (...)

In den letzten Jahren zeichnet sich deutlich ab, dass die Zeiten der Hochkonjunktur in der BRD endgültig vorbei sind. Die BRD Wirtschaft ist in ein Stadium der Stagnation getreten, mit einem neuen Konjunkturaufschwung ist kaum noch zu rechnen, eher mit einer nationalen und internationalen Wirtschaftskrise. Folge davon wird unter anderem sein, dass sich die wirtschaftliche Lage der arbeitenden Bevölkerung immer mehr verschlechtern wird. Eine solche Entwicklung wird entscheidend die zukünftige politische Szenerie bestimmen. (...)

Dementsprechend bereitet sich der Staat schon heute fleißig durch eine Reihe von Gesetzen und den Ausbau der Polizei und Militärorganisationen und der Ver-

172 Vgl. Langer, Bernd (1997), S. 45.

173 Vgl. Schröder, Henning (2003), S. 12f.; Schumacher, Niels (2001), S. 56f.; Vgl. Antifaschistische Informationen (1980), S. 3, 6f., 17f.; Broschüre (1980a), S. 33f.

174 Vgl. Schröder, Henning (2003), S. 12f.; Schumacher, Niels (2001), S. 56f.

stärkung der allgemeinen politische Repression auf zukünftige härtere Auseinandersetzungen vor. (...)

Das Setzen auf die Errichtung eines faschistischen Regimes ist erst der letzte Ausweg um mit der Krise und einer stärker werdenden Arbeiterbewegung fertig zu werden. In einer solchen Situation allerdings kann die faschistische Bewegung von mitentscheidender Bedeutung für den Ausgang des Kampfes der Lohnabhängigen gegen die Interessen des Kapitals sein. Die Faschisten in Deutschland haben schon einmal bewiesen, wie rasch sie von einer ziemlich unbedeutenden Kraft, zu einer gefährlichen Massenbewegung werden.

(...) Dann werden sie auch wieder versuchen ihrer Funktion für die Herrschenden gerecht zu werden. Politischer Terror, Unterdrückung und Zerschlagung der Arbeiterbewegung und aller demokratischer Kräfte wird wieder ihr Programm sein. Die Gefahr besteht noch immer, dass eine faschistische Bewegung in Deutschland wieder einen entscheidenden Beitrag zur Zerschlagung der Arbeiterbewegung leisten kann und Polizei- und Militärapparat in ihrer Repressionsaufgabe unterstützen oder zum Teil sogar ersetzen kann«.[175]

Die Faschisierungsthese beruht einerseits auf der als imperialistisch und repressiv erkannten Regierungspolitik der 70er-Jahre (Ausbau des Polizeiapparates, Abbau politischer Grundrechte, Notstandsgesetze) und andererseits auf der Wahrnehmung der fließenden Übergänge der CDU/CSU in die so genannte Braunzone[176]. Der KB versucht mit Veranstaltungen und Publikationen seine Faschisierungsthese zu vermitteln. In der Praxis bekämpft die Organisation ausschließlich neonazistische Parteien und Gruppierungen wie die DVU oder die ANS. Bei Aktionen strebt der KB eine breite Bündnispolitik an. In den so genannten Antifa-Kommissionen entwickelt sich die Recherchearbeit, d.h. die örtliche Neonazi-Szene wird systematisch beobachtet, Veranstaltungen besucht, Neonazi-Aktivisten observiert und fotografiert. Die Erkenntnisse werden anschließend veröffentlicht. Insofern ist der KB inhaltlich Vorbild und Stichwortgeber für die folgende antifaschistische Bewegung.[177] Aber sein Gewicht in der linksradikalen Szene schwindet. Politikwissenschaftler sehen in dem Niedergang eine politische Dimension. »Der Bedeutungsverlust oder Niedergang traditioneller sozialistischer und kommunistischer Parteien in Westeuropa seit Mitte der 70er-Jahre sowie gescheiterte ›linksradikale‹ Erneuerungsversuche im Anschluss an die ›proletarische Wende‹ der antiautoritären Protestbewegungen der 60er-Jahre haben – wenn auch keineswegs zum ersten

175 Broschüre (1981), S. 21ff.

176 Als Braunzone wird die Überschneidungen national- bzw. rechtskonservativer Gruppen und Einzelpersonen mit Neonazis bezeichnet.

177 Vgl. Schröder, Henning (2003), S. 12f.; Schumacher, Niels (2001), S. 56f.; Broschüre (1980a), S. 33f.

Mal in der Tradition des westlichen Marxismus – Zweifel an der historischen Mission und der Veränderungskraft der gewerkschaftlichen und politischen Organisationen der Industriearbeiterschaft verstärkt.«[178]

Mit dem Aufkommen der Autonomen gehen Einfluss und Organisationskraft des KB rapide zurück, ab 1980 nimmt die Mitgliederzahl sprunghaft ab.[179]

Trotzdem versucht der KB unabhängige Gruppen in einer neuen antifaschistischen Organisation zu sammeln. Der Versuch kommt jedoch nicht über das Anfangsstadium hinaus. Schließlich lädt im November 1981 die Antifaschistische Initiative Hannover, in der auch KB-Mitglieder mitarbeiten, zu einem Treffen norddeutscher und Frankfurter Antifa-Gruppen nach Hannover. Es kommen neun Gruppen die beschließen, künftig einen regelmäßigen Informationsaustausch und weitere gemeinsame Zusammenkünfte zu organisieren. Dieses Norddeutsche Antifa-Treffen entwickelt sich langsam zu einer ständigen Einrichtung. Zwar ändert sich die Zusammensetzung des Treffens immer wieder, aber es bleibt bei einer gleich bleibenden Zahl von schließlich zehn Gruppen, die kontinuierlich zusammenarbeiten.

Die politischen Gräben zeichnen sich allerdings schnell ab. Während es dem KB vor allem um den Informationsaustausch geht, sehen die radikaleren Kräfte das Treffen eher als Aktionsbündnis.[180]

Der Hintergrund für das Interesse an antifaschistischer Arbeit Anfang der 1980er-Jahre ist sehr unterschiedlich, auch weil die Aktivitäten der Neonazis je nach Region sehr verschieden sind. Eine ehemalige Aktivistin aus Hamburg berichtet: »Bei uns war der konkrete Anlass, dass mehr Leute dazu kamen, dass die Faschos versucht haben zu rekrutieren, und zwar unter den jungen Leuten. Damals gab es so Straßengangs, vielfach mit türkischen Kids und deutschen Kids und so weiter, und die Faschos haben versucht, die deutschen da raus zu knacken und die zu trimmen. Gleichzeitig gab es in der Zeit immer häufiger Auseinandersetzungen zwischen Punks und Skins und das spielte sich in den Vierteln ab, wo auch Linke waren. Und da war dann irgendwo ein Punkt erreicht, wo man was dagegen machen wollte. Daraus hat sich das dann konkret bei uns so entwickelt.«[181]

Das Besondere an der beginnenden Auseinandersetzung in Hamburg: die Beteiligten kennen sich. Die Punk-Bewegung teilt sich irgendwann in rechte und linke Punks. Die rechten werden Neonazi-Skins. Führende Neonazi-Schläger begannen in Hamburg als Punks. Aus dieser Auseinandersetzung mit der rechtsradikalen Szene bildet sich Anfang der 1980er-Jahre das Antifaschistische Bündnis. Dort ist vor

178 Hirsch, J.; Roth, R. (1986), S. 13.
179 Vgl. Bundesminister des Innern (1986), S. 99; Zusammenfassung des Autors aus dem Interview mit Michaela Neuberger (2008).
180 Vgl. Keller, M.; Kögler, L.; Krawinkel, M.; Schlemermeyer, J. (2011), S. 67f.
181 Interview des Autors mit Michaela Neuberger (2008).

allem der KB stark vertreten, außerdem das DKP- und Volksfront-Spektrum[182], autonome Gruppen und diverse andere Organisationen.[183]

In Hannover stellt sich für den Heranwachsenden Lars Balkes die Situation zur selben Zeit ähnlich dar. Er erzählt, dass sich Anfang der 1980er-Jahre immer mehr Freunde und Bekannten aus seiner Umgebung politisch nach rechts orientieren und zu den Skinheads gehen. Er selbst findet das falsch und beschreitet als fortschrittlich Denkender diesen Weg nicht. Durch Zufall lernt er Antifaschisten bei einer Aktion gegen Neonazis in Hannover kennen. Den überraschten Antifas kann er viele Namen der vor ihnen stehenden Neonazis nennen – denn sie gehören ja zu seinem ehemaligen sozialen Umfeld. Die Antifaschisten sind begeistert und bringen ihn zu Michaela Neuberger. Sie sitzt in einem Café und zeigt ihm sauber sortierte Fotos von aktiven Neonazis. Lars Balkes kann fast alle identifizieren. So gelangt er in die Antifa-Struktur, wird aber auch für die Hannoveraner Neonazis zum absoluten Feind. Über 15 Jahre lang läuft er wachsam durch die Stadt. Immer wieder bedrohen ihn seine ehemaligen Freunde. Wenn er sie sieht, wechselt er die Straßenseite. Bereut hat er seine Entscheidung nie. Jahrelang ist er als Militanter Antifaschist in Hannover aktiv.[184]

In Berlin zahlen Autonome Lehrgeld, weil sie die örtlichen Neonazis unterschätzen. Im Herbst 1984 wollen sie eine NPD-Veranstaltung im Wedding sprengen. Sie erwarten ein paar alte Nazis, ein paar kurzhaarige junge Schlägertypen und ein paar Polizeibeamte zum Schutz. Während sich die Autonomen gemütlich auf offener Straße sammeln, greift plötzlich eine organisierte Gruppe Neonazis an. Die Autonomen werden innerhalb von Sekunden auseinandergenommen, einer bleibt schwer verletzt liegen. Nach dem Vorfall gründen sie die Antifa Berlin, weil sie sehen, dass sie einen organisatorischen Rahmen benötigen und mit ihrer autonomen Disziplinlosigkeit gegen Neonazis keine Chance haben. Fortan sind sie regelmäßig beim Norddeutschen Antifa-Treffen dabei.[185]

Die persönliche Betroffenheit ist bei dem Engagement gegen die erstarkenden Aktivitäten gegen Neonazis nicht zu unterschätzen. Michaela Neuberger ist eine der Gründerinnen der Antifaschistischen Aktion Hamburg und Anfang der 1980er-Jahre bereits über 30 Jahre alt. Sie erzählt, dass antifaschistische Arbeit für sie deshalb nahe liegend ist, weil sie sich schon seit ihrer Jugend mit Nationalsozialismus und

182 Volksfront: Abkürzung für Volksfront gegen Reaktion, Faschismus und Krieg. Die Gruppe war ursprünglich von der KPD/ML 1979 als politische Partei gegründet worden, die sich später dem Themenkomplex Antifaschismus widmete. Der Verfassungsschutz bezeichnete sie in der zweiten Hälfte der 1980er-Jahre als Vorfeldorganisation des Bundes Westdeutscher Kommunisten.
183 Vgl. Projektgruppe (Hg.) (1994), S. 10ff.
184 Zusammenfassung des Autors aus dem Interview mit Lars Balkes (2008).
185 Vgl. A.G. Grauwacke (2007), S. 293.

Faschismus beschäftigt. Natürlich auch in K-Gruppen, in denen sie in den 1970er-Jahren aktiv war. Durch ihre Lohnarbeit steht sie im regen Austausch mit Jugendlichen, und wird Zeugin der Rekrutierungsversuche der Neonazis. Erfolgreich sind sie in Hamburg und Lübeck vor allem bei Jugendbanden. In Hamburg sind führende Nazigrößen wie Jürgen Rieger[186], Christian Worch[187] und Michael Kühnen aktiv.

Auch Bernd Langer, der 1983 die erste autonome Antifa-Gruppe in Göttingen aufbaut,[188] geht einen repräsentativen Weg, der ihn in die antifaschistische Arbeit führt. 1977/78 wird er Mitglied im Antifaschistischen Arbeitskreis Bad Lauterberg. Diese Arbeitskreise sind typisch für die Aktivitäten des KB.

»Für uns war der Auslöser ein Treffen der *UN*, der *Unabhängigen Nachrichten*[189], so ein Nazi-Zusammenhang. Es gab einen großen Aufschrei, als die Staatsanwaltschaft gegen die zuschlug. Das war im Nachbardorf Scharzfeld. Das war dann in der Presse und im Fernsehen, und für uns die Initialzündung, einen Arbeitskreis gegen Nazis zu gründen. In anderen Städten ist das ähnlich gewesen«.[190]

Dort arbeiten Mitglieder der DKP, JUSOS[191], ein paar unorganisierte Jugendliche (wie Bernd Langer) und natürlich KB-Mitglieder mit. Letztere hat es als Referendare in die kleine Stadt verschlagen. Doch die Jugendlichen halten Distanz zu den Organisierten und fühlen sich politisch von anderen Gruppierungen angezogen: »Gefühlsmäßig tendierten wir zu den militanteren, also zu den Autonomen, die damals gerade aufkamen (...), ohne dass ich jetzt diesen Begriff schon großartig füllen konnte. Wir wussten nur, mit der DKP, mit den Kommunisten hatten wir nichts zu tun, mit dem KB hatten wir eigentlich auch nichts zu tun – mit den Lehrern – und mit den Sozialdemokraten sowieso nicht«.[192]

186 Jürgen Rieger (*1946, †2009): Deutscher Rechtsanwalt, Neonazi, Antisemit und NPD-Politiker. Er verteidigte zahlreiche Neonazis und war selber rechter Multifunktionär: Vorsitzender der völkisch-neuheidnischen Artgemeinschaft und der Gesellschaft für biologische Anthropologie, Eugenik und Verhaltensforschung; Hauptorganisator des Rudolf-Heß-Gedenkmarsches, Funktionär der NPD, Wiking-Jugend und FAP.

187 Christian Worch (*1956): Seit 1977 ist der Millionär Mitglied der ANS, 1980 wegen einer Propagandaaktion und eines Überfalls zu einer Gesamtstrafe von drei Jahren verurteilt. Nach dem Verbot der ANS/NA 1983, trat Worch der Freiheitlichen Deutschen Arbeiterpartei (FAP) bei und war deren stellvertretender Vorsitzender. Zur Nationalen Liste (NL) wechselte er 1989 und war ab 1993 im Vorstand aktiv. Innerhalb der NL gab er die Zeitschrift Index heraus, die insbesondere im Bereich der so genannten Anti-Antifa-Arbeit tätig war. Nach dem Tod Kühnens 1991 übernahm er zusammen mit Arnulf Priem und Gottfried Küssel die Leitung der Gesinnungsgemeinschaft der Neuen Front (GdNF), wofür er 1994 zu zwei Jahren Haft auf Bewährung verurteilt wurde. Nach dem Verbot der NL 1995 fungierte er als Verbindungsmann zwischen NPD und den Freien Kameradschaften. 2012 wurde er Gründungsvorsitzender der neuen Partei Die Rechte.

188 Vgl. Langer, Bernd (2004), S. 167.

189 Unabhängige Nachrichten: Rechte Monatszeitschrift.

190 Interview des Autors mit Bernd Langer (2008).

191 JUSOS: Arbeitsgemeinschaft der Jungsozialistinnen und Jungsozialisten in der SPD. Jugendorganisation der SPD.

192 Interview des Autors mit Bernd Langer (2008).

Die Aktionen Ende der 1970er-Jahre gegen das Deutschland-Treffen der NPD motivieren die Jugendlichen im Antifaschistischen Arbeitskreis Bad Lauterberg. Sie beteiligen sich an den überregionalen Treffen in Norddeutschland. So kommt Bernd Langer erstmals mit Autonomen und Antifaschisten aus anderen Städten in Kontakt. Politisch prallen auf den Treffen Welten aufeinander – vorerst: »Da waren auch Autonome dabei. Damals nannte man die noch die Spontis. (...) Die haben Hausbesetzungen und Anti-Kriegs-Geschichten, und Startbahn und so gemacht. Aber mit Antifa hatten die eigentlich erst mal nichts am Hut.«[193]

Das Thema fasst in der Szene langsam Fuß, neue Gruppen entstehen, ideologisch aber ein wildes Gemisch. »Die Hamburger verstanden sich als Autonome oder Antifaschistische Aktion Hamburg. Die hatte diesen Hintergrund mitgebracht. Aber es gab auch ein paar andere. Hannover war total durchwachsen, da gab es ein paar Autonome, aber die Mehrzahl von denen hat sich nicht als Autonome verstanden, sondern als Kommunisten. (…) Oder die Westberliner haben sich zum Beispiel nie als Autonome bezeichnet, die ich da kennen gelernt habe. Als Autonome kristallisierten sich die Hamburger und dann die Bad Lauterberger raus, die sich später nach Göttingen orientierten«.[194]

Im Laufe der Zeit entwickelt sich der Begriff autonome Antifaschisten vor allem im Norddeutschen Raum. Das Wort autonom wird als Abgrenzung gegenüber allen K-Gruppen (vor allem aber der Wortführerschaft des KB), ihrer Politik und ihren starren Strukturen gewählt.[195]

»Also wenn ich das selber bestimme, mit wem ich was wann zusammen mache, und mit welcher Verbindlichkeit, dann würde ich das als autonom bezeichnen. Dass in der autonomen Szene alle möglichen Kuriositäten ausgebrochen [sind], und sich getummelt haben, und sich Hans und Franz auch im Nachhinein noch autonom nennen, das ist dann eben so. (…) Nur klar war eine Abgrenzung zu der K-Gruppenzeit, und gegenüber auch bestimmten anderen hierarchischen Strukturen. (…) Aber wenn du was machen willst, dann musst du natürlich diszipliniert vorgehen. Sonst kriegst du das nicht auf die Reihe«.[196]

Für Langer ist »autonom« der deutliche Hinweis auf die militante Praxis der Antifaschisten: »Es gibt keinen gewaltfreien Autonomen. Autonom ist militanter Widerstand. Das beinhaltet ja der Begriff autonom, der beinhaltet den Militanzbegriff. (…) Wenn ich mich autonomer Antifaschist nenne, beinhaltet das immer die Militanz«.[197]

193 Interview des Autors mit Bernd Langer (2008).
194 Interview des Autors mit Bernd Langer (2008).
195 Zusammenfassung des Autors aus dem Interview mit Michaela Neuberger (2008).
196 Interview des Autors mit Michaela Neuberger (2008).
197 Interview des Autors mit Bernd Langer (2008).

Doch der Begriff autonomer Antifaschismus beinhaltet eine politische Abgrenzung in zwei Richtungen, was bald deutlich wird. Einige Aktive aus dem Norddeutschen Antifa-Treffen organisieren sich 1983 in der Antifaschistischen Aktion Hamburg. In einem Grundsatzpapier heißt es: »Die antifaschistische Aktion wurde im Februar reorganisiert[198] gegen verstärkte neofaschistische Aktivitäten organisierter Nationalsozialisten und rechtsgerichteter Gruppen. Ihre Aufgabe ist es, antifaschistische Arbeit der organisierten und nichtorganisierten Linken zu koordinieren, zu initiieren und zu organisieren. Ihr Ziel ist es, den Aktionismus der bloßen Reaktion auf faschistische Angriffe, den Reformismus in der antiimperialistischen Bewegung und ihre Zersplitterung zu überwinden«.[199]

Der formulierte Anspruch zielt vor allem auf den KB. Auch wird der offensive Charakter deutlich, den die Antifaschistische Aktion Hamburg unterstreicht. Antifaschistische Arbeit war bis zu diesem Punkt demnach reaktiv, also defensiv. Das politische Ziel geht auch über das Verständnis der meisten Autonomen hinaus, denn es geht in erster Linie um den Kampf gegen Neonazis und die direkte Konfrontation. Den Autonomen stößt aber vor allem »koordinieren« und »organisieren« auf, was nach Verbindlichkeit und verantwortlichen Strukturen klingt. Und Teil in einer »antiimperialistischen Bewegung« zu sein, dürfte sowohl KB als auch Autonome misstrauisch machen. Trotzdem verbleiben die drei Fraktionen Antifaschistische Aktion Hamburg, Autonome und KB vorerst im Norddeutschen Antifa-Treffen.

Die Literatur beschäftigt sich, wie erwähnt, kaum mit den militanten antifaschistischen Strukturen der 1980er-Jahre. Wenn sie aber dargestellt werden, dann oft ungenau. Meist sind die Antifaschisten dort einfach Autonome. Es ist zwar richtig, dass die Antifa-Strukturen im Kontext der autonomen Bewegung entstehen, aber nicht alle Gruppen sind auch gleich autonome Antifa-Gruppen. Es herrscht allgemein begriffliches Durcheinander.[200]

»Da wir aber in unseren fast zwei Jahren Existenz die einzige Gruppe waren, die in Bochum offen als Antifa auftrat und auch die Kontakte in alle anderen Städte suchte, galten wir vielen als die ›Autonome Antifa‹, obwohl sich die Meisten der Gruppe nicht als Autonome sahen.«[201]

198 Reorganisiert, weil die historische Antifaschistische Aktion bereits 1932 entstand.
199 Antifa Texte 2 (1986), o.S.
200 Vgl. dazu Schultze, Thomas; Gross, Almut (1997), S. 20f.; Vgl. Schröder, Henning (2003), S. 19f.
201 Interview mit dem »schwarzen Paule« (2014) aus Bochum. Quelle: https://linksunten.indymedia.org/de/node/118284. 10.10.2014, 12.13h.

Organisatorischer Anfang

Die Hamburger Antifa-Gruppe agiert anfangs als offener Zusammenhang. Was aber nicht bedeutet, dass jeder einfach so vorbeikommen kann. Man benötigt eine Art Leumund, eine Empfehlung. Schnell erwächst daraus verbindliche Arbeit mit Recherche und Aktionen, sowie theoretische Auseinandersetzungen. Inhaltlich geht es nicht nur um Antifa-Themen, sondern auch um Imperialismus, RAF, politische Gefangene, »Dritte Welt« etc. Die neu dazu stoßenden Leute sind unterschiedlichen Alters und Herkunft. Neuberger weist darauf hin, dass auch normale Arbeiterjugendliche dazu kommen. Das ist bei politischen Gruppen der Autonomen nicht unbedingt normal. Aber die Antifas kennen keine Berührungsängste. Langsam bildet sich eine Verlässlichkeit in der Hamburger Gruppe heraus, aber auch die ersten Hierarchien. Aus Sicherheitsgründen werden nicht mehr alle Informationen an alle in der Gruppe weitergegeben. Repression und Überwachung wird zum Thema. Es gibt darüber immer wieder Auseinandersetzungen.[202]

Die Ursachen liegen in der gesellschaftlichen Entwicklung. Der Politologe Hans-Gerd Jaschke weist auf die unterschiedliche Behandlung von Linken und Rechten durch die Staatsschutzbehörden hin. Reaktionen gegen Linke sind entschiedener und konsequenter, werden schärfer verfolgt und stärker politisch ausgeschlachtet, als gegen Rechte. Während für Linksradikale mit dem §129a »Sippenhaft« eingeführt wird, gilt faschistische Gewalt grundsätzlich als individuelle Tat eines Einzeltäters.[203] Parallel nehmen die Mitgliederzahlen in militanten Neonazis-Gruppen ebenso zu wie die Zahl der Waffen- und Munitionsfunde.[204] Sich gegenüber neonazistischer Gefahr und der Repression abzusichern, scheint in diesem Kontext allzu logisch. Schließlich entwickelt sich die Hamburger Gruppe zum geschlossenen Zusammenhang und gibt sich eine politische Linie. In einem Arbeitspapier zur Gründung der Antifaschistischen Aktion Hamburg im Februar 1982 heißt es: »Die Antifaschistische Aktion wird erst zu einem politischen Faktor, wenn sie weder unverbindliche Schwatzbude ist, noch blinden Aktionismus organisiert. (…) Der Faschismus kann weder mit klugen Einschätzungen zerredet, noch mit bloßer Gewalt zerschlagen werden. Die Antifaschistische Aktion wird erst zu einer Gefahr für das System, wenn sie weder vor der Sozialdemokratie Halt macht noch die bürgerliche Demokratie unterschätzt. (…) Die Antifaschistische Aktion wird erst zum schlagkräftigen Instrument der Linken, wenn sie weder zum Parteiladen einer Organisation verkommt, noch von Bockprinzip und Organisationsfeindlichkeit abhängt«.[205]

202 Zusammenfassung des Autors aus dem Interview mit Michaela Neuberger (2008).
203 Jaschke, Hans-Gerd (1991), S. 59f.
204 Vgl. Bundesminister des Innern (1984), S. 122f.
205 Arbeitspapier (1982).

Die Antifaschistische Aktion Hamburg ist die erste autonome Antifa-Gruppe in der BRD. Die langsame Entwicklung von einem unverbindlichen Zusammenhang zu einer Organisation vollzieht sich konsequent und kumuliert in einer deutlichen Abgrenzung zu den Autonomen und zum KB. Auch fehlt die Kampfansage an »das System«, die Sozialdemokratie und die bürgerliche Demokratie nicht. Die Antifaschisten sehen sich als Teil der Linken, als Speerspitze der Revolution. Die Selbstdarstellung beeindruckt den Neuling Bernd Langer: »(…) die Avantgarde, der Glaube, eine revolutionäre Umwälzung erzwingen zu können – einstmals zog mich das an. Was ich suchte, fand ich im Zusammenwirken mit der autonomen Antifa aus Hamburg. 1981 verabredeten antifaschistische Gruppen aus dem norddeutschen Raum einen kontinuierlichen Informationsaustausch. Das ›Norddeutsche Treffen‹ entstand und wandelte sich 1982 zum ersten Organisierungsansatz autonomer Antifa-Gruppen. Eine Organisation wollten wir auf gar keinen Fall gründen. Es sollte eine Vernetzung selbst bestimmter Gruppen sein, deren Ziel die Bekämpfung des Faschismus war«.[206]

In vielen Städten gründen sich weitere Antifa-Gruppen. 1983 existieren laut Aussagen der Interviewpartner Gruppen in Hannover, Hamburg, Berlin, Göttingen, Oldenburg, Kiel und Braunschweig. Die Antifas haben regen Zulauf. Langer vermutet dafür viele Gründe. Zum einen bietet Antifa-Arbeit konkrete Aktionen gegen Neonazis, zum anderen verlangt die inhaltliche Auseinandersetzung mit Faschismus ein relativ hohes politisches Niveau. Einige Aktive aus der Szene »(…) fühlten sich eben davon mehr angezogen, als von so einem reinen Aktionismus, also nur ein Haus besetzen und so ein bisschen kiffen, vögeln … Das war nicht allen genug«.[207]

Roger Ottenheimer aus dem Rhein-Main-Gebiet beschreibt seinen ersten Kontakt 1985 mit den autonomen Antifaschisten auf einem der norddeutschen Treffen: »Das war so etwas wie ›ankommen‹. Endlich dort sein, wo ich unbewusst wohl schon immer hin wollte. Ich war seit Jahren in der autonomen Bewegung aktiv, aber so eine ernsthafte Auseinandersetzung in verbindlichen Strukturen, das war völlig neu für mich. Ich war sofort begeistert«.[208]

Doch am Anfang stehen die Gruppen erst einmal vor einer großen Herausforderung. Sie müssen ein politisches Problem zu einem gesellschaftlichen Thema machen, das in der Öffentlichkeit keines ist. Rechtsradikalismus wird zwar wahrgenommen, aber nicht breit diskutiert. Während die Autonomen sich an politische Themen andocken, wollen die Antifaschisten den umgekehrten Weg gehen und ein neues Thema selbstbestimmt auf die Tagesordnung setzen.[209]

206 Langer, Bernd (2004), S. 61.
207 Interview des Autors mit Bernd Langer (2008).
208 Interview des Autors mit Roger Ottenheimer (2007).
209 Interview des Autors mit Bernd Langer (2008).

Sie wollen eine verbindliche Organisation mit politischer Richtung aufbauen, planen eine langfristige Zusammenarbeit und eine kontinuierliche politische Auseinandersetzung. Natürlich sind die Antifaschisten nicht die ersten, die eine stabile Struktur etablieren möchten, aber so richtig gelungen ist es bis dahin niemandem aus der autonomen Szene. Die Antifas treten mit einem hohen Anspruch an. Es wird sich zeigen, inwieweit sie in der Lage sind, ihm gerecht zur werden …

»Du musst ja mehr auf Taktik und Strategie und Politik Rücksicht nehmen, als wenn du aus so einer Massenbewegung kommst und praktisch der militante Teil darin bist«.[210]

Für den Hannoveraner Lars Balkes beginnt der Niedergang der Autonomen bereits 1983. Für ihn haben viele Autonome in der Antifa den politischen Kampf weitergeführt. Natürlich inhaltlich unter »neuen« Vorzeichen, aber auch konsequenter.[211]

Einfach ist die Arbeit für die jungen Antifa-Gruppen nicht. Die »alteingesessenen« Autonomen sehen sie als Konkurrenz. In Göttingen beginnt ein Streit um das Label »autonom«. So muss sich die antifaschistische Gruppe in Göttingen anfangs Unabhängige Antifa Göttingen nennen, weil sie nicht mit dem Autonomen-Plenum verwechselt werden darf. Teilnehmer am Autonomen-Plenum argumentieren, dass eine Verwechslung auch deshalb ausgeschlossen sein muss, weil das Plenum sich im Kern nicht um Antifa-Sachen kümmert. Dazu kommt, dass es bei den Antifaschisten auch Menschen gibt, die sich definitiv nicht als Autonome verstehen. Erst als das Autonomen-Plenum zusammenbricht, nennen sich die Antifaschisten Autonome Antifa Göttingen. So kommt es, dass die ersten Flugblätter der Gruppe noch mit Unabhängige Antifa Göttingen unterzeichnet sind.[212]

Auch in Hannover sind die Autonomen in der Anfangszeit nicht von den Antifaschisten begeistert. Manche werfen ihnen vor, »proleten- und mackerhaft« zu sein, die militanten Auseinandersetzungen mit Nazi-Skins bezeichnen sie abwertend als »Bandenkrieg«.

In der Tat treffen dort Welten aufeinander. Der harte Antifa-Kern besteht aus fünf bis acht Leuten. Zum allsonntäglichen Antifa-Plenum, das allen offen steht, kommen regelmäßig 20 bis 30 Menschen zum Treffpunkt Unabhängiges Jugendzentrum Kornstraße (UJZ). Das schnell mobilisierbare Umfeld umfasst bis zu 200 Menschen. Sie nehmen an politischen Diskussionen kaum teil, stammen aus der Punk-Szene, sind proletarische Jugendliche, die aus persönlicher Betroffenheit heraus gegen die

210 Interview des Autors mit Bernd Langer (2008).
211 Zusammenfassung des Autors aus dem Interview mit Lars Balkes (2008).
212 Zusammenfassung des Autors aus dem Interview mit Bernd Langer (2008).

Neonazis aktiv sind. Ihr Handeln ist reiner Selbstschutz, ihre Worte ruppig, ihre Militanz brutal und effektiv. Sie passen damit nicht in die autonome Szene.[213]

»Dieser autonome, cleane Sprachgebrauch, den musste man sich erst mal angewöhnen. Wenn Du sagtest: ›Wir waren mit 100 *Mann* auf einer Demo‹,[214] da hatte man ja schon fast Hausverbot. Und dann gibt es da natürlich noch diverse Schimpfwörter, die in autonomen Häusern nicht gerne gehört werden, die der ungebildete Jugendliche aber manchmal so von sich gibt«.[215]

»Außerdem gibt es ein Problem mit dem linken Szene-Anspruch, wie man sich ausdrückt und gibt, den können eigentlich nur wenige erfüllen. Jugendliche, die von der Hauptschule kamen und sich nicht so geschliffen ausdrücken konnten, und diesen ganzen sexistischen Scheiß z.B. viel direkter ausdrückten, die waren von vornherein ausgegrenzt«.[216]

Die jungen Antifaschisten in Hannover sind Angriffspunkte für Skinheads, weil manche mit bunten Haaren herumlaufen. Sie schlagen allerdings gnadenlos zurück, was ihnen von der autonomen Szene als übertriebene Militanz angekreidet wird. Für Lars Balkes handelt es sich auch um ein Generationsproblem. Die autonome Szene ist acht bis zehn Jahre älter und stammt zum größten Teil aus der Anti-AKW-Szene.

»Die konnten mit der Musik nichts anfangen. Die haben noch nach Ton Steine Scherben[217] und barfuß getanzt. Da konnten die natürlich in so einem Scherbenmeer nach einem Punk-Konzert barfuß nicht mehr viel anfangen. Es war einfach eine andere Generation, und auch eine andere Welt. (…) Es waren natürlich auch viele wirklich proletarische Jugendliche am Anfang bei uns dabei, da sind die nicht mit klargekommen«.[218]

Es gibt in den 1980er-Jahren viele aktive Unterstützer auf antifaschistischen Aktionen, die sich einfach beteiligen, ohne in irgendwelche Strukturen eingebunden zu sein. In Bochum werden 1988 bei einer Straßenschlacht viele Nazis durch Steine verletzt. Die Antifaschisten rätseln, woher die Steine kommen, denn von ihnen stammen sie nicht: »Am selben Abend [saß ich] in unserem besetzten Haus mit ein paar Kollegen eines Mitbewohners zusammen. Zwei Sportler, Handballer, hockten da bei einem Bier und quatschten dummes Zeug. Als mein Mitbewohner, auch so eine sportliche Frohnatur, dazu kam, beschwerte er sich bei seinen Kumpels, dass sie ihm keine Steine abgegeben hätten. Ich guckte groß, wusste erst gar nicht worum es

213 Zusammenfassung des Autors aus dem Interview mit Lars Balkes (2008).
214 Anm.d.Verf.: Autonom korrekt hätte es heißen müssen: »Wir waren mit 100 Männern und Frauen auf einer Demo«.
215 Interview des Autors mit Lars Balkes (2008).
216 Projektgruppe (Hg.) (1994), S. 87f.
217 Ton Steine Scherben: Politische Deutschrock-Band, die sich 1970 gründete und 1985 auflöste.
218 Interview des Autors mit Lars Balkes (2008).

ging. Die erwiderten, dass er sich doch selbst Steine hätte besorgen können, ihre Steine hätten sie schließlich gebraucht und gut eingesetzt. Wie sich herausstellte, hatten sich die Jungs aus dem Handballverein an einem Schlagloch des Verbundpflasters bedient und diese zielgenau den anstürmenden Nazi-Skins von Wattenscheid einen Stein nach den anderen in den Brustkorb geschleudert. Deswegen hatte es die Nazis auch so schwer erwischt. (…) Und wieder mein altes Credo, die Nazis kriegen eigentlich von den ganz normalen Jungs und Mädels im Pott mehr auf die Schnauze, als von der politischen Szene. Die Drei waren sicherlich politisch irgendwie links, aber aktiv und organisiert in keiner Weise. Eher so die ›Das-Leben-soll-Spaß-machen‹-Fraktion, die Kiffen und Häuserbesetzen cool fanden und eben mal mitkamen, weil sie Nazis Scheiße fanden. Als sie von den Nazis angegriffen wurden, haben sie mal ihre sportlichen Talente aus dem Handball raus gekramt. Basta.«[219]

Für lokale Aktionen gibt es Telefonketten, die im Falle eines Falles ausgelöst werden, um kurzfristig Aktivisten zu mobilisieren. Handy und Internet gibt es noch nicht, es geht also nur über den Anruf per Festnetz. Meist sind die Telefonketten schneeballsystemartig aufgebaut. Die Listen werden laufend erneuert und stellen ein Sicherheitsrisiko dar, könnten sie doch in die Hände von Polizei oder Neonazis fallen. Deshalb wird nur ausgewählten Einzelpersonen eine solche Liste anvertraut. Von ihnen wird verlangt, diese im Notfall zu verspeisen (kein Witz!) oder zu verbrennen, um keine Spuren zu hinterlassen. Den Antifas aus Hannover kommen außerdem gute Kontakt zu türkischen Gruppen wie Devrimci Yol[220] zugute, die zusätzlich 40 bis 60 Antifaschisten kurzfristig mobilisieren können. Dank der norddeutschen Organisation erreichen die Antifaschisten auch überregional einen außergewöhnlich hohen Mobilisierungsgrad.[221]

»Zu so einer normalen Sache, also aus Hannover hat man bestimmt 150 Leute zusammengekriegt, Braunschweig noch mal 50 bis 100, aus Celle ein paar, und dann die ganzen kleinen Käffer um Hannover rum. Also das war schon ein normales Potenzial von 500 bis 600 Leuten (…), wovon 400 schon Lust hatten, direkt zu den Nazis vorzustoßen. Es waren ja sehr wenige bürgerliche Kräfte in der Regel dabei«.[222]

Vor geplanten Aktionen fahren die Antifaschisten aus dem inneren Kreis in die Dörfer, organisieren Veranstaltungen, informieren über die Neonazi-Strukturen, die geplante Aktion selber und zeigen Dias. Für alle Fälle werden Schlagwerkzeuge

219 Interview mit dem »schwarzen Paule« (2014) aus Bochum. Quelle: https://linksunten.indymedia.org/de/node/118284. 10.10.2014, 12.13h.

220 Devrimci Yol: Revolutionärer Weg, auch Dev-Yol genannt war eine seit 1977 existierende linksradikale Organisation mit Ursprung in der Türkei. Ihre Sympathisanten organisierten sich nach dem Militärputsch von 1980 u.a. in Deutschland unter dem Namen Devrimci Isci, Revolutionäre Arbeiter, und suchten engagiert Kontakt zu deutschen Antifaschisten.

221 Zusammenfassung des Autors aus dem Interview mit Lars Balkes (2008).

222 Interview des Autors mit Lars Balkes (2008).

wie Knüppel vorher vor Ort deponiert, um ggf. trotz Polizeikontrollen handlungsfähig zu sein.

Die Antifa-Gruppe Hannover ist ein enger Zusammenhang, ein Freundeskreis. Er fährt zusammen in den Urlaub, besucht besetzte Häuser in Mailand oder nimmt Kontakt zu britischen Antifaschisten in London auf. Die Gruppe wird für die meisten zum Lebensinhalt. Kaum jemand geht einer erwerbsmäßigen Lohnarbeit nach. Der Alltag wird zusammen verbracht, Thekenschichten im UJZ Kornstraße übernommen, die Räume gemeinsam renoviert, einige wohnen zusammen in Wohngemeinschaften. Die antifaschistische Arbeit steht im Vordergrund. Das öffentliche Plenum findet jeden Sonntag statt. Dazu kommen Sondertreffen, wenn irgendwelche Aktionen anstehen. Die Gruppe macht dazu Flugblätter und Plakate, die breit verteilt, bzw. in Hannover aufgehängt werden. Dementsprechend ist die Resonanz. Die antifaschistische Gruppe wird zu einem bedeutenden politischen Faktor in der niedersächsischen Landeshauptstadt. Die Mobilisierungsfähigkeit steigt analog zum Bekanntheitsgrad. Durch die größer werdende Anzahl der Antifaschisten und ihrem Umfeld wachsen auch die Informationen über Neonazi-Strukturen. Die Gruppe weiß immer genauer, wo Neonazis wohnen, wie sie zusammenhängen und wo sie sich treffen.[223]

1983 erscheint das Papier *Antifaschistische Arbeit – Teil autonomer Politik* der Antifaschistischen Aktion Hamburg. Darin wird deutlich Kritik an der bisherigen Politik der Autonomen in Bezug auf Antifaschismus geübt. Natürlich sind Autonome auch Antifaschisten, aber eine organisatorische Konsequenz folgt daraus nicht. »Sie [die Autonomen] haben es bisher versäumt, ihren Kampf gegen offen faschistische Strukturen mit dem Widerstand gegen integrierten Faschismus der Gesellschaft und des imperialistischen Herrschaftsapparates zu verbinden. (...) Sie haben über informative Kontakte hinaus keine gemeinsame Strategie gegen das System und keine verbindlichen Strukturen geschaffen«.[224]

Das Norddeutsche Antifa-Treffen entwickelt sich zunehmend zum verbindlichen Zusammenhang, der für eine Demo gegen ein SS-Veteranen-Treffen am 21. Mai 1983 in Bad Hersfeld mobilisiert. Parallel zu dem Treffen hat die ANS/NA zu einer Versammlung in dieser Stadt aufgerufen. Als die Neonazis am Rande der Abschlusskundgebung des DGB-Bündnisses aufmarschieren, greifen die militanten Antifaschisten sie an. Die sofort einschreitende Polizei knüppelt auf die antifaschistischen Angreifer ein, während DGB-Ordner eine Menschenkette um die Kundgebung organisieren, um den aktiven Antifaschisten eine Rückkehr in die Demonstration unmöglich zu machen. Die DGB-Ordner verhindern so gezielt

223 Zusammenfassung des Autors aus dem Interview mit Lars Balkes (2008).
224 Antifa Texte 2 (1986), o.S.

die Fluchtmöglichkeit in die Masse der Demonstranten. Vor den Augen der Gewerkschafter verprügeln Zivilpolizisten die Antifaschisten. Es gibt Verletzte und Verhaftete.[225]

Bei der genannten Aktion handelt es sich keinesfalls um einen zufälligen Einzelfall. Es ist eine konkrete Manifestation des politischen Selbstverständnisses des DGB und eine deutliche Abgrenzung gegen jegliche Opposition außerhalb der sozialpartnerschaftlichen Strukturen. Die Politikwissenschaftler Hirsch und Roth analysieren 1986 das Verhältnis der Gewerkschaften in diesem Kontext. Es geht dem DGB um die »(...) behutsame Übernahme von Themen, Nutzung der politischen Mobilisierung, wo sie den Organisationszielen entgegenkommen, aber auch Gegenmobilisierung und Delegitimation, wo organisationspolitische Opportunitäten dies nahe legen (...)«.[226]

Für viele Antifaschisten ist das Verhalten der Gewerkschafter Verrat. Die organisierten Gruppen ziehen daraus Konsequenzen. Bei den Treffen zur Vorbereitung der Proteste gegen den rechtsradikalen Soldatenbund Stahlhelm[227] am 17. Juni 1983 in Celle spielen Gruppen aus dem Norddeutschen schon eine erheblich größere Rolle als in Bad Hersfeld. Sie planen die eigene Vorgehensweise genau. In einem Arbeitspapier mit dem Titel *Auswertung der antifaschistischen Aktion gegen das Treffen des ›Stahlhelm-Kampfbund für Europa‹ in Celle vom 18./19.6.1983* wird zuerst einmal analysiert, mit welchen eigenen Kräften zu rechnen ist. Zeitgleich zum Treffen des Stahlhelm Kampfbundes plant nämlich die Konservative Aktion (KA)[228] einen Auftritt in Berlin. Das Arbeitspapier stellt fest, dass die Berliner Genossen damit alleine fertig werden. Die im Norddeutschen Antifa-Treffen organisierten Städte sollen aber die Abreise der Mitglieder der KA aus den jeweiligen Städten nach Berlin möglichst behindern[229]. Offenbar verfügen die Antifaschisten über Namenslisten der Mitglieder der Konservativen Aktion und ihre Adressen. Für Celle wird festgelegt, dass man sich an den Veranstaltungen des DGB und den Friedensinitiativen (die offenbar ebenfalls gegen das Nazi-Treffen aufrufen) aus taktischen Gründen beteiligt. Zum einen, um die Besucher des Stahlhelm-Treffens besser verjagen zu können, und zum anderen um ihren Veranstaltungsort im Vorfeld zu besetzen. Diese Aktionsform wird gewählt, um politisch nicht ausgegrenzt werden zu können, aber trotzdem effektiv zu sein. Außerdem gehen die Verfasser davon aus, dass eine Besetzung auch

225 Langer, Bernd (1997), S. 49.
226 Hirsch, J.; Roth, R. (1986), S. 178.
227 Stahlhelm: 1951 von Altnazis gegründete, später in »Der Stahlhelm e. V. – Bund der Frontsoldaten – Kampfbund für Europa« umbenannte Sammelbewegung für Rechstradikale.
228 Konservative Aktion: 1980 sammelten sich Mitglieder des rechten Flügels der Unionsparteien in der Gruppierung. Sie existierte bis 1989.
229 Was nichts anderes bedeutet, als die Fahrzeuge der KA-Mitglieder fahruntüchtig zu machen.

von nicht-militanten Kräften getragen werden kann.[230] In der Presserklärung vom 17. Juni 1983 heißt es: »Zu dieser Aktion haben wir uns entschlossen, nachdem bestimmte Kräfte uns wieder einmal aus der antifaschistischen Aktion ausklammern wollten und aus einer antifaschistischen Demonstration eine Demonstration der Hilflosigkeit gemacht haben«.[231]

Ziel der Militanten Antifaschisten ist es weiter, neonazistische Provokationen, Aufmärsche oder Propaganda irgendwelcher neofaschistischer Gruppierungen auf jeden Fall zu verhindern. Von den nicht militanten Kräften wird verlangt, dass sie sich nicht von Aktionen einzelner Gruppen distanzieren.[232]

Die Polizei setzt das Treffen des Stahlhelms schließlich durch. Vor dem Versammlungslokal kommt es zu Zusammenstößen mit Antifaschisten, bei denen die Polizei auch Wasserwerfer einsetzt.[233]

Die organisierten Gruppen werten die Aktion trotzdem als Erfolg: »Die Celler Stadtväter verzichteten auf ihre Grußworte, nachdem DGB-Veranstaltung und Besetzung durchgeführt wurden. Am ›Stahlhelm‹-Treffen nahmen nur 250 (meist Veteranen) Mitglieder teil, davon etwa 80 aus Belgien, die wohl von der Gegenpropaganda nicht erreicht wurden. Die Faschisten verzichteten auf eine öffentliche Kranzniederlegung im Celler Schlosspark. Die Nazi-Provokationen konnten fast vollständig verhindert werden (weder ANS/NA noch die ›Stahlhelm-Jugend‹ traten auf). Mehrere ›Stahlhelmer‹ wurden verprügelt. Celler Bürger brachten Hitler-Gruß und rassistische Äußerungen eines ›Stahlhelmers‹ zur Anzeige. Viele Besucher der DGB-Veranstaltung sympathisierten mit der Besetzer-Aktion. Dank einer Presseerklärung der Besetzer wurde relativ umfangreich in den verschiedenen Medien berichtet. Das ›Stahlhelm‹-Treffen ist in Celle zum Thema gemacht worden«.[234]

Aber die Antifaschisten üben auch Selbstkritik. So seien sie gegenüber den Neonazis zu unaufmerksam gewesen, einige Neonazi-Fotografen schafften es in die eigenen Reihen. Auch war die gemeinsame Vorgehensweise mitunter zu unentschlossen, und es fehlte an Ausrüstung. Wichtig ist die Erfahrung aber vor allem für das Norddeutsche Antifa-Treffen, denn die Aktion gehört zu den ersten gemeinsamen praktischen Schritten.[235]

»Bedeutung für die weitere Arbeit. Für die Einheit der Norddeutschen Antifaschisten war diese Aktion gut und wichtig: wir haben erfahren, dass wir nicht nur miteinander reden, sondern auch zusammen kämpfen können; obwohl die

230 Vgl. Arbeitspapier (1983), S. 2ff.
231 Langer, Bernd (1997), S. 49.
232 Vgl. Langer, Bernd (1997), S. 49f.; Vgl. Arbeitspapier (1983), S. 2ff.
233 Vgl. Langer, Bernd (1997), S. 49f.
234 Arbeitspapier (1983), S. 2ff.
235 Vgl. Arbeitspapier (1983), S. 2ff.

verschiedenen Städte sich kaum kannten, konnten wir uns aufeinander verlassen und schnell verständigen; die Aktion war weder ›hau drauf‹ noch ›gewaltlose Sülze‹ sondern Verbindung von direkter Aktion und Öffentlichkeitsarbeit.

Für die Struktur der weiteren Zusammenarbeit haben wir in Celle wichtige Erfahrungen gemacht: vereinzelte Führungsansprüche haben sich in der Praxis nicht gerechtfertigt; wir brauchen keine Verantwortlichen/Sprecher/Führer; alle Differenzen im weiteren Vorgehen, der Darstellung unserer Aktion, der Einschätzung der Situation konnten in ruhiger und sachlicher Auseinandersetzung zwischen den Gruppen geklärt werden; zum Schutz der eigenen Strukturen und zur Demonstration der Einheit dürfen inhaltliche und taktische Diskussionen nicht vor dem Feind geführt werden – sie müssen öffentlich unter uns ausgetragen werden«.[236]

Das Norddeutsche Antifa-Treffen wird immer mehr zum arbeitsintensiven Zusammenhang. In einer Einladung zum Treffen am 10. Juli 1983 in Hamburg vermerkt die Tagesordnung u.a., dass folgende Aktionen ausgewertet und diskutiert werden müssen: »Celle (Stahlhelm-Treffen); Bad Neustadt (Deutschland-Treffen); Berlin (Konservative Aktion); Bonn und Hamburg (Konservative Aktion); Hannover (Schlesier-Treffen); Des Weiteren steht im Oktober 1983 der NPD-Parteitag in Fallingbostel an, wozu die Vorbereitungstreffen ausgewertet werden müssen, denn es bestehen vor Ort bereits Kontakte zu neuen Gruppen in der Region«.[237]

Wichtig ist aber vor allem der Hinweis in dem Papier, dass nun auch die Autonomen offenbar zur aktiven Zusammenarbeit mit den Militanten Antifaschisten bereit sind: »Die bisherigen Erfahrungen haben gezeigt, dass gegen alle Spaltungsversuche der unterschiedlichsten Kräfte die Autonomen tatsächlich bereit sind, mit uns zusammen faschistische Treffen aufzulösen und ihre Organisationen zu zerschlagen. Die Auseinandersetzung und Zusammenarbeit verschiedener Bereiche autonomer Politik sollen (...) weitergeführt und verbessert werden«.[238]

Die genaue Analyse der Aktionen und die Ableitung von Konsequenzen daraus sind bemerkenswert, und bis dahin für die linksradikalen Strukturen einmalig. Sie vermitteln einen Eindruck dessen, wohin die neue Organisation sich offenbar entwickeln will. Doch bevor sich der Zusammenhang dauerhaft konstituiert, kommt es zum großen Krach in dem noch immer aus unterschiedlichen Fraktionen bestehenden Norddeutschen Antifa-Treffen. Anlass ist der NPD-Parteitag in Fallingbostel.

236 Arbeitspapier (1983), S. 2ff.
237 Einladung (1983).
238 Einladung (1983).

Fanal Fallingbostel

In Fallingbostel findet am 1./2. Oktober 1983 der Bundesparteitag der NPD statt. Das Norddeutsche Antifa-Treffen ruft zum Protest auf, um das Nazi-Treffen zu verhindern. Die Erfahrungen von Bad Hersfeld und Celle wirken sich auf die Vorbereitungen aus. Militante Antifaschisten beteiligen sich aktiv an den Treffen eines überregionalen Bündnisses in Fallingbostel. In diesen Sitzungen ringen Antifa-Gruppen, örtliche Kräfte sowie DGB und VVN um ein gemeinsames Vorgehen. Doch DGB und VVN rufen letztendlich zu einer separaten Kundgebung in die KZ-Gedenkstätte Bergen-Belsen auf, 30 km vom NPD-Parteitag entfernt.

Die Entscheidung ist typisch für VVN und DGB in den 1980er-Jahren. Während die Militanten Antifaschisten die Aktionseinheit propagieren und in Fallingbostel die Idee einer Blockade der Halle durchsetzen wollen, mobilisieren VVN und DGB zu einer Kundgebung weit entfernt von den Neonazis. VVN und DGB setzen sich bewusst von jeglicher direkten Aktion ab. Symbolpolitik ist ihnen wichtiger, als sich den Faschisten in den Weg zu stellen, und die Neonazis aktiv zu bekämpfen. Die Militanten Antifaschisten halten trotzdem an ihrer Idee fest.[239]

»(…) die geplante Kundgebung des DGB im 30 km entfernten Bergen-Belsen schwächt die antifaschistischen Kräfte die entschlossen sind, den NPD-Parteitag zu verhindern. Wir rufen daher alle Gewerkschafter auf, alle Verhinderungsaktionen massiv zu unterstützen und vom DGB die Mobilisierung zur Demonstration in Fallingbostel zu verlangen. Eine Gedenkstunde für die Opfer des Nationalsozialismus kann die Faschisten nicht aufhalten. Daher wird um 7 Uhr die Heidmarkhalle blockiert, um die Versammlung der Faschisten zu verhindern. Um 8.30 Uhr wird eine Demonstration zur Heidmarkhalle geführt, um die Delegierten des NPD-Parteitags und ihre Ordnertrupps aus Fallingbostel zu vertreiben und durch diese öffentliche Niederlage die Verankerung faschistischer Ideologie in den radikalisierten Schichten aufzuhalten. Wir fordern alle Antifaschisten auf, sich auf die gemeinsame Plattform der Fallingbosteler Vorbereitungstreffen zu stellen und die Verhinderungsaktionen nach Kräften zu unterstützen«.[240]

Die Mobilisierung findet auch große Resonanz in autonomen Kreisen. Es gelingt, fast 2.500 Menschen vom Konzept einer Blockade der Heidmarkhalle zu überzeugen. Es handelt sich um die größte Aktion die je vom Norddeutschen organisiert wird. In mehreren Autokonvois reisen die Antifaschisten an. Doch die Polizei ist vorbereitet. Seit dem 25. September 1983 wird die Heidmarkhalle rund

239 Vgl. Langer, Bernd (1997), S. 50; Vgl. Flugblatt (1983a); Vgl. Der Niedersächsische Minister des Innern (o.J.), S. 62f.; Zusammenfassung des Autors aus dem Interview mit Lars Balkes (2008).

240 Presseerklärung (1983).

um die Uhr bewacht, 1.000-Watt-Lampen tauchen die Halle in Flutlicht, Video-Kameras sind installiert. Am 1. Oktober werden die Halle, umliegende Wohnhäuser und Plätze mit Nato-Draht abgesperrt. 2.000 Polizei- und SEK-Beamte stehen mit Panzerspähwagen und Wasserwerfern bereit, Richter und Staatsanwälte warten im Hintergrund. Schon auf den Zufahrtsstraßen filmen Hubschrauber im Tiefflug die Demonstrationszüge. In Vorfeldkontrollen beschlagnahmt die Polizei Tücher, Schlagstöcke, Krähenfüße, Signalmunition, Reizstoff-Sprühgeräte, Stahlkugeln, Beile, Klappspaten, Messer, Schutzhelme, Verbandsmaterial, Wasserflaschen, Schutzbrillen, Transparente, Informationsmaterial und Büchertische.

Aufgrund der fehlenden Kommunikation zwischen den einzelnen Konvois, zerfasert die Aktion schon im Vorfeld. An der Heidmarkhalle bleiben nur zwei Eingänge zur Blockade. Aufgrund mangelnder Koordination gelingt es den antifaschistischen Gruppen aber dennoch nicht, eine wirksame Absperrung durchzuführen. Lediglich gut ausgerüstete Aktivisten aus dem Konvoi Hamburg/Bremen, denen es gelungen ist, die Polizeisperren zu umgehen, setzen plötzlich mit einem Steinhagel zu einem Angriff auf die Halle an, zerstören den NATO-Draht mit Bolzenschneidern und reißen die Zäune nieder. Es dauert einige Momente, bis sich die Polizei koordiniert. Sie drängt die schätzungsweise 1.000 Militanten aus der Stadt. Es kommt zu heftigen Auseinandersetzungen mit vielen Verhafteten und Schwerverletzten.[241]

Die Straßenschlacht beeindruckt die autonome Szene nachhaltig: »Fallingbostel war für viele ein Signal. Das ist so wahrgenommen worden. (...) Das war fantastisch, wie da der Block aus Norddeutschland durchmarschiert ist. (...) Die sind einfach durch, womit die Bullen nicht gerechnet haben, und die sie dann auch einfach nicht aufhalten konnten. Und dann ging es da eben auch ab, vor der Halle, mit Steinen werfen und so weiter«.[242]

Die Entschlossenheit der Militanten Antifaschisten bleibt nicht ohne Folgen. Viele Autonome schließen sich örtlichen Antifa-Gruppen an oder bilden neue. Bald gibt es außer dem Norddeutschen auch ein Nordrhein-Westfälisches-Treffen.[243]

241 Vgl. Langer, Bernd (1997), S. 50; Vgl. Flugblatt (1983a); Vgl. Der Niedersächsische Minister des Innern (o.J.), S. 62f.; Zusammenfassung des Autors aus dem Interview mit Lars Balkes (2008).

242 Interview des Autors mit Michaela Neuberger (2008).

243 Vgl. Langer, Bernd (2004), S. 67; Zusammenfassung des Autors aus dem Interview mit Lars Balkes (2008).
Anm.d.Verf.: Mit den vorliegenden Dokumenten ist die Existenz des NRW-Treffens belegbar. Darüber hinaus findet sich aber kaum Brauchbares, um daraus genauere Informationen ziehen zu können. Gespräche mit ehemaligen Aktivisten aus NRW führten leider ebenfalls nicht dazu, dass sie ihren Teil zur Geschichtsschreibung beitragen wollten. So könnte lediglich über das Ende des NRW-Treffens geschrieben werden, denn in den Unterlagen ist eine langwierige Diskussion über Vergewaltigung zu finden, während oder wegen dieser Auseinandersetzung zerbrach das NRW-Treffen.

Die organisierten Antifaschisten nutzen ihre wachsende Stärke zur Abrechnung mit ihren Kritikern: »Seit Fallingbostel steht militanter Antifaschismus zur Diskussion: Linke Schreiberlinge aller Parteiläden sehen den Antifaschismus in der Sackgasse sinnloser Konfrontation mit dem Staatsapparat und verurteilen den Angriff auf die Heidmarkhalle, in der 1.000 Faschisten verschiedener Organisationen versammelt waren, als hirnlose Hau-drauf-Politik. Bürgerliche Demokraten sehen ihre taktischen Manöver zur Ausgrenzung autonomer Antifaschisten, die den demokratischen Staat nicht gegen faschistische Angriffe verteidigen wollen, bestätigt, und finden sich mit ihren Phrasen des kalkulierbaren symbolischen, gewaltfreien Widerstands wieder im Verein mit der schwärzesten Reaktion. Besorgte Stadtväter, die gestern noch machtlos waren gegen den Anspruch der Faschisten auf öffentliche Räume und Plätze, bemühen heute die Gerichte zum Verbot faschistischer Veranstaltungen aus Sorge um ihre Anlagen und den Profit des holländischen und dänischen Fremdenverkehrs.

Wachsame Staatsschützer basteln an der Kriminalisierung autonomer Strukturen antifaschistischer Arbeit und stützen sich dabei sowohl auf Prophezeiungen der Presse, die heute ein Haus und morgen einen Menschen brennen sieht, unverantwortliche Aktionen hirniger Symbolfetischisten und auch auf das eitle Geschwätz über Militanz und Öffentlichkeitsarbeit, über Moral und eine Linke, die von der Sozialdemokratie repräsentiert wird«.[244]

Nach diesem politischen Rundumschlag konzentriert sich die Kritik der Antifaschistischen Aktion Hamburg auf den KB. Zum Anlass wird ein Foto genommen. Doch hinter der Konfrontation stehen die unterschiedlichen politischen Ansätze über antifaschistische Arbeit.

Show-Down mit dem KB

Kurz nach den militanten Auseinandersetzungen in Fallingbostel, am 3. Oktober 1983 veröffentlicht die *Hannoversche Neue Presse* Fotos von den dortigen Ereignissen. Ein Bild zeigt einen vermummten Antifaschisten, der mit einem Knüppel auf einen Polizisten einschlägt[245]. Die Aufnahmen stammen von Joachim Fink, einem Amateurfotografen aus dem Hannoveraner KB-Zusammenhang. Er versucht, sie an die Presse zu verkaufen, was aber nur in Ausnahmen gelingt. So weigert sich bspw. dpa, die Fotos zu verbreiten. Ganz anders der *Arbeiterkampf* (*AK*)[246], das Hausblatt des KB. In der Ausgabe 239 werden die Fotos veröffentlicht.[247]

244 Vgl. Antifa Texte 2, S. 5f.
245 Der vermeintliche Täter gehört zur linksradikalen Rockergruppe Likedeeler. Er taucht zwei Jahre unter. Als er sich stellt, wird er zu einer Bewährungsstrafe verurteilt.
246 Erscheint heute unter dem Namen ak – analyse & kritik.
247 Vgl. Flugblatt (1983); Vgl. Projektgruppe (1994), S. 17.

In dem Artikel *Schlagt die Faschisten, wo Ihr sie trefft?* beschreibt der KB seine Sicht der Dinge. Demnach ist Fallingbostel eine Niederlage. Es sei keine Massenmobilisierung wie 1980 gegen das NPD-Treffen in Phillipsthal gelungen. Auch habe eine Blockade der Halle nicht stattgefunden. Stattdessen findet eine aussichtslose, militante Attacke auf das Hallengelände statt, in deren Folge Polizeieinheiten die Antifaschisten aus der Stadt vertreiben. In weiteren Artikeln wird die Frage gestellt, ob es denn überhaupt sinnvoll sei, den Nazis überall hinterherzufahren, wo sie sich doch in die größeren Städte schon gar nicht mehr trauen. Der *AK* wirft den militanten Antifaschisten sinnlose »Hau-Drauf-Politik« vor und kritisiert, dass den Neonazis zwar immer militanter, aber wenig politisch entgegengetreten wird. Außerdem relativiert der Autor die Bedeutung des Neonazismus insgesamt.[248]

Als Grund für die These der abnehmenden Bedeutung von Neonazis sind weniger die vorliegenden Fakten über rechtsradikale Aktivitäten zu sehen, als vielmehr die Entwicklung des KB selbst. Wegen des ständigen Mitgliederschwundes ist der KB praktisch nicht mehr in der Lage, massenwirksam zu antifaschistischen Aktionen zu mobilisieren. Das Hauptgewicht der K-Gruppe liegt in der Recherche über Neonazi-Strukturen und deren Veröffentlichung. Eine ihrer zentralen Forderungen ist deshalb das Verbot neonazistischer Organisationen. Dem gegenüber stehen die Militanten Antifaschisten, die zunehmend auf das ureigene Gebiet des KB drängen. Sie verfügen über weitreichende Kontakte, wachsende Anziehungskraft und entwickeln eigene Strukturen. Ihre Forderung nach Mitbenutzung des KB-Archivs, um die antifaschistische Arbeit effektiver gestalten zu können, lehnt der KB mehrfach ab. Eine sachliche Begründung kann er nicht geben. Objektiv schadet er damit jedoch dem Kampf gegen die Neonazis.[249]

Unbedachte Handlungen des KB bedrohen mitunter sogar die Wirkung direkter Aktionen der Militanten Antifaschisten. Am 28. April 1983 lösen diese ein Treffen von Neonazis zum Wiederaufbau der ANS/NA in einer Wienerwald-Gaststätte in Hamburg gewaltsam auf. Sie verjagen die Neonazis und zerstören einige ihrer Fahrzeuge. Fast geht die Aktion schief, weil der KB im Vorfeld – entgegen den Absprachen – Journalisten informiert. Durch ihre unüberlegte Neugier machen die Pressevertreter die Neonazis in der Kneipe misstrauisch und gegenüber ihrer Umgebung wachsamer. Hinter dem Verrat steht die Idee des KB, die Öffentlichkeit über die bürgerlichen Medien zu informieren und so durch ein breites Bündnis die Versammlung zu verhindern. Das war aber nicht der Plan der Militanten An-

248 Vgl. Langer, Bernd (1997), S. 50f.; Projektgruppe (1994), S. 17.
249 Zusammenfassung des Autors aus dem Interview mit Michaela Neuberger (2008); Vgl. Antifa Texte 2, S. 3f.; Vgl. Langer, Bernd (1997), S. 50f.; Projektgruppe (1994), S. 17.

tifaschisten. Das unabgesprochene Verhalten hat im Gegenteil die Aktiven sogar gefährdet.[250]

Der gesamte Kontext der KB-Argumentation ist nicht primär politisch, sondern ein Angstreflex. Die Organisation ist schlicht nicht mehr in der Lage, praktisch aktiv zu werden. Es fehlen entschlossene Mitstreiter.[251]

Den *AK*-Artikel und das veröffentlichte Foto verstehen die Militanten Antifaschisten als Angriff. Entsprechend fällt ihre Reaktion aus. Es erscheinen mehrere wütende Flugblätter: »Dieser Artikel verlässt die Grundlagen jeder solidarischen Auseinandersetzung: Er kritisiert nicht Fehler und Mängel antifaschistischer Arbeit, sondern er leugnet diese Arbeit gegen besseres Wissen; er diffamiert die Bereitschaft zur militanten Auseinandersetzung als kopflosen Aktionismus (…)«.[252]

Die Flugblätter stellen den *AK* in eine Reihe mit der bürgerlichen Presse. Der KB, so die Autoren, unterstützt mit der Veröffentlichung von Fahndungsfotos die Ermittlungsarbeit der Polizei und schadet den betroffenen Antifaschisten.[253]

In einem offenen Brief an den KB weisen die Militante Antifaschisten außerdem nach, dass die Bedeutung der NPD keineswegs gesunken ist, wie vom KB behauptet, sondern dass das Gegenteil der Fall ist: »Die politische Bedeutung der NPD wird [vom KB] nach den Kriterien bürgerlicher Statistik gemessen: an den Mitgliederzahlen, an der Zahl öffentlicher Auftritte, an der Häufigkeit ihrer Beteiligung am bürgerlichen Wahlspektakel. (…) Tatsache ist, dass mit Unterstützung der NPD ausländerfeindliche Wahlbündnisse, wie die I.F.A. (Initiative für Ausländerbegrenzung), die Bürgerinitiative Ausländerstopp, die KLA (Kieler Liste für Ausländerbegrenzung), die HLA (Hamburger Liste Ausländerstopp) und auch die AAR (Aktion Ausländer-Rückführung) das reaktionärste Bewusstsein der Massen entwickeln. (…)

Tatsache ist, dass die NPD nicht nur bestimmte Rocker-Gangs und Motorrad-Clubs wie ›Stander-Greif‹, ›MC National‹, ›Kreuz Eiche‹ für ihre Inhalte rekrutieren konnte, wesentlich an der faschistischen Entwicklung der ›Borussen-Front‹ und anderer Fußball-Fan-Clubs beteiligt ist, sondern auch JN (Jung-Nationale) und WJ (Wiking-Jugend) verstärkt Wehrsportübungen ableisten, und erfolgreich unter Schülern und arbeitslosen Jugendlichen rekrutieren. (…)

Antifaschistische Aktionen an der strittigen Bedeutung einer Organisation des faschistischen Lagers zu messen, ist der Standpunkt von Bürokraten, die peinlich auf den wohl abgewogenen Proporz von Gefährlichkeit und Militanz bedacht sind«.[254]

250 Vgl. Weichler, Kurt (1983); Vgl. Antifa Texte 2, S. 3f.
251 Zusammenfassung des Autors aus dem Interview mit Michaela Neuberger (2008); Vgl. Antifa Texte 2, S. 3f.; Vgl. Langer, Bernd (1997), S. 50f.
252 Flugblatt (1983b).
253 Vgl. Flugblatt (1983).
254 Offener Brief (1983).

Immer wieder fordern die Militanten Antifaschisten die Nutzung des KB-Archives für ihre Arbeit gegen die Neonazis. Der KB verweigert den Informationsaustausch auch weiterhin. Zudem verlangen die Antifaschisten den Abdruck einer Gegendarstellung zum kritisierten Artikel im *AK*, was der KB ebenfalls ablehnt. Daraufhin besetzen Antifas die Redaktionsräume des *AK* in Hamburg und nehmen wichtige Produktionsmittel mit. Sie geben bekannt, dass sie diese so lange nicht herausgeben, bis der Abdruck der Gegendarstellung erfolgt. Dem Erpressungsversuch beugt sich der KB allerdings nicht.

Die im Norddeutschen organisierten Antifa-Gruppen verfolgen den Konflikt aus der Ferne mit einer gewissen Verständnislosigkeit. Zwar gilt der KB den jungen Antifaschisten als »Altherrenverein« oder »Studentenzirkel«, aber die Eskalation in Hamburg wirkt außerhalb der Stadtgrenzen befremdlich. Trotzdem ist die Aktion in den Kreisen der organisierten Antifaschisten nachhaltig. In der Folge kommt es nur noch in regionalen Einzelfällen zur Zusammenarbeit zwischen KB und Gruppen aus dem Norddeutschen.[255]

Provokation in Berlin 1983

Für den 26. Oktober 1983 ist in Berlin das Rückspiel für die Qualifikation zur Europameisterschaft zwischen Deutschland und der Türkei im Olympia-Stadion angesetzt. Neonazis und rechte Fußballfans mobilisieren bundesweit zu einer zentralen Demonstration gegen so genannte Ausländer und Linke. Für die Tage vor oder nach dem Länderspiel sind Aufmärsche in Kreuzberg geplant, bei dem die Neonazis mit den faschistischen türkischen »Grauen Wölfen« »linke Türkennester« ausheben wollen. Faschistische Polit- und Fußballfan-Gruppen planen unmittelbar während des Fußballspiels ein »Signal für das gesamte Volk Deutschlands« zu setzen. Zum Aufmarsch werden Fußball-Hooligans wie »Zyklon B«, Skinheads und neonazistische Rockergruppen erwartet. Ihre Parole lautet: »Kreuzberg muss brennen«. Hauptdrahtzieher der Provokation ist Michael Kühnens ANS. Die Neonazis wollen das Fußball-Länderspiel zu einer rassistischen Mobilisierung nutzen, um erstmals wieder eine Pogromstimmung in Deutschland zu erzeugen.[256]

Die Chancen für die Neonazis stehen nicht einmal schlecht, heißt es in einem antifaschistischen Flugblatt. Die Stimmung im Land ist tendenziell rassistisch, die Bundesregierung arbeitet an der Verschärfung der Ausländergesetze. 2013 wurde bekannt, dass der damalige Bundeskanzler Helmut Kohl 1982 feststellte: »Über die nächsten vier Jahre werde es notwendig sein, die Zahl der Türken um 50 Pro-

255 Vgl. Langer, Bernd (2004), S. 65.
256 Vgl. Der Spiegel (1983), S. 114.

zent zu reduzieren (...)«. Dazu bemerkt sogar *Spiegel Online*: »(...) was damals in der Bonner Republik gesellschaftlicher Konsens war, würde im Deutschland von heute als ziemlich weit rechts gelten«. Doch Kohl steht nicht allein. So fordert der hessische Ministerpräsident Holger Börner (SPD), der Zuzug von »Ausländern« müsse »rigoros gestoppt« werden. In das gleiche Horn bläst 1982 Kohls Vorgänger Helmut Schmidt (SPD): »Mir kommt kein Türke mehr über die Grenze«.[257] Die Antifaschisten stellen sich gegen den herrschenden Konsens, in dem immer wieder so genannte Ausländer als Ursache für steigende Arbeitslosenzahlen genannt werden. In Wahrheit, so das antifaschistische Flugblatt, »(...) soll davon abgelenkt werden, wer die wirklich Verantwortlichen für die Massenarbeitslosigkeit sind. Der Kapitalismus hat sich den technologischen Fortschritt zu Eigen gemacht, um seine Profitinteressen zu sichern. (...) Der Staat ist zunehmend darauf bedacht, die einst für den ›Wirtschaftsaufschwung‹ benutzten ›Fremdarbeiter‹ durch eine brutale profitorientierte und menschenfeindliche Ausländerpolitik wieder los zu werden. Um diese ›Politik‹ gemäßigt und demokratisch erscheinen zu lassen, braucht der Staat Faschisten und Neonazis, die mit ›Ausländer raus‹-Parolen die Stimmung in der deutschen Bevölkerung gegen die Ausländer anheizen. Die seit Jahren betriebene Propaganda der Faschisten gegen die Ausländer ist deshalb von der Regierung nie ernsthaft behindert worden. Jüngstes Beispiel dafür ist die AAR (Aktion Ausländerrückführung), eine in der ANS/NA organisierte Partei, die mit Hilfe der CDU für die Landtagswahl in Hessen kandidieren konnte«.[258]

Deshalb mobilisieren Autonome und Antifaschisten mit Flugblättern und Veranstaltungen nach Berlin. Es entsteht ein Meldesystem mit Fahrwachen, Treffpunkten und aktionsbereiten Gruppen. Sie wollen Neonazis angreifen, sobald sich diese irgendwo blicken lassen. Teilnehmer von damals erzählen, dass viele Antifaschisten schon Tage vorher anreisen, um die Kontrollen an der DDR-Grenze durch den Bundesgrenzschutz[259] zu umgehen. Wegen der Polizeipräsenz auf den Straßen verharren Hunderte von Antifaschisten tagelang in Wohngemeinschaften und warten auf Neonazis, um zuzuschlagen. Alkohol und Joints sind in diesen Tagen tabu. Vorbereitete Waffen wie Molotow-Cocktails, Knüppel, Zwillen, Gaspistolen etc. liegen zum kurzfristigen Einsatz ständig bereit.[260]

Die Antifaschisten haben sich für Berlin-Kreuzberg vorgenommen, dass: »(...) die Faschisten nicht mehr so rauskommen dürfen, wie sie reingekommen sind«.[261]

257 Vgl. http://www.spiegel.de/politik/deutschland/kohl-wollte-jeden-zweiten-tuerken-in-deutschland-loswerden-a-914318.html. 10.7.2014, 8:51h.
258 Flugblatt (1983c).
259 Der Bundesgrenzschutz heißt heute Bundespolizei.
260 Zusammenfassung des Autors aus dem Interview mit Roger Ottenheimer (2008); Vgl. Der Spiegel (1983), S. 114; Vgl. A.G. Grauwacke (2007), S. 292ff.
261 Der Spiegel (1983), S. 114.

Doch bei weitem nicht alle Antifas fahren nach Berlin. Bei Diskussionen im Vorfeld wird es als sinnvoll erachtet, die Neonazis zusätzlich schon an ihrer Abreise nach Berlin zu hindern, diese zumindest zu erschweren.[262] Es geht darum, »(...) durch gezielte Angriffe auf ihre bekannten Treffpunkte, ihre Wohnungen, ihre Fahrzeuge und sie selbst (...) in verschiedenen westdeutschen Städten die Faschisten [zu] binden«.[263]

In Norddeutschland kommt es daraufhin zeitgleich zu zahlreichen Angriffen. Am 25. Oktober 1983 wird ein Brandanschlag auf das Busunternehmen Hansa-Rundfahrt in Hamburg verübt. Das Unternehmen transportiert kostenlos Fußballfans nach Berlin. In der gleichen Nacht gehen drei Fahrzeuge der Familie Wulff in Hamburg in Flammen auf. Die Familienmitglieder sind maßgeblich in den örtlichen neonazistischen Strukturen eingebunden. Thomas Wulff[264] ist Mitglied der ANS, sein Bruder Rene Wulff ist 1985 am Mord des Türken Ramazan Avci beteiligt. Ein weiterer Brandanschlag trifft die Gaststätte Bahrenfelder Eiche in Hamburg-Bahrenfeld. Der Wirt ist ein persönlicher Freund von Jürgen Rieger, seine Kneipe dient als Treffpunkt für die NPD und die Hamburger Liste Ausländerstopp. Einen Tag später schalten Militante Antifaschisten eine Signalanlage der Deutschen Bundesbahn kurz vor der DDR-Grenze ab, um die mit Neonazis besetzten Züge nach Berlin zu stoppen.[265]

Die Truppen der Berliner Innenbehörde stehen ebenfalls parat. 6.000 Polizisten warten auf den Befehl zum Losschlagen. Erstmals ist der umfassende Einsatz von Video-Kameras geplant! Zivile Greiftrupps sollen schon im Vorfeld potenzielle Störer festnehmen. Die Justiz hält mehrere Staatsanwälte und Richter für Festgenommene in Bereitschaft.[266]

262 Vgl. Konkret-Interview: Wenn Kühnen was auf die Nase kriegt (o.J.), o.S.

263 Der Spiegel (1984), S. 68.

264 Thomas Wulff (* 1963) war früher aktiv bei der NSDAP-Aufbauorganisation und Mitglied der GdNF, Chef der Hamburger Neonazi-Partei Nationale Liste und später im Hamburger Landesverband der Deutschen Liga für Volk und Heimat. Er entwickelte Mitte der 1990er Jahre das Konzept der »Freien Nationalisten«. 2001 kauften Wulff und der Lüneburger Neonazi Michael Grewe für 300.000 Mark das Gutshaus Amholz in Teldau bei Boizenburg/Elbe in Mecklenburg-Vorpommern, direkt an der Grenze zu Niedersachsen, um ein »nationales Schulungszentrum« aufzubauen. Ungefähr zur selben Zeit nähert sich Wulff der NPD an. Dies führt zu einem Zerwürfnis mit seinem langjährigen Weggefährten Christian Worch. Wulff wurde wenig später Referent und enger Vertrauter des damaligen NPD-Parteivorsitzenden Udo Voigt. Beim Wahlkampf für die Bundestagswahl 2005 fungierte Wulff als Landeswahlkampfleiter der NPD für Mecklenburg-Vorpommern und trat auf Platz 5 der Landesliste für die Partei an. 2008 nahm er an der Beisetzung Friedhelm Busses in Passau teil, wo er eine Reichskriegsflagge mit großem Hakenkreuz auf dem Grab Busses ausgebreitete. 2009 wurde er mit Hilfe aus den »Freien Kameradschaften« auf einem Bundesparteitag der NPD in den »erweiterten Parteivorstand« gewählt. 2011 trat er als Mitglied des NPD-Bundesvorstandes zurück, und wurde später zum stellvertretenden Vorsitzenden des NPD-Landesverbandes Hamburg gewählt, wo er bis März 2014 aktiv war. Auf seiner Vorstellungsrede vor dieser Wahl bezeichnete er sich als Nationalsozialist.

265 Vgl. Erklärung (1983a); Vgl. Konkret-Interview: Wenn Kühnen was auf die Nase kriegt (o.J.), o.S.

266 Vgl. Der Spiegel (1983), S. 114.

Letztendlich passiert gar nichts. Die Neonazis tauchen nicht auf. Michael Kühnen traut sich nicht nach Berlin. Er hält lediglich eine Rede per Telefon an versammelte Neonazis in einer Wohnung in Berlin Wedding, die scheinbar Angst haben, auf die Straße zu gehen. Auch nimmt die bürgerliche Presse Notiz von der steigenden Anzahl der Neonazis unter den Fußballfans. Staatsschützer bescheinigen der ANS beachtliche Fortschritte bei ihrer Anwerbungsversuchen. Erstmals wird ein Zusammenhang zwischen Arbeitslosigkeit und Ausländerfeindlichkeit hergestellt.[267]

Aber auch die militanten Antifaschisten sind nicht untätig.

Das Norddeutsche Antifa-Treffen

Das Norddeutsche Antifa-Treffen erarbeitet nach dem Konflikt mit dem KB zu Beginn ein Art Minimalkonsens. Die Gruppen wollen eine von traditionellen Gruppen wie der VVN und dem KB unabhängige Antifa-Politik entwickeln. Von Ende 1983 bis 1985 legen die Gruppen des Norddeutschen Antifa-Treffens eine rege Tätigkeit an den Tag. Fast jedes stattfindende Neonazi-Treffen ist mit antifaschistischen Gegenaktionen konfrontiert. Regelmäßig kommt es dabei zur direkten Konfrontation mit Nazis und der Polizei. Parallel zu den öffentlichen Aktivitäten der Neonazis kommt es zusätzlich zu Sachbeschädigungen durch so genannte Antifa-Kommandos.[268]

Eine Auswahl:

- Demonstration am Volkstrauertag 17.11.1983 beim Soldatenfriedhof in Essel bei Hannover, auf dem auch SS-Soldaten geehrt werden sollen. Eine Woche vorher werden die Grabsteine hochrangiger SS-Mitglieder umgekippt und zwei Gedenksteine (Schlagetersteine) der Neonazis in Fallingbostel und Soltau verunstaltet.[269] Zusätzlich wird das Kriegerdenkmal in Northeim beschädigt.[270]
- Demonstration gegen das SS-Veteranentreffen im März 1984 in Oberaula.
- Demonstration gegen das SS-Veteranentreffen im Mai 1984 in Bad Harzburg.
- Militante Verhinderung der Gründung des FAP-Landesverbandes Niedersachsen am 28. Juli 1984 in Hannover.
- Mobilisierung zu den Chaos-Tagen im August 1984 in Hannover, wo Neonazi-Skins und die ANS/NA erwartet werden, weil diese dort Linke angreifen wollen.
- Angriff auf den FAP-Landesparteitag NRW am 10. November 1984 in Münster. Zahlreiche PKW der Neonazis werden beschädigt.[271]

267 Vgl. Gilges, Konrad (1983), S. 3f.; Der Spiegel (1983a), S. 138ff.

268 Vgl. Projektgruppe (1994), S. 17; Vgl. Langer, Bernd (1997), S. 52. Siehe dazu das Kapitel: Organisierte Angriffe/Kommandomilitanz.

269 Vgl. Erklärung (1983).

270 Vgl. Infomappe Südniedersachsen (1988), S. 76.

271 Vgl. Der Niedersächsische Minister des Innern (o.J.), S. 62f.; Vgl. Langer, Bernd (1997), S. 52; Vgl. Antifa Texte 2, S. 11; Vgl. Wolfschlag, Claus M. (2002), S. 413; Vgl. Der Spiegel (1984a),

- Am 20. Januar 1985 verhindern brennende Barrikaden stundenlang die Anfahrt der Teilnehmer des NPD-Landesparteitages in Velbert-Langenberg. Tage vorher werden die Fensterscheiben des Veranstaltungsortes eingeworfen und Parolen gesprüht.[272]
- Am 14. April 1985 wird die Rede von Alain de Benoist[273] auf dem Norddeutschen Forum unterbrochen. Antifaschisten demolieren PKW der Teilnehmer, zerstören Scheiben, werfen Buttersäure und eine Nebelbombe.[274]
- Demonstration gegen das SS-Veteranentreffen im Mai 1985 in Nesselwang.[275]
- Am 11. Juni 1985 zerstören Antifa-Gruppen in einer koordinierten Aktion Oberleitungen der Deutschen Bahn, um gegen die Bereitstellung von Sonderzügen zum Schlesiertreffen der rechten Vertriebenenverbände in Hannover zu protestieren, die dort u.a. die ehemaligen deutschen Ostgebiete zurückfordern (Schlesien bleibt unser).[276]
- Demonstration gegen den NPD-Parteitag Niedersachsen am 16. Juni 1985 in Stadthagen. Parallel findet das genannte Schlesiertreffen statt.[277]
- Brandanschlag am 17. Juni 1985 auf das über 20 m hohe Kreuz des Osten, das der Bund der Vertriebenen 1950 errichtete, um die Vertreibung aus den ehemaligen deutschen Ostgebieten anzumahnen. Die Beschädigung steht im Zusammenhang mit den Feierlichkeiten zum Tag der Deutschen Einheit und der Zusammenkunft von 100.000 Vertriebenen auf dem Schlesiertreffen in Hannover und dem NPD-Treffen in Stadthagen.[278]
- Demonstration gegen die Eröffnung des Parteibüros der FAP in Dortmund im August 1985.[279]
- Während eines Treffens der Volkstreuen Jugend am 15. September 1985 in Lippoldsberg (das parallel zum NPD-Parteitag stattfindet) macht eine Antifaschistische Gruppe neun PKW fahruntüchtig.[280]
- Am 6. Oktober 1985 soll eine Bombenattrappe am Kriegerdenkmal in Bad Lauterberg das Treffen des Traditionsverbandes ehemaliger Schutz- und Überseetruppen, Freunde der Deutschen Schutzgebiete e.V. stören. Außerdem wird die Gedenktafel des Kolonialtruppenverbandes am Bergfriedhof entfernt.[281]

S. 90ff.
272 Vgl. Erklärung (1985).
273 Der Franzose Alain de Benoist (* 1943) gilt als maßgeblicher Vordenker der Neuen Rechten.
274 Vgl. Antifa Texte 2, Anhang; Erklärung (1985a).
275 Vgl. Langer, Bernd (1997), S. 52.
276 Vgl. Radikal Info (1987), S. 11; Vgl. radikal (1986), S. 65ff.; Vgl. Langer, Bernd (1997), S. 52.
277 Vgl. Radikal Info (1987), S. 11; Vgl. radikal (1986), S. 65ff.; Vgl. Langer, Bernd (1997), S. 52.
278 Vgl. Braunschweiger Zeitung (1985); Zusammenfassung des Autors aus dem Interview mit Roger Ottenheimer (2007); Vgl. Kaminsky, Anne (Hg.) (2007), S. 280.
279 Vgl. Langer, Bernd (1997), S. 52.
280 Vgl. radikal (1986), S. 73.
281 Vgl. Langer, Bernd (1997), S.67; Vgl. radikal (1986), S. 72.

Mittlerweile werden auch Behörden, wie der Verfassungsschutz (VS), auf die neue Organisation aufmerksam. Doch so richtig einschätzen können die Beamten den antifaschistischen Zusammenhang offenbar nicht. Die staatlichen Beobachter sind lediglich in der Lage, die Symptome zu beschreiben, verstehen aber nicht, was vor ihren Augen wirklich passiert. Sie stellen fest, dass es zu antifaschistischen Aktionen gegen Neonazis und Skinheads in Niedersachsen kommt, und dass diese von verschiedenen Gruppierungen ausgehen, die zum Teil eine hohe Gewaltbereitschaft zeigen.[282] Aber der VS meint, dass diese »(…) nicht durchgehend als extremistisch zu bezeichnen sind. Zielgruppen sind nicht ausschließlich Rechtsextremisten, sondern auch konservativ eingestellte Gruppierungen und Veranstaltungen. Dies rührt daher, dass in linksextremistischen Kreisen der Begriff ›Rechtsextremismus‹ meist nicht definiert wird. (...) Die begriffliche Unschärfe hat freilich Methode: Indem man weite Teile des demokratisch-konservativen Lagers dem Rechtsextremismus zuordnet, rückt man seine eigene (links-)extremistische Position scheinbar in die Mitte und kann sich damit als ›fortschrittlich-antifaschistische Demokraten‹ ausgeben«.[283]

Das Zitat zeigt deutlich, wie sehr der VS dem Denkschema der Extremismustheorie schon in den 1980er-Jahren verhaftet ist. Bis heute gilt die von einem Großteil seriöser Politikwissenschaftler als untauglich qualifizierte Extremismustheorie als Grundlage für Bespitzelung und Ausforschung kritischer Ideen und ideologischer Vorstellungen.

Und schon damals relativiert der VS rechtsradikale Aktivitäten fast reflexartig. So werden bspw. die ständigen Angriffe von Neonazi-Skins auf das linke Unabhängige Jugendzentrum Kornstraße in Hannover, wo sich u.a. das Antifa-Plenum jeden Sonntag trifft, als ebenso unpolitisch dargestellt wie die gewalttätigen Auseinandersetzungen zwischen linken Punks und rechten Fußballfans in der niedersächsischen Landeshauptstadt.[284]

In Hamburg greifen Skinheads, rechte Fußballfans (darunter die neonazistische Borussen-Front) zusammen mit Neonazis die besetzten Häuser in der Hafenstraße an. 1985 wird Ramazan Avczi am S-Bahnhof Landwehr in Hamburg von Neonazis ermordet, und Mehmet Kaymakcı von Nazi-Skins mit einer Gehwegplatte erschlagen. Vor allem die Auseinandersetzungen zwischen starken Einwanderer-Jugendgangs wie den Champs oder den Red Bombers und Neonazi-Skinheads nehmen zu.[285] Der VS verbreitet dazu seine widersprüchlichen Einschätzungen: »Tatsäch-

282 Vgl. Der Niedersächsische Minister des Innern (1986), S. 63f.
283 Der Niedersächsische Minister des Innern (1986), S. 63f.
284 Zusammenfassung des Autors aus dem Interview mit Lars Balkes (2008); Vgl. Der Niedersächsische Minister des Innern (1986), S. 63f.
285 Projektgruppe (1994), S. 18ff.

lich handelt es sich bei den Skinheads um Personen, von denen die meisten keinerlei politisches Interesse haben. Sie fallen in der Öffentlichkeit durch die Verbreitung ausländerfeindlicher Parolen und durch die Verwendung nationalsozialistischer Symbole (...) auf. (...) Neonazis gelang es zwar öfter, solche Gruppen bei Schlägereien einzusetzen, z.B. gegen Punks. (...) Ein beliebtes Objekt der Aggressionen der Skinheads ist das Unabhängige Jugendzentrum Kornstraße in Hannover, zu dem sie meist an Wochenenden ziehen, um dort körperliche Auseinandersetzungen mit Punks zu suchen. Auch hier ist ein politischer Hintergrund nicht erkennbar«.[286]

Als Leser solcher Zeilen kann man sich nur wundern. Denn wieso gilt dem VS ein Skinhead als unpolitisch, der NS-Symbole trägt, rassistische Parolen grölt, linke Punks zusammenschlägt, als Wochenendspaß immer mal wieder ein linkes Jugendzentrum überfällt und regelmäßig mit Neonazis zusammenarbeitet?

Doch zurück zum Norddeutschen Antifa-Treffen. Die Gruppen treffen sich ungefähr alle zwei Monate immer in einer anderen Stadt. Meist sind es Räumlichkeiten wie Kitas oder alternative Jugendtreffs. Schlafplätze sind privat organisiert, oder im Treffpunkt selbst wird übernachtet. Jede Stadt schickt einen oder zwei Delegierte. Pflicht ist ein so genannter Städtebericht, der die Aktivitäten der einzelnen Gruppen in ihren Städten beschreibt. Neutral und informativ sind die Städteberichte wohl nicht immer. Bernd Langer kritisiert sie als Fortführung der Politik der ersten Person. Seiner Meinung nach dienen sie auch der Selbstdarstellung und führen zu einem Ranking unter den Städten. Meist beginnen die Treffen Samstag gegen Mittag und enden sonntagnachmittags.[287]

Auf den Treffen wird die einladende Stadt für das nächste Mal festgelegt. Mit der Einladung wird eine Tagesordnung verschickt. Empfänger der Einladungen sind aus Sicherheitsgründen nie Privatadressen, sondern entweder die Adresse der Gruppe, die z.B. einen Briefkasten in einem Jugendzentrum aufgehängt hat, oder eine Postlagerkarte (PLK). Postlagerkarten gibt es heute nicht mehr. Früher war eine PLK am Postschalter zu bekommen. Man ging hin und holte sich eine Postlagerkarte mit einer Nummer kostenfrei am Schalter ab. Zukünftig konnte also an diese Nummer Post gesendet und vom Besitzer der dazugehörigen Postlagerkarte im Postamt abgeholt werden. Das System ist für die halbkladestin arbeitenden Antifas ideal und funktioniert. Allerdings müssen sie auf der Hut sein. Immer wieder warten Polizisten an den Schaltern der Post, um die Abholer zu identifizieren. Doch es gelingt ihnen nie, einen Abholer dingfest zu machen.[288]

286 Der Niedersächsische Minister des Innern (1986), S. 63f.
287 Zusammenfassung des Autors aus den Interviews mit Michaela Neuberger, Roger Ottenheimer und Bernd Langer (2008).
288 Zusammenfassung des Autors aus den Interviews mit Lars Balkes und Roger Ottenheimer (2008).

Die überregionalen Treffen entwickeln sich zu einem wichtigen Element in der Organisationsstruktur. Mitglieder erzählen, dass es vor allem interessant und motivierend ist mitzubekommen, was in anderen Städten los ist. Auch sind die Kontakte zwischen den Gruppen wichtig. Zwar dominieren manche Städte wie Hamburg die Treffen, trotzdem herrscht eine gewisse Gleichberechtigung. Hervorzuheben ist auch der inhaltliche Rückfluss in die einzelnen Ortsgruppen.[289] Lars Balkes bezeichnet den Hannoveraner Antifa-Zusammenhang zu Beginn als sehr praxisorientiert, was sich durch die Treffen ändert: »Durch das Norddeutsche kam schon eine politische Ernsthaftigkeit hinzu. Da haben Gruppen sehr stark politische Papiere reingebracht, also auch zu ›antifa-fremden‹ Themen. Also ich weiß noch, über Pimental[290] wurde mal diskutiert, und auch über die Hungerstreiks[291]. Also es war vom Niveau her schon eine Nummer höher als das, was wir am Anfang gemacht haben. Wir haben uns natürlich daran weiterentwickelt. Aber am Anfang hat man mit großen Ohren erst mal zugehört«.[292]

Auf den Treffen werden Absprachen getroffen, Kampagnen und Inhalte tragen die Gruppen zurück in ihre Städte. Die Koordination von Angriffen hilft, eine wirkungsvolle Schlagkraft gegen Neonazis zu entfalten, was die einzelnen Ortsgruppen stärkt. Es ist eine motivierende Zusammenarbeit, die für alle Beteiligten wichtig ist.[293] Sie bewirkt auch einen Anstieg der Mitkämpfer in den Gruppen. 1984 existieren organisierte Antifa-Gruppen in Hamburg, Kiel, Bremen, Berlin, Oldenburg, Bielefeld, Celle, Münster, Hannover, Braunschweig, Göttingen, Wuppertal, Kassel, Lübeck und Bad Lauterberg.

»Ich glaube auch, dass es das Bedürfnis vieler Leute traf, dass es auf einmal eine Struktur gab, die andere Prioritäten setzte, die eine Weiterentwicklung war. Es war einfach nicht nur willkürlich im Plenum zu sitzen, sondern es gibt eine gewisse Verpflichtung, gewisse Dinge zu machen, eine nachvollziehbare Politik. Wir diskutierten über diese Politik, wir versuchten gemeinsam was herauszufinden. Das war so ein Schritt vorwärts, meiner Meinung nach, aus dieser Beliebigkeit zu einer Verlässlichkeit. Und das war ein Bedürfnis, was offensichtlich viele hatten, die eben sahen, dass es so wie in den ersten Jahren nicht weitergehen konnte. Antifa bot diese Möglichkeit, auch aus der ganzen Struktur heraus. Wir müssen ja ein strategisches Konzept aufbauen. Erst einmal müssen wir den Gegner kennen und die Details zu-

289 Zusammenfassung des Autors aus den Interviews mit Lars Balkes und Sascha Waigel (2008).
290 Pimental: Edward F. Pimental war Soldat der United States Air Force. Er wurde von Mitgliedern der RAF 1985 ermordet, um seinen Truppenausweis zu stehlen. Der Ausweis ermöglichte die Platzierung einer Autobombe auf der Rhein-Main Air Base am Folgetag. Der Mord löste kontroverse Diskussionen in der linken Szene aus, die die Tat überwiegend kritisierte.
291 Die Gefangenen der RAF gingen immer wieder in Hungerstreik, um bestimmte Forderungen durchzusetzen, z.B. die Anerkennung als politische Gefangene.
292 Interview des Autors mit Lars Balkes (2008).
293 Zusammenfassung des Autors aus dem Interview mit Lars Balkes (2008).

sammensuchen. Das ist die eine Variante davon. Und auf der anderen Seite müssen wir auch eine Strategie entwickeln, wie wir dagegen vorgehen. Eine militante, die auch eine öffentliche ist, das hat ja miteinander zu tun. Deswegen musst du natürlich auch eine ganz andere Organisationsform hinlegen. Das ist was anderes, als wenn du nur in einer Stadt ein Haus besetzt, das du dann verteidigst. Da musst du eine ganz andere Form entwickeln«.[294]

Weil die Delegierten auf den überregionalen Treffen nicht rotieren müssen, bildet sich über die Zeit eine Kerngruppe, die sich gut kennt und vertraut. Das führt, wie z.B. in Göttingen, zu einer teilweisen Entkoppelung von der Basisgruppe in der Stadt, wodurch aber auch Konflikte entstehen. Dieser Zusammenhalt auf dem Norddeutschen beruht auf sehr enger, persönlicher Bekanntschaft, »(...) wo man sich auf die Leute verlassen konnte. (...) Und dann auch andere Dinge, Absprachen möglich waren, die bei anderen gar nicht möglich sind, weil sich eben ein gewisses Vertrauen entwickelte«.[295]

Die absolute Verlässlichkeit wird in der Folgezeit für die Organisation bundesweit zu einem wesentlichen Merkmal, ohne die Kommandomilitanz, der Vertrieb der illegalen Zeitschrift *radikal*[296] oder die logistische Unterstützung beim »Abtauchen« eines Antifaschisten[297] undenkbar gewesen wäre. Aufgebaut werden auch Kontakte ins europäische Ausland, nach Holland, Skandinavien, England und Frankreich.[298]

Das Zeichen des organisierten Zusammenhanges ist das Emblem der Antifaschistischen Aktion von 1932, aber in abgewandelter Form. Im Original sind in der Mitte zwei wehende Fahnen zu finden, umrahmt von einem Kreis, in dem der Schriftzug Antifaschistische Aktion prangt. Die zwei Fahnen sind ebenso rot, wie der umrahmende Kreis. Die Fahnen symbolisieren die antifaschistischen Parteien KPD und SPD, der Kreis einen Rettungsring. Dabei wehen die Fahnen von rechts nach links. Diese Bewegungsrichtung soll zeigen, dass die Fahnen im »linken« Wind flattern. Schon in den 70er-Jahren werden die Fahnen aber durch zwei schwungvollere ersetzt. Für die neue Antifa-Organisation der 1980er-Jahre wird das historische Zeichen modifiziert. Die zahlreichen Mitglieder mit autonomem Hintergrund sehen sich weder in der politischen Nachfolge der KPD, noch streben sie einen Schulterschluss mit der SPD an. So entsteht ein Abzeichen, das eine schwarze und eine rote Fahne zeigt, um damit die anarchistischen/autonome und die kommunistische

294 Interview des Autors mit Bernd Langer (2008).

295 Interview des Autors mit Bernd Langer (2008).

296 Siehe Kapitel: Die Militanten Antifaschisten und die radikal.

297 Ein Antifaschist aus dem Wiesbadener Zusammenhang (Siehe dazu das Kapitel: Repression) muss 1988 abtauchen. Roger Ottenheimer ist in die Organisation der Illegalität involviert. Er berichtet, dass Antifaschisten aus ganz Deutschland helfen. Keine andere Struktur aus dem autonomen Spektrum ist ihm zu Folge dazu in der Lage.

298 Zusammenfassung des Autors aus den Interviews mit Michaela Neuberger und Roger Ottenheimer (2008).

Strömungen in der antifaschistischen Bewegung auszudrücken. Die rote Fahne wird dabei außerdem als historischer Bezugspunkt zum antifaschistischen Widerstandskampf in der Weimarer Republik und der Zeit des Nationalsozialismus gesehen. Zusätzlich werden die Fahnen gedreht und leicht schräg gestellt. Das gibt dem Emblem einen offensiveren Charakter. Die Bewegungsrichtung verläuft von links gegen rechts. Die imaginäre Menschenmenge unter den Fahnen geht symbolisch gegen rechts vor. Anfänglich gibt es zwei Varianten. Je nach politischer Präferenz dominiert die rote oder die schwarze Fahne über die andere ...[299]

Günter Saré

Wie effektiv die neue Struktur in der Praxis ist, zeigt sich in der Folge des 28. September 1985. An diesem Tag findet in Frankfurt am Main eine Kundgebung gegen eine NPD-Veranstaltung im Bürgerhaus Gallus statt. Bei einem Polizeieinsatz wird der 36-jährige Günter Saré gezielt von einem Wasserwerfer überrollt und getötet. Fotos und Zeugenaussagen beweisen, dass es kein Unglücksfall ist: Demonstranten befinden sich auf der Flucht, zwei Wasserwerfer verfolgen die Gruppe. Der Hochdruckwasserstrahl des einen Wasserwerfers wirft Günter Saré zu Boden, der zweite überfährt ihn nach Aussage des Fahrers auf Befehl des kommandierenden Polizeibeamten Winfried Reichert. Reichert sitzt selbst als Kommandeur im Wasserwerfer und kann Günter Saré deutlich im Scheinwerferlicht erkennen. Der Polizist Reichert ist bereits seit langem als besonders brutal bekannt, z.B. aus Einsätzen an der Frankfurter Startbahn West. Augenzeugen und Beobachter sind sich einig, der Tod von Günter Saré ist Mord.[300]

Einen Tag später reagiert die autonome Szene im gesamten Bundesgebiet. Am Sonntagabend des 29. September kommt es in Hamburg, Bremen, Göttingen, Münster, Köln, Bielefeld, Duisburg, Hannover, Oldenburg, Berlin, Tübingen, Karlsruhe, Stuttgart, Freiburg, Erlangen, Nürnberg und München zu militanten Demonstrationen und Anschlägen. In über 60 Städten splittern Scheiben, werden Geschäfte geplündert, fliegen Brandsätze in Banken, Kaufhäuser und Polizeireviere. Die Botschaft der Bundesrepublik in Kopenhagen wird demoliert. In Luxemburg wird ein Bombenanschlag verübt. Es entstehen bei über 50 Brandanschlägen Sachschäden von mehr als 50 Millionen DM. Die Anschlagsstatistik weist einen deutlichen Schwerpunkt der Bekennerschreiben mit einem Bezug zu Günter Saré auf.[301]

299 Vgl. Langer, Bernd (1997), S. 68.
300 http://www.antifa-frankfurt.org/Sare/sare-aktionsbuendnis.html. 10.9.2014, 18:01h; http://www.spiegel.de/spiegel/print/d-13513886.html. 10.9.2014, 19:55h; http://nadir.org/nadir/initiativ/linksrhein/archiv/reppro/reppro02.htm. 11.9.2014, 14:33h;
301 Vgl. Flugblatt (1985); Vgl. Langer, Bernd (1997), S. 52f.; Vgl. Der Niedersächsische Minister des Innern (1986), S. 62; Vgl. Innenministerium des Landes Schleswig-Holstein (1987).

Die Stadt Frankfurt selbst befindet sich eine Woche im Ausnahmezustand. Allein hier betragen die Schäden knapp drei Millionen DM.[302]

An Sarés Todestag findet zufällig auch ein Treffen des Norddeutschen statt. Die Meldung über den toten Genossen erreicht die Gruppendelegierten am Abend per Telefon. Darin heißt es kurz, dass es bei einer Demonstration gegen ein NPD-Treffen in Frankfurt einen Toten gab. Das Treffen wird nach kurzer Debatte abgebrochen. Die Teilnehmer fahren sofort zurück in ihre Städte. Bernd Langer zu Folge denken alle nur eins: Wenn der Staat einen von uns ermordet, um die Neonazis zu schützen, verlangt das nach einer deutlichen Antwort.

»Dann sind die Leute in ihre Städte zurückgefahren, und dann ging es los. Das heißt jetzt nicht, dass das Norddeutsche das alles organisiert hat. Aber auf alle Fälle haben die Leute da schon mitgemacht. Das war ganz klar: Wir fahren jetzt in unsere Städte und sehen zu, dass wir uns da einbringen, dass da was läuft«.[303]

In den norddeutschen Städten haben die Antifaschisten einen großen Anteil an den Auseinandersetzungen und den Sachschäden. Hier zeigt sich auch, wie weit die organisierten Gruppen einzelne Städte bereits dominieren. Es ist ein Hinweis darauf, dass die Antifaschisten in gewisser Weise die »neuen Autonomen« sind, nur eben besser organisiert.

» (...) Oder Günter Saré, ich meine das ging ja über Wochen. Wir haben uns da immer irgendwas ausgedacht. (...) Damals war es ja wirklich so, wenn irgendetwas Schwerwiegendes passierte, war mindestens eine Straße in Hannover kaputt.[304] Das wurde ja durchgezogen. Und das wurde eigentlich zu 98 Prozent von der Antifa durchgezogen. Bei den restlichen Autonomen kam da immer nicht so richtig viel, die haben das dann wieder als blinden Aktionismus bezeichnet. Aber man kam dann nicht mehr an uns vorbei, von der Menge her. Wenn die was durchziehen wollten, dann brauchten die uns ja auch.«[305]

Der Tod von Günter Saré hat noch eine weitere Folge für die Entstehung der bundesweiten Antifa-Struktur in Deutschland. Bernd Langer lädt Roger Ottenheimer zu einem Norddeutschen Antifa-Treffen ein, damit dieser als Beteiligter von den Ereignissen in Frankfurt berichtet. Ottenheimer ist von dem Treffen fasziniert. Schon lange ist es die Vorstellung von Michaela Neuberger die organisatorische Struktur nach Süden zu erweitern. Ottenheimer erklärt sich bereit, beim Aufbau mitzuhelfen. Wenige Wochen später fährt er mit einer Adressliste und einem älteren Genossen aus der Nähe von Gießen durch Süddeutschland. Jeden Tag tref-

302 Vgl. radikal (1986), S. 57f.
303 Interview des Autors mit Bernd Langer (2008).
304 Anm.d.Verf.: Das bedeutet, dass eine Einkaufsstraße entglast, also sämtliche Scheiben eingeworfen wurden.
305 Interview des Autors mit Lars Balkes (2008).

fen die beiden mit organisationswilligen Antifaschisten zusammen: in München, Ulm, Lörrach, Heilbronn, Tübingen, Karlsruhe, Mannheim und Stuttgart. Das Ziel: Aufbau einer süddeutschen Antifa-Struktur, analog zum Norddeutschen Antifa-Treffen.[306]

Das Süddeutsche Antifa-Treffen

Der Plan geht auf. Das Süddeutsche Antifa-Treffen gründet sich am 10./11. Mai 1986 in Wiesbaden in einer Kindertagesstätte. Alle bei der vorausgegangenen Rundreise angesprochenen Städte sind vertreten, dazu kommen noch Wiesbaden, Bietigheim und Marburg. Damit verfügen die Militanten Antifaschisten erstmals in Deutschland über eine bundesweite Struktur.[307]

»Es waren dort Leute aus Städten in Süddeutschland, die selber in Bewegung waren, die selber Orientierung gesucht haben, oder auch schon Orientierungen austauschen wollten, und damit auch Bereitschaft gezeigt haben, sich selber noch mal in Bewegung zu bringen. Das hat in der Sache auch ganz gut geklappt. Und ich finde auch, die Anfangszeit war gut gewesen. (...) Es war immer ein politisches Treffen gewesen. Man muss dann auch dazu sagen, es gab ja auch diese Antifa-Bewegung in Norddeutschland, wo auch persönliche Kontakte bestanden. Das waren auch Leute, die ähnliche Geschichten gehabt haben wie wir, die auch aus einer Art von militantem Verhalten kamen. Das war insgesamt so ein Ausdruck von Reife, von politischer Reife. Und eigentlich im Grunde genommen angenehm. (...) Auf jeden Fall hast du immer Leute kennen gelernt, die bereit waren sich zu organisieren, sich mit anderen abzusprechen, Widersprüche auszutragen. Klar gab es auch immer andere, die versucht haben zu blockieren, aber so im Großen und Ganzen, es gab den Versuch, sich politisch zu organisieren. Und sich politisch zu organisieren heißt, du musst eine Grundlage schaffen, du musst reden, du musst diskutieren und du hast natürlich auch die ein oder andere Aktivität entwickelt, die so nicht machbar gewesen wäre, ohne solche Treffen, wie Fascho-Aufmärsche, das Auftreten von denen schwierig zu machen. Oft waren – muss man dazu sagen – bei diesen Faschisten-Treffen nicht die Faschisten das Problem, sondern die Bullen. Und es war im Gegensatz zu irgendwelchen so genannten ›bürgerlichen Antifaschisten‹ kein Thema, dass, wenn die Polizei dich angreift, darfst du dich wehren. Oder man hat auch generell darüber geredet, dass man denen mit dem gleichen Widerstand begegnet, wie den Faschisten«.[308]

306 Zusammenfassung des Autors aus dem Interview mit Roger Ottenheimer (2007).
307 Vgl. Langer, Bernd (1997), S. 53ff.; Zusammenfassung des Autors aus dem Interview mit Roger Ottenheimer (2007).
308 Interview des Autors mit Wilhelm Maalkes (2008).

Wie auch in Norddeutschland entscheiden sich Teile der sowieso schon politisch aktiven Szene im Süden der Republik für die antifaschistische Arbeit als Schwerpunkt. In der Region Tübingen/Reutlingen und in Wiesbaden sind es jeweils ca. 20 Personen. Dazu kommen schnell mobilisierbare Antifaschisten, in Reutlingen/Tübingen sind es etwa 100, in Wiesbaden um die 50.[309]

Auch in Süddeutschland sind nicht alle Antifaschisten dem autonomen Lager zuzuordnen. Wilhelm Maalkes bspw. kommt aus dem klassischen Spektrum der orthodoxen Linken: SDAJ, KB, linke Gewerkschaftsgruppen etc. Er ist Mitglied in der linken Mannheimer Rockergruppe Wilde Horde, die aktiv in der süddeutschen Antifa-Struktur mitarbeitet. Die Rocker der Wilden Horde sind ebenfalls nicht alle den Autonomen zuzuordnen, sind eher ein enger Freundeskreis. »Die Wilde Horde hat sich wöchentlich getroffen. Wir haben am Wochenende Sachen zusammen unternommen. Das war natürlich nicht immer geprägt von politischer Diskussion, dafür sind die Unterschiede der Gruppe zu groß gewesen. Es gab da Leute, die konnten Faschos nicht ertragen, die haben es sich zum Prinzip gemacht, dass die Eiterbeule der Gesellschaft hier keinen Fuß auf den Boden kriegt. Und andere haben – so wie ich – versucht politische Diskussionen in Gang zu bringen. (…) Wir haben auch unsere Feste gefeiert. Es war jetzt nicht immer so, dass man sich getroffen hat und dann sehr, sehr politisch irgendwelche Themen abgearbeitet hat. So muss man sich das nicht vorstellen. Andererseits gab es auch Leute, die sich selber einfach nur als Antifaschisten bezeichnet haben, die aber viel, viel politischer waren. Da gab es dann auch weitergehende Diskussionen. Dazu kamen die regelmäßigen Treffen, wo man auch darüber geredet hat, wie sich Antifa entwickelt und was man daraus machen kann«.[310]

Die Mannheimer Motorradfahrer sind schlagkräftig und tatendurstig. Schnell sind sie als Genossen bei den Antifaschisten geschätzt und beliebt. Anders sieht es bei den Autonomen aus, die die breitschultrigen Rocker nicht kennen. So muss bspw. die Wiesbadener Antifa-Gruppe den örtlichen Autonomen nach einer von ihr organisierten Aktion gegen Neonazis Rede und Antwort stehen, weil einer der Mannheimer ein T-Shirt mit der Aufschrift *Ficken, Bumsen, Blasen – alles auf dem Rasen* (Songzeilen aus dem Lied *Hofgarten* der Punk-Band Die Toten Hosen) trug. Statt den Rocker direkt vor Ort darauf anzusprechen, gibt es später ein Plenum dazu in Wiesbaden. Die Rocker sind nicht eingeladen ...[311]

Die süddeutschen Gruppen sind noch durchmischter als die norddeutschen. So sind bei der Heilbronner Antifa zwei Genossen Mitglieder der Volksfront[312], die an-

309 Zusammenfassung des Autors aus den Interviews mit Sascha Waigel (2008) und Roger Ottenheimer (2007).
310 Interview des Autors mit Wilhelm Maalkes (2008).
311 Zusammenfassung des Autors aus dem Interview mit Roger Ottenheimer (2007).
312 Volksfront: Siehe Fußnote 172.

deren stammen aus autonomen und feministisch-anarchistischen Strukturen. Die Wurzeln der Mannheimer Rocker liegen vielfach in linken Gewerkschaftszusammenhängen, die Gruppe in Tübingen/Reutlingen ist eher studentisch geprägt, während die Wiesbadener aus dem autonomen-militanten Startbahnwiderstand stammen.[313]

Als Ziel definiert die süddeutsche Struktur, Zusammenhänge neonazistischer und reaktionärer Organisationen sowie Personen zu recherchieren, öffentlich zu machen und wenn möglich zu zerschlagen. Die Gruppen sind der Meinung, dass bisher beides nur unzureichend erreicht ist: »Die Recherchen blieben zu oft im Ungenauen stecken, die Arbeit der Faschisten wurde bestenfalls behindert. Das Weitere sollte die Aufarbeitung antifaschistischer Theorie und die Analyse faschistischer Programmatik sein. Ersteres sollte durch eine Veranstaltungsreihe bewerkstelligt werden. Die ersten Auseinandersetzungen wurden um die KB-Thesen zur Faschisierung des Staates geführt. Wir wollten 5 Veranstaltungen zur Klärung von 5 Fragen, die wir auch heute noch für klärungsbedürftig halten, durchführen«.[314]

Die Verzahnung der Militanten Antifaschisten mit der autonomen Szene ist deutschlandweit unübersehbar. Die Bereitschaft zur militanten Auseinandersetzung mit Neonazis ist nun einmal bei den Autonomen am größten. Viele Organisierte haben auch eine Geschichte als Autonome. Mitunter ist eine Trennung zwischen Autonomen und Antifas nicht genau möglich. Trotzdem ist der entscheidende Unterschied noch der Wille zur verlässlichen Organisation in einer bundesweiten Struktur.

Die Gruppe in Tübingen/Reutlingen trifft sich einmal die Woche. Zwar gibt es keine Anwesenheitspflicht, trotzdem ist der harte Kern aus sechs Personen immer anwesend. Dabei sind alle auch noch in anderen politischen Gruppen, meist autonomen Gruppen, aktiv. In Tübingen/Reutlingen sind die Übergänge fließend, die Antifas arbeiten mit der gesamten linksradikalen Szene in Reutlingen, Tübingen und Stuttgart zusammen. Vor allem bei größeren Aktionen oder Demonstrationen rechnet der antifaschistische Zusammenhang fest mit autonomer Beteiligung. So kommt es, dass fast jedes Neonazi-Treffen bzw. jede -Veranstaltung im Raum Tübingen gestört und behindert wird. Ohne ein Zusammenwirken der Antifa mit der autonomen Bewegung wäre das nicht leistbar gewesen.[315]

Mitunter ist eine Trennung zwischen einzelnen Gruppierungen oder politischen Richtungen gar nicht möglich. In einem Flugblatt aus Wuppertal heißt es explizit, dass Autonome und Antiimperialisten in der örtlichen Gruppe die Antifa-Arbeit zusammen organisieren. Die Wuppertaler Autoren verstehen die antifaschistische

313 Zusammenfassung des Autors aus dem Interview mit Roger Ottenheimer (2007).
314 Städtebericht Heilbronn (1986).
315 Zusammenfassung des Autors aus dem Interview mit Sascha Waigel (2008).

Arbeit als Klammer, als Möglichkeit organisatorisch weiter zu kommen und mit vielen Menschen zusammenzuarbeiten.[316]

Das sehen Antifaschisten aus Hannover ebenso. »Diese gesamte Struktur kann aber nur funktionieren, wenn sie von vielen als Teil der autonom/revolutionäre Bewegung verstanden wird; als Versuch, die politischen Zufallsstrukturen und Vereinzelungen zu durchbrechen. Wir meinen, dass wir hier im Antifa-Bereich dazu einen solchen Vorschlag realistischerweise machen können, weil zunächst unabhängig von völliger ideologischer Übereinstimmung eine praxisorientierte Organisierung von vielen als notwendig und machbar erkannt werden kann.

Wir wollen damit keine Widersprüche verwischen, nur ist doch klar, dass es viel schwerer ist, sich gemeinsam zu organisieren, wenn erst detaillierte Einigkeit über z.B. sozialrevolutionäre oder antiimperialistische Weltanschauungen hergestellt werden muss. Eine solche breitere Diskussion ist doch viel einfacher zu führen, wenn es bereits eine, wenn auch zunächst für teilweise begrenztere Auseinandersetzungen, geschaffene Struktur gibt, die sich erklärtermaßen als autonom/revolutionäre Organisierung versteht«.[317]

Der Organisationsvorschlag aus Hannover wendet sich explizit gegen die bisherigen autonomen Vorstellungen. Demnach wird sich die unbefriedigende Praxis und Erfolglosigkeit des Anti-Nazi-Kampfes erst ändern, »(...) wenn wir für die Öffentlichkeit und andere antifaschistische Kräfte eine organisierte politische Kraft darstellen, die ihre Interessen durchsetzen kann. Die allgemeine Organisations-Feindlichkeit der autonomen Linken ist ja bekannt. Unschwer ist allerdings zu erkennen, dass autonomer Individualismus nicht gerade eine unübersehbare politische Stärke entwickelt hat. Und schon die kleinsten, etwas dauerhaften Auseinandersetzungen sind so nicht durchzuhalten, bzw. offensiv zu führen«.[318]

In der Praxis setzen sich die neuen Antifa-Gruppen von den Autonomen sichtbar ab. In einem Autonomen-Plenum kann jeder mitmachen und mitreden, der irgendwie irgendjemanden kennt. Organisatorische Strukturen sind willkürlich, in den Gruppen dominieren die Personen, die am besten reden können. Ganz anders bei den Antifaschisten. Einzelne Antifa-Gruppen führen Rednerlisten und Tagesordnungen ein. Ausgewählte Mitglieder achten darauf, dass drei Minuten Redezeit pro Redebeitrag eingehalten werden. Teilweise setzen Frauen quotierende Rednerlisten durch. Regelmäßig werden Protokolle angefertigt, um Aussagen und Informationen über Neonazis verifizieren zu können.[319]

Trotzdem bezeichnen sich manche Militante Antifaschisten dennoch als autonom, so sehr ihre Praxis dem scheinbar zuwiderläuft. Autonom ist offenbar eine Frage der

316 Vgl. Flugblatt (1985a).
317 N.N. (1985), S. 16ff.
318 N.N. (1985), S. 16ff.
319 Zusammenfassung des Autors aus den Interviews mit Bernd Langer und Lars Balkes (2008).

individuellen Interpretation: »Ich zähle mich durchaus dazu, obwohl ›autonom sein‹ für mich nicht ›unorganisiert sein‹ bedeutet. Es ist nötig, organisiert politische Arbeit zu machen. Einzelkämpfertum führt zu überhaupt nichts. Wir wollen nur den Antifaschismus wieder als klaren politischen Faktor in der Politik erkennbar machen«.[320]

Aber unabhängig davon, wie sich die Einzelpersonen politisch selbst verorten, erinnert doch die organische Genese der Gruppen unübersehbar daran, dass ein Großteil der Organisierten autonome Wurzeln hat. Am Anfang der antifaschistischen Arbeit steht nicht unbedingt der Wille zur strukturierten Organisation: »Die Antifa-Arbeit selber hat sich Mitte der 80er über persönliche Kontakte entwickelt. Man hat Leute gekannt und man hat sich getroffen auf Veranstaltungen, auf Demonstrationen, auf Aktionen gegen rechts. Man sieht sich öfter, lernt sich kennen, schwätzt miteinander. Und dann ist halt gesagt worden, ›Mensch, da ist ein Treffen, komm doch da mit‹. Es wird einem zugetragen. Das war nicht so, dass man das jetzt suchen würde. Sondern wenn du in Bewegung bist, hast du einfach die große Auswahl. Es werden Sachen an dich rangetragen, und du entscheidest dich immer für das, was deinem Bauch und Kopf am nächsten ist.«[321]

Das Süddeutsche zeigt erstmals seine Mobilisierungsfähigkeit zum Bundesparteitag der Freiheitlichen Deutschen Arbeiterpartei (FAP) in Stuttgart-Sillenbuch am 7. Juni 1986. Etwa 3.000 Antifaschisten versammeln sich, behindern die Anreise der Neonazis, verprügeln einige auf dem Anmarsch, bewerfen sie mit Farbbeuteln und stinkenden Flüssigkeiten. Trotz eines Großaufgebots der Polizei mit Hundestaffeln, Wasserwerfern und Greiftrupps schaffen es die Beamten nicht, die gewalttätigen Auseinandersetzungen zu verhindern. Einem Antifaschisten gelingt es, einem Neonazi, der am Eingang der Sillenbucher Turnhalle den Zugang kontrolliert, die komplette Gästeliste des FAP-Parteitages zu entreißen. Damit kennt die Antifa-Szene nun Namen und Anschriften der FAP-Mitglieder.[322]

Angesichts der Ausschreitungen horcht sogar der Verfassungsschutz auf. Die Staatsschutzbehörden haben offenbar nicht mit einer solchen Schlagkraft gerechnet, fanden doch zeitgleich Großdemonstrationen gegen das Kernkraftwerk in Brokdorf[323] und gegen den Bau der geplanten Wiederaufarbeitungsanlage in Wackersdorf[324] statt.

320 Konkret-Interview: Wenn Kühnen was auf die Nase kriegt (o.J.), o.S.
321 Interview des Autors mit Wilhelm Maalkes (2008).
322 Zusammenfassung des Autors aus den Interviews mit Wilhelm Maalkes (2008) und Roger Ottenheimer (2007); Vgl. Flugblatt 1986a; Blick (18.1.91); Der Spiegel (1986), S. 72ff. Anm.d.Verf.: Rund 50 FAP-Mitglieder randalieren nach dem Parteitag am 7. Juni angetrunken durch den Stuttgarter Stadtteil Sillenbuch und bedrohen mehrere Passanten nachdem die Antifaschisten abgezogen sind. Vgl. Der Spiegel (1986), S. 72ff.
323 Brokdorf: Das Atomkraftwerk Brokdorf wurde 1986 gegen heftige Proteste in Betrieb genommen. 1981 demonstrierten 100.000 Menschen trotz Demonstrationsverbot gegen den Bau des Atommeilers.
324 Wackersdorf: Hier sollte eine Wiederaufbereitungsanlage für abgebrannte Brennstäbe aus Atomkraftwerken errichtet werden. Nach erheblichen militanten Protesten wurden die Pläne 1989 aufgegeben.

Bei solchen Demonstrationen ist immer mit gewalttätigen Auseinandersetzungen zu rechnen, weshalb sie auf die autonome Szene eine viel größere Anziehungskraft ausüben. Trotzdem gelingt den Antifaschisten ein beachtlicher Mobilisierungserfolg. Schon im Vorfeld werben sie aktiv für eine Teilnahme an den Protesten gegen die Neonazis: »Trotz Wackersdorf und Brokdorf halten wir es für wichtig, nach Stuttgart zu gehen, um unsere Kräfte gleichzeitig aufzuteilen. Wir begreifen die Demos nicht als Konkurrenzkämpfe, sondern als gleichwertigen Teil eines Widerstandes gegen dieses System. Schlagt die Faschisten, wo ihr sie trefft! Drei Aktionen – ein Kampf!«[325]

Die Antifa-Gruppen festigen sich und werden zu einem Faktor in ihren Städten. Auf Demonstrationen und bei Aktionen gegen Neonazis wachsen Erfahrung und Zusammenhalt. Die militante Praxis und der gemeinsame Feind schweißt die Militanten Antifaschisten zusammen: »Mir bleiben natürlich so die Erinnerungen, dass ich mich auf der Straße immer sicher bewegen konnte. Wir haben mehrere Demonstrationen mitgemacht, wo es nicht dazu geführt hat, dass der erwischt wird, der am langsamsten läuft. Du hast ja notfalls auch einen Bullen gekriegt, und hast den niedergemacht. Und wenn sie sich auf dich gestürzt haben, waren die anderen an deiner Seite gewesen. Zu diesen Sachen gehört auch, dass man dann auch rausgehauen worden ist. Weil es ist einfach billiger, einen Knüppel auf den Kopf zu kriegen, oder ins Gesicht, als hinterher ein Prozess, wo sie dich einfach fertig machen. Also fertig machen heißt, die können dir deine berufliche Existenz zerstören, die können dich jahrelang einlochen. Du hast nie wieder was zu lachen, wenn dein Name unter den Bullen bekannt ist«.[326]

Die Polizei ist für die Antifaschisten natürlich nicht nur in Süddeutschland ein Problem. Auch in Hamburg steht vor der Konfrontation mit Neonazis immer die Überwindung von Polizeiketten. Immer wieder wird deutlich, dass die Polizei der 1980er-Jahre eher auf der Seite der Neonazis steht. So brüsten sich 1988 Hooligans vor einem Überfall auf die besetzten Häuser der Hamburger Hafenstraße mit ihren Kontakten zur Polizei: »Wir haben schon mit einigen Bullen gesprochen, ob wir da nicht mal 'ne kleine Aktion starten sollten, ob wir da nicht mal an den Landungsbrücken aufräumen sollten«.[327]

So kommt es dann auch. Beim Halbfinalspiel Deutschland gegen die Niederlande während der Europameisterschaft 1988 kursieren vor dem Spiel Flugblätter, die zu einem Angriff auf die besetzten Häuser aufrufen. Unter der Führung von bekannten militanten Neonazis wie Willi Wegner[328], den Michaela Neuberger auf

325 Vgl. Städtebericht Wiesbaden (1986b); Vgl. Innenministerium des Landes Baden-Württemberg (1987), S. 36f.
326 Interview des Autors mit Wilhelm Maalkes (2008).
327 Quelle: http://www.tatort-stadion.de/ausstellung/stpauli.htm. 12.7.2014, 18:52h.
328 Willi Wegner: Seit Beginn der 1970er-Jahre in der militanten Neonazi-Szene aktiv, wegen Ge-

Fotos identifiziert, ziehen mehrere 100 Hooligans durch St. Pauli und greifen die Hafenstraße an.

»Auch hier konnten die auf ca. 300 Hooligans angewachsene Gruppe nach einiger Zeit zurückgeschlagen werden. Wieder griffen die Polizisten zu ihrem Schutz ein. Sie stellten sich zwischen die Fronten, mussten dabei aber einiges einstecken, da von beiden Seiten immer noch Steine flogen. (...) Erst als sich viele von uns wieder zu den Häusern zurückgezogen hatten, gaben die Polizisten – übrigens geführt von Einsatzleiter Rürup, dem Initiator des Hamburger Kessels[329] – die Straße wieder frei. Der Kampf entbrannte erneut, bis die Polizisten dem Treiben endgültig ein Ende setzten.

Wäre da nicht eine Vielzahl gut ausgerüsteter und entschlossener Antifaschisten gewesen, wäre die Hafenstraße überrannt worden, die BewohnerInnen mindestens zusammengeschlagen, es hätte Tote geben können. Noch mal ausdrücklich: Die Polizei hat erst nachher eingegriffen. Wer sich im antifaschistischen Kampf auf den Staat, auf Polizei und Gesetze verlässt, ist kein Antifaschist. (...) Hier wurde die Notwendigkeit des militanten Antifaschismus direkt bewiesen«![330]

Die Polizei steht in den 1980er-Jahren eindeutig auf Seiten der Faschisten, wie eine Geschichte aus dem Ruhrgebiet zeigt: »Am 28. April 1984 bin ich zum NPD Parteitag nach Wiehl-Drabenderhöhe gefahren. Das ist ein Dorf mit etwas mehr als 3.000 EinwohnerInnen. Als wir dort ankamen standen am Dorfeingang schon eine Handvoll Leute, die meinten wir sollten nicht runter ins Dorf fahren. Dort liefen ca. 100 Nazis und Skins rum, die schon Leute verprügelt hätten. Die Polizei ließe sie gewähren und schaue weg. Wir parkten das Auto auf einem nahen Feldweg und gesellten uns zu den anderen Antifas. Eine gemischte Gruppe von jungen und älteren Leuten. Schließlich waren wir ca. 30 Personen und diskutierten, ob wir ins Dorf runter sollten. Erst wollten wir aber mal die Dorfstraße runterschauen. Dazu mussten wir zur Straßenecke an der Kirche vorbei, vor der wir die ganze Zeit standen.

Wir gingen zu dritt los, als plötzlich acht Nazis um die Ecke bogen. Wir stoppten, die auch. Dann verschwanden die. Wir trauten uns nicht um die Ecke, gingen zurück um mit den Anderen zu beraten, was wir machen sollten. Die Fahrer der Autos holten schon mal die Autos auf den kleinen Platz. Zu unserem Glück. Wir standen also so ca. drei Minuten auf dem Kirchplatz und debattierten, als die sechs

walttaten zu langjährigen Haftstrafen verurteilt. Gründungsmitglied der NSDAP/AO, Mitglied der Wehrsportgruppe Neumann, des FAP-Bundesvorstandes, der Nationalen Offensive und heute in der NPD. (Vgl. Antifa Infoblatt (2009a), S. 22f.

329 1986 erlangt ein rechtswidriger Polizeieinsatz traurige Berühmtheit, der als Hamburger Kessel bekannt wird. Über 800 Personen werden auf dem Heiligengeistfeld bis zu 13 Stunden lang innerhalb von Absperrketten der Polizei festgehalten. Sie bekommen weder Essen und Trinken und müssen ihre Notdurft vor Ort zwischen den Polizeibeamten verrichten.

330 Vgl. Broschüre (1990), S. 28.

Mannschaftswagen, die an der Kreuzung mit Sicht ins Dorf standen weg fuhren. Das kam uns komisch vor. Bevor wir das aber richtig gecheckt hatten kamen ungefähr 80 Nazis um die Kirche herum gerannt. Um die Ecke, wo die Polizei die Einsicht gehabt hatte, und aus einer Gasse auf der anderen Seite der Kirche. Wir wurden mit Flaschen, Steinen und allem Möglichen eingedeckt. Wir sprangen in die Autos, einige rannten die Straße aus dem Dorf raus. Die Nazis prügelten und traten auf die Autos ein. Versuchten die Türen aufzureißen und die Leute aus den Wagen zu zerren. Ein Typ hatte ein altes Auto und sich für seinen Türgriff eine Drahtschlinge zum Zuziehen der Tür gebaut. Während er mit einer Hand startete, hielt er mit der anderen Hand die Tür zu. Er zeigte uns später seine linke Hand. Sie war tief eingeschnitten von dem Draht.

Ich war in ein Auto gesprungen und hatte echt Panik. Die Nazis umringten das Fahrzeug, traten und schlugen auf das Auto ein, zu beiden Seiten versuchten die Nazis unsere Türen aufzureißen. Ich schrie panisch: ›Fahr sie platt‹. Der Fahrer startete und gab Vollgas. Einer der Nazis flog über die Kühlerhaube. Wir kamen weg und zischten aus dem Dorf. Ungefähr 500 Meter weiter sammelten sich alle am Straßenrand. Einige hatten nicht in die Autos springen können und waren gerannt. Sie waren außer Atem und hatten was abbekommen. Die Autos hatten einige Beulen. Einerseits waren wir alle erschrocken und andererseits stinken sauer auf die Nazis und die Polizei (…)

So offensichtlich habe ich es selten erlebt. Die haben gesehen, dass ca. 80 Nazis die Straße hoch kamen und sind mit sechs Wannen weg, um den Nazis zu signalisieren: ›Ihr dürft‹.«[331]

Aber auch andersherum, schützt die Polizei die Neonazis, wenn diese von Antifaschisten bedroht sind. Nach einer Auseinandersetzung mit der Borussen-Front 1988 in Bochum, droht diese sich an den Antifas zu rächen. Sie rücken mit 40 Skinheads an. Doch sie werden bereits am Angriffsziel erwartet …: »Die Bochumer Polizei fing die Nazihorde schützend am Hauptbahnhof ab und schickte sie nach Hause. Was ein Glück für die war, hatte sich doch die subkulturelle Jugend aus Langendreer auf die Auseinandersetzung vorbereitet. (…) 40 bis 50 Leute saßen und hockten so ab 18 Uhr dort rum. Du sahst alles. Knüppel, Eisenstangen, Ketten, Schlagringe, Messer. Und jede Menge Leute, die schon eine Flasche Bier oder Härteres in der Hand hatten. Nach einer Stunde sind ich und ein Kumpel abgehauen. Wir hatten auf diese Alk-Nummer kein Bock. Das die Nazis kommen sollten war ja auch bis dato ein Gerücht gewesen. Zwei blieben und erzählten uns später den weiteren Verlauf des Abends. (…) Irgendwann befand Einer man solle

331 Interview mit dem »schwarzen Paule« (2014) aus Bochum. Quelle: https://linksunten.indymedia.org/de/node/118284. 10.10.2014, 12.13h.

mal ein Plenum machen. Also diskutierten die Kiffer, Rocker, Punks, Heavies und wer auch immer da war, was zu tun sei, wenn die Nazis mit der S-Bahn eintreffen würden. Die Punks schlugen vor die Nazis mit Steinen einzudecken. Die Heavies erwiderten, dass würde doch Nichts bringen, dass sehe man doch an Wackersdorf und so. Sie wollten sich mit ihren Gasknarren an die S-Bahn-Türen stellen und die Magazine leer schießen. Das fanden die Punks scheiße, da würden doch auch die anderen Leute in der S-Bahn getroffen. Die Heavies sollen darauf erwidert haben, die Normalos seien doch schon längst von den Glatzen verprügelt worden. Irgendwann soll der Wirt der Kneipe ›Locomotive‹ erschienen sein und gesagt haben, dass man ja alles machen könne. Aber wenn hier scharf geschossen würde, wäre Schluss mit lustig. Dann würde er die Bullen holen müssen. Es war somit klar, dass auch scharfe Knarren im Umlauf waren. Naja, ich kann das nur aus eigener Anschauung über die damalige Proll-Szene in LA 7 bestätigen. So verlief also die Debatte. Ende des Liedes war, dass die Jungs mit Molotow-Cocktails auf den anliegenden Garagen standen, um diese über die S-Bahn in die Nazis zu schmeißen. Das hätte ein Massaker gegeben. Die Bullen werden das mitbekommen haben und deswegen die Nazis väterlich nach Hause geschickt haben.«[332]

Doch zurück nach Süddeutschland und der Anfangszeit der noch jungen Struktur. Auch mit gezielten Aktionen machen Militante Antifaschisten kurz nach der Gründung des Süddeutschen darauf aufmerksam, dass sich auch in diesem Teil der Republik etwas gegen Neonazis tut. Am 21. Mai 1986 brennt in Mainz die so genannte Walhalla, eine Scheune auf dem Grundstück der Gärtnerei des Nazi-Ehepaares Curt und Ursula Müller, bis auf die Grundmauern ab.[333] Die Familie Müller ist Anlauf- und Kommunikationsstelle für in- und ausländische Neonazis. Die Walhalla ist Gründungsort der ANS/NA, dort wird seit Jahren Hitlers Geburtstag, Sommer- und Wintersonnenwenden mit Hunderten von Neonazis gefeiert.[334] Eine Gruppe namens revolutionäre antifaschisten – feuer und flamme bekennt sich zu der Tat: »... seit jahren versuchen traditionelle antifaschisten (dkp, vvn, dgb), durch gezielte falschinformationen, müller als eine art kampfmaschine aufzubauen. er ist nicht ungefährlich, aber trotzdem angreifbar. denn gegen faschismus hilft nur gewalt«.[335]

332 Interview mit dem »schwarzen Paule« (2014) aus Bochum. Quelle: https://linksunten.indymedia.org/de/node/118284. 10.10.2014, 12.13h..

333 Anm.d.Verf.: Kleine Anekdote am Rande: Innerhalb der neonazistischen Szene wird mit Flugblättern bundesweit zu Spenden für den Wiederaufbau der Walhalla aufgerufen. Der bekannte Neonazi Willibald Kraus, ehemaliger Leiter der Sozialistischen Reichstreuen Patrioten wird am August 1986 in seiner Mainzer Wohnung von zwei bekannten Neonazis überfallen. Die Täter werfen ihm vor, dass er die Walhalla auf dem Grundstück der Eheleute Müller angezündet hat. (Vgl. Städtebericht Wiesbaden (1987b).

334 Vgl. Bundesminister des Innern (1987), S. 168; Vgl. radikal (132), S. 27; Vgl. Städtebericht Wiesbaden (1986); Vgl. Der Spiegel (1983b), S. 76.

335 Erklärung (1986c).

Zwei Monate später, am 21. Juli 1986, verursacht ein Brandanschlag auf die rechten Verlage Grabert und Hohenrain[336], die Druckerei Guldedruck, sowie diverse Fahrzeuge in Tübingen einen Gesamtschaden von über 200.000 DM.[337]

Die antifaschistischen Aktionen arbeiten vor Ort sehr effektiv. In Tübingen gehört die Antifa zu den Gruppen, die am meisten praktische Politik transportiert: »Zum einen über die Aktionen vor Ort, die öffentlichen Aktionsformen und dann natürlich auch über die Aktionsformen, die jetzt nicht so öffentlich waren, die man dann aber über die Medien, also über die Lokalpresse in Reutlingen/Tübingen und Umgebung in einer relativ hohen Dichte wahrnehmen konnte. Insofern war natürlich die Gruppe dann schon in der Öffentlichkeit, in den regionalen Medien zumindest, vom Ergebnis her präsent. (...) Es gab eine Praxis, die aus diesem größeren Zusammenhang der Antifa-Szene in der Region ausging, (...) dass eben zu der Zeit keine, (...) Naziaktion ohne Folgen geblieben wäre. (...) Das waren zum einen Aktionen gegen Fahrzeuge von irgendwelchen Nazis. Dann Aktionen gegen die Häuser von Nazis, also Glasscheiben, und gegen irgendwelche Gasthäuser, Vereinsheime, Stadthallen, in denen sich Nazis getroffen haben. Das Spektrum reichte von Farbe gegen die Wand bis Buttersäure während der Veranstaltung«.[338]

Selbst dem baden-württembergischen VS fällt die Anhäufung antifaschistischer Aktionen auf. Er konstatiert eine zunehmende Brutalität gegenüber politischen Gegnern. Außerdem sei der militante Aktionismus sprunghaft angestiegen, auch außerhalb gewaltsam verlaufender Veranstaltungen.[339]

Die bundesweite Struktur

Die bundesweite Organisation bleibt in ihrem praktischen Ausdruck auch dem Bundesinnenminister nicht verborgen: »Autonome ›Antifa-Gruppen‹ forderten und praktizierten ›offensive Gewalt‹ und ›gezielte Angriffe gegen Neonazis‹. Die Zahl der Brandanschläge gegen Objekte (Wohnungen, Versammlungsräume usw.), die von Rechtsextremisten benutzt wurden, stieg erheblich an.[340] (...) von zwölf im Jahr 1986 auf einundzwanzig im Jahr 1987«.[341]

336 Seit den frühen 1950er-Jahren sind der Grabert Verlag und sein Tochterunternehmen, der Hohenrain Verlag seit 1985, die bedeutendsten organisationsunabhängigen Publikationsmöglichkeiten für das gesamte rechte Lager. Die bei Grabert erscheinende Zeitschrift Deutschland in Geschichte und Gegenwart ist das Zentralorgan der revisionistischen Geschichtsfälschung in Deutschland. Siehe: Mecklenburg, Jens (Hg.) (1996), S. 411f.

337 Vgl. Radikal Info (1987), S. 14; Quelle: http://www.tuebingen.de/2319.html#176.208. 11.9.2014, 14:04h.

338 Interview des Autors mit Sascha Waigel (2008).

339 Vgl. Innenministerium des Landes Baden-Württemberg (1987), S. 36f.

340 Bundesminister des Innern (1988), S. 69f.

341 Bundesminister des Innern (1988), S. 74.

Wichtiger Teil der Antifa-Treffen ist der Austausch der Rechercheergebnisse über die Neonazi-Szene: Aktivitäten, Personen und Entwicklungen am rechten Rand. Aber es kommen stetig weitere Politikthemen zur Sprache. Auch darüber findet ein reger Informationsfluss statt.[342]

Was auf den ersten Blick wie eine Erweiterung der politischen Szene aussieht, nämlich dass die linksradikalen Kräfte um das Fragment Antifaschismus bereichert werden, erweist sich mit dem zweiten Blick als Trugschluss. Die Antifa-Gruppen übernehmen immer mehr politische Themen aus dem klassisch autonomen Bereich: Hungerstreik der politischen Gefangenen aus der RAF, Strategie der illegalen Gruppen wie RAF und RZ, Weltwirtschaftsgipfel, Südafrikasolidarität, Antikapitalismus und Asyl. Sie organisieren Antikapitalistische Wochen und Kulturfeste, sind im revolutionären Block auf der DGB-Demo am Tag der Arbeit dabei etc.[343]

In einem Flugblatt aus Wuppertal werden einige antifaschistische Politikfelder aufgezählt:

- Faschistischen Organisationen;
- reaktionäre Mobilisierung;
- die faschistische Praxis des Staates demaskieren und angreifen;
- eigene Lebensräume verteidigen und ausweiten;
- die eigene Organisierung vorantreiben;
- gegen kapitalistische Ausbeutung;
- gegen soziale Verelendung;
- gegen die Umstrukturierung der Städte;
- gegen die ökologische Vernichtung;
- gegen Repression;
- gegen die Bundeswehr und die NATO;
- gegen soziale Kontrolle;
- gegen die Ausländerpolitik;
- für eigene Lebensräume, eigene Kultur und autonome Zentren.[344]

Die politischen Themen sind von denen der Autonomen nicht zu unterscheiden. Doch die neue Struktur tritt mit den genannten politischen Arbeitsfeldern in eine Konkurrenzsituation zu den Autonomen. Dazu kommt noch die erfolgreiche Praxis der Militanten Antifaschisten.

»Zumindest in der richtigen Hochzeit waren wir ja ein bisschen mehr als reine Antifaschisten. Wir haben ja auch auf andere Sachen reagiert. Wir haben ja auch

342 Zusammenfassung des Autors aus dem Interview mit Michaela Neuberger (2008).
343 Vgl. Städtebericht Heilbronn (1986); Vgl. Antifaschistische Zeitung (1987a), o.S.; Zusammenfassung des Autors aus dem Interview mit Lars Balkes (2008).
344 Vgl. Antifaschistische Aktion Wuppertal (1985).

auf Häuserräumungen und so was reagiert. Insofern kannst du das einfach nicht so explizit darstellen. Und für die Sachen, die wir damals gemacht haben, sind wir oft kritisiert worden: blinder Aktionismus und so. Weil wir haben ja auch gesagt, ihr macht nicht mit, ihr Flaschen, ihr müsst jetzt reagieren, und so weiter. Meistens hatten die wahrscheinlich eher Muffe oder so was. (...) Aber, kleine Stadt, ganz getrennt war es nun auch nicht. Die richtige Trennung gab es eigentlich nur zu den Anti-Imps[345]. Da gab es immer nur die Verbindung, wenn mal Hungerstreik [von der RAF] war«.[346]

Für die einzelnen Aktiven wird die organisierte Antifa-Arbeit immer mehr zum Vollzeitjob. Die Ortsgruppen setzen sich mindestens einmal pro Woche zusammen. Alle zwei Monate findet ein überregionales Treffen (Süd- oder Norddeutsches) für 20 bis 30 Personen statt, das natürlich auch in der jeweiligen Stadt vorbereitet werden muss. D.h. Schlafplätze, Essen und Treffpunkt organisieren, Saubermachen und am Ende den Schlüssel zurück bringen, Müll entsorgen, abwaschen und putzen. Einzelne Aktive nehmen an beiden überregionalen Treffen teil, um die Zusammenarbeit zu verstärken. Außerdem müssen die Ortsgruppen den Städtebericht verfassen. Dazu kommen meistens noch Arbeitskreise, z.B. zum Thema Recherche oder konkrete Aktionen, die in kleinen Zirkeln besprochen, vorbereitet und durchgeführt werden. Des Weiteren gibt es Bündnisgespräche mit anderen Gruppen und ggf. die allgemeinen Szene-Treffen.[347]

»Im Grunde war man ja nur von einem Treffen zum anderen unterwegs. Und da ist eben alles abgelaufen: Soziales, Persönliches, Politisches. (...) Ich habe teilweise gejobbt in Fabriken. Ich war auch lange Phasen arbeitslos. Ich glaube, ich war mal an einem Stück über zehn Jahre arbeitslos. Da habe ich nur das [Antifa-Arbeit] gemacht, nichts anderes«.[348]

Die regionalen und bundesweiten Treffen wirken auf die Beteiligten als moralische Stärkung. Die regelmäßigen Kontakte und Absprachen schaffen ein Vertrauensverhältnis, das sich in der Praxis bewährt: Absprachen zu Aktionen oder Rechercheschwerpunkte werden eingehalten, Verbindlichkeit wird groß geschrieben. Die Gruppen und die Bewegung bilden ein emotionales und moralisches Netz, das als tragend angesehen wird. Alle Militanten Antifaschisten sind sich bewusst, dass sie mit ihren Aktionen ein erhebliches Risiko eingehen. Vor allem wenn irgendwas Ungeplantes passieren sollte.[349]

345 Anti-Imps: Abkürzung für Anti-Imperialisten.
346 Interview des Autors mit Lars Balkes (2008).
347 Zusammenfassung des Autors aus den Interviews mit Michaela Neuberger, Bernd Langer und Lars Balkes (2008).
348 Interview des Autors mit Bernd Langer (2008).
349 Zusammenfassung des Autors aus den Interviews mit Wilhelm Maalkes und Lars Balkes (2008).

»Bei irgendwelchen Aktionen auf der Straße, kann ja einfach so einer mit Glatze[350] liegen bleiben und steht nicht mehr auf. Dafür gehen Leute lebenslänglich in den Bau. Dann ist es wichtig, dass du so einen moralischen Hintergrund hast. Dass du weißt, es gibt da Leute, die selbst dann, wenn sie im politischen Widerspruch zu dir gestanden haben, einfach nur dadurch, dass man sich gekannt hat, und dass man zusammen war, da sind. Dadurch geht man solche Sachen ganz anders an, als ganz allein«.[351]

Auf den bundesweiten Treffen wird in den zwei Tagen die vorher verschickte Tagesordnung diskutiert. Die Teilnehmer tragen die Ergebnisse zurück in ihre Gruppen, wo die Beschlüsse dann ausgeführt werden, oder Stellungnahmen zu Vorschlägen erarbeitet werden müssen.[352] Die Disziplin führt trotzdem nicht zu einem Zwang im klassischen Sinne. Die Absprachen funktionieren aus einer Art innerer Bereitschaft, aus Überzeugung. Antifaschismus bietet einen Boden für diejenigen, die etwas gegen Neonazis machen, und die Zusammenhänge zwischen Staat und Neonazis verstehen möchten. Die Arbeit funktioniert, »(...) weil sie sich außerhalb jeder Konvention bewegt hat. Es gab keine Vorschrift, wie du Widerstand machst. Es gab keine Vorschrift, wie du deine Arbeit vor Ort machst, oder wie du herausfindest, was Faschismus überhaupt ist. (...) Die Disziplin funktionierte in der Praxis und bei theoretischen Diskussionen. Das ist uns zwar nicht immer so ganz bewusst gewesen, aber es war sicher für alle entscheidend«.[353]

Mitunter führen Beschlüsse und »Disziplin« aber auch zu absurden Ergebnissen. Ende 1986 beschließt das Süddeutsche, dass in den Städten schwerpunktmäßig das Thema Patriarchat diskutiert werden soll. Die Mannheimer Wilde Horde äußert schnell, dass sie das Thema wichtig findet, die Diskussion aber nicht leisten kann, weil sie von einer Repressionswelle überrollt wird. Die Rocker haben zahlreiche Prozesse am Hals und müssen um den Zusammenhalt der Gruppe ringen. Nach einigen Treffen wird die Wilde Horde ultimativ aufgefordert das Thema zu diskutieren, sonst drohe der Ausschluss. Hinter dem Beharren auf dem bindenden Beschluss steckt eine Gruppe Frauen aus Heilbronn, denen das »Mackerverhalten« der Wilden Horde schon lange ein Dorn im Auge ist. Pragmatische Stimmen weisen darauf hin, dass sie sich Gründe vorstellen können, warum ein Thema nicht diskutiert werden kann. Doch die Frauen setzen sich durch. Mitte 1987 wird die Wilde Horde schließlich ausgeschlossen.[354]

350 Gemeint ist ein Skinhead.
351 Interview des Autors mit Wilhelm Maalkes (2008).
352 Zusammenfassung des Autors aus den Interviews mit Lars Balkes und Bernd Langer (2008).
353 Interview des Autors mit Wilhelm Maalkes (2008).
354 Zusammenfassung des Autors aus den Interviews mit Wilhelm Maalkes (2008) und Roger Ottenheimer (2007).

»Der Ausschluss war unglaublich dumm. Das war für mich eine typisch autonome und dogmatische Maßnahme, wo es nur darum ging, die ›reine Lehre‹ zu bewahren. Selbst unter der Gefahr des eigenen Untergangs. In diesem Fall zog sich das Süddeutsche seine ›Reißzähne‹, denn die Wilde Horde war ja die schlagkräftigste und verlässlichste Gruppe gegen Neonazis, die wir in Süddeutschland hatten!«[355]

Interessanterweise führt die umstrittene Entscheidung nicht zur Entpolitisierung der Antifaschisten in der Wilden Horde. Wilhelm Maalkes ist Mitglied der Rocker-Gruppe und spricht heute trotzdem nicht negativ über die süddeutsche Organisation und ihren politischen Ansatz.

»Das war sehr sympathisch. Und ich denke auch, dass es für mich selber auch eine politische Bereicherung gewesen ist, dass ich da mit dabei war. Weil das eine ganz andere Art war, wie die Leute sich politisch organisierten. Das war auf einer Plattform des Antifaschismus. (…) Man muss den Antifaschismus immer mit der Zeit sehen. (…) Das Massaker an den außereuropäischen Völkern nennt man Kolonialismus und Imperialismus. Wenn das an Weißen gemacht wird, nennt man das Faschismus. (…) Es hat ja starken Widerstand in den 1930er-Jahren gegeben. Es stand auch für den Imperialismus auf der Kippe, auch hier in dem Land. Also in Deutschland, in Spanien, in Frankreich. Und dann holt der Imperialismus aus mit der Keule des Faschismus, die er sich im Kampf zur Unterjochung der Völker angeeignet hat, und schwingt die in Europa. An so einem Punkt organisieren sich dann, 30, 40 Jahre später Leute mit der Bereitschaft mehr zu erfahren, über die Hintergründe davon. Mit der Bereitschaft auch mehr zu machen, als nur gegen diesen Faschismus von 1933 bis 1945 vorzugehen – so wie das die VVN macht. Und da siehst du: da ist politisch viel mehr machbar, die Leute bewegen sich, die stehen zu ihrem Wort: die Faschos haben hier nichts zu suchen! Es wird der Faschismusbegriff auch ausgedehnt auf Leute, die nicht auf der Straße stehen mit rasierten Köpfen und ›Heil Hitler‹ grölen. Das ganze System wird kritisiert, die Strukturen und die faschistischen Wurzeln auf denen dieses Land gegründet wurde. Das ist es, was diese Bewegung interessant gemacht hat, und warum ich mich da auch selber beteiligt habe«.[356]

Der bundesweiten Organisation zollt sogar der Verfassungsschutz im *Spiegel* von 1988 einen gewissen Respekt. Der VS schätzt bundesweit die Gesamtzahl auf 300 Militante Antifaschisten, die ihre Arbeit professionell angehen. Der Organisierungsgrad ist demnach sehr hoch, allein in Hamburg sind laut *Spiegel* 50 Aktive unterwegs. Der Hamburger Verfassungsschutzchef Christian Lochte behauptet demnach: »Die spielen Verfassungsschutz und machen Selbstjustiz«.[357]

355 Interview des Autors mit Roger Ottenheimer (2007).
356 Interview des Autors mit Wilhelm Maalkes (2008).
357 Der Spiegel (1988), S. 51.

Der VS-Bericht von 1988 erwähnt dann auch erstmals die bundesweite Struktur – wenn auch erst zwei Jahre nach ihrer Entstehung! »Die Zahl autonomer ›Antifa-Initiativen‹ wuchs; ein norddeutsches und erstmals auch ein süddeutsches autonomes ›Antifa‹-Plenum koordinierten überregionale Aktionen. (…) ›Antifa-Gruppen‹ befürworten gewaltsame Aktionen gegen Neonazis. Der antifaschistische Kampf sei Teil des Klassenkampfes; er müsse revolutionär geführt werden. Autonome Antifaschisten erklären, zwischen bürgerlicher und faschistischer Ideologie gebe es keinen wesentlichen Unterschied. Kampf gegen Faschismus bedeute auch Kampf gegen den Staat (…) Autonome ›Antifa‹-Gruppen gingen erneut gewalttätig gegen Neonazis und andere von ihnen als Faschisten bezeichnete Personen vor. Dabei setzten sie Tränengas, Schreckschusspistolen, Feuerwerkskörper und Schlagwerkzeuge ein und griffen auch die Polizei an. Sie verbreiteten ›Steckbriefe‹ einzelner Rechtsextremisten, beschädigten deren Kraftfahrzeuge, drangen in deren Häuser ein und verwüsteten das Mobiliar«.[358]

Sogar Michael Kühnen ringt sich 1989 das Eingeständnis ab, dass die Militanten Antifaschisten die härtesten Gegner der Neonazis sind. Ihm zu Folge machen sie Aktionen, die die Neonazis eigentlich gerne ebenfalls machen würden – nicht von den Zielen her, sondern von der Qualität.[359]

Die Recherche

»Antifaschistische Arbeit ist mühselige Kleinarbeit, z.b. die Faschos und ihre Praxis zu erkunden, ihre Strukturen, Führungspersonen, Unterstützer, Verbindungen klarzukriegen«.[360]

Was die Antifaschisten leisten, ist eine zeitaufwändige Sisyphosarbeit vor Ort. »Wir kamen zusammen, erzählten was wer mitbekommen hatte, erkundigten uns bei unseren Bekannten, entfernten Nazi-Aufkleber und ihre Sprayereien. Ich begann mit einer gezielten Erfassung von Schmierereien. Also ich lieh mir von meiner Mitbewohnerin Kerstin ihren Hund Picco. Mit dem bin ich jeden Sonntag stundenlang die Straßen abgelaufen auf der Suche nach Nazi-Schmierereien. Die habe ich dann in einen Stadtplan eingetragen und so herausgefunden welche Routen die hatten. Das checkte ich mit Kneipen, Bushaltestellen, etc. gegen. Also reisten die an? Gab es Anzeichen auf einen wöchentlichen Treff in einer Kneipe? Wohnte hier jemand? Etc. (…) Wir nutzten das Wissen wo die Nazis plakatierten und klebten, um dort jede Woche gezielt ihre Sachen weg und unsere hin zu machen. Also um ihre

358 radikal (Nr.138): radikal. Teil 2. Nr. 138. o.O., S. 53.
359 Tempo (1989), o.S.
360 Flugblatt (1985a).

Parolen zu übersprühen und unsere Aufkleber anzubringen. Das ging monatelang hin und her. Aber wir hatten einfach den längeren Atem. Das schien sie schließlich zu entmutigen. Ihre Propaganda wurde immer weniger.«[361]

Gegenüber ihrer autonomen Umwelt müssen sich die Militanten Antifaschisten immer wieder rechtfertigen. Es wird ihnen vorgeworfen, sich nur prügeln zu wollen. Doch selbst wenn es nur darum ginge, wäre der Weg dorthin steinig, denn es muss im Vorfeld aufwändige Recherche geleistet werden, um der Neonazis habhaft werden zu können, die verprügelt werden sollen. Die Antifaschisten führen den so genannten Fahndungsantifaschismus[362] des KB fort. Allerdings erweitern sie die Methoden um illegale Elemente. So wird z.B. jedem niedergeschlagenen Neonazi nach Möglichkeit der Ausweis abgenommen, um seine Daten zu erfassen.[363] Zwar erhöht sich das Anklagepotenzial dadurch von »Körperverletzung« auf »schweren Raub«[364], aber es schafft eine gewisse Informationssicherheit.

Die Recherche über Neonazi-Strukturen wird systematisiert, alle Antifa-Gruppen beteiligen sich aktiv. Die ausgespähten Erkenntnisse über Veranstaltungsorte, Treffpunkte, Privatwohnungen, Fahrzeuge und Verbindungen werden von den Ortsgruppen notiert und auf den bundesweiten Treffen abgeglichen. Informationen über Neonazis sind ebenso Teil der Städteberichte, wie Listen mit Autokennzeichen, oder Kopien von aus Nazi-Briefkästen gestohlener Post. Ordner mit Fotos machen die Runde um Neonazis zu identifizieren. Obwohl die Computertechnologie Mitte der 1980er-Jahre noch in den Kinderschuhen steckt, beginnt zu diesem Zeitpunkt bereits die elektronische Erfassung neonazistischer Verbindungen, Fahrzeuge, Aufenthaltsorte und Organisationen mit Datum und Quelle(n). Nach einem bestimmten Muster müssen die Daten von den Ortsgruppen in die lokale Datenbank eingegeben werden, damit sie später in einer Megadatei zusammengeführt werden können. Dazu bedarf es großer Disziplin und präziser Abstimmungen. Im Laufe der Zeit bildet der Recherchezusammenhang eine eigene Parallelstruktur zu den Treffen, die sich gesondert verabredet und abstimmt.[365]

Die Militanten Antifaschisten recherchieren akribisch. Jedes Neonazi-Blatt, jede rechte Zeitung, jede rechtskonservative Zeitschrift wird abonniert. Die Antifas unterhalten Briefkästen mit falschen Namen (tote Briefkästen), wo sie die rechten Materialien hinbestellen. Mitunter ordern sie so viel, dass eine tägliche Leerung

361 Interview mit dem »schwarzen Paule« (2014) aus Bochum. Quelle: https://linksunten.indymedia.org/de/node/118284. 10.10.2014, 12.13h.

362 Fahndungsantifaschismus: Erlangung eines möglichst lückenlosen Kenntnisstandes über die Zusammenhänge und Verbindungen der rechten Szene: Konservative, Neonazis, Skinheads etc.

363 Vgl. A.G. Grauwacke (2007), S. 293.

364 Der StGB § 250 sieht dafür eine Mindestrafe von drei Jahren vor.

365 Vgl. Schröder, Henning (2003), S. 36; Zusammenfassung des Autors aus den Interviews mit Lars Balkes, Michaela Neuberger (2008) und mit Roger Ottenheimer (2007).

notwendig ist. Die Zeitschriften, Flugblätter, Broschüren etc. werden in den Archiven genau sortiert und erfasst. Die Unterlagen sind dann bereits maximal ausgewertet: Artikel, Impressum, Kleinanzeigen, Heiratsannoncen etc. – Zeile für Zeile wird nach Namen, Verbindungen und Organisationen abgesucht. Die Infos wandern in Computerdateien. So entstehen gesicherte Erkenntnisse über Personen, Aktionen, Verbindungen und Strukturen. Ein Beispiel: Neonazi A bietet in der Zeitung *Bauernschaft*[366] Stallmist zum Verschenken an. Die Anzeige nennt dann den Ort der Abholung, z.B. Eckernförde. Die Anzeige in der *Bauernschaft* deutet auf eine Verquickung des Stallmistverschenkers mit der Nazi-Szene hin. Irgendwann wird bekannt, dass sich die FAP heimlich zum Wochenendseminar im hohen Norden trifft. Da schauen dann die örtlichen Antifas mal bei dem Stallmist verschenkenden Neonazi A in Eckernförde vorbei. Wo er wohnt, wissen sie ja durch die Anzeige in der *Bauernschaft*. Sind nun um den Hof von Neonazi A herum auffällig viele PKW-Kennzeichen zu sehen, die aus gesamt Norddeutschland stammen, scheint das Wochenendseminar der FAP wirklich bei Neonazi A stattzufinden. Weil die Antifas zusätzlich die Autokennzeichen erfassen, könnten sie sogar eine Teilnehmerliste des konspirativen FAP-Treffens erstellen.

Einzelpersonen gehen auch als Nazi getarnt auf Treffen der Neonazis, sammeln dort Flugblätter ein und machen heimlich Fotos. Letzteres ist aufwändiger als heute, denn digitale Fotoapparate gibt es ebenso wenig wie Handykameras. Jedes Bild muss einzeln entwickelt, abgezogen und vervielfältigt werden. Gezielt suchen die Antifaschisten auch Brieffreundschaften zu Nazis und bauen so Vertrauensverhältnisse zu Einzelpersonen in der Neonazi-Szene auf. Wenn sich also z.B. die Heidi aus Nürnberg – hinter der ein Antifaschist steckt – schon lange mit dem Skinhead Wilfried aus Kassel schreibt, wird er sie vielleicht einmal fragen, ob sie sich denn in Hanau auf dem Treffen XY in der Kneipe Z sehen können. Dadurch sind die Antifas dann über diese Treffen informiert. Einzelnen Antifas gelingt es sogar ganze Layout-arbeiten für Neonazi-Postillen zu übernehmen. So kennen die Antifaschisten teilweise schon den Zeitungsinhalt, bevor das Blatt erscheint. Dazu bedarf es einer wasserdichten, meist langfristig etablierten Legende als »zuverlässiger Kamerad«.[367]

Eine beliebte Recherchetechnik ist der Nachsendeantrag. Dieser wird für zwei Wochen im Sommer (z.B. während der Ferienzeit) bei der Post abgegeben. Damit der Betroffene nicht merkt, dass für ihn ein Nachsendeantrag hinterlegt ist und sei-

366 Die Bauernschaft wurde seit 1969 von Thies Christophersen herausgegeben und war, zusammen mit den Freundestreffen, ein wichtiges Diskussions- und Kontaktforum für alte und neue Nazis in Europa und Übersee.

367 Zusammenfassung des Autors aus den Interviews mit Lars Balkes, Michaela Neuberger (2008) und mit Roger Ottenheimer (2007).

ne Post an eine andere Adresse weitergeleitet wird, muss ihn täglich Post erreichen. D.h. die Antifas müssen jeden Tag zur richtigen Zeit Postboten spielen und ihm ein paar seiner Briefe einwerfen, um den Betroffenen nicht argwöhnisch werden zu lassen.[368]

»Das war viel Stress, aber auch viel Spaß. Das konnte man nicht schleifen lassen. Du musstest deinen Brieffreund ja zeitnah zurück schreiben, d.h. du musst dich ständig um den Toten Briefkasten kümmern. (...) Nachsendeanträge waren sehr effektiv. Manchmal bekamen wir die gesamten Bewerbungsunterlagen von unserem Opfer. Da hatten wir von dem natürlich alles aus seinem Leben: Bewerbungsfoto, Lebenslauf, Abschlüsse, Zeugnisse, Hobbies, Verwandte. (...) Manchmal stieß ich aber auch an emotionale Grenzen. Einmal spielte ich so eine Nazitante und schrieb immer einem Naziskin. Offenbar verliebte er sich in mich ... per Post! Arme Sau! Irgendwann landete der im Knast, weil er mit ein paar Kameraden einen Antifa-Genossen fast totgeschlagen hatte. Aus dem Knast raus schrieb der Typ mir dann zehn Seiten lange Liebesbriefe. Er packte sein Innerstes nach außen. Ich schrieb ihm natürlich zurück. Das war schon irgendwie komisch. Aber ich dachte mir: ob ich dem jetzt auf die Fresse haue, oder ihn emotional fertig mache, ist auch egal. (...) Einmal hat ein Autonomer für mich den Toten Briefkasten eine Zeit lang geleert, weil ich unterwegs war. Er durfte von mir aus alles lesen, war ja nicht wirklich sicherheitsrelevant. Aber als er dann mal einen Brief von dem verliebten Nazi an mich in die Finger bekam, war er total erschüttert. Er warf mir vor ich sei unmenschlich. Der Nazi tat ihm leid! Ich meine, die Nazisau hat gerade einen Antifa fertiggemacht und sitzt dafür im Knast, und dem Autonomen tut der Drecksack leid. Dafür habe ich kein Verständnis gehabt, und habe es bis heute nicht! (...) Wir waren teilweise so weit in der Szene drin, dass wir Artikel für die *Nachrichten der HNG*[369] geschrieben haben. Und das ist echt ein kleiner Zirkel gewesen!«[370]

Die angewandten illegalen Methoden ziehen die Notwendigkeit der Konspirativität nach sich. Sie gehört für einzelne schließlich immer mehr zum Alltag, weil die Antifa-Arbeit ständig mehr Raum einnimmt. Neue Techniken müssen erprobt und angewendet werden, z.B. wie man Gespräche der Neonazis abhören kann. Gleichzeitig dürfen von dem verbotenen Tun weder die politischen Gegner noch die Polizei etwas mitbekommen. Auch der Kreis der Eingeweihten bleibt exklusiv – Sicherheit wird für alle groß geschrieben. Die Recherchearbeit verlangte zudem

368 Zusammenfassung des Autors aus den Interviews mit Lars Balkes, Michaela Neuberger (2008) und Roger Ottenheimer (2007).

369 HNG: Hilfsorganisation für nationale politische Gefangene und deren Angehörige e.V. 1979 gegründet gehörten ihr etwa 600 Mitglieder an. Bis zu ihrem Verbot 2011 mitgliederstärkste Neonazi-Organisationen in Deutschland. Die HNG unterstützte bundesweit verurteilte Neonazis mit Propagandamaterial und Geld, und bezeichnete sie als »politische Gefangene«.

370 Interview des Autors mit Roger Ottenheimer (2007).

ein Maximum an Mobilität. Gelingt es einer Ortsgruppe z.B. nicht, ein wichtiges Neonazi-Treffen zu observieren, springen andere Städte ein. Teilweise legen die Antifa-Beobachter über 500 Kilometer in einer Nacht zurück, um Fotos machen zu können oder Autokennzeichen zu notieren.[371]

Die Kanäle zur Informationsgewinnung sind vielseitig. Gezielte Überfälle und Materialdiebstahl gehören ebenso zum Repertoire, wie Einbrüche in NPD-Büros oder Privatwohnungen von Neonazis. Der Diebstahl der kompletten Gästeliste der FAP beim Parteitag in Stuttgart-Sillenbuch wurde ja bereits erwähnt.

Am 29. November 1986 schlagen zwei beherzte Antifaschisten den Metallrolladen der Göttinger NPD-Zentrale ein, in der sich auch die Geschäftsstelle des Studentenbundes Schlesien befindet. Weil nebenan gerade ein Haus besetzt worden war, ist der Moment günstig. Die beiden entwenden säckeweise Unterlagen zur Auswertung: Mitgliederlisten, Personalakten, Propagandamaterial. Daraus entsteht die Broschüre *Eine Dokumentation über die bundesweiten Aktivitäten der Nazi-Zentrale*. Hetzschriften die die beiden nicht wegschleppen können, werden vor der Zentrale der NPD auf der Straße verbrannt.[372]

Ein weiteres Beispiel aktiver Recherche ist der Überfall auf das bekannte Neonazi-Ehepaar Christian und Ursula Worch in der Nacht zum 20. Mai 1989. Ein Mobiles Antifa Kommando (MAK) tarnt sich als Polizeispezialeinheit, fesselt das Ehepaar, stiehlt aus der Wohnung 40 bis 50 Aktenordner, außerdem persönliche Papiere, Adressen, Namenskarteien und -register, und flieht unerkannt.[373]

Eine wichtige Informationsquelle sind außerdem Überläufer oder Spitzel aus der Neonazi-Szene. So versorgt bspw. ein hoher Wiking-Jugend-Kader aus Norddeutschland Antifaschisten jahrelang mit internen Informationen. Die Betreuung der Informanten ist eine zusätzliche psychische und zeitliche Belastung für die Antifas.[374]

»Das gab es ja auch, dass Leute aus der Fascho-Szene ausgestiegen sind und dass wir dann mit denen zu tun hatten. Das war auch so eine Seite an der sehr sorgfältig gearbeitet wurde. Von dieser Seite haben wir so einiges gehört, was da bei den Nazis so läuft«.[375]

371 Zusammenfassung des Autors aus dem Interview mit Michaela Neuberger (2008).
372 Vgl. Radikal Info (1987), S. 15; Vgl. Wolfschlag, Claus M. (2002), S. 389; Vgl. Langer, Bernd (2004), S. 167f.; Vgl. Konkret-Interview: Wenn Kühnen was auf die Nase kriegt (o.J.), o.S. Zusammenfassung des Autors aus dem Interview mit Roger Ottenheimer (2007).
Anm.d.Verf.: Ironie der Geschichte: Von der autonomen Szene Göttingen werden die Militanten für das Verbrennen des Neonazi-Materials kritisiert. Sie würden sich naziähnlicher Methoden bedienen (Bücherverbrennung). Die Gegenfrage, was denn mit dem Material sonst hätte geschehen sollen, als es der Verteilungsmöglichkeit zu entziehen, bleibt unbeantwortet. Vgl. Langer, Bernd (2004), S. 167f.; Zusammenfassung des Autors aus dem Interview mit Bernd Langer (2008).
373 Vgl. Mobiles Antifa Kommando (1989); Worch, Christian (1989), S. 110.
374 Zusammenfassung des Autors aus dem Interview mit Michaela Neuberger (2008).
375 Interview des Autors mit Michaela Neuberger (2008).

Manchmal haben die Antifas aber auch einfach Glück, und die Informationen kommen aus persönlichen Motiven, wie enttäuschte Liebe, zu ihnen: »Der Höhepunkt war (…) die Freundin von einem führenden Nazi-Kader aus Hannover, die immer noch tagsüber zu dem Typen hingegangen ist, Bilder entwickelt hat und sie uns abends gebracht hat. Alles aus seinem Privatarchiv! Wir haben ja sogar teilweise Tagebücher gehabt. Wir haben alles gehabt. Da gab es wirklich viel«.[376]

Manchmal hilft aber auch einfach der Zufall. »Der Kameradschaftsführer der Essener FAP hatte sich im Ton vergriffen. Das machte der wohl öfters. Diesmal war er aber an die falschen Leute geraten. Er bekam Hausbesuch und durfte für zwei Wochen ins Krankenhaus. Das Ganze hätte niemand von uns mitbekommen, wenn nicht einem seiner Besucher das Nazizeug in der Wohnung aufgestoßen wäre. Der packte das rumliegende Zeug zusammen und lieferte das bei einem Linken ab. Der gab es wiederum mir, weil er meinte ich könnte wohl damit mehr anfangen. Ich staunte nicht schlecht über den Inhalt. Papiere des ›Komitees zur Vorbereitung der Feierlichkeiten zum 100. Geburtstag Adolf Hitlers‹, des ›Referat für Sicherheit‹, etc.p.p. Also alles Zeug von der internen Führungsstruktur der FAP. Selbst eine Erklärung eines Wittener VS-Spitzel, der sich von Christian Sennlaub und Christian Malcoci[377] die Genehmigung zur Zusammenarbeit mit dem VS ausstellen ließ. Ich reichte das Ganze in die Antifastrukturen weiter und es wurde dann ein fetter Artikel im *Antifa Infoblatt* [Nr. 6/7, Feb./März 1989] daraus.«[378]

Außerdem kümmert sich ein Mitglied der Hannoverschen Gruppe um einen Alkoholkranken. Er ist in die NPD-Szene verstrickt und bringt regelmäßig Papiere, Broschüren und interne Materialien mit sowie Informationen von Partei-Treffen.[379]

In Witten zapfen Antifaschisten einen Informanten in besonderer Weise an. Im Mai 1989 wird der Wittener Metallformerlehrling Andreas Sievert, als FAP-Mitglied einschlägig bekannt, in eine Szene-Kneipe gestoßen. Mit Drohungen und Ohrfeigen bringen die Antifas ihn dazu auszupacken. Er berichtet über Treffpunkte und Kameradschaftsabende, identifiziert auf Fotos Personen aus dem FAP-Umfeld und regional aktive Republikaner. Zusätzlich haben die Wittener Antifaschisten offenbar weitere Neonazis »nachhaltig« zur Rede gestellt.[380] In einem Aufklärungsflugblatt heißt es: »Die folgende Darstellung beruht im Wesentlichem auf Berichten eines FAP'lers, der wegen der Geselligkeit zur Wittener Gruppe kam, und auf ›In-

376 Interview des Autors mit Lars Balkes (2008).
377 Führende Multifunktionäre der Neonazi-Szene: FAP, HNG, Nationale Offensive etc. Malcoci ist aktuell den »Autonomen Nationalisten« zuzurechnen.
378 Interview mit dem »schwarzen Paule« (2014) aus Bochum. Quelle: https://linksunten.indymedia.org/de/node/118284. 10.10.2014, 12.13h.
379 Zusammenfassung des Autors aus dem Interview mit Lars Balkes (2008).
380 Vgl. Der Spiegel (1989), S. 56; Vgl. Flugblatt (1986c).

terviews‹, die wir mit FAP-Mackern gemacht haben, bei denen sich die ›Helden‹ vor Angst fast in die Hose geschissen haben«.[381] Das Flugblatt enthält zahlreiche interne Informationen über die Strukturen der FAP, Treffpunkte, Widersprüche in der Gruppe, Wortführer, Angsthasen, persönliche Probleme etc.[382]

Es gehört zum antifaschistischen Selbstverständnis, die gewonnenen Informationen bekannt zu machen. Das geschieht in Form von Flugblättern, Artikeln, Broschüren oder auch Steckbriefen. Damals gilt es noch nicht als selbstverständlich, dass man als Neonazi in einem Stadtviertel herumläuft. Neonazis werden in den 1980er-Jahren noch sozial geächtet und in der Regel gesellschaftlich verachtet.[383]

»Für die Faschisten ist das zu einem relativen Problem geworden. Wenn die sich hier auf dem Kiez blicken ließen, haben die wirklich damit rechnen müssen, auf die Fresse zu bekommen. Die konnten sich nur verdeckt bewegen. (...) Und wenn sie mal jemanden erwischt haben, dann konnten sie davon ausgehen, es umgehend zurückzubekommen. Die Faschisten sind ausgespäht worden, und konnten sich auch privat nicht sicher fühlen«.[384]

Die intensive Arbeit führt zu wichtigen Erkenntnissen. Es wird in den Städten relativ genau vermerkt, wann und wo Neonazis so genannte Ausländer anpöbeln, Flugblätter verteilen, Aufkleber kleben, Treffen stattfinden oder Vorträge geplant sind. Die Antifaschisten stellen so rechte Schwerpunkte in den Städten fest und können sich gezielte Gegenaktionen überlegen. So nennen sie bspw. auf Steckbriefen in Plakatform die Namen aktiver Neonazis und zeigen ihr Konterfei. Dadurch wird ihr Alltag belastet, unerkanntes Agieren wird schwerer.[385]

Die Recherchestrukturen, bzw. die klandestinen Gruppen, die sich neben den bundesweiten Strukturen bilden, betreiben auch Aufklärung in den eigenen Reihen. Es werden neue Leute überprüft, z.B. ob sie schon mal in der linksradikalen Szene aufgetaucht sind, oder von anderen Gruppen abgelehnt wurden. Wenn etwas merkwürdig ist, schauen die Antifas bei der Meldeadresse nach, oder fragen Bekannte, ob und welche Erfahrungen es mit der Person bereits gibt. Dies dient dem Selbstschutz um einer möglichen Infiltrierung der Polizei oder des Verfassungsschutzes entgegen zu wirken.[386] Vielleicht ist die interne Recherche eine Erklärung dafür, warum es bei den Antifas keinen bekannt gewordenen Verrat an Polizei oder VS gab.

381 Flugblatt (1986c).
382 Vgl. Flugblatt (1986c).
383 Vgl. Der Spiegel (1988), S. 51ff.; Zusammenfassung des Autors aus dem Interview mit Lars Balkes (2008).
384 Projektgruppe (1994), S. 21.
385 Vgl. Der Spiegel (1988), S. 51ff.; Zusammenfassung des Autors aus dem Interview mit Lars Balkes (2008).
386 Zusammenfassung des Autors aus dem Interview mit Michaela Neuberger (2008).

Bei den Nachforschungen gehen den Antifas aber auch politische Maulwürfe in der eigenen Szene ins Netz. So warnt die Münchner Antifa-Gruppe vor einem Ralph K., der bislang als Antifaschist bekannt ist. Dieser habe bei der Kranzniederlegung der rechten Burschenschaften am Ehrenmal des Coburger Convent[387] bei der Fahnenabordnung in »strammer Haltung« und »bewaffnet« teilgenommen.[388]

Die antifaschistischen Rechercheure finden auch immer wieder Verbindungen zwischen Nazis und staatlichen Institutionen heraus: »Worauf wir auch immer wieder gestoßen sind bei unseren Recherchen, dass es da Verbindungen gibt. Öffentlich bekannt geworden sind ja etliche Sachen: wer eine NSDAP-Vergangenheit hat und wer mit wem aus alter Kameradschaft noch gut kann. Also diese ganzen Nazis in den Institutionen von Wissenschaft, Juristerei bis Bullerei und Auswärtiges Amt oder so, das hörte ja überhaupt nicht mehr auf«.[389]

Wie unterschiedlich das Bewusstsein über die braunen Wurzeln der Bundesrepublik in den 1980er-Jahren und heute war, verdeutlicht ein Kommentar aus der *Süddeutschen Zeitung* von 2012: »Die alten Nazis waren in der jungen Bundesrepublik überall: Sie waren in der Justiz, in der Verwaltung, in den Ministerien, an den Universitäten; der Verfassungsschutz war so braun, dass es einen noch heute schüttelt. Kanzler Adenauer erklärte das so: Es handle sich um Leute, ›die von früher was verstehen‹. Es gab bei den Beamten und den sonstigen Funktionseliten von Staat und Gesellschaft so etwas wie eine Totalkontinuität. Für so eine Feststellung ist man noch vor zwanzig Jahren als böswilliger Linker beschimpft worden; heute leugnet das kaum jemand.«[390]

Mitunter erfahren die Antifas Dinge, die gefährlich für alle Beteiligten sein können. In einem Fall stellen sie fest, dass ein Mitglied der Wiking-Jugend beim VS arbeitet. Natürlich ist es ein offenes Geheimnis, dass viele Neonazi-Organisationen mit Verfassungsschutzspitzeln durchsetzt sind. Aber dieser Fall ist anders, denn der VS-Mitarbeiter hat seine drei Kinder ebenfalls bei der WJ angemeldet. »Wenn ein VS-Typ alle seine drei Kinder in die Wiking-Jugend schickt, er selber verdeckt als Fascho [arbeitet], dann kann mir keiner erzählen, dass das kein Fascho ist«.[391]

Sogar der Verfassungsschutz als Institution lernt von den Rechercheuren der Antifa, bzw. teilt ihre Einschätzungen. »Es gab eine Reihe von regelmäßigen Veröffentlichungen der Antifa. Und irgendwann, ein oder zwei Jahre später, ist auch was im VS-Bericht darüber aufgetaucht. Nachdem wir z.B. eine Rundtour mit Veran-

387 Coburger Convent (CC): Eine Vereinigung studentischer Verbindungen, die ein Sammelbecken rechtskonservativer und deutsch-nationaler Kräfte darstellt. Der CC steht mit rechtsradikalen Organisationen ideologisch und praktisch in Verbindung.

388 Vgl. Städtebericht München Mai/Juni/Juli 87.

389 Interview des Autors mit Michaela Neuberger (2008).

390 http://www.sueddeutsche.de/politik/altnazis-im-bund-der-vertriebenen-leute-die-von-frueher-was-verstehen-1.1529956. 1.12.2013, 22:45h.

391 Interview des Autors mit Michaela Neuberger (2008).

staltungen zum Thema ›Neue Rechte‹ gemacht haben, tauchte ›Die Neue Rechte‹ das erste Mal im Verfassungsschutzbericht auf«.[392]

Auch erkennen sie völlig neue politische Tendenzen bei den Nazis. Schon 1986 beobachten die Antifas, dass Germanenkult und rassistische Sekten verstärkt Zulauf von jungen Neonazis und Skins bekommen. Heute sind das Keltenkreuz und der Germanenkult Mainstream in der Neonazi-Szene.[393]

Die Ergebnisse der Recherchearbeit dienen aber auch dazu, Aktionen und Anschläge gegen Neonazis und ihre Infrastruktur vorzubereiten, bzw. inhaltlich abzusichern und begründen zu können. Doch die Recherchearbeit ist nicht unumstritten. Scheint es manchen Mitgliedern nur um einen Anti-Neonazi-Kampf zu gehen, verfolgen andere weitergehende politische Ziele: »Es gab die Leute, die gesagt haben, Antifaschismus ist für uns ein strategisch-taktisches Mittel um eine antikapitalistische Politik umzusetzen. Wir verstehen uns als antiimperialistische Bewegung. (…) ›Kampf dem Faschismus heißt Kampf dem imperialistischen System‹, das ist ja Antiimperialismus. (…) Diese Recherche diente nur dazu, uns die Mittel in die Hand zu geben, militante Aktionen gegen Nazis durchzuführen oder eben öffentlichkeitswirksame Aktionen gegen Nazis durchzuführen, durch Demonstrationen, Kundgebungen und so weiter. Um unseren antikapitalistischen Kampf – oder damals haben wir es antiimperialistischen Kampf genannt – voranzubringen. Dann gab es aber einen anderen Flügel, dem es nur darum ging, die Nazis zu bekämpfen, also ausschließlich. Da haben wir zwar so zusammen gearbeitet, aber meinten eigentlich etwas ganz Unterschiedliches. Also Leute, die nur Anti-Nazi-Kampf machen, ist ja ganz nett, aber dann kann ich auch zur Polizei gehen. Beim Verfassungsschutz kann ich das ein bisschen effektiver machen. Das ist jetzt ein bisschen hart, aber was soll das?«[394]

Die Informationen über die Neonazi-Szene werden unterschiedlich genutzt. Sie dienen dazu, Anschläge und Angriffe durchführen und erklären zu können. Die Öffentlichkeit wird über den Grund eines Anschlages meist durch sehr ausführliche und detailreiche Erklärungen in Kenntnis gesetzt.[395] »Das gehörte zur Kultur der Militanten Antifa dazu. Wenn es irgendwo Anschläge gab, dann gab es dazu Erklärungen, wo der Hintergrund vermittelt wurde, warum dieser Fascho-Treffpunkt, oder was auch immer das Ziel war«.[396]

Die Öffentlichkeit wird gezielt aber auch mit klassischen Methoden über die neonazistische Szene informiert. Veranstaltungen und Veranstaltungsreihen wer-

392 Zusammenfassung des Autors aus dem Interview mit Michaela Neuberger (2008).
393 Vgl. Antifa-Soligruppe Hamburg (1991), S. 146.
394 Interview des Autors mit Bernd Langer (2008).
395 Projektgruppe (1994), S. 21.
396 Interview des Autors mit Michaela Neuberger (2008).

den durchgeführt, Flugblätter geschrieben und Broschüren erstellt. Auch das ist das Ergebnis der akribischen Recherchearbeit.[397]

1987 entsteht das *Antifaschistische Info-Blatt* (*AIB*) in Berlin. Die bundesweite Zeitung berichtet regelmäßig über Entwicklungen im rechten Lager und über antifaschistische Aktivitäten. Die Artikel sind sorgfältig recherchiert. Sie enthalten Informationen über Einzelpersonen, Parteien, Nazi-Netzwerke etc. sowie Einschätzungen über mögliche Entwicklungen in der Neonazi-Szene. Von Beginn an wird die noch heute bestehende Zeitung von einem ehrenamtlichen Redaktionskollektiv im Eigenverlag herausgegeben.[398] Das *AIB* verfügt schon 1988 über internationale Kontakte. Gründe für die internationale Zusammenarbeit sind neben dem internationalistischen Anspruch der Antifa-Gruppen, die Notwendigkeit des Erfahrungs- und Informationsaustausches aufgrund der internationalen Vernetzung der Neonazis. Um diese Netzwerke aufzudecken ist eine länderübergreifende Zusammenarbeit unumgänglich. Sie wird vor allem auf der Ebene der antifaschistischen Zeitschriften aufgebaut, z.B. zur englischen Zeitschrift *Searchlight*. *AIB* und *Searchlight* tauschen regelmäßig Informationen und Artikel aus.[399] In seiner Magisterarbeit schreibt Henning Schröder, das *AIB* könne »(...) als Ausdruck des Diskussionsstands der antifaschistischen Bewegung gesehen werden«.[400]

Dem widerspricht Bernd Langer vehement. Demnach gibt es zumidest in den 1980er-Jahren zwei Lager innerhalb der antifaschistischen Organisation. »Die einen, die Antifa-Arbeit lediglich als Anti-Nazi-Arbeit begriffen haben, die haben ihre Publikation [das AIB] rausgegeben. Da wurden keine Anschlagserklärungen abgedruckt mit dem Argument, erstens wollte man dieses Projekt nicht gefährden, und zweitens ginge es ihnen darum, Nazi-Machenschaften zu recherchieren. Es wurden auch Antifa-Demonstrationen benannt, aber keine Strategie-Papiere kamen da rein. Das war kein Diskussionsblatt für die Antifa, sondern es war ein Rechercheblatt über die Neonazis. Und insofern als Propagandablatt für den ideologischen Flügel wertlos. Für Anti-Nazi-Sachen war es okay, aber mehr war nicht«.[401]

Die *AIB*-Kritiker machen macht sich deshalb Gedanken, welches das Organ der Militanten Antifaschisten sein könnte. Es wird schließlich die *radikal*, wie wir noch sehen werden[402]. Aber eher zufällig, nicht als Ergebnis einer tiefgründigen Diskussion.[403]

1989 erscheint eine zweite Zeitschrift, die sich mit rechten Strukturen und Neonazis befasst, *Der Rechte Rand* (*DRR*) mit dem Untertitel *Informationen von und für*

397 Zusammenfassung des Autors aus dem Interview mit Michaela Neuberger (2008).
398 Vgl. Quelle: http://https://www.antifainfoblatt.de/about. 28.11.2013, 17:27h.
399 Vgl. Schröder, Henning (2003), S. 33.
400 Schröder, Henning (2003), S. 36.
401 Interview des Autors mit Bernd Langer (2008).
402 Siehe dazu Kapitel Die Militanten Antifaschisten und die radikal.
403 Zusammenfassung des Autors aus dem Interview mit Bernd Langer (2008).

AntifaschistInnen. Das Blatt beschäftigt sich stark mit den Übergängen des neonazistischen Lagers zu gemäßigteren Rechten und Konservativen. Es richtet sich an ein breiteres Leserspektrum als das *AIB*, das eher die linksradikale Szene anspricht, wie Pädagogen, Journalisten und eine kritische Öffentlichkeit.[404]

Selbst dem VS ist die Rechercheabeit eine Erwähnung ab 1987 in seinen Berichten wert. Allerdings hapert es noch ein wenig an der genauen Zuordnung, wer da eigentlich recherchiert. Autonome und Militante Antifaschisten sind für die Behörde noch immer ein und dasselbe: »Autonome Gruppen recherchierten und veröffentlichten Informationen über Mitglieder von rechtsextremistischen ›Faschobanden‹ und befürworteten ›gezielte Angriffe‹ auf deren ›Führer‹, ›Koordinatoren‹ und ›finanzielle Hintermänner‹. Es kam zu 12 Brandanschlägen auf Versammlungsräume von Rechtsextremisten.«[405] Dabei haben Autonome nur in den seltensten Fällen Neonazi-Recherche betrieben.

Spannungsfeld Autonome und Militante Antifaschisten

Dass das Verhältnis zwischen den Autonomen und den Militanten Antifaschisten von Anfang an angespannt ist, wurde bereits mehrfach erwähnt. Obwohl die Grenzen mitunter fließend sind und man in vielen Orten aufeinander angewiesen ist, wird eine gegenseitige Abgrenzung doch immer wieder unterstrichen.

In Bonn bildet sich 1985 eine organisierte Antifa-Gruppe. Sie antwortet mit der Organisierung auf die starke Neonazi-Präsenz in Bonn und die Untätigkeit autonomer Gruppen in den 1980er-Jahren. Die Antifa entwickelt sich auch hier parallel zur autonomen Szene. Das ist kein Zufall.

»Die autonome linke Szene war von einem enorm hohen Anspruch geprägt, am liebsten alles auf einmal verändern zu wollen. Dabei ist dann praktisch aber so gut wie gar nix herausgekommen. Antifa hatte im Gegensatz dazu ein klar abgegrenztes Themenfeld (das damals vielleicht noch nicht so wichtig war wie heute) und die eigenen Ansprüche etwas tiefergehängt. (...) Die linksradikale Szene war zu diesem Zeitpunkt hauptsächlich mit internen Diskussionen beschäftigt, diesen lähmenden Richtungsauseinandersetzungen zwischen Antiimps und Autonomen. (...) die Form solcher Diskussionen war oftmals total destruktiv, so dass im Endeffekt viele Gruppen daran zerbrochen sind. Es hat Jahre gebraucht, daraus resultierende Spaltungen wieder aufzuheben.«[406]

404 Vgl. Schröder, Henning (2003), S. 36.
Anm.d.Verf.: Die Antifa Zeitungen Der Rechte Rand und das AIB werden mittlerweile sogar von der Bundeszentrale für Politische Bildung empfohlen, Vgl. Kulick,H.; Staud, T (Hg.) (2009), S. 145. Das AIB außerdem noch von der Verdi-Zeitschrift M – Menschen machen Medien. Vgl. Erdmann, Bettina (2009), S. 20.

405 Bundesminister des Innern (1987), S. 120.

406 Vgl. Projektgruppe (Hg.) (1994), S. 87f.

Dass die sich entwickelnden Antifa-Strukturen von Autonomen sogar angefeindet werden, wurde bereits beschrieben. Immer wieder rechtfertigen die Antifas deshalb ihren politischen Ansatz. Aus einem ihrer Flugblätter aus Bielefeld geht hervor, dass die Gruppe mit dem Vorurteil zu kämpfen hat, sich nur mit Neonazis herumprügeln zu wollen und angeblich keine Inhalte formulieren kann. Die Antifaschisten erläutern in einem Flugblatt, was autonomer Antifaschismus ihrer Meinung nach beinhaltet. Neben der Recherchearbeit weisen sie darauf hin: »Antifa-Arbeit heißt auch, den Kampf gegen die Faschos auf der Grundlage der Situation in unserer Stadt, unserer Region und der BRD insgesamt zu führen. Antifa-Arbeit heißt, Möglichkeiten zur Verbreiterung, Kontakten und Verbindungen zu anderen Menschen und Gruppen, gerade weil viele Leute sich von der Existenz und Praxis der Neonazis betroffen fühlen. (…) Autonome antifaschistische Politik hat das Ziel: die faschistischen Organisationen zu zerstören, zumindest aber kleinzuhalten und zu schwächen; der reaktionären Mobilisierung entgegenzutreten; faschistische Praxis des Staates zu demaskieren; (…) Gegen kapitalistische Ausbeutung, soziale Verelendung, Umstrukturierung der Städte, ökologische Vernichtung, gegen Repression, Bundeswehr und NATO, soziale Kontrolle, Ausländerpolitik, Patriarchat.«[407]

Auch in Wiesbaden weht den Antifas ein anarchistisch-autonomer Wind entgegen. Zwar nicht explizit weil sie Antifaschisten sind, sondern wegen ihrer konsequenten Militanz. Roger Ottenheimer berichtet, dass eine Fraktion von Anarchisten und anarchistischen Autonomen regelmäßig Kritik an ihnen übt. Die Antifas der hessischen Landeshauptstadt gehören seit Beginn der 1980er-Jahre zum harten Kern der Militanten im Kampf gegen die Startbahn West, bevor Teile von ihnen 1986 die Antifa AG Wiesbaden gründen. Regelmäßig müssen sie sich für ihre Militanz schon während der so genannten Sonntagsspaziergänge gegen die Startbahn West rechtfertigen. Dabei stehen ihnen Autonome und Anarchisten gegenüber, die sich nie, oder kaum an harten militanten Auseinandersetzungen beteiligen. Es geht offenbar um politische, aber auch um persönliche Differenzen.[408]

»Als militante Kleingruppe in Wiesbaden, haben wir ja schon immer Ärger mit Teilen der Szene gehabt. Wenn wir also an einem Startbahnsonntag irgendwas abgefackelt haben, haben danach die Bullen immer die Bürger und andere Demonstranten durch den Wald geprügelt, weil sie uns ja nie bekamen. Bei den normalen Leuten löste das keine Wut gegen uns aus, denn unsere Aktionen fanden sie richtig. Sauer waren die immer nur auf die Bullen. Die Bullen waren sowieso für sie

407 Flugblatt (1986).
408 Zusammenfassung des Autors aus dem Interview mit Roger Ottenheimer (2007).

Arschlöcher. Aber von den Autonomen und Anarchos[409] wurden dann die Aktionen immer schwer diskutiert und wir wurden kritisiert. Das ging dann bei den Antifa-Aktionen gerade so weiter. Statt sich mit Nazis zu prügeln, haben die immer nur herumgenörgelt. Dabei waren die fast nie. Die hatten einfach Schiss, was ja auch ok ist. Aber das kann man doch auch sagen. (...) Die haben uns dann vorgeworfen, wir seien ja nur gewaltgeile Macker. Dass es bei uns auch Frauen gab, haben sie unterschlagen! Das passte offenbar nicht ins Konzept. Schließlich haben sie die als ›Vorzeigefrauen‹ bezeichnet, als ›Alibifrauen‹. Ich meine, das muss man sich mal vorstellen. Die haben unsere Frauen nicht ernst genommen! Dabei haben die mit vollem Risiko Waffen durch die Bullenkontrollen geschleppt, am Körper oder getarnt, z.B. Knüppel in Baguettes. Unsere Frauen hatten echt Mumm! Die gleichen Leute, die damals an uns rumgemeckert haben, gibt es heute noch in der Szene und die geben sich nun unheimlich militant. Doch einen Molli haben die noch nie geworfen, und auch keinem Nazi die Fresse poliert.«[410]

Das Verhältnis zwischen Autonomen und Militanten Antifaschisten ist an vielen Orten angespannt. Man beharkt sich gegenseitig. Bernd Langer formuliert für den Gründungsschritt der Antifa-Gruppe 1983 einen politischen Grund, der eine Kritik an der autonomen Szene beinhaltet: »Meines Erachtens kam es darauf an, innerhalb dieser chaotischen Bewegung eine kontinuierliche, antiimperialistische Antifa-Politik zu entwickeln. Ein Vorhaben, das ich zielstrebig verfolgte. 1983 baute ich mit einigen Leuten die erste autonome Antifa-Gruppe in Göttingen auf. Das traf auf einige Schwierigkeiten, weil die Autonomen mit diesem Politikfeld zunächst nichts zu tun haben wollten, und auch die Akteure der neuen Antifa auf keinen Fall mit den Altautonomen verwechselt werden wollten.«[411]

Einige Mitglieder der Mannheimer Wilden Horde stehen den Autonomen ebenfalls nicht unbedingt freundlich gegenüber: »Ich habe die Autonomen immer eher als unzuverlässig und als hippie-sprunghafte Freaks erlebt. Das einzig Verlässliche war, dass sie gesoffen und gekifft haben, und chronischen Geldmangel hatten.«[412]

Auch machen Antifaschisten schlechte Erfahrungen mit Autonomen in konkreten Auseinandersetzungen: »Ich war in einer größeren Gruppe von ca. 80 Leuten, als aus dem ›Alt Berlin‹ ungefähr 20 Naziglatzen sich mit Gebrüll auf die Leute schmissen. Von den Angegriffenen gaben sofort 60 Kniegas[413] (...). Innerhalb kürzester Zeit entwickelte sich eine der übelsten Straßenschlägereien bei

409 Anarchos: Abkürzung für Anarchisten.
410 Interview des Autors mit Roger Ottenheimer (2007).
411 Langer, Bernd (2004), S. 167.
412 Interview des Autors mit Wilhelm Maalkes (2008).
413 Kniegas bedeutet flüchten.

denen ich je anwesend war. Von allen unseren Fraktionen blieben immer nur ein paar stehen. Ob K-Grüppler, Autonomer, Kurde, Türke, wer auch immer. Immer nur ein kleiner Teil war stehen geblieben. Null problemo damit, wenn Leute sich 20 halbnackten, angesoffenen Naziglätzen nicht entgegenstellen wollen. Aber die Hasenfußtaktik, statt eines geordneten Rückzugs. Nee. Und dann unsere Folkloregruppe in schwarz, also unsere Autonömchen. Die waren die Ersten, die sich in Luft auflösten. Unglaublich. Aber zunächst musste ich den Anblick dieser Primaten verarbeiten. Mit freien Oberkörper im Winter, mit den Armen rudernd und Bierseidel schwenkend, Urwaldtöne ausstoßend, kamen sie auf uns zu. Einer davon mit Wikingerhelm. Ich kam mir wie in einer Tierdokumentation über Orang-Utans vor und stand staunend auf der Straße. Da fing der Spaß mit Tom Leese an. Der stand plötzlich vor mir und schlug mir unentwegt zum Gesicht. Ich wehrte wie im Kung-Fu-Training ab, machte automatisch die Blocks. Irgendwann hörte er erstaunt auf, weil er kein Mal durchgekommen war. Da zog ich ihm meinen Regenschirm über. Von der Seite sprang ihn ein Kumpel aus dem Heusnerviertel an und die Beiden entschwanden aus meinem Gesichtsfeld. Um mich herum boxten sich Leute allein oder mit mehreren gegen andere, sprühten sich CS-Gas ins Gesicht, traten Leute auf am Boden Liegende ein. Es war in der winterlichen Dunkelheit kaum mit zu bekommen wer wer war. Ich blickte zu der Kneipe und sah Klaus Kunold von der VVN wie er wie eine Eins Mitten in der Gasse stand und mit einer Fahnenstange den weiter anrückenden Nazis eine Sperre bildete. Respekt, der war damals über 50 Jahre und die Naziskins zwischen 20 und 25 Jahre alt. Jetzt ist Klaus schon einige Jahre tot. Schade, er war der Einzige der Bochumer VVN, der was auf dem Kasten hatte. Als endlich die Bullen eintrafen, lagen diverse Antifas und Nazis am Boden und wälzten sich vor Schmerzen. Das war übel. (…)

Na, und zu unseren Runaways. Jenen, die immer die große Klappe hatten. In den nächsten Jahren war es so, dass, wenn sie uns sahen, sie immer sehr kleinlaut wurden, weg sahen und ihr Maul hielten. Es ist einfach klar, dass Straßenkampf nicht für jeden ist, es auch nicht sein muss. Sich prügeln können ist manchmal eine zwingende Notwendigkeit, aber keine Qualität an sich. Und zeichnet auch niemanden als was Besonderes aus. Deswegen und überhaupt hält man aber seine Klappe und reißt sie nicht zu solchen Macho-Gelaber auf. Und wenn jemand die Fähigkeiten, die Kraft, den Mut hat sich auf der Straße mit Nazis oder Bullen zu prügeln, dann steht er in der Verpflichtung und Verantwortung dies zum Schutz aller zu machen, nicht um seinen eigenen Macho-Phantasien nachzugehen.«[414]

414 Interview mit dem »schwarzen Paule« (2014) aus Bochum. Quelle: https://linksunten.indymedia.org/de/node/118284. 10.10.2014, 12.13h.

Trotzdem vollziehen die Antifaschisten anfangs keinen Bruch mit den Autonomen. Sie sehen zwar Unterschiede, aber es geht ihnen um den gleichen Feind im gleichen Kampf: »Wir Autonome und Antifaschisten sehen in unserem antifaschistischen Kampf (...) einen notwendigen Teilbereich unseres alltäglichen Kampfes gegen das imperialistische System.«[415]

Die Militanten Antifaschisten werden nicht müde, Fraktionen übergreifend politisch zu handeln. 1987 organisiert die Süddeutsche Antifa-Struktur eine Demonstration unter dem Motto *10 Jahre Mord in Stammheim*[416]. Die Demonstration findet am Jahrestag der Todesnacht, am 18. Oktober 1987 in Stuttgart statt. Die Antifaschisten aus Süddeutschland wollen Antiimps, Autonome und Militante Antifaschisten zur politischen Aktion zusammenbringen. Das gelingt im Prinzip auch, etwa 2.000 Menschen treffen sich zur Demonstration. Doch diese wird umgehend gewaltsam von der Polizei aufgelöst.[417]

Die Antifaschistische Aktion Wuppertal veröffentlicht 1985 ein Papier mit der Überschrift *Antifaschistische Politik – notwendiger Teil autonomer Politik.*[418] Deutlicher kann wohl kaum betont werden, dass es nicht um eine Spaltung mit den Autonomen geht. Vielleicht muss aber auch unterstrichen werden, dass sich die Bedingungen in den Städten so unterschiedlich darstellen, dass keine generelle Aussage getroffen werden kann. Das heißt, dass sich die Antifaschisten je nach Stadt oder Region individuell entscheiden müssen, wie weit eine Verzahnung mit den Autonomen funktionieren kann.

Die Gründe für die Konflikte zwischen den Militanten Antifaschisten und den Autonomen sind vielschichtig. Sicherlich ist die antiimperialistische Ausrichtung der Antifas schon ein Problem für viele Autonomen, die darin einen Bezug zur Politik der RAF-orientierten Antiimps sehen. Vermutlich ist es aber auch das Bewusstsein der Autonomen, dass ihre Organisationsfeindlichkeit eine Sackgasse darstellt, während vor ihrer Nase ein Organisationsprozess zu wachsender Stärke und Effektivität führt. Viele Autonome widmen sich ab 1990 schwerpunktmäßig der Antifa-Arbeit, wie wir noch sehen werden. So ist die Antipathie vielleicht ein urmenschlicher Wesenszug, den schon die Bibel als Hauptsünde brandmarkt: Neid.[419] Immerhin gelingt

415 Flugblatt (1984a).
416 Die so genannte Todesnacht von Stammheim bezeichnet die Nacht zum 18.10.1977, in der die inhaftierten Mitglieder der RAF, Andreas Baader, Gudrun Ensslin und Jan-Carl Raspe in ihren Gefängniszellen tot aufgefunden werden. Irmgard Möller überlebt als einzige. Bis heute ist der Hergang ungeklärt, handelte es sich um staatlichen Mord oder Suizid? Während die Behörden jede Beteiligung trotz erheblicher Zweifel leugnen, spricht die einzige Zeugin (Irmgard Möller) von Mord.
417 Vgl. HKS 13 (o.J.), S. 199.
418 Antifaschistische Aktion Wuppertal (1985).
419 Michaela Neuberger spricht von Neid, Missgunst und Konkurrenz. Sie nennt es auch Hahnenkämpfe innerhalb der Szene.

den Antifa-Gruppen etwas, was die Autonomen in dieser Form nicht geschafft haben. Sie sind entschlossen, schlagkräftig und handeln strategisch. Aber die Antifas sind auch eine Konkurrenz zur autonomen Szene. Traditionell reagiert die autonome Bewegung in den 1980er-Jahren auf politische Ereignisse wie Häuserräumungen, Interventionen der US-Armee, Erschießung von ETA-Aktivisten oder israelische Massaker an Palästinensern mit einer Palette von Aktionen: Demonstrationen, Brandanschlägen oder eingeworfene Fensterscheiben. Insofern gibt es in der Szene eine gewisse Erwartungshaltung. Doch immer mehr bestimmen die Militanten Antifaschisten die Aktivitäten der linken Szene, und nicht mehr die Autonomen.

»Ich würde mal sagen, zu unserer Hochzeit waren wir schon am besten organisiert in Hannover. Wir hatten auf jeden Fall das höchste Mobilisierungspotenzial und das schnellste. (...) Es gab dann da noch ein paar besetzte Häuser, es gab noch WGs. Also man hat auch ohne Internet damals, per Telefon, also innerhalb von einer halben Stunde hat man immer 50, 60 Leute gehabt, Minimum, am Wochenende. Wie es vormittags während der Woche um 11 Uhr gewesen wäre, habe ich keine Ahnung. Aber selbst da wären wir wahrscheinlich 30, 40 geworden. Es hat ja nun wirklich keiner gearbeitet damals. Aber warum wir da viel besser waren war natürlich, weil wir auch mehr waren, weil wir auch eine offenere Struktur hatten als andere, und weil sich im Prinzip fast alle kannten.«[420]

»Wir Antifas waren anders, wir waren ernster und konsequenter. Da gab es strategische Überlegungen, wie man jetzt vorgeht, wie man an neue Leute kommt, was man wo machen muss, damit man einen Schritt weiter kommt. Wir haben z.B. Veranstaltungen gemacht, um Leute über Naziumtriebe zu informieren. Dann haben wir Punk-Konzerte gemacht, um mit Jugendlichen in Kontakt zu kommen, die bisher eher nur links eingestellt waren. Außerdem sind wir auf antifaschistische Bündnistreffen mit Leuten von der VVN und so gegangen. Wir waren omnipräsent, weil wir keine Berührungsängste hatten. (...) Zusätzlich waren wir ja auch im ständigen Kontakt mit einem schlagkräftigen Umfeld, haben Telefonketten organisiert usw. Das waren oft Leute, die nur manchmal zur Startbahn fuhren, also eher zur ›Randszene‹ gehörten. Keine klassischen Leute der autonomen Szene. Unser Umfeld waren oft reine Antifas, die konnten einfach nur Nazis nicht leiden. Mehr nicht. Aber wir haben mit denen getrunken und die ernst genommen, auch wenn das keine völlig politischen Leute waren. Ist doch im Ernstfall nicht so wichtig. Wenn wir damals rundriefen, dann waren da ruck-zuck 40 Leute nach 30 Minuten auf der Matte. Und die waren entschlossen. Da war ja klar, warum herumgerufen wurde: Irgendwo sind Nazis, und die müssen verjagt werden, die werden wir jetzt verhauen. Ganz einfach.«[421]

420 Interview des Autors mit Lars Balkes (2008).
421 Interview des Autors mit Roger Ottenheimer (2007).

»Teilweise wurden wir so als Teilbereichfuzzis angesehen. Aber wir haben auch an vielen Stellen mitgemischt, weil wir nicht nur Antifa gemacht haben. Natürlich gab es einige, die haben nur Antifa gemacht, aber zumindest theoretisch auseinandergesetzt haben wir uns mit allen möglichen Sachen. Und wenn was los war, waren wir auch dabei. (…) Es war klar, dass wir ein zuverlässiger Haufen sind, auf den man sich verlassen kann, wenn es brennt. Das ist die Erfahrung, die uns über Jahre (…) geprägt hat. Das ist eine der wesentlichen positiven Seiten, finde ich.«[422]

In Hannover erscheint 1985 die Broschüre *Was ist revolutionärer Antifaschismus?* Im 10. Kapitel wird unter dem Titel *Der moralische Sieger verliert immer! – die Fehler der Autonomen* heftige Kritik an diesen geübt. Der unbekannte Verfasser gehört zu den Militanten Antifaschisten. Er spricht den anarchistischen oder autonomen Gruppen nicht ab, dass sie eigentlich die Neonazi-Strukturen gerne zerschlagen und den Kapitalismus abschaffen wollen. Doch unterstellt er ihnen völlig unfähig zu sein, diesen Willen auch in die Praxis umsetzen zu können. Demnach sind die Autonomen grundmoralisch, anstatt sich auch strategische Bündnispartner zu suchen. Sie argumentieren nach ihrem Bauchgefühl, weshalb sie Sachargumenten Dritter mitunter nichts Vernünftiges entgegensetzen können, und sich deshalb lieber ängstlich in ihre eigene kleine Szene zurückziehen. Auch sind sie organisatorisch anderen Kräften unterlegen, weil sie aus historischen Gründen ihre Strategie- und Theorielosigkeit aus grundsätzlichen Überlegungen heraus noch immer nicht überwunden haben. Aber ohne eine solche kommen sie, dem Verfasser zu Folge, nie zum Ziel.[423]

Broschüren dieser Art zeugen von zweierlei. Zum einen scheint es ernsthafte Unterschiede zu den Autonomen und ihrem politischen Ansatz zu geben. Zum anderen zeugt der offensive Angriff der Antifaschisten auf die Autonomen von einem gewachsenen Selbstvertrauen. Die Antifas können den Autonomen auf vielfältige Weise etwas entgegensetzen, und das tun sie.

Der Göttinger »Label-Streit« war bereits Thema. Die Anfeindungen im Zusammenhang mit dem Angriff auf die NPD-Zentrale in Göttingen ebenfalls. Bernd Langer noch einmal zu dieser Aktion: »Nun ging alles wie von selbst, Bücher, Broschüren, Agitationsmaterial und Büroinventar flogen auf die Straße. Wir förderten eine unglaubliche Menge von NS-Propagandamaterial zu Tage. Einiges wurde in eilig organisierten Plastiksäcken fortgeschafft. Insgesamt war es aber zu viel Material, um es unterbringen zu können, zudem war vieles für Auswertungszwecke uninteressant. Kurzerhand entzündeten wir mit den Nazi-Pamphleten ein Feuer auf der Straße. Tags darauf ging eine Welle der Empörung durch die Linke. Bücher-

422 Interview des Autors mit Michaela Neuberger (2008).
423 Vgl. N.N. (1985), S. 26.

verbrennung sei eine faschistische Methode, der sich Antifaschisten nicht bedienen dürften. Als Erwiderung erschien ein Flugblatt der ›Antifaschistischen Aktion‹, einer Gruppe, die personell nicht einzuordnen war. Ich hätte über die Angelegenheit kein Wort verloren, es war doch klar, dass die Aktion richtig war.«[424]

Erst 1990 ziehen Langer und seine neue politische Heimat, die Antifa (M), einen Schlussstrich unter die Zusammenarbeit mit den Autonomen. Die Antifa (M) gründet sich nach dem Zusammenbruch des Norddeutschen. Sie wird von Anfang an von der autonomen Szene Göttingens angegriffen. Der historische Ort, an dem die autonome Szene diskutiert und sich trifft, ist das Jugendzentrum Innenstadt (JuZi). Die autonome Szene versammelt sich bei bestimmten Anlässen dort zum Plenum und diskutiert wichtige oder aktuelle Themen. Die Antifa (M) nennt diese Treffen »Willkürplenum«, weil sich irgendwelche Menschen einfach in die Diskussionsrunden setzen können, und dort mitreden und Entscheidungen beeinflussen dürfen. Außerdem fehlt es der Antifa (M) zu Folge an Kriterien, nach welchen Maßstäben überhaupt Entscheidungen getroffen werden, wer sie umsetzt und wie ein Erfolg sichergestellt wird. Die Gruppe schimpft, dass es überhaupt keine Instanz oder irgendeine Verpflichtung gibt, sich dann auch an die gefassten Beschlüsse zu halten. Wer sich nicht an die gemeinsam verabschiedeten Beschlüsse hält, wird außerdem in keiner Form sanktioniert. Die Antifa (M) setzt dem eine verbindliche Struktur, eine kontinuierliche Diskussion und Politik entgegen. Die Gruppe zieht demonstrativ Konsequenzen für sich und sucht nach der inhaltlichen schließlich auch die räumliche Trennung zu den Autonomen. Sie verlegt ihren Treffpunkt ins Grüne Zentrum.[425]

Vor allem die Diskrepanz von Diskussion und Praxis trennt die Militanten Antifaschisten von der traditionellen autonomen Szene zusehends: »Ein autonomes Plenum ist ja immer eine Sabbelbude, wo Debatten stattfinden, die oft sehr wichtig waren, mit guten Ansätzen. Ich will das nicht irgendwie abwerten, aber da wurde geredet, da wurde nichts gemacht. Es gab viele Gruppen, wo viel geredet wurde, wo aber die Praxis nicht so nah lag wie bei uns. Wenn die Faschos im Stadtviertel soundso auftauchten, oder da ein Jugendzentrum besetzen wollten, (…) was machst du denn da? Da kannst du nicht lange drüber diskutieren, da musst du dir was überlegen. Wie gehst du da vor? Wann und mit wem? (…) Und dann macht man das«.[426]

Hirsch und Roth beschreiben die Neue Soziale Bewegung der Autonomen 1986 aus wissenschaftlicher Distanz sehr treffend: »Wohl kaum eine politische Gene-

424 Langer, Bernd (2004), S. 168.
425 Vgl. Schwarzmeier, Jan (2001), S. 163ff.; Vgl. Langer, Bernd (2004), S. 208.
426 Interview des Autors mit Michaela Neuberger (2008).

ration hat in solcher Hektik so viele unterschiedliche Politikansätze und Theoriepostulate durchgespielt. Die Bewegungsmilieus sind nicht nur die Heimstatt von Eigensinnigen, die das Vermächtnis ihrer theoretischen und politischen Sozialisation bewahren und behutsam weiterentwickeln. Sie sind weit mehr die schnellen Umschlagplätze für Themenmoden und Theorieangebote. Partikularismus, Beliebigkeit und Wertverlust kennzeichnen gegenwärtig den Markt der Theorie- und Orientierungsangebote. (…) Gleichzeitig schwinden aber die Verständigungsmöglichkeiten jenseits der gerade gemeinsam geteilten intellektuellen Moden. Dicht darunter hausen Ratlosigkeit, Skepsis und Zynismus: was kümmern mich meine/deine Ansichten von gestern. Harte Zeiten für vordenkende Intellektuelle. Es droht das Hamsterrädchen des endlosen Palavers. Die Bewegungsszene vermittelt zudem den Eindruck, als habe sie ihre eigenen Orientierungen und Unterscheidungen weniger durch eigene Diskurse als in Opposition zu herrschaftlichen Zuschreibungen entwickelt und sich durch diese Frontstellung stabilisiert. Gemessen an den antiautoritären Anfängen lassen sich in einigen Bewegungsfeldern Radikalitätsverluste feststellen. Autonomieansprüche, radikale Antistaatlichkeit und das Denken in gesellschaftlichen Gegenentwürfen sind eher an die Ränder der Bewegungsmilieus gewandert, während sich der ›mainstream‹ realistischer und pragmatischer gibt.«[427]

Trotzdem versuchen die Militante Antifaschisten immer wieder den antifaschistischen Kampf in den Kontext autonomer Politik zu stellen. Sie möchten keinen Bruch mit der autonomen Szene. Sie üben Kritik an sich selbst und an den Autonomen. In dem Papier *Antifaschistische Arbeit* bemängeln die unbekannten Autoren, dass die Autonomen die Funktion neonazistischer Organisationen für die reaktionäre Entwicklung der Bevölkerung und damit für die Durchsetzung von brutaler Herrschaft nicht erkannt haben. Des Weiteren haben die Autonomen informelle Kontakte entwickelt, aber keine gemeinsame Strategie gegen das System und keine verbindlichen Strukturen, um den Zusammenhang der verschiedenen Bereiche zu organisieren.[428]

Auch ihre eigene Arbeit beleuchten die Militanten Antifaschisten kritisch: »Die Antifaschisten haben sich bisher darauf beschränkt, Organisationstrukturen der Neofaschisten zu erkennen, ihre Aktivitäten zu verhindern und ihre ideologische und organisatorische Rekrutierung aufzuhalten.

Sie haben es bisher versäumt, ihren Kampf gegen offen faschistische Strukturen mit dem Widerstand gegen integrierten Faschismus der Gesellschaft und des imperialistischen Herrschaftsapparates zu verbinden.

Sie haben bisher nicht versucht, die Bedeutung ihrer Arbeit im antiimperialis-

427 Hirsch, J.; Roth, R. (1986), S. 232f.
428 Vgl. Antifaschistische Arbeit (1986), o.S.

tischen Widerstand zu klären und die Auseinandersetzung mit Form und Inhalt autonomer Politik zu führen. Das sind die wichtigsten Ursachen der Isolation antifaschistischer Arbeit.«[429]

Bis 1989 scheint sich nicht viel zu ändern. Autonome und Militante Antifaschisten lösen ihr gespanntes Verhältnis nicht. Das revolutionäre Potenzial, die möglichen Bündnispartner, werden weder untereinander noch in der Bevölkerung gefunden. Im Gegenteil erringen Die Republikaner beachtliche Stimmenmengen bei den Wahlen.[430] Die Antifa-Gruppe aus West-Berlin sucht nach den Gründen: »Es legt aber genauso die Schwäche der ganzen Linken, und vor allem der radikalen Linken, bloß. Es macht offen, wie es sich mit den Bezügen zu den vielzitierten ›Unterklassen‹ real verhält. Nicht mal in Kreuzberg ist es uns gelungen, die Reps[431] auf ein unterdurchschnittliches Ergebnis zu drücken, sprich für diese Menschen aus den Unterklassen eine linke Perspektive darzustellen«.[432]

Offenbar ist es den Antifaschisten auch nicht gelungen, die Autonomen aus ihrer politischen Sprunghaftigkeit zu reißen und für konsequente Antifa-Politik zu begeistern. »Etliche Leute aus der autonomen/radikalen Linken müssen sich auch die Frage gefallen lassen, warum sie sich bislang kaum an antifaschistischen und antirassistischen Aktivitäten beteiligten.

Wenn z.B. die *Interim*-Redaktion die Praxis der antifaschistischen Bewegung in den letzten Jahren auf ›den Nazis die Fresse polieren‹ reduziert, ist das einfach nur frech. Es sagt viel darüber aus, wie interessiert die ganzen Aktivitäten in Schulen und Stadtteilen, die Demos und Veranstaltungen gegen Rassismus und Sexismus oder zur ›Reichspogromnacht‹ etc., eigentlich zur Kenntnis genommen wurden.«[433]

Die Autonomen werden von den Antifaschisten heftig kritisiert und mit ihrer politischen und praktischen Unstetigkeit indirekt mitverantwortlich für die rechte Formierung gemacht. »(…) dass Autonome in Stadtteilgruppen arbeiten und eine kontinuierliche Arbeit nach außen machen, ist ja eher die Ausnahme als die Regel. Zudem ist es leider auch oft so, dass Gruppen ein halbes oder ein ganzes Jahr existieren, sich dann entweder auflösen, oder an einem anderen Thema weiterarbeiten. Aber damit können wir keinen Blumentopf gewinnen, geschweige denn politische Kräfteverhältnisse verändern.«[434]

429 Antifaschistische Arbeit (1986), o.S.
430 Wahlerfolge der Republikaner 1989: Berliner Wahl am 29.1.1989: 7,5% der Zweitstimmen (11 Mandate im Abgeordnetenhaus und weitere 36 in den Bezirksverordnetenversammlungen). Europawahl am 18.6.1989: über zwei Millionen Stimmen (7,1%) in der Bundesrepublik.
431 Reps: Abkürzung für Die Republikaner.
432 Vgl. Flugblatt (1989h).
433 Flugblatt (1989h).
434 Flugblatt (1989h).

Die Flugblattschreiber prognostizieren ein verstärktes Auftreten neonazistischer Kräfte im Allgemeinen und konkret auch neonazistischer Schläger- und Terrorbanden. Wenn sich außerdem das rassistische, frauenfeindliche und klassenspalterische Bewusstsein weiter festigt, verschlechtern sich die Bedingungen aller Linken und der Kampf für eine grundsätzliche gesellschaftliche Veränderung wird erheblich erschwert. Sie fordern deshalb, dass der antifaschistische Kampf nicht nur die Aufgabe eines Teils der Linken, sondern der gesamten Linken sein muss.

»Voraussetzung dafür wäre, dass es diese Gruppen überhaupt gibt, dass die radikale Linke in Teilbereichen existent ist und, dass diese Arbeit an den konkreten Nöten und Bedürfnissen der ausgebeuteten Menschen ansetzt. Wir müssen die politische Arbeit kontinuierlich und langfristig leisten, und eine nach außen gehende vermittelbare Praxis entwickeln. Dort, wo wir leben oder arbeiten: im Stadtteil, an Schulen, in Betrieben oder Unis.

Denn, wenn wir nicht konkrete, soziale Forderungen und nachvollziehbare Kampfperspektiven entwickeln, also auch im Alltag ›der Klasse‹ vorkommen, wird es uns nicht gelingen diese Rechtsentwicklung aufzuhalten.

Die Erfahrungen aus England und Frankreich zeigen uns, dass die Faschisten da stark werden (z.B. in den Stadtteilen), wo es die Linke nicht oder nicht mehr gibt. Dadurch wird es ihnen überhaupt erst möglich, die aufgrund ihrer sozialen Situation unzufriedenen sind, und Veränderungen wollen, auf ihre Seite zu ziehen. Angesicht des rassistischen Potenzials in dieser Stadt liegt es auf der Hand, mit allen antifaschistisch gesinnten Menschen und Organisationen zusammenzuarbeiten, um gemeinsam dieser Entwicklung Einhalt zu gebieten«.[435]

Wie Recht die Flugblattschreiber haben, zeigt sich in den Jahren nach der deutschen »Wiedervereinigung«, und dem Erstarken des Neonazismus in der Folgezeit.

Conny Wessmann 1989

Ab 1989 verschärfen sich die Auseinandersetzungen zwischen Neonazis und ihren Gegnern bundesweit. Zu den Europawahlen führt die rechtsradikale Partei Liste-D[436], zahlreiche Veranstaltungen im Bundesgebiet durch, u.a. in Göttingen. Am Abend des 17. November 1989 kommt es in der Burgstraße in der Innenstadt zu einer Auseinandersetzung zwischen Antifaschisten und etwa zwanzig Neonazis. Die von Anwohnern verständigte Polizei trennt die Skins von den Nazi-Gegnern und geleitet die Kahlköpfe zu einer Bushaltestelle, um sie mit öffentlichen Verkehrsmitteln aus der Stadt zu befördern. Eine Telefonkette benachrichtigt weitere Antifaschisten, die

435 Flugblatt (1989h).
436 Liste D: Ein Bündnis von NPD und DVU.

sich umgehend in Gruppen auf den Weg zur Burgstraße machen, darunter die vierundzwanzigjährige Conny Wessmann. Ihre Gruppe wird von Polizeieinsatzkräften des ZSK[437] beobachtet. »Sollen wir sie plattmachen?«, fragen die Beamten über Funk den Einsatzleiter. Dieser gibt seine Zustimmung. Der unmittelbare Zugriff von Beamten des ZSK und uniformierter Polizei erfolgt unter Einsatz von Gummiknüppeln und CS-Gas. Beim Versuch, den schlagenden Polizisten zu entkommen, flüchten die Antifaschisten in die einzig mögliche Richtung: auf die vielbefahrene Weender Landstraße. Conny Wessmann wird dabei von einem fahrenden Auto erfasst und getötet.

»Noch in der Nacht brennen Barrikaden vor dem JuZi. In Göttingen, aber auch in anderen Städten, kommt es nach dem Tod der Antifaschistin zu Anschlägen und spontanen Demonstrationen. Die Todesstelle wird von einer Mahnwache besetzt und die Straße mehrere Tage blockiert. Am 20. November 1989 räumt die Polizei die Mahnwache unter Einsatz von Schlagstöcken.«[438]

Bernd Langer, der 1989 die Auseinandersetzung mit verfolgt, nennt den Tod von Conny Wessmann »politischen Mord«.

»Politischer Mord heißt, dass ein Mensch in einer politischen Auseinandersetzung ums Leben gebracht wird. Dabei ist es egal, ob er gezielt getötet oder sein Tod billigend in Kauf genommen wird. Entscheidend ist, ob sich die Person in einen politischen Zusammenhang gestellt hat, oder ob die objektiven Umstände diesen Zusammenhang herstellen.«[439]

Eine Woche nach dem »politischen Mord« findet die erste bundesweite Demonstration mit etwa knapp 20.000 Teilnehmern in Göttingen statt. Zu ihr mobilisieren alle autonomen Zusammenhänge. Schon ein Jahr später, 1990 kommt nicht einmal mehr die Hälfte zum Erinnern an Conny Wessmann nach Göttingen.[440]

Während 1985 nach dem gezielt von der Polizei herbeigeführten Tod von Günter Saré in allen Städten Tausende auf die Straße gehen und in Frankfurt am Main eine Woche Ausnahmezustand herrscht, passiert nach dem Tod der Antifaschistin auffällig wenig. Die Wut der Bewegung ist Ende der 1980er scheinbar schon deutlich abgeflaut ...

437 ZSK: Ziviles Streifenkommando.
438 Langer, Bernd (1997), S. 125.
439 Langer, Bernd (1997), S. 125.
440 Langer, Bernd (1997), S. 125.

Ein Vergleich:

	1985[441]	**1989**[442]
Protestaktionen in	30 Städten	15 Städten
Protestdemonstrationen	60	15
Demonstrationsteilnehmer	20.000 spontan am Folgetag	20.000 nach tagelanger Mobilisierung
Sonstiges	über 50 Brandanschläge	30 Sachbeschädigungen

Der Rückgang der Reaktion kann außerdem auf den Zerfall der antifaschistischen Strukturen zurückgeführt werden[443], die 1985 noch maßgeblich für die militanten Aktionen mit verantwortlich sind. Dass sich der politische Wind dreht, zeigt sich auch am offensiveren Auftreten der Neonazis. Sie verüben sieben Tage nach dem Tod der Antifaschistin und einen Tag vor der bundesweiten Demonstration Brandanschläge auf Häuser, in denen Antifaschisten wohnen.[444]

Während die objektiven Tatsachen auf eine Schwächung der bundesweiten Antifa-Strukturen hindeuten, sieht der rheinland-pfälzische Verfassungsschutz den Keim für eine neue Stärke der Antifaschisten.

»Mit dieser breit angelegten ›Faschismusdiskussion‹ innerhalb der Autonomen und den damit verbundenen Anstrengungen um gemeinsame ideologische Grundpositionen ist es offenbar gelungen, untereinander wieder eine stärkere Bindung zu erreichen bzw. den eigenen militanten Aktionen einen noch höheren Legitimationsanspruch zu verleihen. Ein gutes Beispiel hierfür sind die Ereignisse, die sich nach dem tödlichen Unfall einer Autonomen am 17. November 1989 in Göttingen und danach in anderen Städten der Bundesrepublik abgespielt haben: Im Zusammenhang mit dem tragischen Verkehrsunfall, der von der Szene allein der Polizei angelastet wurde, kam es in mehr als 30 Städten zu Sachbeschädigungen an Kaufhäusern, Banken und öffentlichen Gebäuden. In Berlin (West) und in mehr als 15 Städten im Bundesgebiet mobilisierten Linksextremisten zu Protestkundgebungen und Demonstrationen, bei denen auch Polizeibeamte tätlich angegriffen wurden. Für den 25. November 1989 riefen ›autonome Antifaschisten‹ sogar zu einer ›bundesweiten Demo‹ in Göttingen auf. Es beteiligten sich etwa 15.000 Personen, darunter etwa 2.500 meist vermummte Anhänger autonomer und antiimperialistischer Gruppierungen aus dem gesamten Bundesgebiet und Berlin (West); dabei kam es zu gewaltsamen Ausschreitungen.«[445]

441 Vgl. Der Niedersächsische Minister des Innern (1986), S. 62.
442 Vgl. Ministerium des Inneren und für Sport (1990), S. 50.
443 Siehe Kapitel: Das Ende der Strukturen.
444 Vgl. Langer, Bernd (1997), S. 125.
445 Ministerium des Inneren und für Sport (1990), S. 50.

Die Geheimdienstler aus Niedersachsen glauben folgendes zu wissen: »Der ›Antifaschismuskampf‹ war 1989 die alle Linksextremisten einigende Klammer. Aktivitäten richteten sich gegen konservativ-demokratische wie rechtsextremistische Vereinigungen und Personen gleichermaßen.

Aktionen gegen ›Neofaschismus‹ wurden damit begründet, dass es keine grundsätzlichen ideologischen Unterschiede zwischen bürgerlichen und den offensichtlich faschistischen Positionen gäbe; Faschismus sei integraler Bestandteil jedes parlamentarischen Systems in den imperialistischen Staaten.«[446]

Der Verfassungsschutz und die Militanten Antifaschisten

Der VS schenkt den Militanten Antifaschisten lange keine Beachtung. Im Bericht Nordrhein-Westfalen taucht 1988 erstmals Antifaschismus als Betätigungsfeld auf,[447] ebenso in Niedersachsen.[448] Im hessischen VS-Bericht gibt es bis 1986 keine Antifas.[449] 1987 erwähnen die Beamten erstmals eine militante Aktion von Antifaschisten, allerdings subsumiert unter der Überschrift *Sonstige terroristische Aktionen*: »So wurde im Zusammenhang mit gewaltsamen Auseinandersetzungen zwischen Links- und Rechtsextremisten am 6. September in Lippoldsberg der Personenkraftwagen eines Rechtsanwaltes, der oft Rechtsextremisten vertrat, in Brand gesetzt. Der Tat bezichtigte sich ein ›Antifaschistisches Kommando Janusz Korczak‹«.[450]

Selbst ein Jahr später stellt der Verfassungsschutz zwischen den Ausschreitungen anlässlich von NPD-Versammlungen zu organisierten Antifaschisten keine Verbindung her. Es wird bezüglich der gewaltsamen Proteste lediglich erwähnt, dass Autonome und Anarchisten beteiligt sind.[451]

Antifaschisten finden in Rheinland-Pfalz bis 1990 überhaupt keine Erwähnung.[452] In Bayern gibt es laut VS-Bericht bis 1989 keine Militanten Antifaschisten,[453] obwohl Antifa-Gruppen aus München und Ulm seit 1986 im Süddeutschen Antifa-Treffen mitarbeiten. Selbst nach den Aktionen gegen den 1987 stattfindenden

446 Der Niedersächsische Minister des Innern (1990), S 26.
447 Vgl. Der Innenminister des Landes Nordrhein-Westfalen (1989), S. 39.
448 Der Niedersächsische Minister des Innern (1988), S. 48.
449 Vgl. Hessisches Ministerium des Innern (1987); Vgl. Landesamt für Verfassungsschutz Hessen (1985); Vgl. Landesamt für Verfassungsschutz Hessen (1986).
450 Hessisches Ministerium des Innern (1988), S. 46.
451 Vgl. Hessisches Ministerium des Innern (1989), S. 45.
452 Vgl. Ministerium des Inneren und für Sport (1984); Vgl. Ministerium des Inneren und für Sport (1985); Vgl. Ministerium des Inneren und für Sport (1986); Vgl. Ministerium des Inneren und für Sport (1987); Vgl. Ministerium des Inneren und für Sport (1988); Vgl. Ministerium des Inneren und für Sport (1989); Vgl. Ministerium des Inneren und für Sport (1990).
453 Vgl. Bayerisches Staatsministerium des Innern (1982); Vgl. Bayerisches Staatsministerium des Innern (1984); Vgl. Bayerisches Staatsministerium des Innern (1985); Vgl. Bayerisches Staatsministerium des Innern (1986); Vgl. Bayerisches Staatsministerium des Innern (1988); Vgl. Bayerisches Staatsministerium des Innern (1989).

Coburger Convent (CC), der von rechten und nationalistischen Burschenschaftern organisiert wird, ändert der bayrische VS seine Meinung nicht.[454] Nicht einmal eine militante Aktion gegen das Ehrenmal des CC findet Eingang in die Erkenntniswelt der Verfassungsschützer.[455]

Die Beamten der Innenbehörden schlafen aber nicht überall. Der VS Schleswig-Holstein bemerkt schon 1983, dass sich Aktionen der Autonomen gegen »alltäglichen Faschismus« richten. Die Hamburger Ermittler fabulieren in diesem Kontext in den Medien immer wieder einen bevorstehenden »Show Down« zwischen Linken und Rechten herbei. So wird bspw. über *Die Welt* am 6. April 1984 kolportiert, dass Antifaschisten Schuld daran seien das Nazis zwei Brandanschläge auf ein GAL-Büro im März 1984 verüben. Grund: Die Antifas haben angefangen. Denn sie hätten davor diverse Autos von Neonazis abgefackelt und eine Wohnung gestürmt, in der ein Treffen der ANS/NA stattfand. Des Weiteren würden die Linken die Rechten überhaupt erst aufwerten, allen voran die GAL und die VVN.[456]

»Die Gewalt der Antifaschisten gegen Neonazis halten Staatsschützer für ausgesprochen gefährlich, denn das könnte die Rechten zu ›Kurzschlusshandlungen‹ provozieren, die völlig unberechenbar sind.«[457]

»Die Linken«, sagt der Hamburger Verfassungsschutz-Chef Christian Lochte (CDU), »sind noch berechenbar, die verbieten sich einiges von selbst. Mit Vernunft kann man aber auf Seiten der Neonazis nicht rechnen.« Denn die handelten »nach dem Motto: Je schlimmer, desto besser«.[458]

Auf Bundesebene tauchen Militante Antifaschisten ebenfalls bis 1985 nicht in den Verfassungsschutzberichten auf. Im Jahr 1986 findet sich erstmals eine grobe Unterscheidung zwischen Autonomen und Antifaschisten.[459]

»Die militanten Autonomen sind bundesweit inzwischen offenkundig besser ausgerüstet und organisiert als in den vergangenen Jahren. Obwohl ein zentrales Steuerungsgremium nach wie vor fehlt, haben die koordinierenden Kontakte zwischen den zahlreichen örtlichen Zusammenschlüssen deutlich zugenommen. Darüber hinaus wirken illegale Sender, Telefonketten sowie die verschiedenen Publikationen dieser ›Szene‹ als Steuerungsinstrumente.

Beleg für die inzwischen erlangte Schlagkraft und die gewachsenen Möglichkeiten der Abstimmung war, dass sich die Autonomen am 7. Juni 1986 gleichzeitig auf

454 Vgl. Bayerisches Staatsministerium des Innern (1988), S. 77f.
455 Vgl. Städtebericht München Mai/Juni/Juli 87.
456 Vgl. Innenministerium des Landes Schleswig-Holstein (1984), S. 43; Vgl. Die Welt vom 6.4.1984.
457 Vgl. Der Spiegel (1984), S. 71.
458 Der Spiegel (1984), S. 71.
459 Vgl. Innenministerium des Landes Baden-Württemberg (1986); Vgl. Bundesminister des Innern (1986).

Großdemonstrationen gegen das Kernkraftwerk in Brokdorf und gegen den Bau der geplanten Wiederaufarbeitungsanlage in Wackersdorf aufteilen konnten, ohne an Wirkung einzubüßen. In beiden Fällen kam es aus dem Schutz der Masse friedlicher Demonstranten heraus zu schwersten Ausschreitungen. Am gleichen Tag mobilisierten außerdem ›autonome Antifaschisten‹ eine Protestaktion gegen den in Stuttgart stattfindenden Bundesparteitag der neonazistisch gesteuerten Freiheitlichen Deutschen Arbeiterpartei (...).

Insgesamt ist unübersehbar, dass die Militanten aus den Erfahrungen früherer Auseinandersetzungen gelernt haben und dadurch gefährlicher geworden sind. Zudem ist die Hemmschwelle bei der Anwendung von Gewalt deutlich gesunken. Erschreckend ist dabei die zunehmende Brutalität, mit der diese Gewalttäter inzwischen gegen Polizeibeamte, gegen politische Gegner und immer häufiger auch gegen Unbeteiligte vorgehen.

Der sprunghaft gestiegene militante Aktionismus zeigt sich deutlich auch außerhalb gewaltsam verlaufender Veranstaltungen. Brandanschläge, Sabotagehandlungen und Sachbeschädigungen vernichten täglich hohe Sach- und Vermögenswerte. Die Anschläge mit Millionenschäden – etwa auf Computeranlagen, Geldinstitute, Firmen, Maschinenparks, Bundeswehreinrichtungen und öffentliche Gebäude – häufen sich und werden ergänzt durch eine Vielzahl kleinerer Gewaltakte.«[460]

Der Verfassungsschutz-Chef Lochte versorgt im Oktober 1988 den *Spiegel* mit Informationen über Militante Antifaschisten. Sehr genau beschreibt er die Antifaschistische Aktion Hamburg, die Arbeitsweise und militanten Angriffe gegen Neonazis. Doch er oder die Autoren des Artikels verwischen immer wieder die auch in Hamburg existierende Trennung zwischen militanten Linken, Militanten Antifaschisten und Autonomen.[461] Es scheint immer wieder durch, dass die Verfassungsschützer noch immer nicht begreifen, dass die antifaschistische Struktur mit den Autonomen verwoben, aber nicht identisch ist, und ein unabhängiges Eigenleben führt.

Nachdem der VS die Militanten Antifaschisten fast überall erst spät zur Kenntnis nimmt, zeigt er doch mitunter Weitsicht in seinen politischen Beobachtungen. Landesbehörden weisen darauf hin, dass »Antifaschismuskampagnen« und der »Antifaschismuskampf« zukünftig im Vordergrund »linksextremistischer Gruppen« stehen. Demnach setzen die »Neuen Linken auf Gewalt als Mittel der Politik« in ihrem »Kampf gegen Faschisten«.[462]

Für das Jahr 1989 stellt der niedersächsische VS fest, dass die Aktivitäten im Kampf gegen Neonazis rückläufig sind.[463] Aber die Niedersachsen bemerken noch

460 Innenministerium des Landes Baden-Württemberg (1987), S. 36f.
461 Vgl. Der Spiegel (1988), S. 51ff.
462 Vgl. Der Niedersächsische Minister des Innern (1989), S 36f.
463 Vgl. Der Niedersächsische Minister des Innern (1990), S 24.

etwas – es wurde bereits erwähnt: Antifaschismus wird zur Klammer für alle »linksextremen Gewalttäter«.[464] Im Kern weisen die Verfassungsschützer darauf hin, dass damit Antifaschismus zum zentralen Betätigungsfeld für die Autonomen wird. Diese beschriebene Tendenz ist ein wichtiger Hinweis darauf, wie die Militanten Antifaschisten langfristig auf die autonome Szene wirken. Ausgerechnet der VS bemerkt früh die langsame Veränderung in der autonomen Szene. Aus Autonomen werden zunehmend aktive Antifaschisten, der Kampf gegen den Neonazismus wird immer mehr zu ihrem Hauptbetätigungsfeld.

Interessant ist, dass die Verfassungsschützer die Lage völlig unterschiedlich einschätzen. Die Länder wiegeln ab, während das Bundesamt 1989 eine dramatische Entwicklung zu erkennen glaubt: »Wie schon im Vorjahr agitierten vor allem der BWK, die ›Volksfront‹ und Autonome gegen eine angebliche neofaschistische Entwicklung. Die Zahl autonomer ›Antifa-Initiativen‹ wuchs; ein norddeutsches und erstmals auch ein süddeutsches autonomes ›Antifa-Plenum‹ koordinierten überregionale Aktionen. Die ›Volksfront‹ befürwortete wie die Autonomen gewalttätige Aktionen: Die beste Möglichkeit, Versammlungen der ›Faschisten‹ zu verhindern, sei, ›die Sache selbst in die Hand zu nehmen‹. Der antifaschistische Kampf sei Teil des Klassenkampfes; er müsse revolutionär geführt werden. Autonome Antifaschisten erklärten, zwischen bürgerlicher und faschistischer Ideologie gebe es keinen wesentlichen Unterschied. Kampf gegen Faschismus bedeute auch Kampf gegen den Staat, denn dieser bilde die Ursache von ›Isolationsfolter‹, ›patriarchalischen Machtstrukturen‹, Ausländerhass und negativen Lebens- und Arbeitsbedingungen. Autonome ›Antifa‹-Gruppen gingen erneut gewalttätig gegen Neonazis und andere von ihnen als Faschisten bezeichnete Personen vor. Dabei setzten sie Tränengas, Schreckschusspistolen, Feuerwerkskörper und Schlagwerkzeuge ein und griffen auch die Polizei an. Sie verbreiteten ›Steckbriefe‹ einzelner Rechtsextremisten, beschädigten deren Kraftfahrzeuge, drangen in deren Häuser ein und verwüsteten das Mobiliar.«[465]

Militanter Antifaschismus

Militanter Antifaschismus ist kein Phänomen der 1980er-Jahre. Die Vorläufer liegen in der Zeit vor der Machtübernahme der NSDAP. Schon damals gaben sich die organisierten Antifaschisten nicht der Illusion hin, dass Faschismus mit friedlichen Mitteln zu bekämpfen ist, sondern nur mit gezielten und wirksamen Schlägen. Sogar eine Parole von damals findet über 50 Jahre später wieder Anwendung bei neugegründeten Gruppen, die sich in Anlehnung an die Aktionen der KPD teilweise »An-

464 Vgl. Der Niedersächsische Minister des Innern (1989), S 36f.
465 Bundesminister des Innern (1989), S. 78f.

tifaschistische Aktion« taufen. Ein Kriminologe empört sich in der Polizei-Zeitschrift *Kriminalistik* über die Bezugnahme der neuen Antifaschisten auf die Genossen von früher: »Eine Standard-Parole militanter ›Antifa‹-Zellen, die meist unter der Bezeichnung »Antifaschistische Aktion« auftreten (Bezeichnung und Symbol sind dem Vorbild der Aktionen der KPD und des Roten Frontkämpferbundes [RFB] Anfang der 30er-Jahre entnommen) lautet: ›Schlagt die Faschisten wo ihr sie trefft! ‹ Diese von Heinz Neumann, KPD-Funktionär und Mitorganisator des Berliner Polizisten-Doppelmordes vom August 1931, geprägte Formel wird heute oft noch durch die Parole ›Trefft die Faschisten, wenn ihr sie schlagt!‹ ergänzt.«[466]

Die Militanten Antifaschisten stellen fast 40 Jahre nach dem Zusammenbruch des NS-Regimes 1945 in Deutschland eine völlig neue Form des antifaschistischen Widerstands dar.[467] Ihr militantes, organisiertes Vorgehen gegen Nazi-Auftritte sowie die konsequenten physischen Angriffe auf Mitglieder faschistischer Gruppen und ihre Infrastruktur bleiben von politischen Beobachtern nicht unbemerkt.

»Wo rechtsextremistische Parteien und Organisationen Versammlungen planen, wo Demonstrationen oder ›Feierlichkeiten‹ der Neonazi-Szene zu erwarten, wo ausländerfeindliche Aktionen zu befürchten sind, wo rechte Skinhead-Bands auftreten wollen – überall da tritt eine Gruppierung fast mit verlässlicher Sicherheit auch auf den Plan: die Antifa! Mag sich ansonsten die Öffentlichkeit, mögen sich demokratische Organisationen, die Presse, Polizei oder Justiz auch noch so sehr zurückhalten oder entsprechende Vorgänge überhaupt nicht zur Kenntnis nehmen, das Ziel der Antifa ist: Mit aller Entschiedenheit genau diese Vorhaben zu verhindern! Regelverletzungen werden dabei so gut wie durchgängig eingeplant und eingesetzt, typischerweise auch organisierter Zwang durch Blockadeversuche, Störversuche u.ä. und in vielen Fällen auch teils sehr massive militante Gewalt.«[468]

Politisches Selbstverständnis

Von vielen Antifaschisten in der bundesweiten Struktur ist der Schritt zur Organisierung sehr bewusst gewählt, und Spiegel ihres politischen Selbstverständnisses. In seiner politischen Analyse geht der von mir interviewte Wilhelm Maalkes davon aus, dass sich in den 1980er-Jahren entscheidet, wie es in Deutschland politisch mit der radikalen Linken weitergeht. Die junge Partei Die Grünen sammelt viele

466 Vgl. Mletzko, Matthias (1992), S. 147f.

467 Anm.d.Verf.: In England machte ab 1946 eine Gruppe mit dem Namen 43-Group von sich reden, die militant gegen Neonazis vorging. Die Ähnlichkeit mit der Vorgehensweise der Militanten Antifaschisten ist überraschend, obwohl politischer Kontext und persönliche Motivation nicht vergleichbar sind. Literaturempfehlung: Morris Beckman: The 43 Group: Antifaschistischer Kampf in Grossbritannien 1946–1950.

468 Krafeld, Franz Josef (1995), S. 383f.

kritische Stimmen in dieser Zeit ein, und kanalisiert die Bewegung auf das parlamentarische Spiel, bindet fortschrittliche Kräfte in der demokratischen Parteienlandschaft. Maalkes zu Folge ist es »der Moment zu entscheiden, ob das Projekt des Imperialismus, die Erde und die Menschheit zu unterjochen, siegreich sein wird«. Die Grünen sieht er in diesem Prozess »auf der Seite des imperialistischen Angriffs«. Ihre Aufgabe ist es, »die oppositionellen Kräfte zu spalten«. Maalkes geht es um die militante Bewegung, »die sich in diesem Prozess der Absorption von möglichem Widerstandpotenzial neu orientieren und artikulieren muss«. Für ihn ist Antifaschismus dabei auch Mittel zum Zweck, »ein Einfallstor zur Politisierung und zur Diskussion«.

»Wir mussten dieses Vakuum füllen, damit sich die militanten Kräfte, Leute die im radikalen Widerspruch zu der Gesellschaftsform hier gestanden haben, dass denen eine Alternative geboten wird. (...) Meine Idee war, sich weiter an den Bewegungen, Widerstand gegen den Staat auf allen Ebenen zu beteiligen. Für mich ist es kein Widerspruch gewesen, gegen Atomkraft zu sein, gegen die Startbahn zu sein und antifaschistische Politik zu machen. Wobei man sagen muss, mit antifaschistischer Politik (...) hast du immer Zugang zu den Leuten gefunden. Das antifaschistische Verständnis war anders als heute. Das war nicht nur der Völkermord an den Juden, sondern (...) unwürdige Haftbedingungen für politische Gefangene, Berufsverbote, Todesschuss usw. Also was so eine Diktatur eben alles zeigt, oder machen kann. Das Wissen war viel tiefer, und die Erfahrung offensichtlich von der Generation vorher auch noch ein bisschen mit rübertransportiert. Auch das Wissen darüber, dass die alten Faschos[469] sich festgesetzt haben in dem neuen Staat, in der FDP, der CDU und in höchsten Ämtern. (...) Das war das Bewusstsein. Du hattest mit dem Thema Neonazis und Faschismus Zugang zu den Leuten. Du konntest dann auch über andere Themen reden, und hast dann auch schnell Menschen gefunden, mit denen mehr zu machen war, als nur Antifaschismus.«[470]

»Antifa war ein integraler Bestandteil der radikalen und autonomen Linken. Das heißt es wurde nicht nur von den gerade entstehenden Antifa-Combos thematisiert, sondern war in allen autonomen Bereichen, Kämpfen und den Gazetten Thema. Die autonomen Antifa-Combos nahmen sich nur Antifaschismus als Schwerpunkt. Ihre Mitglieder kamen aber aus allen möglichen anderen Bereichen und waren darin auch weiter aktiv. Somit war nicht nur eine Verzahnung in alle anderen autonomen Kampfbereiche gewährleistet. Es flossen auch aus allen anderen Bereichen Erfahrungen, Wissensbestände und Ressourcen ein. Die antikapitalistischen und internationalistischen Debatten, die Organisationsansätze, klandestinen

469 Faschos: Abkürzung für Faschisten.
470 Interview des Autors mit Wilhelm Maalkes (2008).

Vorgehensweisen, militanten Straßenkampf-Erfahrungen mit der Polizei, Umgang mit Repression und so weiter.«[471]

Ein einheitliches politisches Selbstverständnis lässt sich bei den Militanten Antifaschisten nicht extrahieren. An diesem Punkt ähneln sie den Autonomen. Obwohl sich kein Mitglied als dogmatischen Marxisten bezeichnen würde, bildet Karl Marx die Grundlage für die meisten politischen Gesellschaftsanalysen und die ökonomischen Erkenntnisse. Kapitalismus, Mehrwertproduktion, Klasse, Klassenkampf und Ausbeutung sind immer wiederkehrende Themen und Begriffe. Aber schon beim Organisationsmodell greift die marxistische Idee der Partei nicht mehr. Die bundesweite Organisation ist eine Struktur, kein hierarchischer Parteiapparat. Wie bei den Autonomen herrscht Basisdemokratie und eine ausgeprägte Diskussionskultur. Allerdings mit dem unbedingten Willen zu Beschluss und Ergebnis. Innerhalb der Antifaschisten finden sich anarchistisch orientierte Feministinnen, Kommunisten, autonome Antifaschisten und marxistische Autonome. Nicht einmal die Antifaschisten selbst können sich politisch selbst fassen.[472]

»Ich war ja auch mal in einer K-Gruppe. Früher dachte ich, ich wäre Kommunistin. Das hat sich aber aufgelöst. Dieses Selbstverständnis kann ich nicht haben, oder konnte ich nicht haben. Und erst mal ist mein politischer Ansatz auch nicht so festgelegt gewesen, außer dass hier Etliches nicht stimmt, und dass man etwas tun muss, damit sich die Dinge ändern, und man radikal etwas tun muss. (…) Antistaatlich waren wir, anarchistisch nicht, obwohl man uns auch zum Teil so hätte bezeichnen können. (…) Das ist ja nicht eine straffe Organisation gewesen mit den und den Maximen oder Glaubenssätzen, sondern ein Konglomerat, eine bunte Mischung.«[473]

»Marxist bin ich nie gewesen und auch nicht Kommunist, das habe ich immer von mir gewiesen. Das würde ich auch heute noch tun. Ich habe zwar die rote Fahne wieder eingeführt in die Antifa-Bewegung, weil die rote Fahne, die Fahne der Antifaschistischen Aktion, aufgrund einer Tradition in der Arbeiterklasse ist, die ich als progressiv empfinde. Und weil ich wichtig finde, dass der Widerstand sich organisiert, und weil ich genau diese Organisierung vorantreiben wollte, und auch eine harte Organisierung. (…) Ich habe mich tatsächlich als Autonomer begriffen. (…) Ich bin im Grunde genommen ein Rebell, also gegen diese Gesellschaft, mit der ich mich nicht einverstanden erklären kann. Ich hole jetzt aber hier nicht meine Bibel raus und sag den Leuten erst mal, wie es ist. Ich habe immer gesagt, die neue Gesellschaft entsteht aus dem Kampf. Deshalb ist

471 Interview mit dem »schwarzen Paule« (2014) aus Bochum. Quelle: https://linksunten.indymedia.org/de/node/118284. 10.10.2014, 12.13h.
472 Zusammenfassung des Autors aus dem Interview mit Sascha Waigel (2008).
473 Interview des Autors mit Michaela Neuberger (2008).

es wichtig für mich, den Kampf zu führen. Weil ich nur in dieser Konfrontation, in diesem Kampf die Möglichkeit sehe, dass die neue Gesellschaft entsteht. Das ist so meine Theorie, dass ich das nicht vorausdenke. Wie gesagt, natürlich muss ich mir gewisse Dinge überlegen. Ich will jetzt nicht die herrschaftsfreie Gesellschaft. Was soll das für ein Scheiß sein? (...) Wir sind eine hoch organisierte Gesellschaft, da sind große Städte, die müssen versorgt werden. (...) Da brauchst du ein Management dafür, das ist Organisation auf höchstem Niveau. Die Leute würden ja verhungern, wenn du das nach dieser Kinderformel ›herrschaftsfrei‹ machen würdest. Aber trotz alledem, (...) der Kampf entsteht aus der Bewegung, und aus der Bewegung heraus entsteht die neue Gesellschaft. Weil eben die konkrete Kampfsituation dir die Antworten gibt. Das war meine Theorie, nach der ich mich als Autonomer definiert habe.«

Frage: Also du warst ja schon mal kein Anarchist, kann man sagen?

»Auf keinen Fall! Kommunist auch nicht. Anarchist, das finde ich ja fast noch schlimmer, oder das heißt, ungefähr genauso schlimm. Das ist für mich die höchste Form des Individualismus um nicht zu sagen Egoismus. Das ist indiskutabel für mich. (...) Ich bin kein Pfarrer, der anderen Leuten zu erzählen hat, wie sie sind. Aber ich habe ja gesagt, ich bin autonomer Antifaschist, da weiß ich von was ich rede, und so kann ich mich definieren.«[474]

»(...) ich würde sagen, Militanter Antifaschist. Als ich mit Politik angefangen habe, hatte ich noch nicht viel mit Theorie am Hut, das waren eher kriegerische Auseinandersetzungen auf der Straße.«[475]

»Politisch waren wir schwer zu fassen. Wir waren linksradikal und konsequent gegen Nazis, Staat und Kapital. Aber unsere Vorstellungen von einer neuen Gesellschaft gingen doch auseinander. Auch aufgrund der intellektuellen Unterschiede wären die Antworten vermutlich ziemlich unterschiedlich ausgefallen. Es gab Leute, die haben Mao und Stalin gelesen, andere wiederum gar keine Theoretiker. Aber Grundprämissen wie Basisdemokratie, maximale Beteiligung des Volkes an Entscheidungen, Gleichheit, Freiheit, Antiimperialismus, Vergesellschaftung der Produktionsmittel, Enteignung der Banken etc. waren bei allen Konsens.«[476]

Wilhelm Maalkes fasst zusammen, dass Antifaschismus auch der Kampf gegen eine bestimmte Form des menschlichen Daseins ist, eine Geisteshaltung. Aufmärsche, Befehlsempfang, Rassismus, Überheblichkeit etc. sind Dinge, die er im tiefsten Innern verachtet, die er als Beleidigung von Humanismus und Intelligenz bezeichnet, als kulturlos und ungebildet. Es sind die Grundannahmen der Faschisten: Kon-

474 Interview des Autors mit Bernd Langer (2008).
475 Interview des Autors mit Lars Balkes (2008).
476 Interview des Autors mit Roger Ottenheimer (2007).

kurrenzkampf, Unterordnung, Völkerfeindschaft, Kriegspropaganda usw., denen er linke Werte wie Solidarität, Kollektivität, Brüderlichkeit, Gleichheit, Freiheit, Respekt gegenüber dem Individuum und gegenüber anderen Nationen und Kulturen stellt.[477]

Ein Artikel aus der Hannoverschen Antifa-Zeitschrift *Pravda* ergänzt Maalkes Ausführungen inhaltlich am Beispiel der Rolle der entstehenden Neonazi-Skin-Bewegung und ihrer tendenziell brutalen Erscheinungsform. »Skins sind nicht zu verstehen als jugendliche Subkultur. Sie drücken eine gesellschaftliche Realität aus. Sie schwimmen wie die Fische in der braunen Brühe der BRD-Realität. Ihr Nationalismus (›Wir sind stolz, Deutsche zu sein!‹) ist das geronnene Bewusstsein eines knallharten Imperialismus; die Sehnsucht nach dem ›starken Mann‹ spiegelt sich in ihren Gruppenstrukturen wider, wo ein Führerprinzip herrscht; ihre militärische Aufmachung und Begeisterung für Kriegsspiele ist Symptom dafür, dass Krieg Realität ist und stattfindet. (…)

Im Verhalten der Skins zeigt es sich, wie ein Teil der ›Unterklassen‹ sich in naher Zukunft verstärkt entwickeln werden. Es ist richtig, dass sich die ökonomische und ideologische Krise des Kapitalismus bzw. der Umstrukturierungsprozess der Kapitalverwertung mit seinen hinlänglich bekannten Begleiterscheinungen wie Arbeitslosigkeit, Abbau von Sozialleistungen, Zukunftslosigkeit eine Ursache für die Brutalisierung der Straße ist. Eine relativ neue Erfahrung in der Geschichte der letzten Jahre mit spontanen Jugendbewegungen ist darin zu sehen, dass diese nicht mehr naturwüchsig emanzipatorisch, fortschrittlich, auf Befreiung ausgerichtet sind, sondern durchaus auch reaktionär und faschistisch.«[478]

Auch wenn keine einheitliche Ideologie zu finden ist, so sind sich die Militanten Antifaschisten doch über die Dinge einig, die sie ablehnen, oder wofür sie einstehen. Alle Organisierten wissen, dass der antifaschistische Kampf antiimperialistisch sein muss. Der Hauptgegner ist das Kapital, sowie der Staat, dessen Gewaltmonopol es zu brechen gilt. Bewusstsein herrscht auch darüber, dass die Konsequenz des Kampfes Repressionen, Gefängnis oder sogar der Tod sein kann. Das Antifaschistische Aktionsbündnis Hamburg stellt Repression und Aktionen gegen den kapitalistischen Alltag 1986 in einem Flugblatt als zusammenhängend dar: »Ziel der Herrschenden ist es, die lückenlose internationale Verfolgung des antiimperialistischen Widerstands – eines jeden, der kämpft. Verfolgt wirst auch Du, wenn Du verhinderst, dass Tonnen von Lebensmitteln verbrannt werden, um die Preise zu halten und die ›Überflüssigen‹ der Welt zu vernichten. Verfolgt wirst auch Du, wenn Du verhinderst, dass Panzer von Krauss-Maffei in der Türkei gegen das kurdische Volk

477 Zusammenfassung des Autors aus dem Interview mit Wilhelm Maalkes (2008).
478 Vgl. Pravda (1987), S. 17.

rollen. Verfolgt wirst auch Du, wenn Du verhinderst, dass Leopard-Panzer von Blohm & Voss das Palästinensische Volk morden. Verfolgt wirst auch Du, wenn Du verhinderst, dass Milchpulver von Nestle die Säuglingssterblichkeit in Schwarzafrika und Lateinamerika erhöhen. Verfolgt wirst auch Du, wenn Du verhinderst, dass gepanzerte Fahrzeuge von Mercedes den Aufstand der Schwarzen in Südafrika zusammenschießen. Verfolgt wirst auch Du, wenn Du verhinderst, dass LKWs von MAN das chilenische Volk in Gefängnisse und KZs transportieren. Verfolgt wirst auch Du, solange Du kämpfst, arbeitest, lebst – bis Ausländer und Deutsche, Frauen und Männer, Schwarze und Weiße gemeinsam die Meute der Imperialisten zur Strecke gebracht haben.«[479]

Die demokratischen Spielregeln bezeichnen die Militanten Antifaschisten als eine Herrschaftsform des Kapitals. Sie stellen zur Disposition, ob bestimmte Merkmale der deutschen Demokratie nicht bereits »als faschistische Praxis« zu bezeichnen sind:

- Militärische Hochrüstung der imperialistischen Staaten zur Bedrohung anderer Staaten;
- Schüren von Hass gegen Frauen, »andere Rassen« und Völker;
- Auslieferung politischer Flüchtlinge an faschistische Regimes;
- Stadterneuerung nach den Plänen der Nationalsozialisten, um die totale militärische Kontrolle in den Städten zu ermöglichen;
- Isolationshaft der politischen Gefangenen und die Ermordung einzelner Gefangener in Stammheim 1977;
- Herrenrassenzucht und Vernichtung »unwerten Lebens« in gentechnischen Speziallabors.

Demnach ist die »faschistische Praxis« wesentlicher Bestandteil des Imperialismus. Außerdem beinhaltet die parlamentarische Demokratie der imperialistischen Staaten den Faschismus, er ist darin bereits Bestandteil. Damit ist nicht gesagt, dass der Faschismus derzeit herrschend ist. Er wird zur Herrschaftsform, wenn die Herrschaftssicherung mit demokratischen Mitteln nicht mehr funktioniert, wenn die Kapitalakkumulation, die Mehrwertproduktion, die Gewinnmaximierung nicht mehr gewährleistet ist.[480]

Antifaschistischen Flugblättern zu Folge zeigt der Mord an Günter Saré die »faschistische Praxis« der BRD. »Wenn der Staat bei Demonstrationen sein gesammeltes Gewaltpotenzial demonstriert, dann kalkuliert er Tote mit ein. Das

479 Flugblatt (1986n).
480 Vgl. Flugblatt (1986b); Vgl. Antifaschistische Aktion Wuppertal (1985); Vgl. Flugblatt (1986i); Flugblatt (1985a).

Konzept der Aufstandsbekämpfung ist faschistische Praxis, und diese manifestiert sich demnach u.a. in verschiedenen Bereichen: Datensammeln (maschinenlesbarer Ausweis, Volkszählung, Bewegungsbilder); Polizei (Gummigeschosse, CN[481] und CS[482] Gas, Todesschußpraxis, Wasserwerfer); Manipulation (selektive Information, Gleichschaltung von Funk und Fernsehen, Zeitungen); Asyl (Rücksendung in fasch. Diktaturen); Überwachung (Kameras, kriminalgeographische Städteplanung).«[483]

Dauerhaft hat sich die Annahme in der antifaschistischen Bewegung nicht durchgesetzt, dass sich Faschismus auch an der Form erkennen lässt. Pfingsten 1990 wird in einem Redebeitrag der Antifaschistischen Aktion auf einem Kongress der Gruppe Radikale Linke in Frankfurt am Main dargelegt, dass sich »Faschismus am Inhalt staatlicher Politik festmacht. Der Faschismus als Herrschaftsform setzt den Imperialismus mit seinen ökonomischen und politischen Bedingungen voraus und ist seine extremste Erscheinungsform.«[484] Fast wortgleich hat das 1935 schon Georgi Dimitroff vor der Kommunistischen Internationale festgestellt.[485]

In einem Hamburger Papier werden 1987 verschiedenen Arbeitsgruppen[486] genannt, so wie stichwortartig ihre inhaltlichen Schwerpunkte:

»IMPERIALISMUS UND FASCHISMUS (AG)
Klassengeschichte, Begriff, Praxis
KONTINUITÄT DES FASCHISMUS
Befreiungsmythos, struktureller Staatsfaschismus
REVOLUTIONÄRER ANTIFASCHISMUS
autonome Politik, antiimperialistischer Widerstand
DEMOKRATISCHER ANTIFASCHISMUS
Opportunismus, Loyalität, Linksfaschismus
MASSEN UND BÜNDNISPOLITIK
Klassenkräfte, Bestechung, Öffentlichkeitsarbeit
FASCHISMUS UND REAKTION (AG)
Organisationen, Medien, Aktionen, Funktionen
FASCHISMUS UND ÖKOLOGIE

481 CN: Chloracetophenon ist Tränengas. Ihm wird eine größere Giftigkeit als CS nachgesagt. Ist heute dem Pfefferspray gewichen, da dieses schneller wirkt und sich schneller verteilt.
482 CS: 2-Chlorbenzylidenmalonsäuredinitril, eine farblose, kristalline Verbindung, die als Tränengas Verwendung zur Bekämpfung von (politischen) Unruhen findet. Ist heute dem Pfefferspray gewichen, da dieses schneller wirkt und sich schneller verteilt.
483 Flugblatt (1986i).
484 Vgl. Schröder, Henning (2003), S. 45.
485 Vgl. Dimitroff, Georgi (1935), o.S. Zitat: Der Faschismus an der Macht, Genossen, ist (...) die offene, terroristische Diktatur der reaktionärsten, chauvinistischsten, am meisten imperialistischen Elemente des Finanzkapitals.
486 Leider waren Unterlagen über die Arbeitsgruppen nicht zu finden.

Ernährung, Tierschutz, AKW, Frieden
RASSISMUS UND PATRIARCHAT (AG)
Geschlecht, Blut und Boden, Züchtung
NATION UND REVOLUTION (AG)
Begriff, Nationalismus, nationale Befreiung
INTERNATIONALISMUS UND WIDERSTAND (AG)
Verelendung, Verfolgung, Vertreibung, Krieg.«[487]

Es ist offensichtlich, dass die Militanten Antifaschisten viele Themen diskutieren und dezidierte politische Positionen zu vielen Fragen entwickeln.

Im Interview erzählt Sascha Waigel, der als Student in der Universitätsstadt Tübingen aktiv ist und sich als Autonomer bezeichnet, dass sich seine Gruppe viel mit Marxismus beschäftigt, mit Kapitalismus, Ausbeutung und Patriarchat. Die Mehrwertdiskussionen werden ihm zu Folge immer im marxistischen Kontext geführt. Auch der verwendete Klassenbegriff ist immer auf Marx zurückzuführen.[488] Das gilt aber offenbar nicht nur für studentische Zirkel. Ein gewisser Klassenbegriff bzw. eine Vorstellung davon, taucht in Flugblättern immer wieder auf.

»Nicht marodierende Faschistenhorden, nicht randalierende Skins und Fußballfans sind die Feinde per se. Der Feind sitzt in den Aufsichtsräten der Banken und Multinationalen Konzernen, in den Führungsspitzen von Parteien und Gewerkschaften, in den Schaltzentralen der Bullenadministrationen. Er sitzt dort, wo die Entscheidungen über uns gefällt werden. Er benutzt seine Handlanger, Marionetten und Statthalter für diesen Unterdrückungsapparat. Er hat Namen, Adresse und ein Gesicht, das dem Pontos und Schleiers ähnelt. Dahin zielt autonome antifaschistische Politik, sie ist ein integrierter Bestandteil im revolutionären Widerstand.«[489]

Der Kampf gegen die Neonazis ist für die Antifas aus vielen Gründen notwendig. Es geht um den Schutz von Minderheiten, das Zurückdrängen reaktionärer, faschistischer und rassistischer Ideen, indem die Vertreter und ihre Organisationen bekämpft werden. Aber Neonazis sind auch die Symptome eines Staates, der abgelehnt wird. Deshalb wird immer wieder der Kampf gegen den Kapitalismus und den Imperialismus betont. Es wird als Fehler angesehen, wenn ein ewiger Kleinkrieg gegen Neonazis entstehen würde, ohne den Staat und das Kapital zu bekämpfen. Die Antifas wissen sehr wohl, dass der konkrete Kampf gegen Nazis auf der Straße immer nach genau diesem Kleinkrieg aussieht. Und sie befürchten, dass eben genau dieser Kleinkrieg dem Staat die Möglichkeit geben würde, nach außen als

487 Offener Brief (1987).
488 Zusammenfassung des Autors aus dem Interview mit Sascha Waigel (2008).
489 Autonomes Anti-Fa Info (31.5.86), S. 5f.

neutraler Dritter zu erscheinen, der immer wieder eingreift, quasi als unparteiischer Schiedsrichter. Aber genau darum geht es den Militanten Antifaschisten nicht. Denn ihrer Meinung nach ist der Staat Nutznießer der neonazistischen Politik. Er würde nämlich auch noch aus einem anderen Grund von einem Kleinkrieg gegen Neonazis profitieren, denn die revolutionären Kräfte wären dann eben nicht gegen Ausbeutung und Unterdrückung aktiv, sondern im Straßenkampf gegen Neonazis gebunden.[490]

Selbstverständlich militant

Es ist das entscheidende Merkmal der Militanten Antifaschisten, dass sie bereit sind Gewalt gegen Sachen und Personen anzuwenden.
Militanz ist Ausdruck ihrer konsequenten politischen Haltung. Dabei ist ihnen bewusst, dass sie sich auf eine Konfrontation mit dem Staat einlassen, weil sie am Gewaltmonopol rütteln. Insofern wissen die Antifaschisten, dass sich die staatliche Gewalt auch immer gegen sie richten wird, mit allen Konsequenzen.

»Militanz gibt es einmal als ganz einfache Anti-Nazi-Politik, also drauf und gut. Und dann gibt es Militanz als Ausdruck einer grundsätzlichen Opposition gegenüber dem kapitalistischen Staat, die in Relation zu anderen Aktionsformen oder Kampfformen steht, die eben mehr beinhalten als die ›Knüppel auf den Kopf‹-Politik.«[491]

»Militanter Antifaschismus rechtfertigt sich nicht aus der Untätigkeit des imperialistischen Staates, der angeblich auf dem rechten Auge blind ist. Militanter Antifaschismus rechtfertigt sich nicht als Notwehr gegen faschistische Überfälle. Militanter Antifaschismus ist selbstbestimmte direkte Aktion – Gewalt gegen Sachen und Menschen. Seine politische Moral ist die sehr genaue Unterscheidung zwischen Beteiligten und Unbeteiligten. Der imperialistische Staat ist beteiligt. Er ist eben nicht blind auf dem rechten Auge, sondern wachsam und berechnend. Mehr oder weniger offen hält der Staat rassistische und nationalsozialistische Organisationen aus, um sie für seine Zwecke zu nutzen. (...)

Aus dem Selbstverständnis einzelner Aktionen lassen sich gültige Kriterien zur Einschätzung militanter Antifa-Politik ableiten. Diese Kriterien sind die Grundlage für die Abgrenzung antifaschistischer Militanz gegen nationalsozialistischen Terror und Staatsschutzaktionen.«[492]

Immer wieder werden die Antifaschisten von anderen Gruppen und potenziellen Bündnispartnern außerhalb der autonomen Zusammenhänge auf die Gewalt-

490 Vgl. Broschüre (1986), S. 16f.; Vgl. Dokumentation (1985), S. 40ff.
491 Projektgruppe (1994), S. 25.
492 Antifa-Prozessgruppe Hamburg (1991), S. 172f.

frage angesprochen. Oft erwarten diese eine Verpflichtung zur Gewaltfreiheit, weil sie selber Gewalt ablehnen. Die Militanten Antifaschisten gehen diese selbstlimitierende Verpflichtung meist nicht ein. Es ist ein Knackpunkt in Bündnisfragen. Die Antifaschisten beharren auf der Freiheit der Mittel, d.h. jede Gruppe tut was sie für richtig hält, ohne die anderen zu gefährden. Militant agieren zu dürfen, ist die Minimalforderung der Militanten Antifaschisten bei Bündnissen mit bürgerlichen Organisationen wie VVN, DKP, DGB etc.[493]

»Militanz heißt, dich mit allem was du hast für dein Ziel einzusetzen, das beinhaltet die ganze Bandbreite«.[494]

»Militanz, das ist ein politischer Begriff für bewusst eingesetzte Aktionen. Aber Gewalt ist eine Sache, die ich eigentlich ablehne, weil alles, was auf der Gewalt fußt, steht immer für Angst, Unterdrückung und Zwang und so weiter. (...)

Aber Militanz ist ein notwendiges Mittel. Also ohne Militanz sich zu behaupten, oder politisch tätig zu sein, wer das behauptet in dieser Gesellschaft, der hat nichts kapiert. Hier basiert das gesamte Gesellschaftsmodel auf Gewalt. Oder lassen sich die Leute hier ausbeuten, weil es ihnen gefällt? Nein, sie haben Angst. Das ist das staatliche Gewaltverhältnis, das um uns herum existiert. Deshalb ist militanzfreie Politik so eine Art religiöse Anschauung. Aber die hat in dieser Welt hier keine reale Umsetzung, außer in der Idealisierung von bestimmten Köpfen. Aber wenn du siehst, wie die Gesellschaft hier aufgebaut ist, dann siehst du Gewaltverhältnisse, Machtverhältnisse. Wenn du diese Machtverhältnisse erschüttern willst, dann musst du natürlich auch auf die Liebe der Menschen untereinander setzen. Aber es wird dann immer der Punkt kommen, wo du mit der Gewalt konfrontiert bist. Und Faschismus ist die höchste Form der Gewalt. Und da musst du militant antworten können. Das geht sonst gar nicht. Also gewaltfreier Widerstand gegen Faschisten ist – wenn man die Geschichte des Nationalsozialismus und des Zweiten Weltkrieges und so weiter sieht – für mich absurd.«[495]

Der Begründungszusammenhang der Militanten Antifaschisten zur Anwendung von Gewalt besteht zumeist aus vier Elementen:

- Die Verhältnisse an sich sind gewalttätig: Unterdrückung, Ausbeutung, soziale Kontrolle, Repression, fehlende Meinungsfreiheit etc.
- Das gesellschaftliche Gewaltverhältnis ist täglich praktisch erfahrbar: Polizeiwillkür, Verfolgung durch das Arbeitsamt, Kontrollen durch das Sozialamt, Kaufhausdetektive, Fahrkartenkontrolleure, Schulzwang, Überwachung etc.

493 Zusammenfassung des Autors aus dem Interview mit Michaela Neuberger (2008).
494 Interview des Autors mit Wilhelm Maalkes (2008).
495 Interview des Autors mit Bernd Langer (2008).

- Gewalt gegen Neonazis ist das einzige wirksame Mittel.
- Gegen Nazis tut niemand wirklich etwas nachhaltig Effektives.[496]

Die Punkte eins bis drei sind im Kern bekannte Erklärungsmuster, wie man sie in Schriften von Autonomen ebenfalls findet. Neu und interessant scheint aber Punkt vier.

Dieses Argument wird von dem bekannten Erziehungswissenschaftler Prof. Dr. Franz Josef Krafeld unterstützt. Er kommt zu dem Ergebnis: »(...) dass diese Vorwürfe in ihrer Kernsubstanz in der Regel völlig zutreffend und zu Recht vorgetragen werden: Dass es nämlich in der Tat einen ungeheuren Skandal darstellt und bis heute als unübersehbare Erblast nachwirkt, in wie geringem Maße nach 1945 ›die Vergangenheit bewältigt‹ und der demokratische Neuanfang tatsächlich entnazifiziert angegangen worden ist.«[497]

Die Militanten Antifaschisten haben genug Argumente auf ihrer Seite, um Gewalt als letztes und abschreckendes Mittel zu befürworten und einzusetzen. Gewalt gegen Menschen gehört ebenso zu ihrem Repertoire wie militante Angriffe auf die Infrastruktur. Nach eigenen Angaben versuchen sie Gewalt zielgerichtet und möglichst genau einzusetzen, wobei es ihnen nicht um die Gewalt als Selbstzweck geht. Obwohl die Militanten Antifaschisten Gewalt im Kern angeblich ablehnen, wird sie aber dennoch angewendet, weil sie sie als notwendig ansehen. Dabei folgen sie einem in sich schlüssigen Argumentationsmuster. Demnach müssen das offene Auftreten und das militante Agieren für Neonazis gefährlich sein. Sie sollen wissen, dass ihr erkennbares Erscheinen körperliche Verletzungen nach sich ziehen kann. Weiter gehen die Antifaschisten davon aus, dass neonazistische Gruppierungen autoritär organisiert sind. Deshalb wird in einer Schlägerei versucht den Anführer heruszuziehen und »platt zu machen«. Das soll das Naziumfeld abschrecken und einschüchtern.,[498]

»Also Gewalt gegen Dinge war nie ein Thema. Gewalt gegen Personen, also jetzt so auf einem Low Level, körperverletzungsmäßig, wenn man irgendwo mit Nazis eine Konfrontation hatte, das war auch kein Thema. Das war also in der Szene normal.«[499]

Auch wenn Gewalt als Mittel gegen Faschisten in Antifa-Kreisen als akzeptiert gilt, heißt das nicht, dass Gewaltanwendung ein leichter Schritt für alle ist. »Also gezielte Überlegungen anzustellen, wie Du im Falle einer Gewaltanwendung gegen Dich reagierst, dass Du Gewalt anwendest, auch mit dem Einsatz von Mitteln, die

496 Vgl. Interview im SF-Beat (1987); Zusammenfassung des Autors aus dem Interview mit Sascha Waigel (2008).
497 Krafeld, Franz Josef (1995), S. 384.
498 Vgl. Projektgruppe (Hg.) (1994), S. 10ff.
499 Zusammenfassung des Autors aus dem Interview mit Sascha Waigel (2008).

den Angreifer verletzen. Und das als Humanist? Das ist nicht einfach. Weil Du ja lieber diskutierst und den anderen davon überzeugen würdest. Weil Du Menschen nicht als Menschen verachtest, hasst oder sonst wie minderwertig ansiehst. Ganz im Gegenteil. Du bist gegen ihre Taten, aber nicht gegen sie. Und jetzt wie vorgehen, ohne das bittersüße Gift der Gewalt- und Machtausübung über Andere zu genießen, dem zu verfallen und selbst wie die Gegenseite zu werden? Menschenhasser und Menschen, die die Macht lieben, haben da weniger Probleme. Wir schon.«[500]

Den Militanten Antifaschisten ist es scheinbar wichtig, Gewalt immer verhältnismäßig einzusetzen.

1987 verüben sie einen Anschlag mit Farbe und Buttersäure auf die Sigmaringer Stadthalle, kurz bevor der NPD-Landesparteitag Baden-Württemberg dort stattfindet. Sie drohen: »Es liegt nicht unbedingt in unserem Interesse, Busse und Hallen in Rauch aufgehen zu lassen, zur Abwehr von Faschisten aber werden wir notfalls auch zu solchen Maßnahmen greifen.«[501] Die NPD sagt den Parteitag ab. Das Ergebnis scheint den Antifaschisten Recht zu geben, trotzdem ist Gewalt immer wieder Thema und ihr Einsatz wird diskutiert. Härtegrad und Art werden dem politischen Ziel angepasst.

Nach dem Tod Günter Sarés ist es aus ihrer Sicht richtig, ein Zeichen zu setzen, und »der Welt zu zeigen«, dass dieser Mord nicht kommentarlos hingenommen wird. Aber die Militanten Antifaschisten wollen keine symbolische Militanz, ihre Aktionen sollen eingreifen, zielgerichtet und möglichst exakt bestimmt sein.[502]

Gewalt gegen Sachen

Gewalt gegen Sachen ist bei den Militanten Antifaschisten allgemein akzeptiert. Keine Quelle weist darauf hin, dass diesbezüglich irgendein Dissens besteht. 1987, als ihr Einfluss bei der Zeitschrift *radikal* schon erheblich ist[503], erscheint ein Artikel, der sich Gedanken darüber macht, was eine militante Aktion überhaupt charakterisiert. Unter Punkt eins wird auf »Ziel und Form« eingegangen: Was soll ihr Sinn sein? Geht es um »effektive Zerstörung«, oder einen »symbolischen Angriff«? Dabei wird wiederholt darauf hingewiesen, dass es wichtig ist, Unbeteiligte nicht zu schaden und zu gefährden. Die jeweiligen Aktionsgruppen sollen sich am Anfang fragen, was bezweckt werden soll: »Was ist unser Objekt? Was ist unsere Aussage? (…) Das ist auch

500 Interview mit dem »schwarzen Paule« (2014) aus Bochum. Quelle: https://linksunten.indymedia.org/de/node/118284. 10.10.2014, 12.13h.
501 radikal (Nr. 134), S. 64.
502 Vgl. MTK (1990), S. 65.
503 Siehe das Kapitel: Die Militanten Antifaschisten und die radikal.

von den örtlichen Voraussetzungen abhängig. Also, wie schließen wir die Gefährdung Unbeteiligter aus? Wie schließen wir eigene Gefährdung aus?« Die Wahl der Mittel muss dem Objekt und den eigenen Fähigkeiten angepasst werden. Die Autoren setzten sich außerdem mit den Konsequenzen militanter Aktionen auseinander. Denn diese müssen ihnen zu Folge unbedingt bedacht werden, denn immerhin kann es zu einer großen Repressionswelle, oder, wie bei Angriffen gegen Neonazis, auch zu einer harten Gegenreaktion kommen![504]

Wie in dem Artikel empfohlen, achten die Militanten Antifaschisten penibel darauf, dass die Wahl der Mittel dem Objekt des Angriffs entspricht. So greifen Militante Antifaschisten 1986 in einer koordinierten Aktion mehrere logistische Objekte von Neonazis an. Sie schreiben: »In der Nacht vom 14.4. zum 15.4.1986 haben wir verschiedene Treffpunkte und Fahrzeuge der Faschisten angegriffen und zum Teil zerstört. Die Mittel des Angriffs, Brandsätze, Glasbruch, Reifenstechen, Lack abbeizen, Buttersäure etc., sind von uns abgestuft worden, um Unbeteiligte nicht zu gefährden und Unterstützer der Faschisten nur zu warnen.«[505]

Schon zwei Jahre vorher wird bei einem Brandanschlag auf die Autowerkstatt eines Neonazis bei den eingesetzten Mitteln genau abgewogen. Die vor Ort abgestellten Kundenfahrzeuge werden nicht komplett zerstört, die Aktion soll bei den Kunden als Mahnung wirken: dort werden nur die Reifen zerstochen und Hakenkreuze in den Lack gebeizt. Für diese Schäden muss der neonazistische Werkstattinhaber aufkommen, während bei einem Brandanschlag evtl. die Versicherung für alle Schäden aufgekommen wäre, so die Militanten. Seine Werkshallen hingegen werden ein Raub der Flammen.

»Unbeteiligte wurden nicht gefährdet: zwei große Hallen ohne angrenzende Gebäude mit massiven Steinmauern konnten in aller Ruhe ausbrennen. (...) Im Briefkasten des Kfz-Meisters Kretschmann fanden wir das Angebot eines Versicherungsagenten für Verdienstausfall bei Brandstiftung. Diese Versicherung konnte er nicht mehr abschließen.«[506]

Um keine Menschenleben zu gefährden, brennen Militante Antifaschisten 1986 auch »nur« das Verwaltungsgebäude und nicht die Druckerei der Firma Kölle Druck in Preußisch-Oldendorf ab. Die Druckerei stellt neonazistische Schriften her.[507]

»... die Druckerei mussten wir in Ruhe lassen, um Erwin Höke mit seinen kleinen Kindern nicht zu gefährden«.[508]

Ebenso werden beim Brandanschlag auf eine Tagungsstätte der Artgemeinschaft

504 Vgl. Radikal Info (1987), S. 7f.
505 Erklärung (1986a).
506 Erklärung (1984).
507 Vgl. Antifa-Prozessgruppe Hamburg (1991), S. 163; radikal (132), S. 27.
508 Antifa-Prozessgruppe Hamburg (1991), S. 163.

von Jürgen Rieger eine Reithalle, ein Tagungsraum und leere Stallungen angezündet, aber das Gästehaus bewusst verschont. Die Militanten Antifaschisten können nicht ausschließen, wie sie in ihrer Erklärung schreiben, dass sich darin Menschen befinden. Zwar hätten diese, als zum Umkreis von Neonazis gehörend, durchaus eine Abreibung verdient, aber ohne zu wissen wer sich dort genau aufhält, wäre dieser Angriff »wahllos« und »ungezielt« gewesen. Weshalb sie den Brand begrenzen.[509]

Im Kontext des Überfalls auf das Ehepaar Worch 1989 betonen die Angreifer, dass nicht mal diesen Faschisten, die immer wieder an menschenverachtendem Terror beteiligt sind, unnötige Gewalt angetan wird. Dazu tragen die beiden Eheleute ihren Teil bei, indem sie den Anweisungen des Mobilen Antifa Kommandos (MAK) strikt Folge leisten. Aber Körperverletzung ist eben auch nicht das Ziel der Aktion, sondern es geht ausschließlich um Informationsgewinnung, um Recherche in besonders krasser Form. Die Antifaschisten möchten Papiere mitnehmen – Ordner, Mitgliederlisten und Notizbücher, um Namen und Verbindungen offenlegen zu können. Das Ehepaar Worch selbst ist nicht Ziel des Überfalls.[510]

Der präzise, zielgerichtete Einsatz der Mittel ist ein Merkmal linker Aktionen. Sie sollen vermittelbar sein und in Bezug zu aktuellen Kämpfen stehen.[511]

Gewalt gegen Menschen

Nach Angaben von Beteiligten aus Hamburg entspringt die Bereitschaft zur Militanz aus der Notwenigkeit, dass die Neonazis dort in den 1980er-Jahren anfangen, politische Gegner physisch zu attackieren und zu terrorisieren. Außerdem nehmen Brandanschläge auf linke Büros und türkische Läden zu. In dieser Situation beschließen Antifaschisten, deutliche Zeichen zu setzen und sich zu wehren: Sie beginnen auf der Straße praktisch zurückzuschlagen. Die Aktivitäten der Neonazis nehmen schon nach den ersten Gegenaktionen merklich ab.[512]

1983 lösen Antifaschisten ein Treffen der ANS/NA in einer Wienerwald-Gaststätte in Hamburg gewaltsam auf. Die anwesenden Neonazis werden ziemlich verprügelt. Michael Kühnen schreibt darauf hin, dass sich die ANS/NA in Hamburg nicht mehr öffentlich treffen kann, weil ihnen »die Linken auf den Fersen sind«. Damit scheint offensichtlich, dass Gewalt gegen Neonazis funktioniert.[513]

In einem Artikel aus dem Jahr 1985 und einem Flugblatt von 1986 wird betont,

509 Vgl. Antifa-Soligruppe Hamburg (1991), S. 143; Erklärung (1986).
510 radikal (Nr. 139), S. 51; Vgl. Mobiles Antifa Kommando (1989); Worch, Christian (1989).
511 Vgl. Antifa-Soligruppe Hamburg (1991), S. 4.
512 Vgl. Konkret-Interview: Wenn Kühnen was auf die Nase kriegt (o.J.), o.S.
513 Vgl. Weichler, Kurt (1983); Vgl. Konkret-Interview: Wenn Kühnen was auf die Nase kriegt (o.J.), o.S.

dass die Neonazis auf verschiedenen Ebenen bekämpft werden müssen. Gewalt allein sehen die Verfasser auf Dauer als nicht zielführend an: »Wichtig ist es, auf das Bewusstsein der Bevölkerung einzuwirken und eine Organisierung nach rechts zu verhindern. Dazu ist es nötig, die Strukturen der Faschisten zu zerschlagen und ihre Propagandashows unmöglich zu machen. Zum einen, indem wir den Faschisten hinterher fahren und ihnen entgegentreten, zum andern indem wir sie selbstbestimmt aufsuchen und ihre Zentren, ihre Büros, ihre Logistik usw., angehen: Brandanschläge gegen Nazis 1986: U.a. 21.5. Gärtnerei Müller in Mainz-Gonsenheim; 21.7. Verlage Grabert und Gulde in Tübingen; 1.10. Schießstand des Kyffhäuserbundes in Hohen Hagen (Harz).«[514]

»Militante oder militärische Aktionen gegen die Faschisten können nicht die antifaschistische Politik ersetzen, wie das die Parole ›Schlagt die Faschisten, wo ihr sie trefft!‹ nahelegt, sondern sie sind ihr untergeordnet, sind nur zwei von vielen Mitteln der Politik. Ihre Anwendung richtet sich nach dem Bewusstsein der Massen und den Erfordernissen der Situation. Danach, inwieweit die möglichen gewaltlosen Mittel verbraucht sind, ob Gewalt zum Schutz von Massenaktionen notwendig ist, ob durch sie Mittel für die Agitation unter den Massen beschafft werden können, ob sie der Spaltung des Gegners und der Abnutzung seiner Kräfte dienen usw. Aktuell bedeutet das u.a., dass wir uns mehr militante Aktionsformen unterhalb von Straßenschlachten überlegen müssen (z.B. Besetzung von Gebäuden/Versammlungsräumen bereits am Vorabend), den Schutz unserer Demonstrationen gegenüber Faschisten und Bullen stark verbessern, um neuen Leuten bei direkten Aktionen mehr Sicherheit zu geben und militante Aktionen auf das politisch derzeit notwendige Maß zu beschränken und das ›Skins- und Nazis-Klatschen‹ ohne klaren Anlass zu beenden.«[515]

Entgegentreten bedeutet die physische Konfrontation mit dem politischen Gegner, die die Militanten Antifaschisten bei allen sich bietenden Gelegenheiten suchen. Zum Standardrepertoire gehören Knüppel, Axtstiele, Schlagringe, Nunchakus[516], CS- und/oder CN-Gas, und natürlich die Sturmhaube zur Vermummung. Bei Konfrontationen auf Distanz kommen Gaspistolen mit Leuchtkugelaufsatz oder Leuchtkugelabschussgeräte, Nebelkerzen, Bengalische Feuer, Knallkörper, Molotow-Cocktails, Zwillen, Wurfgeschosse aller Art (Steine, Beutel mit Fäkalien, mit Farbe gefüllte Christbaumkugeln oder Eier, Buttersäure in Reagenzgläsern etc.), Feuerwerksraketen und Rauchbomben zum Einsatz.[517]

514 Flugblatt (1986h).
515 N.N. (1985), S. 36.
516 Nunchaku: Asiatische Waffe, auch Würgeholz genannt. Bestehend aus zwei unterarmlangen Stöcken, die mit einer Kette oder Schnur verbunden sind. Bekannt aus Filmen mit Bruce Lee.
517 Zusammenfassung des Autors aus den Interviews mit Roger Ottenheimer (2007), Lars Balkes und Michaela Neuberger (2008); Vgl. Autonomes Anti-Fa Info (31.5.86), S. 5f.

Obwohl die militanten Einsatzmittel übel klingen, sind sie wohl gewählt. Die Militanten Antifaschisten wollen die Gewaltspirale nicht ins Unendliche nach oben schrauben. Bei der Anwendung von physischem Zwang wird darauf geachtet, dass das Ergebnis möglichst kontrollierbar bleibt. Der Einsatz tödlicher Waffen gegen Menschen in einer Schlägerei ist tabu, wie bspw. Messer oder Eisenstangen. Die Antifas wollen sich deutlich von den Methoden der Neonazis unterscheiden. Während diese noch auf am Boden liegende Gegner herumspringen, gilt für die Antifaschisten, dass ein kampfunfähig auf dem Boden liegender Gegner nicht weiter attackiert wird. Auf einen Wehrlosen wird nicht mehr eingeschlagen oder -getreten. Das gilt auch für Gegner die sich »ergeben«. Es gibt klare Grenzen in der Anwendung von Gewalt, die allen bewusst und allgemein akzeptiert sind. Niemand genießt die physische Auseinandersetzung. Vor allem soll kein politischer Gegner bei einer Schlägerei umkommen.[518]

»Wenn, dann wollte ich schon bewusst verletzen oder das Maß der Verletzung ein bisschen bestimmen. Also ich wollte nicht unabsichtlich jemanden umbringen. (...) Ich ging nicht mit dem Messer in eine Straßenschlägerei. Das Messer hatten wir dabei, um Autoreifen zu zerstechen, aber nicht um Leute abzustechen. Aber ich kann mich auch nicht erinnern, (...) dass jemals in Hannover ein Faschist von einem Antifaschist mit einem Messer niedergestreckt wurde.«[519]

»Natürlich besteht immer die Möglichkeit [dass jemand umkommt]. Wenn ich mich mit jemandem schlage, kann der blöd getroffen werden. Das kann möglich sein. Aber ich finde, dass man eine Aktion, wenn man sie vorbereitet, so vorbereiten sollte, dass man möglichst präzise ist. Dass man die Sachen erreicht, oder auch die Sachen vermeidet, die man vermeiden will. Wenn ich jetzt los gehe in eine Kneipe, und schlage mich da mit ein paar Leuten, da kann natürlich alles Mögliche passieren. Aber wenn ich ein Messer einstecke, ist die Möglichkeit, dass ich es ziehe, auf alle Fälle gegeben.«[520]

Doch nicht immer sind es die Antifaschisten, die die Eskalationsstufe bestimmen. Am 1. Mai 1987 kommt es in Worms während eines NPD-Treffens mehrfach zu Zusammenstößen zwischen Neonazis und Militanten Antifaschisten. Während einer Schlägerei mit ca. 30 Beteiligten greift ein Neonazi plötzlich zu einem Schlagring mit Messer. Er zieht die Klinge einem Angreifer vor den Augen der Polizei durch den Hals. Der Antifaschist läuft blutend zum nächsten Sanitäter, während die Polizei auf die Antifaschisten einprügelt und sich nicht um den Neonazi kümmert. Der Schnitt führt über Halsschlagader und Luftröhre. Später stellt sich heraus, dass der Antifaschist unheimliches Glück hatte. Das Messer zerschnitt nur die oberen

518 Zusammenfassung des Autors aus den Interviews mit Lars Balkes und Wilhelm Maalkes (2008).
519 Interview des Autors mit Lars Balkes (2008).
520 Interview des Autors mit Bernd Langer (2008).

Hautschichten, andernfalls wäre wohl der Tod die Folge gewesen. Die Antifaschisten antworten, indem sie ein Dutzend Nazi-Skinheads in einem Café angreifen und zusammenschlagen. Fast alle Nazis verlassen das Café liegend auf der Krankenbahre.[521]

In Göttingen schlagen Antifaschisten Neonazis auf einer Party der FAP zusammen. Anschließend müssen sie sich dafür in der autonomen Szene rechtfertigen. Sie wehren sich gegen den Vorwurf, dass solche Angriffe die Gewaltspirale nach oben treiben. Dem halten sie entgegen, dass es die Neonazis sind, die durch Aktionen mit Bomben, Brandanschlägen, Gaspistolen und Knüppeln die Eskalation vorangetrieben haben, und nicht die Antifaschisten.[522]

Die bundesweiten Erfolge der militanten Aktionen bestärken die Antifaschisten. In Bonn gehen faschistische Umtriebe zurück, als sie anfangen systematisch gegen Neonazis vorgehen. Diese laufen in Uniform auf dem Gelände der Universität herum, und greifen vermeintliche Ausländer und Linke aus bestimmten Kneipen heraus an, und schlagen sie zusammen. Einige Antifaschisten organisieren sich und schlagen ab 1988 auf dem Universitätsgelände und in der Stadt zurück:»[Wir] sind da hingegangen, haben Flugblätter verteilt und Nazi für Nazi rausgeprügelt.«[523]

Dabei versuchten sie die rechten Führer gezielt herauszugreifen, um ihre Autorität in den Gruppen zu untergraben. »Da gibt es symbolisch sehr wichtige Geschichten, dass sich drei Antifas z.B. einen Nazi-Chef herausnehmen und verprügeln, und sein ganzer Anhang von zehn Mitläufern schaut zu und traut sich nicht einzugreifen. Bei deren autoritärer Struktur war das sehr wirkungsvoll.«[524]

In Bochum wirken die militanten Erziehungsmaßnahmen ein paar Jahre. »Die Demo verlief mit 800 Leuten ziemlich erfolgreich. Auf der Höhe der Hauptpost an der Wittenerstraße nahm ich aus 100 Meter Entfernung vier Nazis auf dem Bürgersteig war, die den Arm nicht unten lassen konnten, den Hitler-Gruß zur Demo hin machten. Bevor wir aber noch da waren, hatte sich eine andere Combo aus der Demo gelöst. Das ging ruck zuck, da lagen die schon. Am Eingangsbereich, ca. 30 Meter weiter, schien sich das Gleiche, nur viel gröber, abgespielt zu haben. Die Demo war ruhig weiter gegangen. Fast beiläufig wurde die ruppige Antwort auf die Provokation goutiert, Parolen gerufen und weiter gezogen. Im Grunde genommen vorbildlich. Die Polizei hatte nichts mitbekommen. Da die nächsten Wannen 100 Meter weiter standen und die Straße sich zu ihnen etwas absenkte, konnten sie gar nicht mitbekommen was passiert war, und sahen nur eine ruhig dahinziehende Demo. Perfekt. Ein paar Tage später sah ich einen der Nazis aus dem Eingangsbereich

521 Vgl. radikal (Nr. 133), S. 50; Zusammenfassung des Autors aus dem Interview mit Roger Ottenheimer (2007).
522 Vgl. Infomappe Südniedersachsen (1988), S. 18.
523 Projektgruppe (Hg.) (1994), S. 87ff.
524 Projektgruppe (Hg.) (1994), S. 87ff.

der Post. Er hatte beide Arme eingegipst und lief so durch die Stadt. Nach dieser Demo hat sich in Bochum kein Nazi mehr getraut eine Antifa-Demo anzugreifen. Das eine Bochumer Demo wieder mit Hitler-Gruß und rechtsradikalen Parolen provoziert wurde, dauerte fast 10 Jahre.«[525]

Den Berichten zu Folge wird die Militanz zielgerichtet und effektiv eingesetzt. Doch es ist eine Illusion, während einer militanten Auseinandersetzung alles unter Kontrolle halten zu wollen. Die Beschreibung eines Angriffs auf das FAP-Zentrum in Mackenrode zeigt deutlich, dass ein Restrisiko bleibt: »Es galt, keine Sekunde zu zögern. Schon krachten die Abschüsse von Signalmunition, deren rot und grün leuchtende Geschosse in die Reihen der Nazis sausten. Gleichzeitig prasselten Steine auf sie nieder, Kanonenschläge explodierten und wir stürmten mit Schlachtgeschrei voran. Ich befand mich ganz vorn und sah, wie die Nazis den ersten Steinhagel empfingen. Einen größeren Typen erwischte es am Kopf. Als sei er von einem elektrischen Schlag getroffen worden, zuckte sein Schädel zur Seite und er ging in die Knie, hielt sich den Kopf, Blut floss. Noch bevor wir das Anwesen erreichten, flüchteten die Nazis zurück auf das Gelände. Ein paar Steine flogen uns entgegen, doch einstecken mussten einzig die Nazis. Wie viele sich im Haus und auf dem Grundstück befanden, wussten wir nicht, deshalb wäre es töricht gewesen, auf das Gelände vorzudringen. Spontan verständigten wir uns, die Straße nicht zu verlassen, es war beeindruckend wie die Kommunikation in diesem Moment funktionierte.

Unsere Steine prasselten gegen die Holzfassade und es war der richtige Moment, Molotow-Cocktails einzusetzen. Das wussten auch die Nazis, die einen Ausfall wagten. Vor dem Gelände standen zwei hoch gemauerte Steinpfosten, von denen aus ein kurzer Weg direkt zur Eingangstür des Hauses führte. Vier von uns standen zwischen den Eingangspfosten, die Tür krachte auf und die Nazis stürzten mit Wutgeschrei heraus. Zuvorderst ein Glatzkopf, der mit einer Tarnjacke bekleidet war und eine Axt in der Rechten schwang. Im selben Moment feuerten wir alles auf die Nazis, was wir konnten: Signalmunition, Zwillengeschosse und scharf gezackte Schottersteine. Augenblicklich knickte der Vorderste wie ein Klappmesser zusammen. Die Axt fiel neben den Gehweg und er blieb wimmernd auf dem Boden liegen. Gleichzeitig traf es seinen Hintermann am Kopf, mit einem Ruck schlug er nach hinten über und fiel gegen die Nachstürmenden. Sie kamen nicht raus und wir kamen nicht rein. Deshalb beschlossen wir uns zurückzuziehen – mit dem Gesicht zum Gegner, um die Situation unter Kontrolle zu halten.

525 Interview mit dem »schwarzen Paule« (2014) aus Bochum. Quelle: https://linksunten.indymedia.org/de/node/118284. 10.10.2014, 12.13h.

Kaum waren wir zehn Meter vom Haus entfernt, stürmten die Nazis auf die Straße, manche hatten weiße Katastrophenschutzhelme auf dem Kopf. Der Obernazi Polacek rannte mit einer geschmiedeten Sense umher. Sie griffen uns mit Steinen und Molotow-Cocktails an. Wir nahmen mit unseren Wurfgeschossen die vordersten ins Visier. Einen besonders lauten Krakeeler traf eine Stahlkugel am Kopf, als er zum Wurf ausholte. Wie von einer unsichtbaren Faust getroffen, riss es ihn von den Beinen. Die Hände vor dem Gesicht stürzte er auf den Asphalt und blieb bäuchlings regungslos liegen. Währenddessen reichten Anwohner Steine aus ihren Vorgärten und feuerten uns an. Über mangelnde Sympathie konnten wir uns nicht beklagen. Wieder stürmten wir vor und drängten die Nazis in ihr Gebäude zurück. (…)

Wir verständigten uns auf den allgemeinen Rückzug und konnten ohne Probleme die Ortschaft verlassen, denn die Nazis folgten uns nicht. Sie hatten genug damit zu tun, sich um ihre Verletzten zu kümmern.«[526]

Zwar versuchen die Militanten Antifaschisten so gut es geht die Situation unter Kontrolle zu halten. Aber letztendlich kann nur ein Rahmen geschaffen werden, in dem sich die Konfrontation abspielt. Dass dieser nicht verlassen wird, ist keineswegs garantiert. 20 Jahre später räumt Bernd Langer im Interview ein, dass bei dem Angriff auf die FAP-Versammlung einiges hätte schiefgehen können: »Da hätte es auch einen Toten geben können. Das waren ja nur ein paar Millimeter Knochendicke, die die Zwillenkugel abgehalten hat. Das wäre fatal gewesen, wenn es da einen Toten gegeben hätte. Und im Grunde genommen muss man so was genau kalkulieren. Also ich finde, den Tod eines Menschen, das ist eine Dimension, die man sich genau überlegen sollte. (…) Es ist nicht leichtfertig damit umzugehen.«[527]

Die Militanten Antifaschisten setzen sich Grenzen, wie weit die angewendete Gewalt gehen darf. Doch sie können nicht überall sein. »Nazis hatten antifaschistische Schüler nach einer Demo an mehreren Stellen am Hauptbahnhof angegriffen, wurden an einer Stelle aber plötzlich von einer Überzahl SchülerInnen umringt. Die Teenager zwangen die etwa gleichaltrigen Nazis ihre Waffen, Messer und dergleichen abzugeben. Anstatt aber den Arschlöchern ein paar Backpfeifen und Arschtritte zu geben, bekam einer der Nazis aus kürzester Distanz einen Backstein vor den Kopf geknallt und brach zusammen. Das ging gar nicht. Wir sind keine Nazis. Leute die sich ergeben kriegen ihrer Tat nach noch eine Abreibung. Aber diese noch gravierend zu schädigen, das geht nicht. Wir sind nicht wie sie. So etwas darf nicht passieren. Linke sind Strukturfeinde, Rechte sind Menschenfeinde.«[528]

526 Langer, Bernd (2004), S. 225.
527 Interview des Autors mit Bernd Langer (2008).
528 Interview mit dem »schwarzen Paule« aus Bochum. Quelle: https://linksunten.indymedia.org/de/node/118284. 10.10.2014, 12.13h.

Die Antifaschisten sind aber noch mit einem weiteren Gegner konfrontiert. Um an die Neonazis bei Aufmärschen oder Demonstrationen heranzukommen, müssen sie erst einmal die diese schützende Polizei überwinden. Sehr oft gelingt das nicht, wie in Fallingbostel 1983, oder in Stuttgart 1986. Mitunter kommt es aber zu absurden Szenen, wie bei einer Neonazi-Kundgebung in Mannheim: »Die Bullen haben Hunde losgelassen, aber die waren völlig durcheinander und haben dann auf die Bullen eingebissen. In dem Durcheinander haben wir die Hunde gepackt und auf die Bullen geschmissen. Und irgendwann haben die Bullen gemerkt, sie können das ganze nicht mehr halten und haben sich zurückgezogen. Dann standen wir endlich vorne und oben auf der Bühne standen die Faschos mit Fahnen und wollten ihre Rede halten. Wir sind dann mit zwei, drei Leuten auf die Bühne rauf und haben einfach mal hurtig Tabula Rasa gemacht. Und das war's dann für die Nazis. Das sind so richtig gute Sachen gewesen.«[529]

Das eigene Verhältnis zu Gewalt wird immer wieder thematisiert. Trotz ihrer erklärten Bereitschaft militant vorzugehen, versuchen die Antifaschisten Verantwortung zu übernehmen und nicht einfach der Gewalt das Wort zu reden. »Einige anarchistische Szenen betreiben einen Kult der Rebellion, eine Ästhetik der Gewalt, arbeiten mit dem Image des Straßenkämpfers. Das lockt immer wieder solche Individuen ohne revolutionäre Moral und Bewusstsein an. Die leben sich unter dem Label des Anarchismus ein paar Jahre aus. Legitimieren ihre über die Grenzen gehenden Aktionen und auch Gewalttätigkeiten als linksradikal und anarchistisch. Die toben sich aus, bevor sie in einer anderen Exzesse versprechenden Szene verschwinden. Das Problem vieler AnarchistInnen ist, dass sie keine eigenen klaren Vorstellungen von Gewalt versus Militanz haben und nicht wissen, was sie selbst wollen. Sie lassen deswegen immer wieder solche Leute in die Szene von denen sie sich einen Aktionsgewinn versprechen, über die sie sich aber später beschweren. Solche Szene-Strukturen wollen nicht die Verantwortung übernehmen und klar sagen: Wir wollen deine verkleidete pseudo-revolutionäre Gewaltrhetorik und selbst- und fremdgefährdenden Aktionismus hier nicht. (...) Man trägt Verantwortung für die Entwicklungen der eigenen Szenen. Mit seinen Handlungen aber auch mit seinem Wegsehen und Nichtverhalten. Wenn ich die Anwesenheit solcher Typen zulasse, deren Gewaltrhetorik, deren aggressiven Habitus und Stil, dann importiere ich den Machismo, die Gewalt- und Machtverliebtheit in die Szene. Ich behindere oder verdränge dadurch emanzipatorischen Diskurse und libertäre Prozesse. Der Freiheit gilt eine Gasse, das heißt nicht der Gewalt. Und auf die Gesellschaft heißt das, dass diese Gasse auch nicht mit Gewalt, sondern Militanz erreicht wird. Dass die anarchistischen Szenen und Grüppchen immer wieder diese Form des Imports kapitalistischer Denk- und

529 Interview des Autors mit Wilhelm Maalkes (2008).

Handlungsmuster vollziehen, zeigt mir wie unreif diese Strukturen sind. Und ich betone dabei Szenen, denn es gibt hier nicht ›eine‹ Szene ...«[530]

Die Grenze zwischen Gewalt und Machtausübung spielt in den Gedanken der antifaschistischen Zusammenhänge eine Rolle. Denn Gewalt ermöglicht Macht, kein kapitalistischer Staat würde ohne den Zwang der Gewaltverhältnisse funktionieren. »Also Macht ist geil, Macht macht sexy. Ja, in einer Gesellschaft die so strukturiert ist wie unsere ist das so. Menschen, die so erzogen werden, funktionieren so. Du kannst von einer inneren Schönheit, Reife und einfach ein toller Mensch sein. Super Sachen machen. Es interessiert niemanden. Was in dieser Gesellschaft interessiert, ist dein Markt- und Gebrauchswert auf dem ökonomischen Arbeitsmarkt, Beziehungs-markt, Sex-markt. Macht zu haben ist vielversprechend. Und die Macht mit diversen Formen der Gewalt, also körperlich, psychologisch und/oder strukturell, aufzubauen und zu sichern ist die Voraussetzung. Gewalt und deren Ausübung verschafft Befriedigung, ein gutes Gefühl auf der richtigen Seite des Lebens zu stehen. Das der andere Mensch nicht zu interessieren hat, dass hast du ja in dieser Ellenbogengesellschaft gelernt. So funktioniert der Kapitalismus. Kapitalismus ist permanente Ausgrenzung, Exklusion. Und die, die besonders an diesen Ausgrenzungssystemen interessiert sind, werden zu Faschisten. Faschismus als eine Ideologie, die auch für die Verlierer dieser Exklusionsprozesse einen Anteil an der Macht und die Legitimität der Gewalt verspricht. Höherwertigkeit per Geburt, per Geschlecht, per Hautfarbe und Nationalitätszugehörigkeit. Dazu das Angebot einer angeblich exquisiten ethischen Gemeinschaft per Gencodes anzugehören. Kapitalismus produziert Faschismus. Der Schoß wird immer fruchtbar sein, so lange der Kapitalismus existiert.«[531]

Die eigene Praxis, das eigene Verhältnis zu Gewalt, wird in großen wie in kleinen Kreisen immer wieder thematisiert. »Ich bin nie so richtig gewaltgeil gewesen. So richtig Gewalt gegen Menschen konnte ich nur aus einer körperlichen Emotion starten, also klinisch konnte ich das eigentlich nicht. Vor allem nicht so, dass ich mich daran gelabt habe, wenn ich jemanden eine Flasche auf den Kopf gehauen habe. Was anderes ist es, ein paar Scheiben klirren zu hören, und ähnliche Sachen. Das fand ich schon immer ganz gut. Aber es war schon teilweise so, dass ich nach harten Gewaltsachen öfter darüber nachgedacht habe. Das ist nicht so spurlos an mir vorbeigegangen.«

Frage: Was meinst du jetzt mit harten Gewaltsachen?

»Wenn man jemanden besonders heftig getroffen hat. Schon wie der dann

530 Interview mit dem »schwarzen Paule« aus Bochum. Quelle: https://linksunten.indymedia.org/de/node/118284. 10.10.2014, 12.13h.

531 Interview mit dem »schwarzen Paule« aus Bochum. Quelle: https://linksunten.indymedia.org/de/node/118284. 10.10.2014, 12.13h.

geguckt hat, und das Geräusch. Das ist mir dann durch den Kopf gegangen. Ich hab mich dann schon hinterfragt. (…) Zumindest mit meinen engsten Freunden damals habe ich darüber auch diskutiert, wie weit unsere Gewalt gehen soll, darf, kann. Oder welche Gegenstände wir nicht einsetzen, weil man da die Verletzungen nicht kontrollieren kann. Über so was haben wir schon gesprochen.«

Frage: Zum Beispiel?

»Also zum Beispiel eine Eisenstange ging nicht. Klar, in der Not hätte man sie genommen, aber es war nicht unser Ziel, mit einer Eisenstange jemand auf den Kopf zu hauen. Da haben wir lieber was genommen, was ein bisschen federt, wie einen Holzknüppel.«[532]

Der in Worms mit dem Schlagringmesser verletzte Antifaschist gehört zur Wiesbadener Gruppe. Das Ereignis wird ausführlich diskutiert. Das Ergebnis ist, dass in einer physischen Konfrontation noch besser aufgepasst werden muss. Die Militanten Antifaschisten stellen sich darauf ein, dass Neonazis in einer direkten Konfrontation keine Moral und keine Grenzen kennen. Tote nehmen Nazis billigend in Kauf.[533]

In Hannover wird einem Punk aus Österreich, der zufällig an einer Neonazi-Kneipe vorbeiläuft, von Skinheads 13 Mal in den Rücken gestochen. Einem Hausbesetzer werfen Neonazis eine Betonplatte auf den Kopf, während er am Boden liegt, und stechen ihm mit einem Messer vier Mal in die Lunge. Die beiden Neonazi-Opfer überleben nur knapp. Einer sitzt seitdem im Rollstuhl.[534] Die Menschenverachtung setzt sich noch brutaler ab 1990 fort.[535]

Nach Meinung der Militanten Antifaschisten wirkt ihre Gewalt gegen Neonazis auf mehreren Ebenen. Sie setzen auf Angst und hoffen, dass Neonazis mit ihren Aktionen aufhören, sobald sie deutlich Gegenwind bekommen, wenn bspw. ihre Name und Adresse bekannt sind – weshalb ihnen nach Möglichkeit immer der Ausweis abgenommen, bzw. dieser abgeschrieben wird. Außerdem reagieren Neonazis auf Stärke, auch der des Gegners. Ist dieser übermächtig, geben sie klein bei. Nicht wenige wechseln sogar auf die Seite der Stärkeren und »laufen über«. Den Neonazis wird deutlich gezeigt: Stopp! Bis hierhin und nicht weiter. Hier ist die Grenze, ab jetzt müsst ihr mit Gegenwehr rechnen. Nazi-Gruppen sind hierarchisch aufgebaut. Ihre Führer greifen die Antifas heraus und machen sie bspw. lächerlich, indem sie sie in Unterhosen durch die Stadt jagen. Die Praxis der Militanten Antifaschisten zieht Jugendliche an die Ärger mit Neonazis haben. Ihnen

532 Interview des Autors mit Lars Balkes (2008).
533 Vgl. radikal (Nr. 133), S. 50; Zusammenfassung des Autors aus dem Interview mit Roger Ottenheimer (2007).
534 Zusammenfassung des Autors aus dem Interview mit Lars Balkes (2008).
535 Infos zu Opferzahlen: http://www.netz-gegen-nazis.de/category/lexikon/todesopfer; http://de.wikipedia.org/wiki/Todesopfer_rechtsextremer_Gewalt_in_Deutschland.

wird praktisch vorgeführt, dass man sich gegen Neonazis wehren kann. Manche Jugendliche werden dann ebenfalls aktiv.

Für Politikinteressierte sind Antifa-Aktionen immer ein konkreter Ansatzpunkt. Es finden weniger Debatten und Plenen (wie bei den Autonomen) statt, dafür aber viel Praxis. Für viele junge Leute ist so etwas attraktiver als endlose Diskussionen. So findet über das Thema Antifaschismus eine Politisierung vieler junger Menschen statt.[536]

In einem Papier mit dem Titel *Militanter Antifaschismus – Teil des antifaschistischen Kampfes* wird der Sinn militanter Antifa-Politik dargestellt. Die Ausführungen beginnen mit der Frage »Verändern Prügel das Bewusstsein?«: »›Faschistisches bzw. reaktionäres Bewusstsein wird nicht durch physische Angriffe verändert‹, heißt es. Wer würde dem nicht zustimmen? Weiter pflegt es dann etwa folgendermaßen zu gehen: ›Daher ist Gewaltanwendung gegen Faschisten sinnlos‹! Schon diese Argumentation zeigt, dass der Zweck antifaschistischer Militanz nicht verstanden wurde, da er auf die Überzeugung der Faschisten reduziert wird. Dafür sind Prügel allerdings ein untaugliches Mittel. Es geht auch nicht darum, Faschisten physisch fertig zu machen, weil es ›böse Menschen‹ sind, um gleich einem weiteren unsinnigen Argument zu begegnen.

Bei antifaschistischer Militanz geht es um etwas anderes: einerseits die Faschisten ›von der Straße‹ zu kriegen, um der ständigen Bedrohung durch sie zu begegnen, und andererseits ihre Propaganda und damit ihre Ausbreitung zu verhindern. Beide Aspekte sollen im Folgenden erläutert werden.

Faschisten sind eine permanente Bedrohung. Je mehr Faschisten öffentlich auftreten können, desto unangenehmer wird die Situation für ihre GegnerInnen und diejenigen, die von den Faschisten als ›Untermenschen‹ bezeichnet werden. Die Faschisten hier nicht angreifen und vertreiben zu wollen, können eigentlich nur GenossInnen, die sich nicht bedroht fühlen, weil sie nicht erkenn- und/oder greifbar für die Faschisten als ihre GegnerInnen sind. Also Leute, die keine erkennbaren bzw. stadtbekannten Linken sind, keine Punks sind, keine langen Haare haben, keine AusländerInnen sind, nicht auf die öffentlichen Nahverkehrsmittel angewiesen sind, nicht in Fascho-Hochburgen wohnen, denn diese sind einer permanenten Bedrohung durch die Faschisten ausgesetzt. (…) Und für die, die nicht bedroht sind oder sich nicht bedroht fühlen: Wie steht es mit der Solidarität?!«[537]

Nicht alle teilen die Meinung, dass es bei Gewaltanwendung nur um den Schutz von »Minderheiten«, oder anders Aussehenden geht. Die Antifaschisten stellen fest,

536 Zusammenfassung des Autors aus den Interviews mit Michaela Neuberger (2008) und Roger Ottenheimer (2007); Vgl. Projektgruppe (Hg.) (1994), S. 10ff. und S. 87ff.; Vgl. Konkret-Interview: Wenn Kühnen was auf die Nase kriegt (o.J.), o.S.

537 Broschüre (1990), S. 26.

dass Gewalt bei Neonazis einen pädagogischen Nutzen haben kann. Politisch nicht gefestigte Mitläufer beteiligen sich schnell nicht mehr an Nazi-Aktionen, wenn sie mit körperlichen Konsequenzen rechnen müssen. Bei heftiger Gegenwehr geht das Mobilisierungspotenzial in einer Stadt meist sichtbar zurück. Eine Erfahrung die die Militanten Antifaschisten bundesweit machen. Die antifaschistischen Angriffe bewirken auch, dass Propagandaaktionen der Faschisten erschwert werden, jede Aktivität für die Neonazis komplizierter wird und aufwändiger geplant werden muss. Fast überall reduzieren sich Nazi-Aktionen bei konsequenter antifaschistischer Gegenwehr merklich. Militanz gegen Neonazis scheint zu funktionieren.[538]

Aus einem Flugblatt aus Wuppertal 1988: »Ihre Grenzen finden sie [die Nazis] da, wo ihnen entschlossen entgegengetreten wird. In solchen Situationen hört ihr Mut auf. Nachdem sie selbst oft in größeren Gruppen gejagt wurden, und es blutige Nazinasen gab, wurden sie oft ›ruhiger‹«.[539]

Ende der 1980er-Jahre wird die Militanz trotzdem einer Generalkritik unterzogen, bzw. gänzlich in Frage gestellt. Zu dieser Zeit sind die Strukturen der Militanten Antifaschisten bereits weitgehend zerfallen.[540]

»Doch neuerdings wird den militanten Kämpfern gegen rechts von einigen Kritikern blindwütiger Aktionismus vorgeworfen. ›Wir müssen weg von diesem freien Spiel körperlicher Kräfte‹, urteilt Heike Dieball, Organisatorin des Bremer Antifa-Kongresses, ›das ist doch reines Macho Getue‹.«[541]

Allerdings bleibt die Alternative offen. Fakt ist bis heute, dass die Neonazis dort schwach sind, wo Antifaschisten stark sind. Und mit Worten ist Faschisten in der Regel nicht beizukommen …

Der politische Mord

Die Militanten Antifaschisten wissen sehr gut, dass bei ihren Aktionen Menschen umkommen können. Die Diskussion um die Grenzen der Militanz ist allgegenwärtig und wird auch immer wieder im Kontext physischer Auseinandersetzungen geführt, auch im Hinblick auf die zu erwartende Repression staatlicherseits und möglicher Racheakte der Neonazis. 1987 diskutiert die Antifa-Struktur den »Politischen Mord«. Hintergrund ist ein Brandanschlag auf den Bohlinger-Verlag in Struckum bei Husum. Dieser wird abgebrochen, weil der Inhaber Roland Bohlinger plötzlich auf-

538 Vgl. Langer, Bernd (2004), S. 20 und S. 37; Zusammenfassung des Autors aus dem Interview mit Roger Ottenheimer (2007); Vgl. Konkret-Interview: Wenn Kühnen was auf die Nase kriegt (o.J.), o.S.; Vgl. Broschüre (1990), S. 29.
539 Flugblatt 1988.
540 Siehe das Kapitel: Das Ende der Strukturen.
541 Vgl. Der Spiegel (1989).

taucht. Er läuft in das bereits auf dem Boden ausgeschüttete Benzin und steht mitten in der Lache, die gerade zur Zündung vorbereitet wird. Die Militanten Antifaschisten setzen den Zündmechanismus nicht in Gang, weil ein Anstecken des Benzins unweigerlich den Tod des Bohlinger zur Folge gehabt hätte.[542]

»Aus folgenden Gründen haben wir uns dagegen entschieden, Roland Bohlinger zu töten: In unserer Militanz unterscheiden wir nicht zwischen ›Gewalt gegen Sachen‹ und ›Gewalt gegen Personen‹, wir unterscheiden zwischen Beteiligten und Unbeteiligten. Unbeteiligte wollen wir nicht bedrohen, gefährden oder schädigen. Wer sich jedoch für Recht und Ordnung, als Objektschutz oder Denunziant in unsere Praxis einmischt, macht sich zum Beteiligten, wie jeder Staatsbüttel.

Wir organisieren unsere Militanz gegen alte und neue Nazis und ihre Einrichtungen, weil wir sie in die ›Tradition des erbgesunden Herrenmenschentums‹ und ›imperialistischer Massenvernichtung‹ stellen. In Wort und Tat konzentrieren sie offen das reaktionärste Bewusstsein in diesem Land. Es gibt Grund genug, sie mit allen verfügbaren Mitteln zu bekämpfen.

Roland Bohlinger ist als entschiedener Rassist und Antikommunist Beteiligter, nicht nur Ideologe, sondern seit mehr als 30 Jahren wesentliche Stütze faschistischer Reorganisation und Propaganda. Den zufälligen Tod angegriffener Faschisten nehmen wir jedoch nicht billigend in Kauf. Wir wollen Ihren Tod vermeiden, solange wir ihn nicht bewußt und unmittelbar herbeiführen.

Politischen Mord machen wir von folgenden Bedingungen abhängig:

-von der politischen Notwendigkeit, von der objektiven Funktion in ihrem logistischen Aufbau, von der persönlichen Rolle in ihrer organisatorischen Struktur, von der Planung ihrer faschistischen Überfälle.

-vom politischen Nutzen für die Entwicklung antifaschistischen Bewusstseins, für die Entwicklung militanter Praxis, für die Einheit des antiimperialistischen Widerstands.

-vom politischen Kräfteverhältnis: von unseren und ihren Strukturen, von unseren und ihren logistischen Mitteln, von unserer Entschlossenheit in der konkreten und generellen Konfrontation.

Auf dieser Grundlage wollen wir die Diskussion um politischen Mord führen.«[543]

Die Diskussion um »Politischen Mord« vertieft sich nicht. Außer der genannten Erklärung finden sich keine Unterlagen die belegen, dass die Diskussion weiter geführt wird. Zwar wird das Thema auf dem Norddeutschen Antifa-Treffen einmal

542 Vgl. Antifa-Soligruppe Hamburg (1991), S. 143; Vgl. Erklärung (1987d).
543 Erklärung (1987d).

behandelt, aber in Süddeutschland wird es nicht aufgegriffen. Es ist schlicht nicht praxisrelevant. Alle Militanten Antifaschisten sind sich einig, dass sie den Anschlag, wie bei Roland Bohlinger geschehen, selbstverständlich ebenfalls abgebrochen hätten.[544]

Bernd Langers Meinung kann deshalb als stellvertretend für den antifaschistischen Zusammenhang gesehen werden: »Politischen Mord finde ich teilweise falsch. (…) Man könnte damit ja auch ein unglaubliches Echo provozieren. Muss man sich überlegen, ob man das will, ob die Zeit für so etwas reif ist. Damit muss man sehr vorsichtig umgehen. Jemanden auf die Fresse hauen ist eine Sache, das ist ein anderes Niveau. Aber wenn man jemand anderen ans Leben geht, das ist etwas anderes. Das, finde ich, sollte man sich sehr gut vorher überlegen. Den Tod kann man nicht so einfach billigend in Kauf nehmen.«[545]

Organisierte Angriffe/Kommandomilitanz

Viele Autonome führen in den 1980er-Jahren illegale Aktionen durch. Eine Parole lautet: *Legal, illegal, scheißegal!* Dabei unterscheiden sie aus Sicht des Verfassungsschutz-Mitarbeiters Armin Pfahl-Traugber folgende Aktionsebenen: »Die erste Ebene bezieht sich darauf, mit vielen anderen auf Demos zu gehen, politische Kampagnen zu organisieren, d.h. völlig legal politische Arbeit zu machen. Als zweite Ebene verstehe ich mit vielen anderen nachts loszuziehen, Schlösser zukleben, sprühen, halt eine Art Massenmilitanz. Und ein dritter Teil sind dann die klandestinen militanten Aktionen, wie Brandsätze deponieren.«[546]

Ähnlich sieht es bei den Militanten Antifaschisten aus. Parallel zur legalen Struktur der Antifa-Gruppen entsteht ein konspiratives Netz. Einzelne Antifaschisten bilden einen Zusammenhang, der sich meist nebenbei auf den bundesweiten Treffen austauscht, und die militante Komponente in der jeweiligen Region und Stadt vorantreibt.

»Eine Theorie braucht auch eine Praxis. Wir können nicht sagen, wir greifen das System an, wir machen den totalen Bruch und verteilen dann die ganze Zeit nur Flugblätter. (…) Man muss den Gegner angreifen und demoralisieren. Da sind natürlich sehr gute Aktionen durchgeführt worden, weil es auch ziemlich gute Leute waren, die sich da getroffen haben. Die haben teilweise ziemlich was hingestellt. Das ist da besprochen, und teilweise auch organisiert worden. Natürlich nicht direkt auf den Treffen, es war nicht so, dass die Leute im Kreis sitzen und darüber diskutiert

544 Zusammenfassung des Autors aus den Interviews mit Roger Ottenheimer (2007) und Lars Balkes (2008).
545 Interview des Autors mit Bernd Langer (2008).
546 Pfahl-Traughber, Armin (2008), S. 42f.

haben. Sondern es gab gewisse Leute, die noch mal eine andere Struktur parallel dazu hatten, wo man sich austauschte oder abgesprochen hat. Ein paar aus der bundesweiten Strucktur waren daran beteiligt, andere wiederum gar nicht.«[547]

»Im Norddeutschen haben sich – außer der Plenumsöffentlichkeit – Leute extra getroffen, oder verabredet und Sachen gemacht. Es gab immer mehrere parallele Strukturen. (…) Für mich ist diese Wiking-Jugend-Kampagne[548] so ein Beispiel, wo auf verschiedenen Ebenen – finde ich – sehr effektiv was gelaufen ist.«[549]

»Ausgetauscht wurde sich, aber nebenbei. Auf dem richtigen, also auf dem Norddeutschen an sich, zumindest im offiziellen Teil, wurde nicht über solche Sachen gesprochen.«[550]

Die parallelen Strukturen funktionieren unsichtbar und punktuell. In konkreten Arbeitsprozessen werden Techniken und Praxis vermittelt und ausgetauscht. Sie haben keinen festen Versammlungsort und keine Hierarchie. Die Einzelpersonen kennen und vertrauen sich und geben untereinander Informationen und Wissen weiter. So schleusen sich zwei Militante Antifaschisten aus Süddeutschland in Neonazi-Strukturen ein und spähen Archiv und Räumlichkeiten einer Neonazi-Zeitung in Nordrhein-Westfalen aus. Sie übergeben die selbstgezeichneten Baupläne, Personalbelegungsintervalle, Kamerapositionen und weitere Informationen an eine Einzelperson der örtlichen Antifa-Gruppe im Norden. Hintergedanke ist ein Brandanschlag auf das Gebäude, um die Neonazi-Zeitung für viele Monate arbeitsunfähig zu machen. Die Gruppe nutzt die Informationen zur Enttäuschung der süddeutschen Antifas jedoch nicht zu einer militanten Aktion.[551]

Manche Dinge sind nur für bestimmte Eingeweihte der Parallelstruktur Thema, anderes wird offener gehandhabt. Ottenheimer berichtet, dass eine Gruppe über eine gute Quelle für Buttersäure verfügt[552]. Literweise wird die stinkende Flüssigkeit im Chemiehandel erworben und weitergegeben. Aber auch kleinere Portionen, in einsatzbereite, gut verschlossene Reagenzgläser gefüllt, finden reißenden Absatz. Die Buttersäure wird einigermaßen offen auf den Antifa-Treffen verteilt. Jahrelang werden so Treffen von Neonazis mit der ekelhaften Substanz gestört oder unmöglich gemacht.[553]

Auf den Antifa-Treffen kommt es natürlich auch zu Absprachen. So werden wichtige Neonazi-Aktivitäten genannt und darauf hingewiesen, dass es gut wäre,

547 Interview des Autors mit Bernd Langer (2008).
548 Siehe Kapitel: Die Verzahnung der politischen und der militanten Ebene.
549 Interview des Autors mit Michaela Neuberger (2008).
550 Interview des Autors mit Lars Balkes (2008).
551 Zusammenfassung des Autors aus den Interviews mit Roger Ottenheimer (2007) und Michaela Neuberger (2008).
552 Anm.d.Verf.: Heute kann man Buttersäure problemlos über das Internet bestellen.
553 Zusammenfassung des Autors aus dem Interview mit Roger Ottenheimer (2007).

wenn die Neonazis einen bestimmten Treffpunkt nicht erreichen würden. Meist setzen Ortsgruppen die Absprachen dann um, wie z.B. zum geplanten Neonazi-Aufmarsch 1983 in Berlin, oder zum Treffen der HIAG[554] im Oktober 1983. Auch werden koordinierte Anschläge durchgeführt, um die Faschisten zu warnen. So geschehen im April 1986 in Hamburg, als Militante Antifaschisten verschiedene Fahrzeuge von Neonazis zerstören.[555]

Auch Sammel- und Schleusungspunkte von Neonazis sind beliebte Angriffsziele der Militanten Antifaschisten. So eine Aktion liegt noch unter dem Niveau eines Anschlages, muss aber doch gut vorbereitet und organisiert sein. Neonazis nutzen Schleusungspunkte, wenn sie einen Veranstaltungsort geheim halten wollen. Teilnehmer bekommen dann nur einen Vorabtreffpunkt genannt, von wo aus ein Kontaktmann sie dann weiterleitet. Mitunter kommt es vor, dass Teilnehmer mehrere Schleusungspunkte anfahren müssen, bevor sie ans Ziel gelangen. Oft werden in Neonazi-Publikationen auch unterschiedliche Schleusungs- oder Sammelpunkte genannt, je nachdem, ob die Neonazis aus dem Norden oder dem Süden anreisen. Wird ein solcher Schleusungspunkt ausgeschaltet, weil bspw. der schleusende Neonazi plötzlich ins Krankenhaus muss, funktioniert die Informationskette nicht mehr und das Treffen findet mitunter gar nicht, oder nicht mit allen Teilnehmern statt.[556]

»In der Regel wurde natürlich versucht, deren Mobilität einzuschränken, bzw. deren Sammelpunkte nicht stattfinden zu lassen. (...) Man ist dann da zum Teil auch hin und hat sie angegriffen. (...) Das kann man mit heute nicht mehr vergleichen, da gab es keine Handys. Wenn du da deren Sammelpunkt zerstört hast, dann haben die sich auch erstmal nicht getroffen, wenn sie unterwegs waren. Die hatten kein Funk und kein Handy, da war das [Treffen] ein bisschen futsch.«[557]

Die parallelen und unsichtbaren Strukturen bekommen mit der Zeit ein Label. Die Anschläge und militanten Kampagnen gegen die Infrastruktur der Neonazis werden unter dem Begriff Kommandomilitanz bekannt.[558]

Laut Verfassungsschutzbericht steigen die Anschläge von Autonomen und militanten linken Gruppen von 77 im Jahr 1980 auf 215 im Jahr 1983 an. Ein Jahr später sinken sie auf 145.[559] Die einschlägige autonome Literatur stellt heute fest: »Mitte

554 HIAG: Hilfsgemeinschaft auf Gegenseitigkeit der Angehörigen der ehemaligen Waffen-SS: Organisation die von Offizieren der Waffen-SS gegründet wurde, u.a. um die Waffen-SS und ihre Verbrechen zu rehabilitieren.

555 Vgl. Erklärung (1986a); Zusammenfassung des Autors aus den Interviews mit Roger Ottenheimer (2007) und Lars Balkes (2008); Vgl. Erklärung (1987c).

556 Zusammenfassung des Autors aus den Interviews mit Roger Ottenheimer (2007) und Lars Balkes (2008).

557 Interview des Autors mit Lars Balkes (2008).

558 Vgl. Antifaschistischer Kalender (1995), S. 39.

559 Vgl. Bundesminister des Innern (1985), S. 110f.

der 80er-Jahre schälen sich aus den Resten der Bewegung die militanten Kerne heraus und spezialisieren sich. Entsprechend nimmt die Zahl der Anschläge und die technische Qualität zu.«[560]

Die Norddeutsche Michaela Neuberger berichtet davon, dass sich die Antifa-Strukturen mit der Zeit so stabilisieren und etablieren, dass Autonome bei den Antifas anklopfen, um sich militantes und konspiratives Fachwissen anzueignen. Dabei geht es um Zerstörungstechniken, aber auch um konspirative Fähigkeiten, wie z.B. Observationen durch Polizei und VS vermieden werden, oder um die Frage nach der Verfolgung, Beschattung und Ausforschung Dritter: »Das Andere ist, dass über diese Arbeit[561] regionale und überregionale Strukturen entwickelt worden sind, die sehr tragfähig waren. Auf die haben dann auch andere Strukturen zurückgegriffen, weil diese kaputt waren. (...) Da wurden Leute mit entsprechend Knowhow gebraucht, oder eben auch mit Antifa-Fachwissen.«[562]

Militante Strukturen entwickeln sich auch parallel ausserhalb der Treffen. Aber niemals finden Anschläge oder Überfälle im Namen der Organisation oder der Ortsgruppe statt.[563] Trotzdem stehen alle Ortsgruppenmitglieder auf einem hohen militanten Niveau. Auch wenn nicht immer selbst beteiligt, tragen sie doch alle inhaltlich die Aktionen mit. So ist es z.B. Konsens, dass Neonazi-Stände in der Stadt nicht zuzulassen sind und abgeräumt werden, oder dass nächtliche Besuche bei bekannten Neonazis stattfinden. Auch jede Kneipe, die eine neonazistische Veranstaltung erlaubt, bekommt irgendwann einen »Denkzettel« von den örtlichen Antifaschisten.[564]

Dass für Einzelne die antifaschistische Arbeit zum Vollzeitjob wird, wurde schon erwähnt. Vor allem für die, die ihren Teil zur Kommandomilitanz beitragen. Für sie verändern sich Alltag und Psyche. Der Kampf gegen die Neonazis wird zum Mittelpunkt ihres Lebens. Das notwendige konspirative Verhalten bestimmt jede Minute und jede Lebensäußerung. Telefonate finden nur noch statt, wenn sie unumgänglich sind. Ausgetauscht werden am Telefon nur Informationen wie »Wann« und »Wo« eines Treffens. Gespräche über Gefühle, Dritte oder persönliche Ereignisse gibt es am vermeintlich abgehörten Telefon nach Möglichkeit nicht. Für jegliche Fahrten mit PKW oder Motorrad sind Umwege eingeplant, um etwaige Verfolger zu verwirren – selbst wenn es sich um Fahrten zum Einkaufen handelt. Der staatliche Gegner soll im Alltagsverhalten keine Muster

560 A.G. Grauwacke (2007), S. 144.
561 Gemeint ist die Antifa- und Recherche-Arbeit.
562 Interview des Autors mit Michaela Neuberger (2008).
563 Zusammenfassung des Autors aus den Interviews mit Roger Ottenheimer (2007) und Lars Balkes (2008).
564 Zusammenfassung des Autors aus dem Interview mit Lars Balkes (2008).

erkennen können, damit Abweichungen nicht als konspiratives Verhalten auffallen. Der antifaschistische Alltag ist gespickt mit klandestinen Tätigkeiten. Die Militanten Antifaschisten müssen die »Toten Briefkästen« leeren, die ergatterten Rechercheunterlagen auswerten, kopieren, weiterleiten, verstecken und die geheime Datenbank füttern. Die Militanz »niederer Intensität« praktiziert meist die gesamte Ortsgruppe. Dazu müssen sie Absprachen an sicheren Orten, die nicht abgehört werden, treffen. Um bei einer Neonazi-Kneipe die Scheiben einzuwerfen oder Autoreifen abzustechen, müssen die Antifaschisten die Logistik überprüfen und die Örtlichkeiten auskundschaften. Natürlich dezent und unscheinbar. Werkzeug und Materialien müssen so besorgt werden, dass der Käufer nicht erkannt wird. Selbstverständlich muss dieser auch noch den Einkauf ohne Polizeiüberwachung bewerkstelligen. Die Antifaschisten müssen Material und Werkzeug sicher aufbewahren und nach einer Aktion unauffindbar entsorgen. Sie müssen eine Erklärung schreiben und kopieren, am besten auf einer Schreibmaschine – idealerweise ohne Observation auf dem Flohmarkt gekauft – und kopieren. Nach der Aktion muss die Erklärung in einen Briefkasten (aus Sicherheitsgründen in einer anderen Stadt) eingeworfen werden, aber nur, wenn die Aktion auch reibungslos geklappt hat. Also müssen die Antifaschisten auch das Ergebnis noch überprüfen … Allerdings sehr unauffällig, denn jeder Kriminalist weiß: »Der Täter kehrt immer an den Tatort zurück«.

Für die Aktivisten der Kommandomilitanz kommt die völlig illegale Ebene noch dazu. Dort ist das Verhalten im Prinzip identisch, aber es kommen noch organisationsaufwändige Dinge wie falsche Alibis für den Tatzeitpunkt, Verkleidung oder eine noch sicherere Vernichtung sämtlicher Spuren dazu.[565]

»Diese militanten Aktionen verändern deine Sicht der Dinge. Es gab da Phasen, die waren wirklich schlimm. (…) Wenn du dann anfängst auch in der Illegalität zu leben. Du musst dir ja dann eine eigene Welt zurechtbauen. Du checkst ständig Sachen, wenn du sagst, alle halbe Jahr muss da was laufen, das ist mein Ziel. (…) Dann lebst du in einer ganz merkwürdigen Welt. Das hat natürlich auch seine positiven Seiten. (…) Du bist 150 Prozent drauf, du kannst ja die Welt erklären, du kennst dich mit allem aus. Aber das ist eine ziemlich gefährliche Sache, wenn du da nicht aufpasst. Es gibt dann da nur noch den Kampf, und der steigert sich halt immer mehr. (…) Denn natürlich gibt dir das eine gewisse Wucht, ein gewisses Selbstvertrauen. Du weißt, du denkst nicht nur so, du handelst auch so. (…) Dicke Sprüche kloppen kann jeder. Das was ich sage, muss ich auch tun. Das finde ich schon wichtig.«[566]

565 Zusammenfassung des Autors aus den Interviews mit Roger Ottenheimer (2007), Bernd Langer und Michaela Neuberger (2008).
566 Interview des Autors mit Bernd Langer (2008).

»Das Grundgefühl ist ziemlich seltsam. Du bist immer drauf, immer irgendwie unter Adrenalin. Fast alles ist den Aktionen untergeordnet. Du spannst alle Bekannten und so ein, jeder und jede bekommt eine Funktion. Mal lagerst du da was, mal fährt der dich da hin, mal bringt die was von A nach B. War 'ne komische Zeit. Aber irgendwie war es immer ok. Mein Umfeld hat da eigentlich ganz gut mitgespielt. Aber die Sache verselbständigt sich dann auch. Du telefonierst nicht wirklich, fährst weite Strecken zum Training oder deiner Freundin mit dem Motorrad durch den Wald, dein Blick klebt immer auf den Fahrzeugen hinter dir im Rückspiegel, ständig schreibst du Autonummern um dich auf. (...) Da ändert sich der Alltag. Und du musst ja auch die Sachen, die du anwenden willst, vorher ausprobieren. Das muss ja im Ernstfall auch alles funktionieren. Die kannst du ja dann nicht erst da vor Ort ausprobieren und dann klappt's nicht. Da war man schon ganz schön im Stress. Da muss ja jeder Handgriff sitzen, und das geht nur mit Ausprobieren. Das fängt ja beim Packen an. Wenn du zuerst den Schraubenzieher brauchst, darf der nicht unerreichbar unter den Kanistern liegen! (...) Aber ich will alles das nicht missen. Ich meine, das war schon geil. Du fühlst dich so allmächtig, so unbesiegbar. Eine Aktion dann in der Zeitung zu lesen, ist schon ein irres Feeling. Da hat man dann viel Hass auf die Nazi-Ärsche abgebaut. (...) Ich meine, die haben wir wirklich gehasst! Das ist das allerletzte Pack, widerliche Typen! Denen eine rein zu semmeln war immer eine gute Sache.«[567]

»Über die Außenwirkung unseres Aktivismus machten wir uns viele Gedanken, welche Wirkung unser Vorgehen auf uns persönlich hatte, bekamen wir erst mit der Zeit mit. Ich geriet langsam in einen psychischen Ausnahmezustand. Wenn man alle paar Monate eine Aktion durchführt, fühlt man sich zunehmend observiert und bedroht. Man setzt sich ständiger Spannung aus und beginnt in einer eigenen Welt zu leben, die Umwelt wirkt mehr und mehr feindlich. Bei Gesprächen in der Wohnung stellt man das Telefon in den Kühlschrank, überlegt ständig, mit wem man in Kontakt ist und was man redet. Konspiratives Verhalten findet Eingang ins Alltagsleben. Man führt ein halblegales Leben und ist darauf konzentriert Ziele zu checken, von denen man glaubt, dass sie den politischen Kampf voranbringen können. Ein solches Leben lässt sich nur durchhalten, wenn man von seiner Sache überzeugt ist. Ich beschritt deshalb keinen Leidensweg, ganz im Gegenteil. In dem Moment, in dem ich meine Anschauungen in die Tat umsetzte, überwand ich das Gefühl der Hilflosigkeit und spürte die Kraft, auf die Verhältnisse einwirken zu können. Ich meinte, ich selbst zu sein, wenn ich zu einem nächtlichen Treffen auf einem abseits gelegenen Parkplatz fuhr. Alles war organisiert, alle waren bereit. Hier war die Frontlinie, jeder würde sich voll einsetzen

567 Interview des Autors mit Roger Ottenheimer (2007).

und war überzeugt von dem, was er tat. Ein letzter konzentrierter Check und los ging's – den Rest berichteten später die Medien. Mit wachsendem Selbstbewusstsein schritt ich durch die Welt und immer klarer wurde meine Kritik an den bestehenden Verhältnissen – und an der politischen Szene, in deren Gros ich mehr und mehr einen lamentierenden Schwätzerhaufen sah. Eine arrogante Einstellung und ein gefährlicher Kamikaze-Trip.«[568]

Die Zitate bringen auf den Punkt, was viele der Militanten Antifaschisten täglich leben. So wird die bundesweite Struktur ab Mitte der 1980er-Jahre zu einem Kumulationspunkt für viele Aktivisten im illegalen oder halblegalen Bereich der linksradikalen Szene. Ihre »Zuständigkeit« weitet sich zusehends aus, wie wir noch sehen werden.[569] Bemerkenswert ist auch, dass es bis heute keine einzige Verurteilung von Militanten Antifaschisten gibt. In dem ganzen Stress scheinen die Mitglieder doch »gut gearbeitet« zu haben.

»Also ich finde, dass die Antifa – ich kann das jetzt über andere Bewegungen nicht so genau sagen – dass es in der Antifa Leute gegeben hat, die schon ziemlich gute Aktionen auf hohem Niveau durchgeführt haben, die ich in dieser Form, in dieser Kontinuität bei anderen nicht so sehe ... Auf alle Fälle hat es in den ´80er-Jahren praktisch jeden Nazi mal erwischt, wenn er überregional bekannt war. Teilweise mehrmals. Und das war schon eine kontinuierlich gezielte Sache, die auch funktioniert hat. (...) Das, was die Antifa-Kommandos – will ich mal so nennen – gemacht haben, (...) war nicht mehr sporadisch. Das war schon eine Aneinanderkettung von Aktionen. Und wenn wir die damals unter ein Label gestellt hätten, wären wir so eine Art Revolutionäre Zelle (RZ) gewesen.«[570]

Interessant ist, dass die erste militante Aktion gegen neonazistische Infrastruktur in den 1980er-Jahren in der Tat sogar von einer »echten« Revolutionären Zelle durchgeführt wird. In München verübt eine RZ am 24. März 1983 einen Brandanschlag auf den Sitz des rechten Witikobundes. Der Witikobund wurde von alten Nationalsozialisten gegründet und versteht sich als national-konservative Strömung innerhalb der Sudetendeutschen Landsmannschaft. Er arbeitet nach Art einer konspirativ abgeschotteten Kaderorganisation.[571]

Dass die Kommandomilitanz die Aktivitäten der Neonazis gebremst, teilweise aufgehalten hat, gilt als sicher. Die Mobilität der Nazis einzuschränken, den Druck von brauner Propaganda zu behindern, Versammlungsräume zu zerstören und die Kommunikation zu durchkreuzen ist durch die militanten Aktionen punktuell gelungen. Wie nachhaltig müsste an anderer Stelle untersucht werden. Aussagen

568 Langer, Bernd (2004), S. 166.
569 Siehe Kapitel: Die Militanten Antifaschisten und die radikal.
570 Interview des Autors mit Bernd Langer (2008).
571 Vgl. Mecklenburg, Jens (Hg.) (1996), S. 364f.

diesbezüglich sind aus Hamburg, Göttingen, Wiesbaden, Hannover und Tübingen bekannt.[572]

Die Verzahnung der politischen und der militanten Ebene

Die bundesweite Struktur unterstreicht nach Möglichkeit ihre politischen Mobilisierungen mit militanten Aktionen gegen neonazistische Einrichtungen oder Einzelpersonen. So ist maximale mediale Aufmerksamkeit garantiert.

Im Jahr 1986 sind der Stand der Recherchen und der Informationsaustausch in der Antifa-Struktur so weit gediehen, dass fast alle Tagungen und anstehende Treffen von Neonazis vorher bekannt sind. So auch im Dezember 1986, als ein Treffen der Artgemeinschaft von Jürgen Rieger in der Gegend von Rotenburg/Wümme in Nordniedersachsen stattfindet.

Antifaschistische Gruppen und Bündnisse schreiben Flugblätter, verteilen sie in der Öffentlichkeit und rufen zu einer Demo auf, an der über 800 Menschen teilnehmen. Aktive Bürger und Antifaschisten diskutieren im Vorfeld des Neonazi-Treffens Be- und Verhinderungsaktionen. Erstmals wird die rechtsradikale Artgemeinschaft ins Rampenlicht der Öffentlichkeit geholt. Die örtlichen Antifaschisten machen außerdem Verbindungen zu weiteren Gruppen bekannt, wie z.B. zum Nordischen Ring, der Gesellschaft für biologische Anthropologie, Eugenik und Verhaltensforschung und der Wiking-Jugend.

Zwei Nächte vor Beginn der Veranstaltung brennen die Tagungsräume des Gasthofes Zum Eichenhof aus. »Revolutionäre Antifaschisten gegen Rassismus« verhindern so das Treffen. In ihrer Erklärung beschreiben sie die Funktion des abgebrannten Tagungsortes als zentrale Tagungsstätte, und dass es ihnen nicht nur um die Verhinderung einer Veranstaltung geht, sondern um die Zerschlagung einer wichtigen Einrichtung der neonazistischen Struktur.[573]

Es ist typisch für die Militanten Antifaschisten, Anschläge in politische Kampagnen einzubetten. Als weiteres Beispiel sei die Mobilisierung gegen die Wiking-Jugend (WJ) genannt.

1987 beschließt die bundesweite Antifa-Organisation sich der WJ zu widmen, und das seit 1952 alljährlich stattfindende Herbstlager in Hetendorf zu unterbinden. Geplant ist eine breite Demonstration am Vortag des Beginns des Zeltlagers, das am 4. Oktober 1987 starten soll. Das Gelände in Hetendorf besteht aus vier, teilweise mehrstöckigen Gebäuden und einem großen Zeltplatz. Das Anwesen ist

572 Zusammenfassung des Autors aus den Interviews mit Roger Ottenheimer (2007), Michaela Neuberger, Bernd Langer, Lars Balkes und Sascha Waigel (2008).

573 Vgl. Antifa-Soligruppe Hamburg (1991), S. 146; Vgl. Info 3 (1990), S. 8.

einer der wichtigsten Teile der Infrastruktur der Neonazi-Szene in Norddeutschland.[574] Die Wiking-Jugend selbst ist eine militante Organisation, die ihren jungen Mitgliedern den faschistischen Kampfgeist schon in früher Jugend einbläut. Lieder mit Textzeilen wie »Lasst die Fahrtenmesser blitzen und die Sozischweine flitzen! Blut muss fließen knüppeldick – Wir scheißen auf die Freiheit der Bundesrepublik!« singen Mitglieder der WJ am Lagerfeuer. Alte und neue Nazis finden in der HJ-ähnlichen Organisation ihre politische Heimat.[575]

In einem internen Diskussionspapier analysieren die Militanten Antifaschisten die WJ. Demnach ist die Organisation ideologisch und organisatorisch gefestigt und verfügt über militärisch geschulte Mitglieder. Sie unterhält gute Verbindungen zu DVU und NPD. Dank ihrer guten Beziehungen zu den ehemaligen ANS/NA-Kadern wird die Organisation als wichtige Verbindungsstelle der unterschiedlichen Flügel der rechten Szene gesehen. Die WJ konzentriert sich seit Jahren auf die Rekrutierung von unter 14-jährigen. Sie stärkt mit ihrer fast religiösen Art, den starren Verhaltensnormen und der tagespolitischen Enthaltsamkeit das Elitebewusstsein, schafft aber nicht den Sprung zu einer großen Organisation, so die Autoren des Papieres. Auffällig erscheint ihnen jedoch der absolute Fanatismus der WJ-Mitglieder, der, gepaart mit kontinuierlichem paramilitärischem Training, gute Voraussetzung für terroristische Aktivitäten bietet. Aber trotz ihres neonazistischen Auftretens agiert die Wiking-Jugend völlig unbehelligt von staatlicher Repression.[576]

Wohl auch deshalb nehmen die Antifaschisten den Kampf gegen die WJ in die eigenen Hände. Auf das Zentrum der WJ verübt ein Antifa-Kommando schon 1984 einen Brandanschlag. In der Erklärung dazu heißt es: »Auf dem Gehöft ›Adlerhorst‹ in Hetendorf/Kreis Celle, das dem ›Freundeskreis Filmkunst e.V.‹ und der ›Gesellschaft für biologische Anthropologie, Eugenik und Verhaltensforschung‹ gehört, brannten zwei Gebäude und ein Schuppen aus. Das Wirtschaftsgebäude enthielt: (...) ein Büro mit Funkleitstand der ›FF Adlerhorst[577]‹; mehrere Seminar- und Schlafräume der ›FF Adlerhorst‹ und des THW[578], außerdem Garagen und Werkstätten. Das andere Gebäude enthielt: einen großen Versammlungsraum mit ›völkischen Wappen Deutscher Nation‹; einen Filmvorführraum und mindestens fünfzig Schlafplätze. (...) Es waren keine Menschen auf dem Gelände, und das Gehöft ist so abgelegen, dass keine unbeteiligten Wohnhäuser gefährdet wurden. Der Schlüssel zu den Gebäuden lag im Briefkasten.«[579]

574 Vgl. Langer, Bernd (1997), S. 102ff.; Vgl. radikal (Nr. 134), S. 61f.
575 Vgl. Nordbruch, Claus (o.J.), S. 88f. Anm.d.Verf.: Hier plaudert ein Insider aus dem faschistischen Nähkästchen.
576 Vgl. Internes Diskussionspapier (1985), o.S.
577 FF: Eine Entschlüsselung dieser Abkürzung ist nicht gelungen.
578 THW: Technisches Hilfswerk.
579 Erklärung (1984a).

Bei der 1987 geplanten Demonstration gegen das Herbstlager handelt es sich um die erste öffentliche Aktion gegen die WJ und das Zentrum in Hetendorf. Die Militanten Antifaschisten zielen auf eine breite Beteiligung verschiedener politischer Spektren. In der Vergangenheit gelang es ihnen punktuell zusammen mit SPD, Grünen, DGB und VVN/BdA antifaschistische Veranstaltungen durchführen, um gegen Neonazis zu mobilisieren, bspw. 1985 in Celle.

Die antifaschistischen Gruppen entwickeln 1987 eine breite Informationskampagne. In 26 Städten werden Veranstaltungen durchgeführt, ein Videofilm über die WJ und ihre Verflechtungen in der rechten Szene gezeigt. Zu jeder Veranstaltung gehört eine Ausstellung mit Informationstafeln, Abzeichen, Symbolen und sogar einer Original-Uniform der Wiking-Jugend. Außerdem steht eine 80-seitige Broschüre mit dem Titel: *Kampf der Wiking-Jugend – Reader zur Veranstaltungsreihe der Antifaschistischen Aktion* zum Kauf bereit.[580] Die Mobilisierungsveranstaltungen sind gut besucht, aber es gelingt nicht, ein breites Bündnis für die Demonstration auf die Beine zu stellen. Die VVN/BdA zieht sich schon während der Vorbereitungstreffen für die Demonstration zurück und mobilisiert zeitgleich für eine Mahnwache auf dem Gelände des ehemaligen KZ Bergen-Belsen, weit entfernt von Hetendorf. Auch andere bürgerliche Kräfte beteiligen sich nicht. Die Grünen übernehmen lediglich die Anmeldung der Demonstration.

Im Vorfeld kommt es zu kleinen Aktionen in der von Neonazis durchsetzten Lüneburger Heide. In Dörfern werden Plakate geklebt, bekannte Neonazis angeprangert und ein paar Scheiben bei ihnen eingeworfen. Nach der intensiven Mobilisierung gibt die Polizei der WJ den Rat, ihr Herbstlager abzusagen. So geben die Medien einen Tag vor der Demonstration bekannt, dass das WJ-Herbstlager nicht stattfindet. Viele mögliche Demonstrationsteilnehmer bleiben nach dieser Meldung zu Hause. Die Demonstration verkommt zum Desaster. Nur 400 Antifaschisten kommen am Sammelpunkt am 3. Oktober 1987 zusammen. Fast ausschließlich Personen aus dem linksradikalen Spektrum. Außerdem wird bekannt, dass 20 Antifaschisten am Celler Treffpunkt von vermummten Neonazis überfallen wurden, eine Person blieb schwer verletzt liegen.

Kurz nach dem Aufbruch des Autokonvois in Richtung Hetendorf stoppt ihn die Polizei. Auf einer abgelegenen Straße kesselt ein großes Aufgebot mit Reiterstaffel, Hunden und Hubschraubern den Zug ein. Die Polizei verlangt die Durch-

580 Am 1. Oktober 1987 findet in Kiel eine dieser WJ-Informationsveranstaltungen statt. Dabei werden auch die Namen von exponierten WJ-Mitgliedern genannt. Bei vier von ihnen kommt es zwei Wochen später zu Anschlägen, die von Sachbeschädigung bis Brandstiftung reichen. Unerkannt sitzen in der Veranstaltung Zivilpolizisten und Mitglieder der WJ im Publikum. Neonazis und Beamte identifizieren gemeinsam die zwei Referenten, die über die Neonazi-Organisation berichten. Das LKA Schleswig-Holstein nimmt Ermittlungen gegen die beiden auf. Sie vermuten einen unmittelbaren Zusammenhang zwischen den Veranstaltungen und den Anschlägen. Vgl. Langer, Bernd (1997), S. 104.
Siehe dazu auch das Kapitel: Das Ende der Strukturen.

suchung der Fahrzeuge, was die Antifaschisten verweigern. Stattdessen versuchen sie die Umklammerung der Beamten zu durchbrechen. Das misslingt. Ebenso der Versuch der Polizei, Zivilpolizisten in die Menge der Eingekesselten zu mischen. Es kommt zu Schlägereien, bei der sich ein Beamter einen Schädelbasisbruch zuzieht. Sechs Stunden steht der Kessel herum, dann lassen die Antifas nach vielen Diskussionen die Polizei die Autos durchsuchen. Dabei stellt sie große Mengen an Bewaffnung sicher. Immerhin setzen die Antifaschisten durch, dass die Personalien der Eingekesselten nicht aufgenommen werden.[581]

Am Abend der Demonstration kommt es zu militanten Angriffen auf führende Neonazis. Ein Brandanschlag beschädigt den PKW des »WJ Gauführers Nordmark« Jörg Geißler in Warnau. Außerdem werden Scheiben in seinem Wohnhaus eingeworfen und dieses mit Feuerlöschern ausgeschäumt. In Flintbeck bei Kiel zerstören Militante Antifaschisten den PKW der »WJ-Führersippe« Küster.[582]

Die Auswertung der Aktion gegen die WJ findet nicht im geschlossenen Antifa-Kreis statt, sondern öffentlich in der *radikal*. Die Autoren stellen fest, dass die Demonstration ein Fehlschlag war, denn weder gelang der Schulterschluss mit den bürgerlichen Gruppen, noch eine massenhafte Mobilisierung oder eine machtvolle Demonstration. Trotzdem finden die Autoren ein paar positive Aspekte. Die WJ sagte das Zeltlager immerhin ab. Und weiter: »Zur Einschätzung gehören auch die Stimmen vor Ort. (…) Für die Leute dort bedeutete die Demo eine Rückenstärkung, zumal von dort auch mehr Beteiligung durch Leute außerhalb der Szene da war. (…) War die Aktion selbst ein ziemlicher Frust für die meisten Angereisten, war sie doch politisch nicht einfach eine Niederlage. Trotzdem können wir nicht einfach so weitermachen und müssen bei künftigen Aktionen all die genannten Aspekte und die gemachten Erfahrungen noch eingehender besprechen.«[583]

Die Verzahnung der politischen und der militanten Ebene weist ein Ungleichgewicht auf. 26 Veranstaltungen stehen zwei militante Angriffe gegenüber. Trotzdem zeigt die Kampagne, dass zumindest die Absprachen funktionieren. Ein anderes Beispiel könnte das Treffen der Vertriebenen im Juni 1985 in Hannover sein, das unter dem Motto *Schlesien bleibt unser!* steht. Es spricht u.a. Bundeskanzler Helmut Kohl und die Vertriebenenverbände fordern die ehemaligen deutschen Ostgebiete zurück. Zeitgleich findet ein NPD-Parteitag im nahegelegenen Stadthagen statt, zu dem Antifaschisten zu einer Gegendemonstration am 16. Juni 1985 mobilisieren. Die breite Mobilisierung gegen die NPD führt zu mehreren militanten Aktionen:

581 Vgl. Antifaschistischer Kalender (1995), S. 40ff.; Vgl. Langer, Bernd (1997), S. 102ff.; Vgl. radikal (Nr. 134), S. 61f.; Vgl. Flugblatt (30.1.85); Zusammenfassung des Autors aus dem Interview mit Michaela Neuberger (2008); Vgl. Schuhmacher, Nils (2001), S. 62ff.

582 Vgl. Erklärung (1987b).

583 radikal (Nr. 134), S. 61f.

- Am 11. Juni 1985 zerstören Antifa-Gruppen in einer koordinierten Aktion Oberleitungen der Deutschen Bahn, um gegen die Bereitstellung von Sonderzügen zum Schlesier-Treffen in Hannover zu protestieren.[584]
- Während eines Treffens der Volkstreuen Jugend am 15. Juni 1985 in Lippoldsberg (das parallel zum NPD-Parteitag stattfindet) macht eine antifaschistische Gruppe neun PKW fahrunfähig.[585]
- Am 17. Juni 1985 wird ein Brandanschlag auf das über 20m hohe »Kreuz des Ostens«, das der Bund der Vertriebenen 1950 errichtete, um an die so genannte Vertreibung aus den ehemaligen deutschen Ostgebieten zu erinnern, verübt.[586] Die Beschädigung passiert im Vorfeld der Feierlichkeiten zum Tag der Deutschen Einheit und steht in Zusammenhang mit dem Treffen von 100.000 Vertriebenen auf dem Schlesier-Treffen in Hannover und dem NPD-Treffen in Stadthagen.[587]

Die vorliegenden Unterlagen deuten nicht darauf hin, dass im Vorfeld vergleichbar intensiv mobilisiert wurde, wie bei der WJ-Kampagne. Aber 1985 sind noch leichter politisch Aktive zu bewegen, als zwei Jahre später!

Die Militanten Antifaschisten und die radikal

Wie in Kapitel *Die Zeitung radikal* dargestellt, ist die *radikal* das zentrale Kommunikationsorgan der unabhängigen Linken in den 1970er-Jahren und später der Autonomen. 1986/87 ereilt die illegal erscheinende Zeitschrift eine weitere Repressionswelle. Nach der Nummer 132 wird die vermeintliche Vertriebsstruktur von der Exekutive ins Visier genommen. Druckereien, Buchhandlungen werden als Knotenpunkte für die Verteilung der *radikal* durchsucht, aber auch alternative Projekte, Läden und Privatwohnungen. Ermittelt wird wegen §129a StGB. Die Repressionswelle führt dazu, dass die *radikal* personell erheblich geschwächt ist und sich neu strukturieren muss. Wieder einmal in ihrer Geschichte liegt das Kommunikationsorgan in der Verantwortung nur noch sehr weniger Menschen. Außerhalb der organisierten illegalen Struktur der *radikal* gibt es kaum noch eine Basis in der Szene die hilft, die staatlich verfolgte Zeitung zu verbreiten und mit Inhalten zu füllen. Die Zeitungsmacher zie-

584 Vgl. Radikal Info (1987), S. 11; Vgl. radikal (1986), S. 65ff.; Vgl. Langer, Bernd (1997), S. 52; Vgl. Spörl, Gerhard (1985).

585 Vgl. radikal (1986), S. 73.

586 Es gibt zu dieser Aktion keine Erklärung von den Aktiven. Roger Ottenheimer erzählt, dass Militante Antifaschisten verschiedener Gruppen beteiligt sind, es aber zu keiner Einigung bzgl. einer Erklärung kommt.

587 Vgl. Braunschweiger Zeitung (1985); Zusammenfassung des Autors aus dem Interview mit Roger Ottenheimer (2007); Vgl. Kaminsky, Anne (Hg.) (2007), S. 280.

hen in einem Interview 1989 eine bittere Bilanz. Es geht nach dieser Repressionswelle für die linksradikalen Strukturen um mehr als um eine illegale Zeitung.[588]

»Nach der 132 ging es einfach nur darum, ob dieser andere ansatz[589] eine perspektive hat und verwirklicht werden kann, oder eben jetzt gescheitert ist. also nicht allein für die *radi*, sondern stellvertretend für einen gangbaren weg nach der kriminalisierung autonomer zeitungen. wir haben angefangen, langfristig zu überlegen und sind dabei auf notwendige bedingungen gestoßen, deren verwirklichung zuvor mehr oder weniger dem zufall überlassen wurde.«[590]

»Nach der 132 haben wir uns von einigen ansätzen und hoffnungen grundlegend verabschiedet. es fand ein ziemlich plötzlicher und umfassender bruch statt. ab da ging es nicht mehr allein um diese zeitung, sondern um das ob und wie revolutionärer propaganda aus der illegalität in die öffentlichkeit. wir hatten mehrere zeitungsprojekte vor augen, die entweder an der repression gescheitert sind und/ oder daran, dass die eigenen strukturen sie nicht getragen haben. (...) die illegale zeitung kann sich nicht mehr auf einen öffentlichen verteiler stützen. sie muss mit autonomen strukturen vertrieben werden. wenn solche strukturen aufgebaut werden können, dann entspricht diese organisierung dem wesentlichen ziel und selbstverständnis, die eigenen Inhalte auch in die eigene hand zu nehmen. (...) das heißt, die verteilung der zeitung setzt kenntnis der situation und bewußtsein der gefährdung voraus und muß entsprechend organisiert werden. welche deswegen zeit, arbeit und risiko in kauf nehmen, müssen sich viel mehr mit genau diesem projekt identifizieren als viele buchhandlungen. gibt es überregional genug genossInnen, die verantwortung übernehmen und die sache so auch zu der ihren machen, dann schwebt die *radi* nicht im luftleeren raum, weil eine basis von unten existiert. dann lohnt es, weiterzumachen und die arbeit mit mehreren neu zu bestimmen.«[591]

Damit die *radikal* weiter existieren kann, braucht sie neue Mitarbeiter und Strukturen. Zuerst sprechen die noch aktiven Entschlossenen Menschen aus dem Umfeld der illegalen Zeitung an: bekannte Weiterverkäufer und bewährte Genossen. In einem Interview mit Herstellern der *radikal* beschreibt ein Mitglied 1989 den Werdegang zum illegalen Zeitungsmacher. Er dürfte typisch sein.

»Fast schon logisch, dass du von dem dich Beliefernden nach ein paar Nummern gefragt wirst, ob du dir vorstellen könntest, deine Mitarbeit im Projekt zu intensivieren. Es brauche immer neue Leute, Aufgaben gäbe es genug, Verantwortung müsste auf viele Schultern verteilt werden. (...) Viele schlüssige Argumente, gegen die nichts einzuwenden ist. Dem größeren Zeitaufwand, den eine intensi-

588 Vgl. Chronologie (1995); Vgl. Drücke, Bernd (2007), o.S.; Vgl. radikal (Nr. 134), S. 4f.
589 Gemeint ist die illegale Erscheinungsweise der radikal.
590 ID-Archiv im IISG/Amsterdam (Hg.) (1989), S. 28.
591 ID-Archiv im IISG/Amsterdam (Hg.) (1989a), S. 52ff.

vere Mitarbeit in der *radi* mit sich bringen würde, steht zu dieser Zeit nichts im Wege. Du sagst zu.«[592]

Roger Ottenheimer arbeitet nach eigenen Angaben schon länger bei der Herstellung der illegalen Zeitung mit. Er wurde schon vor Jahren angesprochen. Das ganze spielte sich so ab, wie im Interview beschrieben. Er packt zuerst Päckchen mit Zeitungen, macht sie versandfertig und fährt sie zur Post. Später nimmt er an Redaktionssitzungen teil, layoutet die Seiten, schreibt erste Artikel, hilft beim Druck. Als nach der Repressionswelle 1986/87 die Struktur völlig neu aufgebaut werden muss, kommt es ihm als organisierter Antifaschist in den Sinn, Teile der bundesweiten Antifa-Strukturen anzusprechen. Sie könnte organisatorische Aufgaben für die *radikal* übernehmen, wenn auch nur temporär. Ein paar Gruppen und Einzelpersonen aus dem Organisationszusammenhang der Militanten Antifaschisten sagen zu. Im Ergebnis kümmern sich ab diesem Moment Teile der antifaschistischen Struktur auch noch um den Vertrieb des illegalen »Zentralorgans« der radikalen Linken. Das bedeutet, dass die Militanten Antifaschisten nun direkt mit dem Vorwurf der Bildung einer terroristischen Vereinigung nach §129a angegriffen und verurteilt werden können. Die Antifas nehmen das Risiko in Kauf. Ihre Strukturen sind trag- und arbeitsfähig. Aber es gibt noch einen anderen Grund: es sind sonst keine vergleichbaren Netzwerke in der linken Polit-Szene mehr übrig, die die riskante Aufgabe übernehmen können.[593]

»In dieser zeit hat sich herausgebildet, dass wir uns nicht mehr allein auf die autonome metropolenszene beziehen. von hier kam relativ wenig unterstützung und relativ viel misstrauen, warnungen und kritik.«[594]

Die Militanten Antifaschisten übernehmen Anfangs vor allem logistische Aufgaben: Druck und Vertrieb. Sie sehen ihre Unterstützung als solidarische Hilfe, bis die *radikal* sich restrukturiert hat. Für Bernd Langer ist die Frage der Unterstützung aber auch eine strategisch-politische.[595] »Das war für den ideologischen Teil der Bewegung, also für diejenigen, die eine Organisierung wollten, eine militante Organisierung wollten, war klar, dass man diese Sache unterstützt, verteilt, publiziert, weil so unsere Ideen vorangebracht werden.«[596]

In dem Artikel *Die Gräben überwinden ohne sie zuzuschütten!*[597] beschreibt Bernd Langer ausführlich, warum er sich an der Herstellung und Herausgabe der *radikal*

592 Redaktionsgruppe (1996), S. 68.

593 Zusammenfassung des Autors aus den Interviews mit Michaela Neuberger (2008) und Roger Ottenheimer (2007).

594 ID-Archiv im IISG/Amsterdam (Hg.) (1989a), S. 28.

595 Zusammenfassung des Autors aus den Interviews mit Michaela Neuberger (2008) und Roger Ottenheimer (2007).

596 Interview des Autors mit Bernd Langer (2008).

597 Vgl. radikal (Nr. 133), o.S.

beteiligt. Er beginnt mit einem langen Zitat von Wladimir Iljitsch Lenin aus dessen Artikel *Womit beginnen?*, der ursprünglich 1901 erschien.[598] Dass Lenin zitiert wird, ist allein schon ungewöhnlich. Aber dann auch noch im autonomen Leitmedium der 1980er-Jahre, muss wie eine Provokation für alle lesenden Autonomen wirken.

»Unserer Meinung nach muss der Ausgangspunkt der Tätigkeit, der erste praktische Schritt zur Schaffung der gewünschten Organisation, schließlich der Leitfaden, an Hand dessen wir diese Organisation unbeirrt entwickeln, vertiefen und erweitern könnten – die Schaffung einer gesamtrussischen politischen Zeitung sein. Wir brauchen vor allem eine Zeitung – ohne sie ist jene systematische Durchführung einer prinzipienfesten und allseitigen Propaganda und Agitation unmöglich, die die ständige und wichtigste Aufgabe der Sozialdemokratie[599] im allgemeinen und eine besonders dringliche Aufgabe des gegenwärtigen Moments darstellt, wo das Interesse für Politik, für Fragen des Sozialismus in den breitesten Bevölkerungsschichten wach geworden ist. Niemals machte sich mit solcher Kraft wie heute das Bedürfnis geltend, die vereinzelte, mittels persönlicher Entwicklung, örtlicher Flugblätter, Broschüren usw. betriebene Agitation durch jene verallgemeinerte und regelmäßige Agitation zu ergänzen, die nur mit Hilfe der periodischen Presse möglich ist. Man darf wohl ohne Übertreibung sagen, dass Häufigkeit und Regelmäßigkeit des Erscheinens (und der Verbreitung) einer Zeitung als genauester Gradmesser dafür dienen kann, wie solide bei uns dieser elementarste und dringendste Abschnitt unserer Kampftätigkeit aufgebaut ist. Ferner brauchen wir eben eine gesamtrussische Zeitung. Wenn wir es nicht verstehen, und solange wir es nicht verstehen, unsere Einwirkung auf das Volk und auf die Regierung mit Hilfe des gedruckten Wortes zusammenzufassen, wird der Gedanke an die Zusammenfassung anderer, komplizierterer, schwierigerer, dafür aber auch entscheidenderer Methoden des Einwirkens eine Utopie sein. Unsere Bewegung leidet sowohl in ideologischer als auch in praktischer, organisatorischer Hinsicht vor allem unter Zersplitterung, darunter, dass die übergroße Mehrheit der Sozialdemokraten fast völlig in der rein örtlichen Arbeit aufgeht, die sowohl ihren Gesichtskreis als auch den Elan ihrer Tätigkeit, ihre konspirative Gewandtheit sowie ihre Schulung einengt.

Eben in dieser Zersplitterung sind die tiefsten Wurzeln jenes Mangels an Festigkeit und jenes Schwankens zu suchen, die wir oben erwähnt haben. Und der

598 Lenin, Wladimir Iljitsch (1901), S. 11ff.

599 Sozialdemokratie ist zu Beginn des 20.Jahrhunderts natürlich nicht im heutigen Sinne zu verstehen. Die Sozialdemokratie von damals ist mit dem Kampf für den Sozialismus gleichzusetzen. So forderte sie bspw. die Verstaatlichung der Produktionsmittel. Die SPD strich diesen Passus 1959 aus ihrem Programm. Reichskanzler Otto von Bismarck bekämpfte die sozialdemokratische Bewegung zwischen 1878 und 1890 mit den Sozialistengesetzen. Trotzdem wuchs die Zahl der Anhänger stetig. Weil die Sozialdemokraten im Reichstag fast vollständig für den Ersten Weltkrieg warben und sich zunehmend reformistisch zeigten, gründeten Anhänger aus Protest 1919 die Kommunistische Partei Deutschlands (KPD).

erste Schritt auf dem Wege zur Beseitigung dieses Mangels, auf dem Wege zur Verwandlung der einzelnen örtlichen Bewegung in eine einheitliche gesamtrussische Bewegung, muss die Schaffung einer gesamtrussischen Zeitung sein. Schließlich brauchen wir unbedingt eine politische Zeitung. Ohne ein politisches Organ ist im heutigen Europa eine Bewegung, die die Bezeichnung politisch verdient, undenkbar. Ohne ein solches Organ ist unsere Aufgabe – alle Elemente der politischen Unzufriedenheit und des Protestes zu konzentrieren und mit ihnen die revolutionäre Bewegung des Proletariats zu befruchten – absolut undurchführbar.

Die Rolle der Zeitung beschränkt sich jedoch nicht allein auf die Verbreitung von Ideen, nicht allein auf die politische Erziehung und die Gewinnung politischer Bundesgenossen. Die Zeitung ist nicht nur ein kollektiver Propagandist und kollektiver Agitator, sondern auch ein kollektiver Organisator. Was das letztere betrifft, kann sie mit einem Gerüst verglichen werden, das um ein im Bau befindliches Gebäude errichtet wird; es zeigt die Umrisse des Gebäudes an, erleichtert den Verkehr zwischen den Bauarbeitern, hilft ihnen, die Arbeit zu verteilen und die durch die organisierte Arbeit erzielten gemeinsamen Resultate zu überblicken. Mit Hilfe der Zeitung und in Verbindung mit ihr wird sich ganz von selbst eine beständige Organisation herausbilden, die sich nicht nur mit örtlicher, sondern auch mitregelmäßiger allgemeiner Arbeit befasst, die ihre Mitglieder daran gewöhnt, die politischen Ereignisse aufmerksam zu verfolgen, deren Bedeutung und Einfluss auf die verschiedenen Bevölkerungsschichten richtig zu bewerten und zweckmäßige Methoden herauszuarbeiten, durch die die revolutionäre Partei auf diese Ereignisse einwirken kann. Schon allein die technische Aufgabe – die regelmäßige Versorgung der Zeitung mit Material und ihre regelmäßige Verbreitung – zwingt dazu, ein Netz von örtlichen Vertrauensleuten der einheitlichen Partei zu schaffen, von Vertrauensleuten, die lebhafte Beziehungen zueinander unterhalten, die mit der allgemeinen Lage der Dinge vertraut sind, die sich daran gewöhnen, die Teilfunktionen der gesamtrussischen Arbeit regelmäßig auszuführen, die ihre Kräfte an der Organisierung dieser oder jener revolutionären Aktion erproben. Dieses Netz von Vertrauensleuten wird das Gerippe gerade einer solchen Organisation bilden, wie wir sie brauchen: genügend groß, um das ganze Land zu erfassen; genügend breit und vielseitig, um eine strenge und detaillierte Arbeitsteilung durchzuführen; genügend standhaft, um unter allen Umständen, bei allen ›Wendungen‹ und Überraschungen ihre eigene Arbeit unbeirrt zu leisten.«[600]

Mit der Verwendung des langen Zitates wendet sich Langer an alle politischen Gruppierungen der radikalen Linken. Es geht ihm um die Zusammenarbeit der verschiedenen Strömungen mit dem Ziel des politischen Umsturzes. Lenins Beschrei-

600 radikal (Nr. 133), o.S.

bung über die Organisation von Menschen, die eine politische Zeitung herausgeben können, zeigt, dass die Militanten Antifaschisten teilweise bereits in der von Lenin zitierten Weise organisiert sind. Wie wirksam diese organisierte Struktur ist, zeigt sich u.a. an der Möglichkeit, dass sie die *radikal* über Jahre herstellt und verbreitet.

»Im Unterschied zu einigen anarchistischen Strömungen gehen wir davon aus, dass Widerstand organisiert werden muss, falls er eine Perspektive haben soll. Ein wichtiger Bestandteil einer solchen Organisierung ist eine Zeitung. (…) Der Widerstand ist in keinem Bereich so entwickelt, dass er die Pläne der Schweine ernsthaft gefährden kann. Zu bemerken ist lediglich eine langsame Entwicklung, die die Möglichkeiten eines breiten revolutionären Widerstandes eröffnen kann. (…) Diese Schwäche liegt vor allem an der fehlenden Kontinuität der autonomen Bewegung und an ihrer Fixiertheit auf die Teilbereiche. Hinzu kommt die nicht vorhandene ideologische Vereinheitlichung der Kämpfe, verursacht durch fehlende Diskussion. Das heißt, es fehlt die Entwicklung zu einer gemeinsam und effektiv handelnden revolutionären Bewegung. Eine Zeitung als Diskussions- und Informationsforum ist für eine Entwicklung in Richtung Vereinheitlichung der Kämpfe etc. unerlässlich. Viele Gruppen und Teilbereiche haben Inhalte erarbeitet, Erfahrungen gemacht und Infos zusammengetragen. Aber all diese Ansätze kommen nicht rum, schmoren nur in den unmittelbar bekannten Kreisen vor sich hin, und dienen leider nur sehr wenigen Leuten zur Diskussion und Praxis. (…)

Theorie ist wichtig. Aber für uns nur, wenn sie im Zusammenhang mit Praxis steht. Gerade in dem Verhältnis von Theorie und Praxis entwickelt sich lebendige, brauchbare Theorie (oder besser Erkenntnis). Dieser Prozess – das Verhältnis von Theorie und Praxis – macht einen entscheidenden Unterschied zwischen uns und bürgerlichen bzw. revisionistischen Kräften aus. Bei ihnen ist die Theoriebildung abgekoppelt von der Praxis, und der Erkenntnisprozess spielt sich in Seminarform ab. Die Theorie wird dabei allzu oft zur Flucht vor revolutionärer Praxis. Aus diesem Unterschied und dem zuvor genannten Verhältnis Theorie/Praxis wird die Wichtigkeit einer Zeitung für unsere Zusammenhänge deutlich. (…) Zeitung als Instrument zur organisatorischen Verallgemeinerung soll heißen: durch Kommunikation die Gemeinsamkeit des Kampfes klären, um dadurch zur Abstimmung, Unterstützung und zur Überschneidung der Teilbereiche zu gelangen.«[601]

Der Artikel dürfte die Motivation der Militanten Antifaschisten widerspiegeln, die hohe Strafen riskieren, um die Existenz der *radikal* zu gewährleisten und der autonomen Bewegung eine Stimme zu verleihen. Doch auch mit ihren strategisch-politischen Überlegungen bilden die Antifas schon wieder eine Ausnahme. Denn für viele autonome Unterstützer, Verteiler und Hersteller der illegalen Zeitschrift ist die

601 radikal (Nr. 133), o.S.

Motivlage eine mitunter völlig andere. Für viele radikale Linke ist die Mitarbeit bei der *radikal* als Entscheidung zu sehen, an einer Idee festzuhalten, eine radikale politische Arbeit weiterzuführen. Es ist die Zeit des Niedergangs der autonomen Bewegung, allgemeine politische Ratlosigkeit macht sich breit. Während die Militanten Antifaschisten mit der Herausgabe eine politische Hoffnung und eine Perspektive verbinden, ist die *radikal* für andere Helfer scheinbar nur individueller Selbstzweck. Ein Mitarbeiter der *radikal* beschreibt die illegale Arbeit mit der Zeitung als »Beruhigungsmittel« für sich selber. Die illegale Organisation der Zeitung unterstreicht ihm zufolge die eigene ewige Feindschaft zu dem kapitalistischen System. Die *radikal* ist für viele ein Angriff gegen den Staat, deutlicher als die Unterstützung einer Stadtteilinitiative oder die Beteiligung an Demonstrationen. Aber eine Strategie für die Bewegung, eine Organisation der Kämpfe, die Hoffnung auf das Vorantreiben eines revolutionären Umsturzes, ist damit nicht verbunden.[602]

Die Beteiligung am Projekt *radikal* entwickelt sich schnell zu einer weiteren zeitlichen Belastung. Denn irgendwann geht es nicht mehr nur um die Herstellung und Verteilung, irgendwann wollen die Antifaschisten auch die Inhalte mitbestimmen. Konkret heißt das, den Inhalt der nächsten Ausgaben zu planen, zu recherchieren, Artikel zu schreiben, zu diskutieren, die Leser-Post zu beantworten, Zuschriften zu sortieren etc.[603] Die Militanten Antifaschisten erkennen das propagandistische Potenzial der illegalen Zeitung. Ab der Nummer 133 steigt die Anzahl von Veröffentlichungen und Erklärungen zu militanten Antifa-Aktionen sprunghaft an.[604] Ab der Nr. 136 (etwa 1988/89) startet eine Reihe mit dem Titel *Widerstand und Faschismus*.[605]

Ganz unumstritten ist die Mitarbeit an der *radikal* innerhalb der antifaschistischen Struktur allerdings nicht. Bestimmte Teile der Militanten Antifaschisten, die sich eher der Anti-Nazi-Arbeit widmen, favorisieren eine Mitarbeit beim *Antifaschistischen Infoblatt* (*AIB*). Darin werden Neonazi-Strukturen offengelegt und Zusammenhänge aufgezeigt. Aber das bis heute bestehende *AIB* ist kein Diskussionsblatt für die radikale Linke und insofern für den ideologischen Flügel wertlos.[606] »Jede Bewegung brauchte ein Organ. Wenn das *AIB* das Organ nicht sein konnte, weil die das nicht wollten, oder im Grunde was anderes vorhatten, musste es ein anderes Organ sein. Und da gab es im Grunde genommen nur eins.«[607]

Und das ist die *radikal*. Die Militanten Antifaschisten helfen nun auch noch, militante Aktionen zu propagieren und rufen dazu auf. In einer Sonderausgabe, die

602 Vgl. Redaktionsgruppe (1996), S. 68.
603 Vgl. Redaktionsgruppe (1996), S. 68.
604 Vgl. radikal (Nr. 133), S. 48.
605 Vgl. radikal (Nr. 136), S. 93ff.
606 Zusammenfassung des Autors aus dem Interview mit Bernd Langer (2008).
607 Interview des Autors mit Bernd Langer (2008).

sich *Radikal-Info* nennt, wird bspw. eine Anleitung abgedruckt und erklärt, wie eine Kommandoaktion geplant, durchgeführt und propagandistisch verarbeitet werden muss.[608]

Theoretische Auseinandersetzungen

Innerhalb der militanten Antifa-Struktur werden verschiedene theoretische Standpunkte erarbeitet, um sich ideologisch weiterzuentwickeln und zu festigen. Die bundesweite Struktur definiert und formuliert keine einheitliche Position, geschweige denn ein Programm, für jede mögliche politische Frage. Aber es existiert ein Konsens, eine Idee, eine Vorstellung. Zu verschiedenen Themen werden Arbeitsgruppen eingerichtet, die sich inhaltlich auseinandersetzen. Vorreiter ist die Antifaschistische Aktion Hamburg, die viele Papiere erstellt. Aber auch der Antifaschistische Arbeitskreis Bad Lauterberg verfasst grundlegende Abhandlungen mit Titeln wie *»Befreiung vom Faschismus« oder Kontinuität imperialistischer Herrschaft? – Überlegungen zum autonomen Antifaschismus, Deutschland 1945 – Befreiung des Kapitals vom NS-Regime, Zerschlagung des Proletariats* und *Zur Diskussion des Faschismusbegriffs.*[609]

Einige ausgewählte theoretische Diskussionsschwerpunkte sollen hier grob aufgezeigt und dargestellt werden. Bewusst sind die Standpunkte nur oberflächlich wiedergegeben. Eine tiefere Auseinandersetzung über die Ideenwelt der Militanten Antifaschisten würde den Rahmen dieses Buches sprengen.

Ziel antifaschistischer Arbeit

Hauptthema ist natürlich immer wieder die eigene Richtung. Wohin entwickelt sich die antifaschistische Struktur? Wie wird die Arbeit strukturiert? Wie kann die Organisation vergrößert werden? Wie wächst ihr politischer Einfluss?

In einer Bestandsaufnahme aus Hamburg wird 1985 festgestellt: »Der Zusammenhang antifaschistischer Arbeit mit anderen Bereichen autonomer Politik ist schlecht entwickelt. (...) Die Antifaschisten beschränkten sich auf das Aufzeigen von Organisationsstrukturen neofaschistischer Organisationen und Einzelpersonen sowie der Verhinderung ihrer Aktivitäten und Rekrutierung. (...) Die Antifaschisten versäumten es bisher, den antifaschistischen Kampf mit dem Widerstand gegen den integrierten Faschismus der Gesellschaft und gegen den imperialisti-

608 Vgl. Radikal Info (1987), S. 7f.
609 Zusammenfassung des Autors aus dem Interview mit Bernd Langer (2008); Vgl. Antifaschistische Arbeitskreis Bad Lauterberg (o.J.a).

schen Herrschaftsapparates zu verbinden. Die Antifaschisten haben bisher nicht versucht, die Bedeutung ihres Kampfes im antiimperialistischen Widerstand zu klären und die Auseinandersetzung mit autonomer Politik zu führen.«[610]

Den Autonomen wird von den Hamburgern vorgeworfen, die Funktion neonazistischer Organisationen für die reaktionäre Entwicklung nicht zu erkennen. Zwar werden die Autonomen als entscheidende Kräfte gegen das System bezeichnet, aber sie haben sich im Bereich der Subkultur organisiert. Sie zersetzen die herrschende Moral und Kultur, entziehen sich kapitalistischer Ausbeutung und Produktion und greifen so die bestehenden Besitzverhältnisse an. Sie leben in Öko-Nischen und praktizieren neue Formen des Zusammenlebens in WG und Beziehung, sie verteidigen ihre Freiräume gegen Verhetzung, Überfälle und Kriminalisierung. In ihrem Alltag leben die Autonomen ihre Freiheit und nehmen so in gewisser Weise die soziale Befreiung für sich vorweg. Aber sie sind ausgestiegen, suchen ihr Glück in Enklaven innerhalb des Systems. Ihr Alltag ist nicht auf revolutionäre Veränderung ausgerichtet, so die Autoren.

Zu den Lohnabhängigen stellen die Hamburger fest, dass sie ideologisch und organisatorisch nicht in der Lage und bereit sind, ihre eigenen Interessen zu erkennen. Im Gegenteil vertreten sie ideologisch die Interessen der Ausbeuter, sind bestimmt von der Idee, dass sich Herrschende und Beherrschte gegen innere und äußere Feinde des Systems zusammenschließen müssen.[611] Sie sind loyal gegenüber den Produktions- und Herrschaftsverhältnissen und damit sich selbst und jedem Widerstand entfremdet.[612]

»Die traditionell entscheidenden Klassenkräfte der Lohnabhängigen sind ideologisch fest im Schlepptau der Bourgeoisie; ihre Kämpfe werden gesteuert von den gewerkschaftlichen Organisationen; die ein Teil des Herrschaftsapparates sind; ihr Widerstand richtet sich gegen Sozialabbau und Arbeitsplatzvernichtung zur Absicherung ihrer nationalen Privilegien.«[613]

610 Vgl. Antifaschistische Arbeit (1986), o.S.

611 Die Autoren waren vor knapp 30 Jahren schon sehr weitsichtig. So befanden sich bspw. 1985 noch keine deutschen Soldaten im Auslandseinsatz, während es derzeit etwa 5.000 in 14 Einsatzorten sind. Siehe: http://www.einsatz.bundeswehr.de/portal/a/einsatzbw/!ut/p/c4/04_SB8K8xLLM9MSSzPy8xBz9CP3I5EyrpHK9pPKU1PjUzLzixJIqIDcxu6Q0N-ScHKpRaUpWqX5DtqAgASPKsIg!!. 23.2.2014, 9:00h.

612 Die Idee der Entfremdung erinnert stark an die Ausführungen von Karl Marx in: Ökonomisch-philosophische Manuskripte, im Kapitel: Die entfremdete Arbeit. Dort beschreibt Marx den Zusammenhang zwischen der entfremdeten Arbeit und dem entfremdeten Menschen. Vgl. Marx, Karl (1844) o.S.

613 Antifaschistische Arbeit (1986), o.S.
Anm.d.Verf.: Einer der führenden Politikwissenschaftler, Prof. Joachim Hirsch, weist seit Jahren auf den korporatistischen Charakter der Gewerkschaften in Deutschland hin. »Die Gewerkschaften wurden als politische Verhandlungspartner akzeptiert und gewannen an Stärke. Mit der Einbeziehung der ›Sozialpartner‹ – also Gewerkschaften und Unternehmerverbände – in staatliche wirtschafts- und sozialpolitische Entscheidungsprozesse wurden korporatistische Verhandlungsmechanismen etabliert.« (Hirsch, Joachim (2009), S. 76). Die Aussage der Militanten Antifaschisten steht also durchaus im Kontext aktueller linker Politikanalyse!

Den Militanten Antifaschisten zu Folge sind die entscheidenden Kräfte, »die das System aus den Angeln heben können«, die lohnabhängigen Klassen und Schichten. Sie sehen es deshalb als ihre Aufgabe an, die antifaschistischen Kämpfe mit den Kämpfen dieser Schichten zu verbinden und so die soziale Revolution herbeizuführen.[614]

»Revolutionärer Antifaschismus greift ein in die reaktionäre Radikalisierung der Massen, in die Entwicklung sozialer Kontrolle, menschenfeindlicher Technologie und faschistischer Repressionspraxis und die normale Funktion bürgerlicher Ausbeutung und Herrschaft.«[615]

Diese Verbindung wird demnach von verschiedenen Seiten massiv behindert. Der von den Faschisten und rechten Ideologen geschmiedete Volksgemeinschaftsgedanke verhindert eine emanzipatorische Entwicklung der Lohnabhängigen. Dabei kommen den Neonazis zwei Aufgaben zu[616]:

- Sie kanalisieren die Unzufriedenheit der verarmenden Teile der Bevölkerung gegen Minderheiten wie Ausländer oder Kommunisten und brandmarken sie als verantwortlich für die Krise. (...)
- Als Rollkommandos kommen sie gegen jede emanzipatorische Äußerung gewalttätig zum Einsatz.[617]

Die selbstdefinierten Ziele der Militanten Antifaschisten lassen sich kurz folgendermaßen zusammenfassen:

- Zerschlagung aller faschistischen, konservativen und reaktionären Strukturen und Gruppierungen.
- Vernichtung des Faschismus mit all seinen Wurzeln und in all seinen Ausdrucksformen.
- Bekämpfung des kapitalistischen und imperialistischen Staates.
- Schulterschluss mit den ausgebeuteten und unterdrückten Schichten weltweit.
- Herbeiführen der sozialen Revolution.
- Aufbau einer fortschrittlichen Gesellschaft.[618]

614 Vgl. Antifaschistische Arbeit (1986), o.S.
615 Thesenpapier zum Faschismusbegriff (1986), o.S.
616 Siehe auch das Kapitel: Staatsverständnis und Funktion der Nazis.
617 Vgl. Antifaschistische Arbeit (1986), o.S.
618 Vgl. Thesenpapier zum Faschismusbegriff (1986), o.S.; Vgl. Antifaschistische Arbeit (1986), o.S.

Faschismusdefinition

Die Militanten Antifaschisten versuchen sich auch an der Definition des Faschismusbegriffs. Obwohl zu diesem Thema zahllose wissenschaftliche und populäre Veröffentlichungen bereits vorliegen, erscheint Anfang der 1980er-Jahre ein Papier[619] der Antifaschistischen Aktion Hamburg, das einen eigenen Definitionsversuch unternimmt. Die Ausführungen sind offenbar das Destillat ausführlicher Diskussionen, denn sie nehmen ausdrücklich Bezug auf die Theorien von Reinhard Kühnl[620], August Thalheimer[621] und Georgi Dimitroff[622].

»Faschismus ist integraler Bestandteil jeder parlamentarischen Demokratie der imperialistischen Metropolen. Das imperialistische System ist faschistisch. Die jeweilige Form bürgerlicher Herrschaft ist kalkulierte Widerstandsbekämpfung. (…)

Staatsfaschismus ist bestimmt durch sein allgemeines Vernichtungsinteresse in imperialistischem Krieg/Aufstandsbekämpfung, humangenetischer Züchtung, systematischer Verelendung, umweltzerstörender Produktion.

Staatsfaschismus ist bestimmt durch sein allgemeines Erfassungsinteresse in Personal/Sozialdateien, kriminalgeographischer Stadtplanung, akustischer, visueller, sensorischer Überwachungstechnik.

Staatsfaschismus ist bestimmt in seinem allgemeinen Manipulationsinteresse in psychologischer Durchdringung, in selektiver Information, im Terror des Konsums der bestehenden Verhältnisse«.[623]

Die Militanten Antifaschisten sehen durch die personelle Kontinuität und die weitergeführte kapitalistische Produktionsweise einen historischen roten Faden vom Nationalsozialismus zur BRD. Einen konsequenten Bruch hat es demnach nie gegeben. Im Gegenteil blieben die gleichen Personen in Amt und Würden, die auch schon in der NS-Zeit aktiv waren, weshalb sich auch ideologisch nichts Grundsätzliches änderte, Antikommunismus blieb Staatsdoktrin. Die staatlichen Apparate wurden mit alten Nazis wieder aufgebaut, die Besitzverhältnisse nicht angetastet,

619 Genau lässt sich das Erscheinungsdatum nicht mehr feststellen. Das vorliegende Exemplar trägt den handschriftlichen Vermerk: 1986. Nach Aussagen der Interviewpartner erscheint das Papier erstmals 1983. 1984 wird ein Artikel veröffentlicht, der auf die Definition Bezug nimmt. Insofern ist das Jahr 1983 als Erscheinungsdatum sehr wahrscheinlich. Es existieren verschiedene Versionen der Faschismusdefinition aus Hamburg

620 Reinhard Kühnl: (*1936, †2014) Emeritierter Professor der Politikwissenschaft der Universität Marburg. Gilt als Experte der Faschismusforschung sowie der Ideologieanalyse und -kritik der neuzeitlichen Geschichte. Gegner der Totalitarismustheorie.

621 August Thalheimer: (*1884, †1948) Deutscher kommunistischer Politiker und Theoretiker. Begründer einer eigenen Faschismustheorie.

622 Georgi Dimitroff: (*1882, †1949) Der bulgarische Politiker war wegen des Reichstagbrandes 1933 angeklagt. Begründer der so genannten Dimitroff-These zum Faschismus.

623 Thesenpapier zum Faschismusbegriff (1986), o.S.

Kommunisten verfolgt. Die BRD der 1980er-Jahre ist ein kapitalistischer und imperialistischer Staat, der auf faschistische Methoden zurückgreift, wenn es zu einer Bedrohung der Mehrwertproduktion von innen kommt. Um diesen Ansatz zu belegen, greifen die Antifaschisten auf Beispiele zurück, die sie als Ausdruck faschistischer Praxis sehen: maschinenlesbare Ausweise, Volkszählung, Überwachung.[624]

Dabei geht es ihnen im Kern darum, den Imperialismus als latent faschistisch zu erkennen, weil er sich im Extremfall faschistischer Methoden bedient. Das bedeutet für die Militanten Antifaschisten nicht, dass die BRD ein faschistischer Staat ist. Der offene Faschismus ist nicht der Status quo, aber eine mögliche Option. Diese Logik sehen sie aber nicht deutschlandspezifisch, sondern als Phänomen jedes imperialistischen Staates.[625] Doch nicht immer drücken sie sich trennscharf aus.

»Für uns bedeutet die Entstehung und Entwicklung der BRD Kontinuität des Staatsfaschismus:

Es ist faschistische Praxis, wenn die Imperialisten immer neue Waffensysteme entwickeln und ideologisch hochrüsten durch die Propagierung von Hass auf Frauen, andere Rassen und Völker; wenn politische Flüchtlinge in der BRD an faschistische Regimes ausgeliefert oder in Polizeigefängnissen der BRD verbrannt werden.

Es ist faschistische Praxis, wenn Stadterneuerung in der BRD nach den Plänen der Nationalsozialisten die sozialen und politischen Zusammenhänge in den Vierteln zerschlägt und der totalen Kontrolle unterwirft; wenn unsere politischen Gefangenen in den Knästen der BRD durch Isolationsfolter vernichtet und wie in Stammheim kaltblütig ermordet werden.

Es ist faschistische Praxis, wenn heute nicht mehr Zyklon-B in die Lüftungsschächte sondern chemische Substanzen in die Trockenmilch geschüttet werden, um die Völker Lateinamerikas durch Zwangssterilisation zu ›dezimieren‹, denn die Imperialisten sagen: ›Es ist billiger, den Guerillero bereits im Uterus zu töten als in den Bergen.‹

Es ist faschistische Praxis, wenn heute nicht mehr Herrenrassen in Jungbrunnen gezüchtet werden, sondern allein in der BRD fünf gentechnologische Zentren eingerichtet worden sind, um die Vernichtung ›unwerten Lebens‹ zu ersetzen durch die ›Bedarfsplanung des erforderlichen Menschenmaterials‹.

Offener Faschismus oder parlamentarische Demokratie beschreibt nicht mehr die Herrschaft des Imperialismus. Faschistische Praxis ist wesentlicher Bestandteil des Imperialismus.

Faschismus ist Integraler Bestandteil jeder Parlamentarischen Demokratie der Imperialistischen Staaten. (…)

624 Vgl. Flugblatt (1986b); Vgl. Flugblatt (1986i).
625 Vgl. Flugblatt (1986b); Vgl. Flugblatt (1986i); Vgl. Flugblatt (1985).

Wir haben uns entschieden gegen Faschismus und Demokratie: Denn dieser Staat steht in der ungebrochenen Tradition des 3. Reiches[626] und organisiert selbst über Staatsschutz, Bullen und Militär die Strukturen, die Bewaffnung und Anschläge der Faschisten. Dieser Staat organisiert die Zerstörung der Umwelt und die Entwicklung menschenfeindlicher Technologien. Er ist weltweit beteiligt am Massenmord durch Verelendung und imperialistischen Krieg. Und dieser Staat ist führend in präventiver Aufstandsbekämpfung, in der Organisation sozialer und polizeilicher Kontrolle, in psychologischer Kriegsführung zur Entwicklung des reaktionären Bewusstseins der Massen.«[627]

Der Versuch der Definition des Faschismusbegriffs ist ein Dauerbrenner in der bundesweiten Struktur. Der Antifaschistische Arbeitskreis Bad Lauterberg schreibt ein Papier mit dem Titel *Zur Diskussion des Faschismusbegriffs*, der inhaltlich in die gleiche Richtung weist, wie die Ausführungen der Hamburger.[628]

Auf dem Süddeutschen Antifa-Treffen gründet sich eine weitere Arbeitsgruppe zur Faschismusdefinition. Sie legt ein eigenes Papier als Reaktion auf das Hamburger Papier vor.[629]

»Kritisch möchten wir hierzu anmerken, dass die ökonomischen Grundlagen faschistischer Herrschaft in keinster Weise angesprochen werden. Es bleibt anzumerken, dass die Kapitalverwertung, die den Imperialismus vorantreibt, im Faschismus weiterhin oberstes Gesetz ist. (...) Ebenfalls stößt der Begriff ›allgemeines Vernichtungsinteresse‹ (im Faschismus) auf Ablehnung, bzw. Kritik der Arbeitsgruppe.

Dazu ist zu sagen, dass Vernichtung und Verwertung ein Begriffspaar sind, das zusammengehört. Sinniges Beispiel bleibt: ›Akkord ist Mord‹. Ebenso wurde in den KZs nicht ›nur‹ vernichtet, sondern jede/r wurde auf Verwertbarkeit im Sinne des Kapitals geprüft und bis zum Kotzen ausgesaugt. (...)

Aus all den Fragestellungen heraus, dem Begriffswirrwarr (latenter Faschismus, Faschisierung, bürgerliche Demokratie – Faschismus ...) ergab sich für uns die Notwendigkeit diese Herrschaftsformen zu trennen, ohne die jetzt schon bestehenden Gemeinsamkeiten leugnen zu wollen. Was wir gemacht haben ist eine erstmal ganz platte Gegenüberstellung von bürgerlicher Demokratie und Faschismus, deren Grundlage identisch ist: kapitalistische Profitgier.

626 In ihren Veröffentlichungen benutzen die Militanten Antifaschisten gelegentlich den Begriff »Drittes Reich« als Bezeichnung für den NS-Staat. Die von den Nationalsozialisten verwendete Selbstbezeichnung ist umstritten, und wird bis heute immer wieder unkritisch benutzt.
627 Flugblatt (1986b).
628 Vgl. Antifaschistische Arbeitskreis Bad Lauterberg (o.J.b).
629 Zusammenfassung des Autors aus dem Interview mit Sascha Waigel (2008).

bürgerl. Demokratie	Faschismus
Integrationspolitik	brutale Repression
Vernichtung des nichtintegrierbaren Widerstands, z.B. politische Gefangene	allgemeine Vernichtung des Widerstands,
soziale Bewegungen mit integrationistischer Funktion	keine legale Opposition.[630]

Bürgerliche Demokratie und Faschismus sind demnach in Praxis und Wirkung unterschiedliche Herrschaftsformen.

Auch in der radikalen Linken stößt die Faschismusdefinition aus Hamburg auf Widerspruch. 1984 veröffentlichen *Einige antifaschistische Antiimperialisten Hamburg* in der Hamburger Zeitschrift *Große Freiheit* eine vorwurfsvolle Reaktion: »(...) die Verfasser haben nicht begriffen, dass Kapitalismus nicht einfach gleich Faschismus ist – so, wie sie nicht begriffen haben, dass der Faschismus nicht einfach die Ablösung einer kapitalistischen Regierung durch eine andere, sondern eine andere Herrschaftsform des Kapitals ist. (...) Es ist wirklich ganz klar: ihr wisst gar nicht, was Faschismus ist. Eure Aufzählung bestimmter Charakteristika, die dem Imperialismus einfach wesenseigen sind, beweist das. Euer Entsetzen darüber, dass der ›normale‹ Imperialismus schon jetzt mörderisch ist, macht euch blind und begrifflos vor der Tatsache, dass dieses System noch viel brutaler werden kann und werden wird – wenn wir die Schweine nicht daran hindern.

Die schon etwas ältere Parole, dass Kapitalismus zum Faschismus führt und deshalb weg muss, sagt klar wo es lang geht. Und auf diesem Weg müssen wir immer die noch vorhandenen Möglichkeiten der bürgerlichen Demokratie für den Kampf taktisch nutzen. Gerade weil wir den Charakter dieser ›Demokratie‹ begreifen, weil wir wissen, dass sie immer zum Faschismus hin offen ist und bereits in ihrem Rahmen immer mehr faschistische Methoden angewendet werden. Oder anders gesagt: Es ist halt besser, in einem ›demokratischen Staatsschutzstaat‹ auf der Straße oder anderswo zu kämpfen, als in einem faschistischen KZ oder Knast. Für uns jedenfalls besteht da ein wesentlicher Unterschied.«[631]

Auch innerhalb der bundesweiten Antifa-Struktur bleibt die Definition aus der Hansestadt nicht unumstritten. Manche akzeptieren sie weitgehend, andere lehnen sie ab oder finden sie sogar falsch.

630 Arbeitsgruppe »Faschismusdefinition« (o.J.).
631 Grosse Freiheit Nr. 72 (Sep. 1984), S. 24.

»Wir haben da ja sogar teilweise mehrtägige Seminare gemacht, über Agnoli[632], Thalheimer und Dimitroff. Also ich glaube, bei uns gab es nicht so einen richtigen Konsens. Dazu waren wir einfach zu unterschiedlich. (...) Zu mindestens gab es da auch Kräfte, die dann immer unbedingt durchdrücken wollten, dass was 1984 bundesdeutsche Realität ist, im Prinzip auch Faschismus ist. Damit ging ich eigentlich nicht so konform. Es war zwar teilweise von der Repression nicht schön, aber ich fürchte, dass es da doch noch erhebliche Steigerungsmöglichkeiten gab«.[633]

1991 wird ein letztes Mal aus dem Hamburger Kreis der Versuch unternommen, eine eigene Faschismusdefinition zu formulieren.

»Faschismus wird weder synonym mit Nationalsozialismus verstanden, noch alleine festgemacht an der Herrschaftsform. Es ergibt sich folgende Differenzierung: Der Staat der BRD wird in der Kontinuität des Nationalsozialismus begriffen; damit ist der Staat der BRD kein geeignetes Instrument zur Bekämpfung des Faschismus; vielmehr wird nach diesem Verständnis faschistische Praxis von ihm selbst in erheblichem Maß organisiert; dennoch leben wir nach dieser Auffassung zur Zeit nicht im offenen Faschismus, wenn auch das Wesen des imperialistischen Systems faschistisch ist. D.h. dieser Faschismusbegriff geht nicht wie Thalheimer davon aus, dass der Faschismus an der Macht die Herrschaft einer Machtelite über den Klassen ist, zu einer Zeit, da die Bourgeoisie nicht mehr in der Lage ist, ihre politische Herrschaft zu sichern, und das Proletariat noch nicht in der Lage ist, sie zu gewinnen. Genauso wenig ist wie bei Kühnl der Faschismus nur eine Form bürgerlicher Herrschaft, mit der notwendigen Konsequenz, die Demokratie gegen faschistische Entwicklungen von außen und innen zu verteidigen. Und Faschismus ist nicht als schrittweise Faschisierung von Staat und Gesellschaft zu verstehen, als notwendige Reaktion, um die Radikalisierung breiterer Schichten der Bevölkerung und ihre revolutionäre Erhebung zu verhindern. Faschismus ist heute im Wesentlichen präventive Herrschaftssicherung. (...)

Faschismus lässt sich nicht festmachen an der Form, sondern nur am Inhalt staatlicher Politik. Dabei ist für uns der Begriff Faschismus weder ein leerer Superlativ imperialistischer Herrschaft, noch geschichtslose Erfahrung brutalster Unterdrückung. Faschismus setzt die ökonomischen und politischen Bedingungen des Imperialismus voraus und ist sein schärfster Ausdruck. So ist die BRD als imperialistische Demokratie nicht nur (in)direkt an offen faschistischer Ideologie, Propaganda und Organisation beteiligt: Faschismus ist integraler Bestandteil jeder imperialistischen Demokratie. (...)

632 Johannes Agnoli (*1925; †2003): Bedeutender deutscher Politikwissenschaftler, von 1972 bis 1990 Professor für Politikwissenschaft an der FU Berlin.
633 Interview des Autors mit Lars Balkes (2008).

Dieser Faschismusbegriff geht davon aus, dass jede formale Beschreibung der Herrschaft das Wesen des Faschismus nicht begreifen kann. Er definiert sich daher über den ideologischen Inhalt dieser Weltanschauung: die grundsätzliche Ungleichwertigkeit der Menschen. Während der Liberalismus die Lüge der Gleichheit täglich neu gegen die Realität verifizieren muss, beruft der Faschismus sich auf die behauptete – scheinbar natürliche – ungleichzeitige Entwicklung der Menschen. Der Herrschaftsanspruch leitet sich aus der rassischen Zuweisung von Intelligenz, motorischen Fähigkeiten, sinnlicher Wahrnehmung etc. ab. Dieser Faschismusbegriff macht deutlich, dass Demokratie und Faschismus sich nicht ausschließen: die imperialistische Demokratie ist nur eine Herrschaftsform zur Umsetzung von bürgerlicher Ideologie, z.B. faschistischer.

Aus der unmittelbaren Erfahrung des Staatsterrors einer faschistischen Diktatur musste der Kampf gegen den Nationalsozialismus die Machtfrage stellen. Herrschende Entnazifizierung konnte daher nur die Restauration imperialistischer Herrschaft in Form einer parlamentarischen Demokratie sein, die alle wesentlichen repressiven Errungenschaften des Nationalsozialismus integriert. Struktureller Staatsfaschismus in parlamentarischer Demokratie ist mehr als nur personelle faschistische Kontinuität in Behörden und Arztpraxen: Der Nationalsozialismus war das Pilotprojekt des Imperialismus. (…)

Für die ›Einheit der Demokraten‹ ist am 8. Mai 1945 der deutsche Faschismus zerschlagen worden. Viele sahen als Hoffnung aus ihrer Erfahrung unfassbaren und beispiellosen Terrors auf den Trümmern des 3. Reiches demokratische Staaten entstehen, die jedoch mehr hüben als drüben weniger die objektiven Interessen des Volkes als die unterdrückten/ausgebeuteten Massen verfolgt haben. Dabei war die Entfremdung der Massen von den eigenen Klasseninteressen so gründlich, wie auch die Entwertung der Begriffe gelang. Die ›Befreiung vom Faschismus‹ ist eine Propagandalüge des Imperialismus.

Die militärische Niederlage des Nationalsozialismus musste als ›Befreiung vom Faschismus‹ begriffen werden, weil die Vorstellung einer Wiederholung der Geschichte unerträglich war und ist. Die Forderung ›Wehret den Anfängen!‹ war auf diese drohende Fortsetzung faschistischer deutscher Geschichte gerichtet, aber gleichzeitig hat sie den Blick verstellt für die reale Entwicklung parlamentarischer Demokratie als imperialistische Herrschaftsform, die nach innen und außen faschistische Praxis organisiert. Angefangen hat die Restauration des deutschen Faschismus am 8. Mai 1945.

Für jede/n offensichtlich ist der Aufbruch des ›4. Großdeutschen Reiches‹ zur ökonomischen, militärischen und politischen Vorherrschaft in Europa und damit die Wiederbelebung nie aufgegebener Weltherrschaftspläne. Voraussetzung ist die endgültige Abrechnung des deutschen Imperialismus mit dem Nationalsozialismus: Leugnung der ideologisch/politischen Verantwortung. Folgerichtig wird der Putsch der Offiziere des 20. Juli, die eine Militärdiktatur zur Rettung des ›Deutschen Reiches‹ errichten wollten, als Hitler erledigt war, zum einzig legitimen ›antifaschistischen Widerstand‹.

Faschistische Kontinuität staatlicher Institutionen und herrschender Praxis ist Realität. Auf der Grundlage dieser Erkenntnis an das Gewaltmonopol des Staates zu appellieren, den Faschismus zu verbieten, heißt den Teufel mit Belzebub austreiben zu wollen und den Wolf bitten, Kreide zu fressen. Die demokratischen Spielregeln des Staates sind psychologische Kriegsführung zur Entwaffnung des Widerstands. Die Methoden systematischer Erfassung, systematischer Manipulation und systematischer Vernichtung sind subtiler geworden: Das Wesen des imperialistischen Staates ist faschistisch. (…)

Faschismus ist nicht die Ideologie der ›Ewiggestrigen‹. Sie ist im Sinne des Kapitals fortschrittlich und hochaktuell: Der als ›Neue Rechte‹ formierte Teil faschistischer Organisationszusammenhänge schafft auf den Ebenen der Wissenschaft, Politik, Publizistik und Kultur die erforderliche Begründung der Ungleichwertigkeit der Menschen für eine ›Neue Weltordnung‹, die zurzeit über den Golfkrieg und die endgültige Zersetzung der RGW-Staaten[634] errichtet werden soll. D.h. faschistische Ideologie wird immer deutlicher zur herrschenden Ideologie und zum bestimmenden Faktor praktischer Politik. Mit dieser Einsicht wird der Dualismus linker Begrifflichkeit aufgehoben, die den Mord an einem türkischen Kollegen, der von deutschen Jugendlichen erschlagen wird, Faschismus nennt, und die deutsche Auslieferung politischer Flüchtlinge an ihre türkischen Henker: normalen Imperialismus«.[635]

Für die radikale Linke in Deutschland ist die Hamburger Definition nicht der erste Versuch einer eigenen Faschismus-Formulierung in den 1980er-Jahren. 1983 organisieren autonome Gruppen in Berlin eine Veranstaltung mit dem Titel *Faschismus im Kapitalismus.* Anlass ist das Fußballländerspiel Deutschland – Türkei in Berlin, zu dem Neonazis und Angriffe auf ausländische Mitbürger erwartet werden.[636]

»Die Regierung lässt ihre rechtsstaatliche und humanitäre Maske fallen und geht zum nackten Terror über – bis hin zum Mord – wenn sie ihre Machtposition gefährdet sieht. Die eigentliche Funktion des bürgerlichen Rechtsstaates wird erkennbar: sie besteht darin, das kapitalistische Gesellschaftssystem mit allen Mitteln aufrechtzuerhalten. Oder mit anderen Worten: für die herrschende Klasse besteht

634 RGW: Staatenzusammenschluss sozialistischer Staaten zur gegenseitigen Wirtschaftshilfe. 1949 gegründete, 1991 aufgelöst.
635 Antifa-Prozeßgruppe (1991), S. 170ff.
636 Siehe das Kapitel Provokation in Berlin 1983.

die Hauptaufgabe des Staates darin, jeden ernsthaften Widerstand aus dem Volk in den Griff zu bekommen. Um das zu erreichen, schreckt er vor faschistischen Methoden nicht zurück. (…)

Der Faschismus entsteht nicht durch einen Staatsstreich. Er besteht bereits. Wenn er die gegenwärtige Gesellschaft auch noch nicht ganz regiert, so herrscht er in bestimmten Bereichen bereits verschärft. Die Maßnahmen der Justiz gegen Widerstandskämpfer in den Knästen und Hochsicherheitstrakten zeugen davon. Die sonst verdeckten faschistischen Strukturen der herrschenden Klasse liegen offen.

In den imperialistischen Kriegen nach 1945 offenbart sich der Faschismus am deutlichsten in den Methoden zur Niederschlagung des revolutionären, bewaffneten Widerstandes. Der Imperialismus ist nicht zufällig faschistisch. Um einen Volkskrieg niederzuschlagen, muss er unweigerlich faschistischen Terror einsetzen bei dem Versuch, seine Macht zu erhalten. Das Massaker gegen das palästinensische Volk in Sabra und Shatila – das war der offene Faschismus«.[637]

Autonome und Militante Antifaschisten zeigen hier eine gewisse definitorische Deckungsgleichheit. Der Imperialismus ist demnach faschistisch. Der offene Faschismus ist sichtbar an der faschistischen Praxis. Auch wenn die politische Form nicht immer einen offensichtlichen faschistischen Ausdruck hat, ändert sich doch der faschistische Kern nicht, wenn er auch demokratisch erscheint, denn um die Mehrwertproduktion zu garantieren, ist der Herrschaftssicherung ihr Ausdruck egal.[638]

Es würde den Rahmen sprengen, die Faschismustheorien genauer zu diskutieren. Deshalb sei an dieser Stelle darauf verzichtet. Die Diskussion in der bundesweiten Antifa-Struktur findet keinen Abschluss. Sie endet ohne konkret fassbares Ergebnis.

»Die Faschismusdiskussion haben wir dann irgendwann mal abgebrochen. Weil wir gesagt haben, eigentlich ist es scheißegal, wir müssen jetzt den Begriff nicht weiter definieren, weil neben der Opposition zu Faschismus war man ja sowieso gegen Kapitalismus und gegen Imperialismus genauso. Also wir mussten jetzt den Faschismusbegriff nicht bis zum Exzess austreten, weil wir dachten, nur dann kann man überzeugt politische Arbeit machen. Den Eindruck habe ich eben oft, dass die Leute meinen, sie müssen Faschismus möglichst weit auslegen, damit man damit eben

637 Autonome Gruppen West-Berlin (1983), S. 6. Zum Massaker von Sabra und Shatila siehe: https://de.wikipedia.org/wiki/Massaker_von_Sabra_und_Schatila. 9.7.2014, 14:15h.

638 Anm.d.Verf.: Auf den faschistischen Kern, oder auf die Möglichkeit seiner Entfaltung, wird auch von bürgerlichen Fachleuten in den 1980er-Jahren hingewiesen: »Aus organisationstheoretischen und -soziologischen Überlegungen steht fest«, schreibt der Bremer Rechtsprofessor Wilhelm Steinmüller, »dass Systeme dieser Größenordnung und Kompliziertheit nicht mehr überblickt und kontrolliert werden können. (…) Damit ist das weitere Fehlverhalten des Sicherheitsbereichs vorprogrammiert und praktisch unausweichlich, unabhängig vom Verschulden Beteiligter. Das technisch-organisatorische Substrat eines ›friendly fascism‹ harrt seines politischen Mißbrauchers«. In: Der Spiegel (1983c), S. 28.

überzeugen kann, dass Leute sich gegen das, was man definiert, dann auch politisch stellen. Ich denke dazu braucht man den Faschismusbegriff eigentlich nicht«.[639]

Außer den genannten Papieren formuliert die bundesweite Organisation keine eigene Faschismusdefinition. Trotzdem haben die Interviewpartner eine Vorstellung von dem, was damals ihre Gedankenwelt prägt. Eine Faschismusdefinition, eine Idee dessen, was Faschismus heute sein kann, ist noch immer bei ihnen vorhanden.

»Also erstmal gehört dazu für mich eine Psychomacke. Ich finde schon, dass das tatsächlich ein Auswuchs ist, ein Ideologieauswuchs, der weit in das Leben der Menschen eingreift. Faschistische Ideologie und die Handlungsweise, der damit verbundene Fanatismus und die Bereitschaft auszumerzen, der Vernichtungswille, die Menschenverachtung und der Größenwahn, die manche um sich herum wie eine Aura tragen«.[640]

»Ich persönlich hänge der Theorie an, dass Faschismus und Imperialismus, oder Globalisierung, also das System, das kapitalistische System sich natürlich bedingen. Es wird aus dem liberalen System – wie wir das jetzt hier haben, also mit dieser Demokratie, der so genannten – immer die Möglichkeit geben, ein faschistisches System zu formen. Entweder so eins wie Hitler, wo alle hinterher laufen, oder – was ich als viel größere Gefahr ansehe – dass diese unfähigen Politiker, die kein Problem lösen, nicht auf Faschisten setzen, sondern dass sie praktisch das System zum Polizeistaat umwandeln. (…) Es geht darum, die Ausbeutungsverhältnisse, also die Herrschaft des Menschen über den Menschen, wie Marx es formuliert hat, zu gewährleisten und zu erhalten. Das ist der Kern. (…) Aber das ist ein Faschismus, oder eine Faschisierung, oder wie auch immer man das nennt, innerhalb dieses Polizeistaates. (…) Wenn wir uns die Entwicklung ansehen, dann passiert das gerade. Das muss man verstehen! Deswegen ist Antifaschismus auch immer Antikapitalismus«.[641]

»Faschismus ist für mich kein fixierter Begriff, er muss mit der Zeit gehen. Die deutschen Faschisten haben massenweise Leute ins KZ gesteckt und fabrikmäßig ermordet. George Bush errichtet Guantanamo, wo sogar Jugendliche seit Jahren unschuldig sitzen, die CIA organisiert Geheimgefängnisse, wo Leute einfach verschwinden. Ist es da für den Widerstand wichtig zu unterscheiden, was da jetzt faschistischer ist? Es geht doch nur darum, zu begreifen, dass der Kapitalismus und die Nutznießer davon, alles, aber auch wirklich alles tun würden, um weiter Profite zu machen. Die haben keine Moral, keine Menschlichkeit oder Ethik. Es geht ihnen um Kontrolle und Abschreckung. Wenn der Alltag so überwacht ist, dass ich gar

639 Interview des Autors mit Sascha Waigel (2008).
640 Interview des Autors mit Michaela Neuberger (2008).
641 Interview des Autors mit Bernd Langer (2008).

nicht mehr unkontrolliert kommunizieren kann, wenn eigene Worte und Gedanken verdächtig sind, wenn die Menschen sich nicht mehr trauen, selbständig zu denken oder zu sprechen, dann musst du die auch nicht mehr einkerkern! Du hast dann dein Ziel erreicht: die kapitalistische Maschine funktioniert wie geschmiert, denn die Leute haben Angst. Die organisieren sich dann nicht, sondern ducken sich weg. Nur darum geht es. Du musst die Leute dann nicht mal mehr umbringen. Warum auch? Läuft doch alles ... Und wenn dann doch mal jemand seine Meinung sagen will, dann können wir ihn immer noch zum Schweigen bringen. Umlegen, oder mundtot machen, mit einem konstruierten Vergewaltigungsvorwurf oder untergeschobenen Kinderpornos, das klappt immer.«[642]

Staatsverständnis und Funktion der Neonazis

In den Diskussionen innerhalb der antifaschistischen Szene werden die beiden Themen Staatsverständnis und Funktion der Neonazis meist nicht getrennt. Der Staat wird fast immer im Kontext mit der Funktion der Neonazis, bzw. der Faschisierung analysiert und diskutiert. Das Staatsverständnis der Antifaschisten unterscheidet sich von dem der Autonomen nicht. Es gibt scheinbar keine eigene Staatsdefinition, weshalb hier vereinzelt auch auf Quellen der Autonomen zurückgegriffen wird.

Der Staat der BRD wird als ein imperialistischer Staat aufgefasst, der in der Kontinuität des Nationalsozialismus steht. Er ist Klassenstaat, sichert die herrschenden Ausbeutungs- und Unterdrückungsverhältnisse ab, und bekämpft alle Ansätze, selbstverwaltete und -bestimmte Strukturen durchzusetzen, die potenziell antagonistisch sein könnten.[643]

In einem internen Diskussionspapier weisen die Militanten Antifaschisten darauf hin, dass sich die Historie der BRD konkret auf die staatliche Praxis auswirkt. Im Kapitel *Strategie des Staatsapparates* heißt es: »Der bundesdeutsche Repressionsapparat (Bullen, BGS, Geheimdienste, Armee, Justiz) ist von der herrschenden Klasse (Kapitalisten, Bankiers, Großagrarier) und den damaligen kapitalistischen Besatzungsmächten nach dem Krieg geschaffen worden, um die bestehenden Produktionsverhältnisse gegen sozialistische Bestrebungen zu verteidigen. Daraus folgt ein wesentlicher Unterschied im Vorgehen gegen rechtsradikale und linksradikale Kräfte. Der Kampf gegen neofaschistische Gruppierungen hat taktischen Charakter, da sie im Prinzip das kapitalistische System bejahen«.[644]

642 Interview des Autors mit Roger Ottenheimer (2007).
643 Vgl. Lauterbach, Jörg (1994), S. 109ff.
644 Internes Diskussionspapier (1985), o.S.

Während der Staat rigoros gegen die Linke, die RAF und gegen jede Form autonomen Widerstandes vorgeht, indem neue Gesetze geschaffen und Sondergerichte eingerichtet werden, passiert gegen Neonazis in den 1970er- und 80er-Jahren im Vergleich kaum etwas.[645]

»Das hing damit zusammen, dass der Staat das Gefahrenpotenzial in der Linken gesehen hat. Denn in dem ganzen Apparat waren noch unglaublich viele alte Nazis tätig. (...) Da wurde die Gefahr links gesehen und nicht rechts. Das war auch allgemein in der Gesellschaft so. Der Feind waren die Kommunisten. Da kamen dann auch Sprüche wie ›Geht doch rüber‹[646]«[647]

Um die rechtskonservative Stimmung in Deutschland in jener Zeit zu verdeutlichen, sei ein Beispiel genannt. Der Kanzlerkandidat von 1979 ist CSU-Mitglied, Bayrischer Ministerpräsident und heißt Franz Josef Strauß. Seine Zitate sind legendär und beleuchten den Zeitgeist. Heute wären solche Aussagen aus dem Munde eines Politikers einer demokratischen Partei in dieser Form undenkbar, geschweige denn, dass er als Kanzlerkandidat in Frage käme:

1959: »Wie ich persönlich über die Leistungen der an der Front eingesetzt gewesenen Verbände der Waffen-SS denke, wird Ihnen bekannt sein. Sie sind selbstverständlich in meine Hochachtung vor dem deutschen Soldaten des letzten Weltkrieges einbezogen.«[648]

1969: »Wir weisen die Behauptung der Alleinschuld oder Hauptschuld Deutschlands[649] an den Weltkriegen entschieden zurück.«[650]

1977: »Ich habe keine Zweifel, dass Chile ein demokratisches und freies Land ist[651] und vor allem, weil es in den vergangenen vier Jahren fundamentale Prinzipien der deutschen Demokratie übernommen hat: Die Disziplin, den Respekt und die Hilfsbereitschaft«.[652]

645 Zusammenfassung des Autors aus dem Interview mit Bernd Langer (2008).
646 »Geh doch rüber« meint, man solle doch in die DDR übersiedeln, wenn es einem in der BRD nicht gefällt.
647 Interview des Autors mit Bernd Langer (2008).
648 Staeck, Klaus (Hg.) (1979), S. 142.
649 Anm.d.Verf.: Am 10. September 2010 wird Außenminister Guido Westerwelle mit den Worten zitiert: »Zweideutige Äußerungen, die die schwere Verantwortung Deutschlands am Ausbruch des Zweiten Weltkrieges in Frage stellen, sind nicht akzeptabel«. Auch für die CDU liegt die Kriegsschuld heute bei Deutschland. Vgl. Hebestreit, Steffen (2010) Heute würden die Äußerungen von Franz Josef Strauß eindeutig rechtsradikalem Gedankengut zugerechnet.
650 Staeck, Klaus (Hg.) (1979), S. 71f.
651 Die Diktatur unter Augusto Pinochet begann mit dem Mord an Salvador Allende und dem Militärputsch am 11.9.1973 und endete am 10.3.1990. Unter der Militärdiktatur wurden laut Valech-Kommission mindestens 27.255 politische Gefangene inhaftiert, 94 Prozent von ihnen gefoltert. (Vgl. Valech-Komission (2005)). Laut Untersuchung der Rettig-Kommission starben 3.197 Menschen aus politischen Gründen, knapp 1.200 sind bis heute verschwunden. (Vgl. Blomeier, Hans-Hartwig (2000)). Franz Josef Strauß besucht Chile mehrfach. Die Gräueltaten des General Pinochet rechtfertigte er konsequent. Natürlich sei es beim Putsch 1973 »nicht freundlich zugegangen«. Aber wenn die Lage so dargestellt werde, »als ob in Chile wahllos gemordet und gefoltert würde und Menschenrechte unterdrückt würden, so ist dies unwahr«. Pragal, Peter (2008), o.S.
652 Staeck, Klaus (Hg.) (1979), S. 79.

1978: »[Willy Brandt[653] hat dazu aufgefordert], dem fortschreitenden Neofaschismus und Neonazismus Einhalt zu gebieten. Das war eine Handlungsweise, die im Motiv unwahr war, eine Handlungsweise, die uns schwersten Schaden zugefügt hat, eine Handlungsweise, die man nur aus dem gestörten Verhältnis des Herrn Brandt zu Deutschland erklären kann«.[654]

1978: »Die Demokratisierung der Gesellschaft ist der Beginn der Anarchie, das Ende der wahren Demokratie. Wenn die Demokratisierung weit genug fortgeschritten ist, dann endet sie im kommunistischen Zwangsstaat«.[655]

1978: »Es hat keinen Sinn, zur Zeit auf den Rechtsradikalismus einzuhauen, weil es keinen gibt; und darum sucht man einen Ersatzradikalismus durch Denunziation und Diffamierung der CDU/CSU, der stärksten politischen Kraft in unserem Lande«.[656]

1979: »Wieso wartet das Fernsehen nur mit diesem Ausschnitt deutscher Geschichte auf? Wo bleibt dieser historische Eifer sonst? (…) Wer für die Ausstrahlung von *Holocaust*[657] ist, muss die Jahrhunderte davor und die Jahrzehnte danach ebenso sehen und zeigen. Außerdem trägt eine solche Sendung insofern zu einer Geschichtsverfälschung bei, als der Eindruck erweckt wird, dass Brutalität und Scheußlichkeiten dieser Art sozusagen eine typisch deutsche Eigenart seien«.[658]

1979: »(…) dann scheuen wir uns nie zu sagen, dass (…) ganz Deutschland in den Grenzen von 1937[659] unser Vaterland ist«.[660]

Die politische Stimmung im Deutschland der 1980er-Jahre ist polarisiert. Eine konservative Grundhaltung durchzieht das Land. Die vornehmlich jungen Antifaschisten und Autonomen versuchen in Aufsätzen und Diskussionspapieren das Phänomen Staat zu erfassen. In den wenigen Schriften vermischen sich Staatsapparate und Staatsbegriff. Der Staatsbegriff reicht über die Staatsapparate im engeren Sinne hinaus, und der Staat mutiert zum omnipräsenten Phänomen. Er drückt sich in den Analysen der Autonomen zu Familie, zu Schule, zu Uni, zu den Medien, zu

653 Willy Brandt (*1913, †1992) war von 1969 bis 1974 Bundeskanzler einer sozialliberalen Koalition. Von 1964 bis 1987 Vorsitzender der SPD und von 1976 bis 1992 Präsident der Sozialistischen Internationale. Mit den Ostverträgen begann er einen Kurs der Entspannung und des Ausgleichs mit der Sowjetunion, der DDR, Polen und den übrigen Ostblockstaaten. Dafür erhielt er 1971 den Friedensnobelpreis.

654 Staeck, Klaus (Hg.) (1979), S. 50.

655 Staeck, Klaus (Hg.) (1979), S. 89.

656 Staeck, Klaus (Hg.) (1979), S. 171.

657 Holocaust ist der Name einer vierteiligen TV-Serie, die 1979 in Deutschland ausgestrahlt wird, Sie erzählt die fiktive Geschichte der Jüdischen Arztfamilie Weiss, die in Berlin zur Zeit des Nationalsozialismus lebt.

658 Staeck, Klaus (Hg.) (1979), S. 60.

659 Die Grenzen von 1937 umfassen weite Teile des heutigen polnischen, russischen und lettischen Staatsgebietes.

660 Staeck, Klaus (Hg.) (1979), S. 70.

den Verbänden und zu verschiedenen Organisationen aus. Somit wird letztendlich alles zu Staat, was die jungen Menschen im Alltag nervt: der Lehrer, der Fahrkartenkontrolleur, der Polizist, der Ladendetektiv, der Chef etc. Deshalb wird in autonomen Kreisen auch meistens vom »System« statt vom Staat gesprochen, denn ihnen zu Folge greift alles systematisch ineinander um den Kapitalismus stabil zu halten. Irgendwelche Handlanger stehen demnach für das System ebenso wie die staatlichen Institutionen, oder Einrichtungen und Organisationen wie Kindergärten, Parteien, Wissenschaftler, Medien etc.[661]

Trotz dieser verallgemeinernden Unschärfe lässt sich doch ein gewisses politisches Staatsverständnis aus den Texten herausdestillieren, wie auch schon in den Zitaten im vorherigen Kapitel zu sehen war. In den 1980er-Jahren ist es üblich die eigene Handlungsweise in einen politischen Gesamtzusammenhang zu stellen. Die Aktionen der Antifaschisten gegen Neonazis sind nicht zu trennen vor ihrem antagonistischen Verhältnis zu Staat und Kapital. Eine Form politische Zusammenhänge darzustellen ist die Prozesserklärung, ein politisches Statement vor Gericht, in dem der Angeklagte seine Handlung, wegen der er angeklagt ist, in seine politische Überzeugung bettet. 1986 steht ein Antifaschist wegen Körperverletzung von Neonazis vor Gericht. In seiner Prozesserklärung heißt es: »Viele Genossinnen und Genossen haben in den letzten Jahren mit dem Ziel gekämpft, die Organisierung und Formierung von faschistischen Organisationen wie FAP, NPD zu verhindern und Treffen von faschistischen Skinheads zu zerschlagen. Bei all diesen Zusammenstößen war der Widerstand mit der Tatsache konfrontiert, dass der imperialistische Staat die Faschisten immer dort schützte, wo sie unterlegen waren und ihnen dort freie Hand gewährte, wo sie in der Übermacht waren. Da kommt das wirkliche, faschistische Gesicht eines Staates zum Ausdruck, der für die Interessen der imperialistischen Bourgeoisie den Krieg gegen die Menschen führt – den Vernichtungskrieg gegen das Proletariat in den unterentwickelten Ländern, und den Krieg der umfassenden Ausbeutung und Unterdrückung gegen die Menschen in der Metropole. Die Realität der BRD – systematisch geschaffen von den Herrschenden und ihren Handlangern, Technokraten, Wissenschaftlern, Bullen, Richtern, Parteien, Gewerkschaften, Medien – ist die Realität von Manipulation und Gehirnwäsche, von Zwang, Angst und Leistungsdruck in den Institutionen von Kindergarten, Schule, Fabrik bis Altersheim, die jede und jeder hier durchläuft. Es ist eine Wirklichkeit, geprägt von Konkurrenzkampf, jeder-gegen-jeden, von der Spaltung des Volkes in Männer und Frauen, Kranke und Gesunde, Junge und Alte, Ausländer und Deutsche. Gerade diese Spaltung der Menschen sowie die völlige Entfremdung und Isolation in den Arbeits- und Lebenszusammenhängen

661 Vgl. Lauterbach, Jörg (1994), S. 109ff.; Prozesserklärung (1986).

im Produktionsbereich wie im Reproduktionsbereich sind wichtige Stützpfeiler dieses Systems. Ihr Zweck ist, die Herrschaft des Kapitals zu sichern, indem sie das Entstehen von Klassenbewusstsein bei vielen Menschen verhindern, antikommunistische Hetze und rassistische Propaganda gegen ausländische Menschen sind weitere Faktoren ihrer Herrschaft, damit unser Kampf für Befreiung von dieser ganzen Scheisse nicht im Bewusstsein und den Herzen der Menschen zündet«.[662]

Die politische Auseinandersetzung zwischen rechten und linken Ideologien ist in den 1980er-Jahren in vollem Gange. Der Kalte Krieg, die Auseinandersetzung zwischen Warschauer Pakt und NATO, ist Alltag. Verschiedene (real)sozialistische Systeme stehen dem kapitalistischen gegenüber. In der Welt werden noch wirtschaftliche Alternativen ausprobiert: Nicaragua, Jugoslawien, UdSSR, Libyen, DDR usw. An Protesten gegen AKW, die Frankfurter Startbahn West oder die Stationierung von Mittelstreckenraketen beteiligen sich Hundertausende von Menschen. Staatliche Maßnahmen sind stark von öffentlicher Kritik und Demonstrationen begleitet. Die neugegründete Partei Die Grünen zieht in die Länderparlamente ein. Es herrscht ein kritisches Bewußtsein und eine Wachsamkeit gegenüber staatlichen Handlungen und der Einschränkung demokratischer Rechte.

Staatliche Institutionen greifen immer wieder auf illegale Methoden zurück, um die kapitalistischen Interessen durchzusetzen. Neonazis spielen dabei eine wichtige Rolle. Dem *Spiegel* hatte der Kanzlerkandidat Franz Josef Strauß einmal erklärt: »Man muss sich der nationalen Kräfte bedienen, auch wenn sie noch so reaktionär sind – mit Hilfstruppen darf man nicht zimperlich sein«.[663]

Staatliche Kontrollorgane und neonazistische Aktivitäten sind in den 1980er-Jahren punktuell eng verknüpft. Einige Beispiele:

- Werner Gottwald beteiligt sich von 1973 bis 1981 im Auftrag des Amtes für Verfassungsschutz aktiv am Zusammenschluss verschiedener faschistischer Gruppen und am Aufbau der illegalen NSDAP/AO.
- Der Verfassungsschutzmann Hans-Dieter Lepzien baut 1977 die Neonazi-Truppe um Paul Otte (Chef der NSDAP/AO in Norddeutschland) mit auf. Er besorgt große Mengen Waffen und organisiert die Herstellung von Bomben. Er selbst ist 1977 an Bombenanschlägen auf die Amtsgerichte in Flensburg und Hannover beteiligt.
- Michael Frühauf ist ebenfalls Mitarbeiter des VS und gilt als Anstifter zum Mord an dem »Verräter und Homosexuellen« Johannes Bügner aus der ANS/NA im Mai 1981.[664]

662 Prozesserklärung (1986).
663 Vgl. Backmund, Michael (2003), S. 25.
664 Vgl. Flugblatt (1983c); Vgl. Flugblatt (Sept.1986); Vgl. Der Spiegel (1983d), S. 114ff.; Vgl. Der Spiegel (1984b), S. 102ff.

1982 wird das Asylgesetz verschärft. Für die Militanten Antifaschisten zeigt sich hier beispielhaft die Arbeitsteilung zwischen Staat und Neonazis, denn die Abschiebung wird ideologisch und praktisch systematisch vorbereitet. Die argumentative Logikkette funktioniert demnach folgendermaßen: Industrie- und Handelskammer und das Institut der deutschen Wirtschaft fordern eine Reduktion der Asylsuchenden und der politisch akzeptierten Flüchtlinge. Staatliche Institutionen und Einrichtungen beginnen schrittweise mit der Umsetzung dieses Anliegens.

Die Landesregierungen verschärfen den Druck auf so genannte »Asylanten«. So richtet bspw. die CDU-Landesregierung Niedersachsen als erstes Bundesland eine zentrale Abschiebestelle für Flüchtlinge ein. Die SPD-Spitze beteiligt sich maßgeblich an der Schließung der Westberliner Grenze zur DDR für Asylsuchende, über die immer wieder Menschen in die BRD gelangen, um diese Möglichkeit der Zuwanderung zu schließen.

Auch die Gerichte ziehen mit und verschärfen die Rechtsprechung. Das Oberverwaltungsgericht Lüneburg sieht in drohender Folter z.B. in der Türkei keinen Grund für Asyl. Das Argument: Folter sei dort bei der Strafverfolgung üblich. Das Gericht erkennt von 1981 bis 1986 keinen einzigen Asylantrag an.

Die bürgerlichen Medien schaffen zeitgleich eine Stimmung gegen »Asylschmarotzer«. Die NPD leistet ihren Beitrag durch Parolen wie »Ausländer- und Asylantenstopp«, »Deutschland den Deutschen« und »Scheinasylanten raus«. Radikale Neonazi-Gruppen terrorisieren Ausländer und greifen sie physisch an. Die Presse berichtet über die »Ausschreitungen«.

Innenminister Friedrich Zimmermann (CSU) verschärft schließlich mit dem so genannten Asylgesetz 1982 die Lage von Flüchtlingen und Arbeitsimmigranten. Widerspruch aus der Bevölkerung oder von Oppositionsparteien gibt es nur vereinzelt.

Das so geschaffene politische Klima bereitet nicht nur den Boden für Gesetzesverschärfungen gegen Asylbewerber, es schlägt sich auch langfristig in Wählerstimmen für Neonazis nieder. 1987 kann die NPD ihren Stimmenanteil bei der Bundestagwahl mehr als verdoppeln und kassiert 1,39 Millionen DM Wahlkampfkostenerstattung. So finanziert der Staat nebenbei auch noch die Neonazis.[665]

Wie sich Medienhetze praktisch in der Bevölkerung auswirkt, zeigt sich z.B. nach der militanten Demonstration am 11. Juni 1982 in Berlin gegen den Besuch von US-Präsident Ronald Reagan. Die bürgerlichen Medien wettern gegen die Demonstranten und ihre Unterstützer, wie Teile der Alternativen Liste (AL). In der Nacht vom 12. zum 13. Juni brennt dann das AL-Büro nach einem Anschlag völlig aus. In der folgenden Nacht greifen etwa fünfzehn »verhetzte Bürger«, die mit Au-

665 Vgl. Flugblatt (1987c); Flugblatt (Sept.1986).

tos im Konvoi unterwegs sind, einige besetzte Häuser mit Böllern und Steinen an, und schießen mit Gaspistolen um sich.[666]

Die Militanten Antifaschisten meinen zu erkennen, dass staatliche Stellen mit Neonazis verbandelt sind und einzelne Terroraktionen gegen bestimmte Objekte auch verdeckt unterstützen. Aber ihrer Meinung nach würde der Staat niemals massenhaften neonazistischen Terror akzeptieren, Neonazis als offizielle Bündnispartner anerkennen oder sie gar an der Macht beteiligen.[667]

Neonazis werden von den Antifas als Herrschaftsreserve des Kapitals gesehen, als die, die in staatlichem Auftrag zum Einsatz kommen, wenn keine andere Option mehr besteht, politisch einzugreifen.

»Die klassische Herrschaftsreserve bedeutet: wenn der Kapitalismus nicht mehr weiter weiß, dann greift er zum Rezept des Faschismus. Dann wird er irgendeine von diesen kleinen Gruppen nehmen, die er dann finanziell unterstützt. (...) Oder in der modernen Variante, wie in Lateinamerika, wo Todesschwadrone losziehen. Wie die Freikorps in der Weimarer Republik, die dann einfach Linke umlegen.«[668]

Völlig absurd sind solche Dinge auch in einer europäischen Demokratie nicht. In Spanien machen sich Anfang der 1980er-Jahre die Grupos Antiterroristas de Liberación[669] (GAL) einen Namen. Die geheimen paramilitärischen Gruppen ermorden von 1983 bis 1987 in Spanien und Frankreich 28 vermeintliche und echte Mitglieder und Sympathisanten der baskischen Untergrundorganisation ETA[670]. Die GAL werden unter der sozialistischen Regierung der PSOE[671] ins Leben gerufen und vom Innenministerium geführt, finanziert und protegiert.[672]

1988 wird ein Auszug aus dem Polizeifunk der Göttinger Polizei veröffentlicht. Während eines Angriffs am 21. November 1987 von Skinheads auf das linke Jugendzentrum (JuZi) heißt es dort über die angreifenden Skins: »Fasst die mal nicht so hart an; die wollen im Grunde das Gleiche wie wir«.[673] Nach Angaben der angreifenden Skins haben sie sogar den Tipp zum Überfall von der Polizei selbst bekommen. Die Beamten teilten ihnen angeblich mit, wann sich sehr wenig Besucher im Jugendzentrum aufhalten.[674]

666 Vgl. radikal (Nr. 133), S. 89f.
667 Vgl. N.N. (1985), S. 17; Vgl. Internes Diskussionspapier (1985), o.S.
Anm.d.Verf.: An diesem Punkt irren sie, wie wir heute wissen: In der Ukraine kennen deutsche Institutionen keine Berührungsängste (mehr), bei der Zusammenarbeit mit Faschisten.
668 Interview des Autors mit Bernd Langer (2008).
669 Antiterroristische Befreiungsgruppen.
670 ETA: Euskadi Ta Askatasuna, baskisch für Baskenland und Freiheit. Die ETA ist eine links orientierte, baskisch-nationalistische Untergrundorganisation, die seit 1959 mit gewaltsamen Mitteln für ein unabhängiges Baskenland kämpft.
671 PSOE: Partido Socialista Obrero Español (Spanische Sozialistische Arbeiterpartei).
672 Vgl. Lázaro, Julio M. (1998), o.S.; Vgl. Niebel, Ingo (2009), S. 7.
673 Vgl. Flugblatt (1.5.88).
674 Vgl. Infomappe Südniedersachsen (1988), S. 61.

Ein Jahr später kommt es zu einem erneuten Angriff von 100 Neonazis auf das JuZi. Der Angriff wird von etwa 300 Antifaschisten zurückgeschlagen. Als deutlich wird, dass die Neonazis keine Chance haben, stellt sich die Polizei schützend vor die Angreifer und bringt sie in Sicherheit.[675]

Für die Militanten Antifaschisten ergibt sich aus den ständigen Auseinandersetzungen mit den Neonazis ein Problem, denn sie sind eigentlich nicht ihr Hauptfeind, sondern der kapitalistische Staat, das imperialistische System. Mit diesem Dilemma setzen sich die organisierten Antifaschisten intensiv auseinander: »Trotzdem sei hier noch mal davor gewarnt, Antifa-Arbeit aufs ›Glatzen-Klatschen‹ zu reduzieren, wie es manche Genossen tun. Denn letztendlich, dient es den Herrschenden, wenn wir unsere Energie anstatt auf die Bullen und das kapitalistische System auf das Feindbild Skinhead konzentrieren. Oftmals ist es wohl auch einfacher, eine Bomberjacke zu verhauen, als zu gucken, was sonst noch an Schweinen durch die Gegend läuft. Das ist das verdammt Gefährliche daran, in einen Kleinkrieg mit den Kahlköpfen verwickelt zu werden und die eigentlichen Feinde und Aufgaben aus dem Auge zu verlieren. Und das ist es sicherlich auch, was sich der Staat am liebsten wünscht. Wir wollen nun keinesfalls propagieren, den Skins in Zukunft keine Aufmerksamkeit mehr zu schenken. Worauf es nur ankommt, dass sich diese Aufmerksamkeit in den notwendigen Grenzen hält«.[676]

In den Papieren der Militanten Antifaschisten werden den Neonazis mehrere Funktionen für den imperialistischen Staat zugeordnet:

- Trotz der eigenen reaktionären Politik können sich die bürgerlichen Demokraten Dank der Faschisten nach rechts abgrenzen.
- Die Propaganda der Neonazis bereitet mit ihren rassistischen, nationalistischen und diktatorischen Inhalten der Politik den Boden, staatlicherseits ebensolche Maßnahmen umzusetzen.
- Die Neonazis terrorisieren gezielt die Linke und die Arbeiterklasse, um sie zu demotivieren, zu zerschlagen und ihre Kräfte zu binden.
- Der ›Lumpenproletarier‹[677] kann trotz seiner Perspektivlosigkeit und sozialen Ausgrenzung und Verachtung als Neonazi noch an das kapitalistische System gebunden werden. Er wird so zum ›Herrenmenschen‹ aufgewertet, denn es gibt nun Menschen, die noch ›unter‹ ihm stehen, bspw. Ausländer, Behinderte oder Kommunisten. Er wird dann als Neonazi zur Verschärfung der Verhältnisse benutzt.

675 Vgl. Langer, Bernd (1997), S. 125.
676 Texte aus dem antifaschistischen Widerstand (1986), S. 22.
677 Lumpenproletariat: Der marxistische Begriff bezeichnet die untersten und ärmsten Schichten einer Gesellschaft.

- Faschistische Gruppen erfüllen eine Testfunktion. Der Staat kann daran erkennen, wie weit er mit seinen eigenen Maßnahmen und Propaganda gehen kann. Gradmesser sind die Reaktionen der Gesellschaft auf Neonazi-Parolen wie ›Ausländer raus‹ oder die Rückforderungen der deutschen ›Ostgebiete‹.
- Faschistische Anschläge verursachen Desorientierung, Angst und Verunsicherung der Bevölkerung, die im vermeintlichen Chaos dann nach einem starken Staat ruft. So können z.B. auch Wahlen beeinflusst werden.[678]

Die politischen Einschätzungen der Militanten Antifaschisten sind in den genannten Punkten deckungsgleich mit der Gedankenwelt der Autonomen. In einem Flugblatt von autonomen Gruppen heißt es 1983: »Es gibt aber auch viele Beispiele dafür, dass der Staat neonazistischen Terror gezielt einsetzt, um soziale Bewegungen und revolutionäre linke Politik zu diffamieren und ihr die Basis zu entziehen. So zum Beispiel während des Hungerstreiks der politischen Gefangenen im Frühjahr 1982: Auf dem Höhepunkt der Mobilisierung, in der eine Vielzahl von Öffentlichkeitsaktionen und gezielten Angriffen zur Unterstützung desselben liefen, ging eine Bombe in einer Kölner U-Bahn-Station hoch, die den Linken in die Schuhe geschoben wurde. Oder gegen die Anti-Startbahn-Bewegung: Dort wurde während der Auseinandersetzungen um das Hüttendorf in einer Frankfurter Fußgängerzone eine Telefonzelle in die Luft gesprengt. Dieser Terrorakt wurde – obwohl es nie einen Beweis dafür gab – in den Zusammenhang mit den Auseinandersetzungen um die NATO-Startbahn-West gestellt«.[679]

Während eines Hungerstreiks der Gefangenen aus der RAF 1984/85 kommt es während der Ladenöffnungszeiten zu Bombenanschlägen auf Kaufhäuser. Verantwortlich zeichnet ein Kommando Christian Klar[680]. Es entsteht in der Öffentlichkeit der Eindruck, als würden Linke ziellosen Terror ausüben. Schließlich stellt sich heraus, dass Thorsten Retta hinter den Terroranschlägen steckt. Retta ist Mitglied der Jugendorganisation des rechten Kyffhäuserbundes.[681]

Der bekannteste neonazistische Terrorakt in den 1980er-Jahren ist das Oktoberfest-Attentat vom 26. September 1980. Eine in der Menschenmenge gezündete Bombe tötet 13 Menschen und verletzt 211 zum Teil schwer. Es ist Wahlkampfzeit. Kanzlerkandidat Franz Josef Strauß hat die anstehende Wahl zur »Schicksalsfrage«

678 Vgl. N.N. (1985), S. 18; Vgl. Flugblatt (1986l); Vgl. Flugblatt (1985); Vgl. Flugblatt (1985b); Vgl. Antifaschistische Arbeit (1986); Zusammenfassung des Autors aus den Interviews mit Lars Balkes und Michaela Neuberger (2008); Vgl. Antifaschistische Aktion Wuppertal (1985);Vgl. Flugblatt (1986i); Flugblatt (1985a).

679 Flugblatt (1983c).

680 Christian Klar: Prominentes Mitglied der RAF. Von 1982 bis 2008 inhaftiert. Er beteiligt sich während seiner Haftzeit an vielen Hungerstreiks.

681 Vgl. Antifa Texte 2, Anhang.

für Deutschland hochstilisiert. Seine Parole lautet: »Freiheit oder Sozialismus«. Noch am Tatort schieben Politiker das Attentat »den Linken« in die Schuhe. In der *Bild am Sonntag* wirft Strauß am Folgetag dem FDP-Innenminister »schwere Schuld« und »Verharmlosung des Terrorismus vor«.[682] Gemeint ist die RAF. Kurz zuvor hat bereits der äußerst konservative stellvertretende Bundesvorsitzende der CDU und ehemaliges Mitglied der NSDAP Alfred Dregger in einem Interview darüber spekuliert, dass die RAF in naher Zukunft einen Anschlag mit vielen Toten durchführen könnte.

Doch die Wahrheit ist eine andere. Der Täter ist der 21-jährige Geologiestudent Gundolf Köhler, Mitglied der neonazistischen Wehrsportgruppe von Karl-Heinz Hoffmann.

Bayerns Innenminister Gerold Tandler bezeichnet die 400 Mann starke Wehrsportgruppe Hoffmann noch im Januar 1980 als »halbverrückte Spinner, nicht eine gefährliche Organisation im eigentlichen Sinne«. Sein Vorgesetzter Franz Josef Strauß witzelt über die »schwarzen Legionäre«, die gegen »Bolschewismus und Kapital« und für einen volksgemeinschaftlichen Führerstaat kämpfen wollen: »Mein Gott, wenn sich ein Mann vergnügen will, indem er am Sonntag auf dem Land mit einem Rucksack und einem mit Koppel geschlossenen ›battledress‹ spazieren geht, dann sollte man ihn in Ruhe lassen«.[683]

Obwohl Hoffmanns Truppe 1980 verboten wird, ist die Büchse der Pandora, die Gemengelage aus Staat, Neonazis, Geheimdiensten und Waffen ein Stück weit sichtbar. Das Attentat von München legt eine Spur und zeigt Verknüpfungen, die erst 1990 einen Namen bekommen: GLADIO.[684]

Schon während der Verhöre zum Münchner Anschlag erwähnen Verdächtige mehrfach den Namen Heinz Lembke. Aber erst ein Jahr später stößt die Polizei in der Lüneburger Heide auf ein riesiges Waffenlager. In 88 Kisten lagern über 150 kg Sprengstoff, 230 Sprengkörper, 50 Panzerfäuste, Tausende Sprengkapseln, Handgranaten, Pistolen, Sprengschnur, Maschinengewehre etc. Die Waffen stammen aus Bundeswehrbeständen, die Lieferwege sind unbekannt. Doch bevor Forstmeister Lembke aussagen kann, stirbt er unter ungeklärten Umständen in der Untersuchungshaft. Offiziell scheidet er freiwillig aus dem Leben.

Heinz Lembke ist ein bekannter Neonazi. Seine Karriere beginnt in den 1960er-Jahren beim Bund Vaterländischer Jugend. Nach dem Verbot wechselt er zum Bund Heimattreuer Jugend, außerdem ist er in der NPD aktiv.

Experten gehen davon aus, dass die Waffen nicht von einer Einzelperson angesammelt werden konnten, sondern es einen organisatorischen Hintergrund gibt.

682 1980 koalieren FDP und SPD noch, die SPD stellt mit Helmut Schmidt den Bundeskanzler. 1982 wechselt die FDP zur Koalition mit der CDU.

683 Vgl. Backmund, Michael (2003), S. 24ff.

684 Siehe Erläuterungen zu GLADIO weiter unten.

Lembke untermauert die Annahme: »Es ist Wolfszeit«, steht auf einem hinterlassenen Zettel. Damit spielt er auf die Werwölfe der Nazis an, die nach 1945 die siegreichen Alliierten angreifen sollten. Seinen Vernehmern deutet Lembke vorher noch an, dass die Waffen für eine »Stunde Null« und für Attentate gedacht sind.[685]

Erst 1990 bestätigt sich, was Lembke in den letzten Tagen seines Lebens vielleicht andeuten wollte. Durch Zufall wird die europaweite Struktur GLADIO aufgedeckt, die in den einzelnen Ländern unter unterschiedlichen Namen geführt wird. Stay behind Organisation (SBO) heißt die Geheimarmee in Deutschland.

GLADIO wird nach dem Zweiten Weltkrieg vom CIA-Vorläufer Office of Strategic Services (OSS) aufgebaut. Rekrutiert werden Nazis, Kriminelle und Militärs. Ziel ist eine staatlicherseits unkontrollierte und schlagkräftige Truppe, die vom US-Geheimdienst jederzeit einzusetzen ist, auch innenpolitisch, bspw. im Falle einer kommunistischen Machtübernahme durch demokratische Wahlen! Zuerst arbeitet GLADIO ohne Kenntnis der jeweiligen Regierungen, wird aber in den 1950er-Jahren legalisiert und je nach Land in unterschiedliche staatliche Strukturen eingegliedert. Die Länder stellen Waffen, Ausrüstung und Trainingsmöglichkeiten. Eingebunden ist GLADIO in die NATO-Planungen für den Ernstfall: dem herbeifabulierten Überfall der Sowjetunion auf den Westen. GLADIO führt ein Eigenleben außerhalb jeglicher demokratischer Kontrolle.

In Deutschland übernimmt der BND die Führung der Männer, trainiert wird auf Bundeswehrübungsplätzen. Gründer des BND ist Reinhard Gehlen, General der Wehrmacht, Leiter der Abteilung Fremde Heere Ost und strammer Antikommunist. Die SBO passt perfekt in seine Organisation, denn der BND ist ebenfalls maßgeblich mit altgedienten Nazis aufgebaut.

Experten gehen davon aus, dass Lembkes Waffen für die SBO bestimmt sind, Sprengstoffe und Granaten in den Händen von Neonazis für den Kriegsfall. Einige der GLADIO-Waffen gelangen nachweislich auch direkt in den Besitz von Neonazi-Terroristen der 1980er und 1990er-Jahre. Bekannt sind Peter Naumann[686] und

685 Vgl. Der Spiegel (9.11.1981), S. 30ff.; Goebel, Olaf (1997), S. 78ff.; Pinkert, Reiko (2009), S. 46ff.

686 Peter Naumann (*1952) tritt als 18-Jähriger der NPD bei. Schon Anfang der 1970er-Jahre verletzt er sich beim Bombenbasteln schwer, ein Feuerwerker kommt bei der Entschärfung ums Leben. 1978 verübt er zusammen mit Heinz Lembke einen Sprengstoffanschlag auf die Denkmalanlagen der Fosse Ardeatine in der Nähe von Rom, die an die Erschießung von 335 zivilen italienischen Geiseln durch die SS 1944 erinnern. 1979 sprengt er zwei Fernsehsendemasten, um die Ausstrahlung der bevorstehenden Fernsehserie Holocaust zu verhindern. In Lembkes Erddepots findet sich ein Fingerabdruck von Naumann. Bei einer Hausdurchsuchung 1995 durch Beamte von LKA und BKA werden erneut zwei Rohrbomben bei ihm gefunden. Kurz darauf offenbarte er dem BKA und einem TV-Team 13 Waffen-und Sprengstoffdepots, die nach seinen Angaben überwiegend schon Anfang der

Manfred Roeder[687].[688]

Trotz der Zusammenarbeit von Staat und Neonazis kommt es immer wieder zu Repressionen gegen Faschisten. Auch das ist kein Zufall, sondern laut Einschätzung der Militanten Antifaschisten ebenfalls Teil des staatlichen Kalküls:

- Der deutsche Staat muss sein demokratisches Erscheinungsbild im Ausland wahren.
- Ruhe, Ordnung und Stabilität dürfen nicht ernsthaft gefährdet sein.
- Nach terroristischen Neonazi-Aktionen muss der Staat Handlungsfähigkeit zeigen und öffentlichem Protest den Wind aus den Segeln nehmen.
- Vor dem Hintergrund der Extremismus-Theorie[689] dienen Schläge gegen Neonazi-Organisationen auch der Vorbereitung von repressiven Schlägen gegen linke Organisationen.[690]

Die Verbotsforderung

Eine zentrale Auseinandersetzung der Militanten Antifaschisten dreht sich um die so genannte Verbotsforderung. Wie bereits dargestellt, formulieren die Antifas ihr Verhältnis zum Staat als antagonistisch. Außerdem ist er ihrer Meinung nach eng mit neonazistischen Organisationen verknüpft, bzw. nutzt sie für seine Zwecke. Der Staat hat außerdem »faschistische Tendenzen«, was sich in »faschistischer Praxis« äußert. Können die Militanten Antifaschisten also von diesem Staat, der außerdem mit alten Nazis durchsetzt ist, und dessen militärische, verwaltungstechnischen, polizeilichen und geheimdienstlichen Organisationen von Nazis aufgebaut wurden, ernsthaft fordern, Nazi-Organisationen zu verbieten?[691]

Die meistgenannte Antwort der Militanten Antifaschisten ist natürlich Nein. Aber die Auseinandersetzung mit der Verbotsforderung ist komplex. Es gibt durch-

1980er-Jahre angelegt wurden. Dabei werden u.a. insgesamt 27 Kilogramm TNT-Sprengstoff sichergestellt. Naumann ist noch immer für die NPD aktiv, z.B. 2007 als Parlamentarischer Berater für die NPD-Fraktion im Sächsischen Landtag. Vgl. Goebel, Olaf (1995), S. 19; Vgl. Goebel, Olaf (1995a), S. 11f.; Vgl. Der Spiegel (2008); Vgl. Goebel, Olaf (1997), S. 78ff.; Vgl. Erklärung (1987).

687 Manfred Roeder (*1929; † 2014) zählt zu den bekanntesten deutschen Nazi-Terroristen. Seine Deutschen Aktionsgruppen verüben 1980 Bomben- und Brandanschläge. In den Flammen sterben zwei vietnamesische Flüchtlinge. 13 Jahre Haft erhält Roeder für seine Verbrechen. Heinz Lembke gehört zu Roeders organisierten »Freundeskreisen«. 1997 hält Manfred Roeder einen Vortrag an der Führungsakademie der Bundeswehr in Hamburg. Vgl. Goebel, Olaf (1997), S. 82ff.; Vgl. Der Spiegel (1998), S. 70ff.

688 Vgl. Goebel, Olaf (1995), S. 19; Vgl. Goebel, Olaf (1995a), S. 11f.; Vgl. Der Spiegel (2008); Vgl. Goebel, Olaf (1997), S. 78ff.; Vgl. Erklärung (1987).

689 Siehe Fußnote 4.

690 Vgl. Internes Diskussionspapier (1985), o.S.; Vgl. Antifaschistische Aktion Wuppertal (1985); Vgl. Rede (1989); Flugblatt (1985a).

691 Vgl. Braunschweiger Antifa Info (1985), o.S.

aus Einzelstimmen, die das Verbot als taktische Forderung sehen. Ein wichtiger Punkt bei dieser Frage ist auch die Auseinandersetzung mit so genannten bürgerlichen Antifaschisten, die ein Verbot neonazistischer Organisationen fordern. Die Militanten Antifaschisten lehnen, bis auf wenige Ausnahmen, die Forderung nach Verboten ab. Ihr Verhältnis zu den bürgerlichen Antifaschisten ist gespannt, teilweise sogar feindlich.

»Für den 21. Juni 1986 hatte die VVN bundesweit zu einer Demonstration nach Duisburg aufgerufen. Sie fordert Demokraten der politischen Parteien, der Kirchen, des DGB, kommunistischer Gruppen und autonomer Zusammenhänge zu einer Verbotskampagne auf. Die Einheit der Demokraten soll von diesem Staat das Verbot faschistischer Organisation und Propaganda verlangen.

- Die Verbotskampagne der Demokraten verbreitet Illusionen über die Rolle dieses Staates.
- Für diese Demokraten ist am 8. Mai 1945 die faschistische Herrschaft zerschlagen worden.
- Für diese Demokraten sind auf den Trümmern des 3. Reiches demokratische Staaten errichtet worden.
- Für diese Demokraten ist das Grundgesetz der BRD die antifaschistische Verfassung einer parlamentarischen Demokratie.
- Für uns ist die ›Befreiung vom Faschismus‹ nichts als ein Mythos. (…)
- Die Befreiung vom Faschismus ist eine Propagandalüge des Imperialismus. (…)

Die Verbotskampagne der Demokraten verbreitet nicht nur Illusionen über diesen Staat: sie ist gegen den militanten Widerstand gerichtet. Antifaschistische Demokraten verlangen von uns, dass wir uns entscheiden zwischen Faschismus und parlamentarischer Demokratie. Sie verlangen von uns die Verteidigung der ›freiheitlichen Demokratie‹ gegen faschistische Angriffe, Auswüchse und Entwicklungen.

Sie verlangen von uns die Ausnutzung rechtsstaatlicher Mittel gegen faschistische Propaganda und Organisation.

Wir haben uns entschieden gegen Faschismus und Demokratie:

Denn dieser Staat steht in der ungebrochenen Tradition des 3. Reiches und organisiert selbst über Staatsschutz, Bullen und Militär die Strukturen, die Bewaffnung und Anschläge der Faschisten. Dieser Staat organisiert die Zerstörung der Umwelt und die Entwicklung menschenfeindlicher Technologien. Er ist weltweit beteiligt am Massenmord durch Verelendung und imperialistischen Krieg. Und dieser Staat ist führend in präventiver Aufstandsbekämpfung, in der Organisation sozialer und polizeilicher Kontrolle, in psychologischer Kriegsführung zur Entwicklung des reaktionären Bewußtseins der Massen.

Mit dieser Entscheidung gegen Faschismus und Demokratie sind wir für viele Funktionäre des DGB und der VVN ›Provokateure‹ und ›Linksfaschisten‹: Die Ordnerreihen der VVN und des DGB liefern uns bei militanten Auseinandersetzungen mit den Faschisten den Bullen aus – wie beim Treffen der ANS In Bad Hersfeld. Die Fotografen der DKP nehmen in Abstimmung mit den Bullen unsere Portraits, da sie massenhaft Provokateure in unseren Reihen vermuten – wie beim Hamburger NPD-Parteitag in Moorburg. Alle Delegierten der demokratischen Antifaschisten halten in Bündnisgesprächen Informationen über faschistische Veranstaltungen zurück, um undemokratische Kräfte fernzuhalten – wie beim SS-HIAG-Treffen auf dem Soldaten-Friedhof in Essel.

Das Vorgehen der Funktionäre ist Sabotage und Denunziation des antifaschistischen Widerstandes. (...)

Wer angesichts der faschistischen Repressionspraxis dieses Staates immer noch ›den Anfängen wehren‹ will und sich mit Verbotsforderungen an diesen Staat wendet, schafft dem Herrschaftskarussell der Demokraten ein antifaschistisches Alibi für Ausbeutung und Unterdrückung. Er reduziert das antifaschistische Bewusstsein auf die Auseinandersetzung mit dem Nationalsozialismus.«[692]

Deutlich sind die erheblichen Differenzen zwischen bürgerlichen und den Militanten Antifaschisten. Die genannten Erfahrungen sind keine Einzelfälle. In Passau findet seit 1984 in der Nibelungenhalle das Jahrestreffen der DVU statt. Ab 1987 mobilisieren Antifaschisten massiv gegen die Veranstaltung. In einem Flugblatt von 1988 heißt es über die Ereignisse von 1987: »Nach dem die DVU ihr neofaschistisches Treffen in der Provinzstadt Passau nahe der österreichischen Grenze jahrelang ungestört abhalten konnte, gelang es letztes Jahr 1.000 antifaschistischen Gegendemonstranten dieses empfindlich zu stören. Um den Faschisten zu zeigen, dass sie solche Treffen zukünftig nicht mehr durchführen können – ohne auf erheblichen Widerstand zu stoßen – setzten Autonome und andere entschlossene Antifaschisten diesem vielfältige Gegenaktionen, wie etwa Sabotage der Fascho-Autos oder Blockade der Nibelungenhalle entgegen. Dass sie ihr Nazi-Treffen dennoch durchführen konnten, haben sie letztendlich nur den Bullen zu verdanken, die unterstützt von Nazi-Schlägern der FAP, NF und Wiking-Jugend, mit Knüppeleinsätzen den Zugang zur Halle freiprügelten.

Dies konnte allerdings nur durch die Distanzierung einiger Personen und Ordner geschehen, die damit den Widerstand gegen die DVU spalteten und somit den Bullen ihre Vorgehensweise ermöglichten.«[693]

Doch die abweisende Haltung der Militanten Antifaschisten ist nicht einseitig. Auch DKP und VVN lehnen eine Zusammenarbeit über regionale und temporäre Bündnisse hinaus mit den Militanten Antifaschisten ab. Beide realsozialistisch orientierten Or-

692 Flugblatt (1986b).
693 Flugblatt (18.9.88).

ganisationen verfolgen einen streng legalistischen Kurs und sehen sich als Wahrer des Grundgesetzes. Militante Aktionen sind für sie indiskutabel und zu verurteilen. Militante Antifaschisten bezeichnen sie als Terroristen, ihre Taten dienen ihrer Meinung nach nur den Behörden als Vorwand, um die Bürgerrechte weiter abzubauen.[694]

Auch K-Gruppen, wie der Bund Westdeutscher Kommunisten (BWK), halten Abstand zu den Militanten Antifaschisten. 1987 beschließt die Bundesdelegiertenkonferenz, sich von militanten Aktionen gegen Faschisten zu distanzieren, da diese nicht der Formung antifaschistischen Bewusstseins dienen. Außerdem müssen sich dem BWK zu Folge antifaschistische Methoden von der Gewalt der Neonazis unterscheiden. Der BWK konzentriert sich deshalb zukünftig auf Informationsarbeit in der Bevölkerung.[695]

Die Militanten Antifaschisten wiederum kritisieren jede Art von Reformismus, wozu sie die Verbotsforderung zählen. Ihrer Ansicht nach führen reformistische Forderungen vielleicht kurzfristig zu positiven Ergebnissen, weil so Teilsiege erreicht werden können, indem z.B. eine Neonazi-Gruppe verboten wird, aber langfristig zu Desillusionierung, weil eben keine dauerhaften und grundsätzlichen Veränderungen erreicht wurden. Dieser Desillusionierung stellen die Militanten Antifaschisten die konkrete und erfolgreiche Aktion gegenüber.[696]

»Dem entgegenzuwirken ist Aufgabe antifaschistischer Politik. Der bedrohlichen Apathie kann sicherlich am ehesten begegnet werden, indem Verändern und sich Verändern als ›machbar‹ aufgezeigt werden, als Ändern in Form von selbstbestimmter, kreativer, Theorie und Praxis in Aktivität. Nicht allein das Ziel muss vor Augen geführt werden, sondern die Möglichkeit des selbst zu gestaltenden Weges dorthin, der auch die konkrete Gestalt des Zieles bestimmt. Das Nachdenken darüber ist wie die revolutionäre Praxis ein Moment kreativer Aktivität, die nur ungeteilt, uneingeschränkt und frei wirklich existiert – nicht segmentiert, getrennt – und deren Einheitlichkeit es zu erreichen, zu schaffen gilt.«[697]

Eine Zusammenarbeit zwischen Militanten Antifaschisten und reformistischen Kräften ist schwierig. Die Militanten Antifaschisten verachten Organisationen wie DKP und VVN als »Ärzte am Krankenbett des Kapitalismus«. Doch ohne die Aktionseinheit, die sie propagieren, können sie ihre Demonstrationen nur mit erheblich weniger Beteiligung durchführen. Ein unlösbarer Widerspruch. Die Militanten Antifaschisten setzen sich also intensiv mit der Rolle der bürgerlichen Antifaschisten und ihren Forderungen auseinander.

»Die revisionistischen[698] Kräfte DKP, VVN, SDAJ usw. sind für ein Verbot,

694 Vgl. Langer, Bernd (1997), S. 45f.
695 Vgl. Infomappe Südniedersachsen (1988), S. 77f.
696 Vgl. Antifaschistischer Arbeitskreis Bad Lauterberg (o.J.c), S. 3.
697 Antifaschistischer Arbeitskreis Bad Lauterberg (o.J.c), S. 3.
698 Revisionismus bezeichnet Versuche, eine als allgemein anerkannt geltende historische, poli-

weil sie direkt oder indirekt Betroffene des NS-Regimes waren und auch Betroffene einer zukünftigen faschistischen oder anderen bürgerlichen Diktatur sein werden (wie es bei SPD und Grünen nur z.T. der Fall ist) und weil sie die BRD in einen antifaschistisch-demokratischen und friedliebenden kapitalistischen Staat reformieren wollen. Ihr Ziel ist es, (…) zu Masseneinfluss zu gelangen, das faschistische Lager zu beseitigen, den Militarismus einzuengen, die imperialistische Politik zu reduzieren und die Ausbeutung erträglicher zu machen. Und möglichst, ohne das bürgerliche Bewusstsein der Massen zu überwinden, ihnen den unlösbaren Widerspruch zu diesem System und seinem Staatsapparat erfahrbar zu machen und sie zu selbstständigem Kampf zu befähigen. Die Revisionisten unterscheidet von den Führungen (mit der Basis sieht es noch etwas anders aus, aber die hat in der Regel nicht das Sagen) der bürgerlich-reformistischen Parteien der ernsthafte Wille, zu spürbaren Verbesserungen für die Massen zu kommen.

Der Fehler ihrer Konzeption ist allerdings, dass mit Halbheiten nichts gewonnen ist. Es kann zwar am Ende von erbittert geführten Tageskämpfen auch Kompromisse geben, wenn die Kräfte für mehr wirklich nicht ausreichen. Die Kämpfe müssen aber erst einmal unter Einsatz aller Kräfte geführt werden und im Kampf gegen dieses System kann es grundsätzlich nur eine Alternative geben: Ganz oder gar nicht! Das Ergebnis der sozialreformerischen Linie ist bei den Aktivitäten der Revisionisten immer ein ›ja, aber‹. Sie sind zwar für einen Außerparlamentarismus – aber bloß nicht zu kämpferisch; für die Entwicklung des politischen Bewusstseins der Massen – aber nicht zu weit; für politisch eindeutige Forderungen – aber bloß nicht zu harte, damit sich der Staatsapparat daran nicht verschluckt«.[699]

Für die Militanten Antifaschisten ist die Verbotsforderung »demokratische Herrschaftssicherung«. Der antifaschistische Kampf wird damit in staatstragende und reformistische Bahnen gelenkt. Er soll mit »demokratischen Mitteln« erfolgen, statt konsequent militant. Die Forderung bürgerlicher Gruppen nach dem Verbot einzelner Gruppierungen, wie der FAP, dient dazu – so die Militanten Antifaschisten – »von einer Auseinandersetzung über Faschismus abzulenken. Faschismus ist demnach gleichgesetzt mit der FAP. Wird also die FAP verboten, verschwindet dann auch die Gefahr eines neuen Faschismus«. Diese Annahme sehen die Militanten als falsch an. Sie gehen sogar noch weiter, denn mit einem Verbot kann sich der kapitalistische Staat sogar noch ein antifaschistisches Mäntelchen umhängen, und kommt selber weniger in den Verdacht faschistische Züge zu tragen.[700]

tische oder wissenschaftliche Erkenntnis oder Position nochmals zu überprüfen, in Frage zu stellen, neu zu bewerten oder umzudeuten.

699 N.N. (1985), S. 23.

700 Vgl. Flugblatt (1986d); Vgl. Flugblatt (1986d); Vgl. Langer (2008a).

»Wenn Ex-Wirtschaftsminister Lambsdorf davon faselt, dass die Ausländer eine Belastung für den Arbeitsmarkt darstellen und die FAP vor allem ›Ausländer raus‹ fordert, geht das in eine Richtung«.[701]

Dazu kommt nach Meinung der Militanten Antifaschisten, dass neonazistische Propaganda und Terror auch unabhängig von Organisationen auftreten können. Schläger wie Nazi-Skins z.B., gehören selten einer Organisation an. Ein Verbot von bestimmten Gruppen hilft also gegen den alltäglichen Terror von Neonazis nicht.[702]

Die Antifas empfehlen die »Zerschlagung« neonazistischer Organisationen und Strukturen. Das Problem ist ihrer Meinung nach nur militant zu lösen, im »Kampf gegen Faschismus und Imperialismus, durch eine Revolution«.[703]

Heute sehen die interviewten Militanten Antifaschisten ihre damalige radikale Position kritischer: »Zuerst hat man sich natürlich von den bürgerlichen Antifaschisten distanziert. Aber das ist halt auch der Tribut der Jugend. Da hat man sich darüber gestritten, dass ›Verbot der Faschisten‹ nicht auf dem Flugblatt stehen durfte. Da musste dann ›Zerschlagen, Zerschmettern, Plattmachen der Faschisten‹ darauf stehen. Also Verbot war bürgerliche Scheiße, da hat man sich auch im Bündnis immer gestritten. (...) Im Nachhinein, sieht man das Ganze auch immer ein bisschen lockerer. Aber damals war das für uns schon ein unglaublich wichtiges Ding, die Militanz in irgendeinem Flugblatt mit drinnen zu haben. Wobei wir sonst eigentlich zu den Leuten[704] glänzende Kontakte gehabt haben. Die fanden eigentlich ganz gut, wie wir immer agiert haben. (...) Es war schon ein solidarisches Verhältnis untereinander. Aber die VVN war natürlich streng hierarchisch organisiert, und da hat wahrscheinlich der Bundesvorstand mehr oder weniger bestimmt, welche Forderung unterm Flugblatt stehen darf. Da mussten die ja auch die Meinung der Chefs vertreten. Aber man hat sich dann auf ›auflösen‹ geeinigt, glaube ich, oder irgend so ein dämliches Wort.«[705]

Der Göttinger Bernd Langer gehört zu denjenigen, der trotz ideologischer Differenzen zu den bürgerlichen Antifaschisten Aktionseinheit und Zusammenarbeit propagiert und praktiziert. Bei den Militanten Antifaschisten muss er sich deshalb immer wieder heftiger Kritik erwehren: »1987/88 prügelten wir die Nazis aus der Stadt und trugen die Konfrontation zu ihnen zurück. Es gab Kommandoaktionen wie einen Brandanschlag auf das FAP-Zentrum in Mackenrode. Doch es blieb unser Krieg, die politische Dimension der Auseinandersetzung gelangte nicht an die Öffentlichkeit. Uns fehlte der politische Hebel. Zur gleichen Zeit rumorte es in den

701 Flugblatt (1986d).
702 Vgl. Braunschweiger Antifa Info (1985), o.S.
703 Vgl. Schuhmacher, Nils (2001), S. 77f.; Vgl. Braunschweiger Antifa Info (1985), o.S.
704 Gemeint sind bürgerliche Antifaschisten.
705 Interview des Autors mit Lars Balkes (2008).

Betrieben, in denen sich Gewerkschafter zunehmend mit Nazis konfrontiert sahen. Ebenso erging es Schülerinitiativen und Lehrern. Ein Informationsaustausch brachte uns zusammen, es entstand das Antifaschistische Bündnis Göttingen. Dadurch ergab sich eine ganz neue Perspektive. Zum einen brauchten die Autonomen die Öffnung in die Schülerszene, denn hier waren die Leute zu finden, die morgen zur Bewegung stoßen würden, zum anderen war eine Zusammenarbeit mit etablierten politischen Organisationen möglich. Doch so einfach sollten sich diese Einsichten nicht durchsetzen. Das Bündnis widerstrebte den Wortführern der Antifa. Nach den Grundsätzen der Autonomen standen die etablierten Parteien und Organisationen wie der DGB auf der Seite der Herrschenden. Mit ihnen wollte man keine gemeinsamen Aktionen durchführen. Doch eine Alternative dazu hatten die Zirkelpäpste nicht zu bieten. Deshalb beteiligte sich die Antifa halbherzig am Bündnis, für mich hingegen wurde es bald zu einem politischen Schwerpunkt«.[706]

Die Intensität der Zusammenarbeit zwischen Militanten Antifaschisten und reformistischen Gruppen ist in den Städten unterschiedlich stark ausgeprägt. In Heilbronn arbeitet die Ortsgruppe eng und erfolgreich mit der Volksfront zusammen. Doch auch sie machen bittere Erfahrungen mit den bürgerlichen Antifaschisten. 1987 plant die NPD einen Landesparteitag in Sigmaringen. Ein breites Bündnis aus DGB, Volksfront, Militanten Antifaschisten, VVN etc. mobilisiert zur Gegendemonstration. Als eine Woche vor dem NPD Parteitag die Veranstaltungshalle von Antifaschisten verwüstet wird, überredet der Staatsschutz den DGB, seine Teilnahme an der Gegendemo abzusagen. Darauf stellt die VVN ebenfalls ihre Mobilisierung gegen die NPD ein, stellt es ihren Mitgliedern aber immerhin »frei«, an der Demonstration teilzunehmen. Volksfront und Militante Antifaschisten mobilisieren dennoch weiter. Letztendlich sagt die NPD den Parteitag ab, weil die Halle wegen des Anschlages weitgehend unbrauchbar ist.[707]

Trotzdem führen die Wahlerfolge der Republikaner und der Zerfall der militanten Strukturen Ende der 1980er-Jahre zu einem Schulterschluss linker und bürgerlicher Kräfte: »Autonome Antifa-Gruppen fingen erst Ende der achtziger Jahre an, gezielt in Bündnissen mitzuarbeiten. Ausschlaggebend war die Erfahrung, dass die autonome Antifa alleine nicht in der Lage war, den Rechtsruck und das Entstehen von immer mehr neonazistischen Gruppen zu verhindern. Mit dem schleichenden Niedergang der autonomen Bewegung Mitte der achtziger Jahre geriet zudem die auf die eigene Stärke vertrauende Politik in eine Sackgasse, und Erfolge blieben aus.«[708]

706 Langer, Bernd (2004), S. 37.
707 Vgl. Städtebericht Heilbronn (1987).
708 Schröder, Henning (2003), S. 31.

Die Folgen der politischen Abgrenzungen beschreibt Bernd Langer im Interview: »Die gesamte Politik der autonomen Antifa hat ja gezeigt, dass man sich so in die Isolation begab. Und Isolation ist natürlich politisch tödlich. Also die Polizeistaatsgesetze, alles was passierte, traf uns natürlich direkt. In Hetendorf[709], haben wir es noch mal versucht, mit anderen Gruppen zusammen hinzufahren. Das klappte aber nicht. Also sind wir alleine losgefahren, und landeten im Polizeikessel. Logischerweise. Irgendwo in der Pampa. (…) Und in Göttingen war das mit der Bündnis-Demonstration ein Versuch, mit der Gewerkschaft und mit den Grünen usw. zusammenzuarbeiten. Der Rechtsdrall war natürlich damals bei denen auch Thema. Besonders in den Gewerkschaften, denn da gab es Nazis, die sich in den Betrieben bemerkbar machten. (…) Diese Bündniskonzeption war der Versuch, autonome Politik aus der Isolation zu holen und sie überhaupt als politischen Ansprechpartner, als politischen Faktor in der Öffentlichkeit sichtbar zu machen. Also nicht mehr die Vermummten, die hinter der Ecke irgendwelchen Leuten eine Keule über den Kopf hauen, sondern eben politisch agierende Menschen. (…) Und das ist meines Erachtens auch gelungen. Aber natürlich nicht bei den Autonomen angekommen. (…) Aber auf alle Fälle war die Bündnisarbeit eine Folge der Auseinandersetzung [über die Fragen], ›Was ist schief gelaufen?‹, ›Was können wir [die Militanten Antifaschisten] verbessern?‹«.[710]

Die Göttinger versuchen einen Mittelweg. Nächtliche Aktionen und Flugblätter mit Bezugnahme darauf. Auf den Demonstrationen selbst verhalten sie sich gemäß den Absprachen mit den bürgerlichen Antifaschisten friedlich. So verzahnen sie die Ebenen.[711]

»Du kannst keine Bündnisdemo mit dem DGB machen und dann das Haus von einem Nazi von der Demo aus angreifen. Das ist idiotisch! Die arbeiten nie wieder mit dir zusammen. (…) Aber es gab natürlich trotzdem militante Anschläge, aber die waren natürlich zu einem anderen Zeitpunkt, trafen dann aber bspw. trotzdem den Zielort der Bündnisdemonstration, wie z.B. einen Nazi-Treffpunkt.«[712]

Doch zurück zur Verbotsforderung. Für die Militanten Antifaschisten gibt es noch mehr Gründe, sich gegen eine Verbotsforderung auszusprechen: die historische Erfahrung mit Verboten. Denn in der Tat wurden vom Bundesinnenminister schon Neonazi-Organisationen in der BRD verboten, z.B. am 7. Dezember 1983 die ANS/NA wegen Verfassungswidrigkeit. Doch die Anhänger Michael Kühnens lassen sich davon nicht beirren. Zunächst verwandeln sich die ANS/NA-Kamerad-

709 Siehe das Kapitel: Die Verzahnung der politischen und der militanten Ebene.
710 Interview des Autors mit Bernd Langer (2008).
711 Zusammenfassung des Autors aus dem Interview mit Bernd Langer (2008).
712 Interview des Autors mit Bernd Langer (2008).

schaften in so genannte Leserkreise der Kühnen-Zeitschrift *Die Neue Front*[713]. Ein Jahr später entstehen ANS/NA-Ersatzgruppen mit Namen wie Frankfurter Front, Karlsruher Front, Wiesbadener Front, Taunusfront, Stoßtrupp Renchen oder Stoßtrupp Nagold. Außerdem ist es Pflicht für Kadermitglieder der Hilfsorganisation für nationale politische Gefangene und deren Angehörige e.V. (HNG) beizutreten. 1984 gründen Kühnen und seine Männer in Madrid außerdem das Komitee zur Vorbereitung der Feierlichkeiten des 100. Geburtstages von Adolf Hitler (KAH). Zusätzlich werden so genannte Vorfeldorganisationen ins Leben gerufen: Aktion Lebensschutz, Antizionistische Aktion, Arbeitsgemeinschaft für ständische Wirtschaftsgestaltung, Freie Gewerkschaftsbewegung, Initiative Volkswille, Neubeginn – Arbeitskreis für deutsch-alternative Politik, Sturmabteilung, Volksbund Rudolf Heß etc.[714] Wie schon beschrieben unterwandern Kühnens Mannen parallel noch die FAP.

Die Militanten Antifaschisten analysieren die Entwicklung der ANS/NA nach dem Verbot genau. Ihre Weigerung sich der Verbotsforderung anzuschließen ist logisch und in diesen Analysen begründet: »Durch das Verbot der ANS/NA am 7. Dezember 1983 und die Flucht Kühnens Mitte März 84 wurde die Organisation für einige Monate stark zurückgeworfen. Ca. ein Drittel der Mitgliedschaft wurde ausgewechselt, eine ganze Reihe Kadermitglieder ging verloren (…) und heute herrscht eine hohe Fluktuation in der ›Gesinnungsgemeinschaft‹.

Sie arbeitet mittlerweile auf drei Ebenen: 1. die ANS/NA besteht in Form von *Neue Front*-Lesekreisen mit der alten ANS/NA-Organisationsleitung als Führung weiter. 2. eigenständige ANS/NA-Propaganda wird juristisch abgesichert als BI Deutsche Arbeiterpartei aus Frankreich vertrieben. 3. öffentliche Agitation und Wahlkandidaturen laufen unter Parteienschutz als FAP. Auch wenn dies in den meisten Ortsgruppen der Fall ist, sind ANS/NA und FAP bundesweit nicht völlig identisch. Es gibt da noch immer den alten FAP-Stamm wie in Stuttgart, der zwar rechts von der NPD steht aber nicht das neonazistische Programm und die Strategie der ANS/NA hat, was für die Zukunft noch einige Konflikte in sich birgt. (…) Eine Verschmelzung (das bedeutet bei der Minderheit Organisierung und bei der Mehrheit Rekrutierung zu mobilisierbaren Sympathisanten) der ANS/NA mit größeren Teilen marginalisierter rechtsradikaler Jugendlicher ist in den nächsten Jahren durchaus realistisch und wird Linke wie Ausländer mit einem erheblichen Terror-Potenzial der gesamten Bandbreite (von Schlägereien bis Attentaten) und dem berühmten ›Kampf um die Straße‹ konfrontieren. Voraussetzung dafür ist eine weitere Verschlechterung der sozialen Situation und eine verstärkte Politisierung (…) dieser Jugendlichen durch die Neonazis. (…) Eine weitere organisatorische

713 Vorher hieß sie Die innere Front.
714 Vgl. Hundseder, Franziska (2003), S. 60ff.

Stabilisierung ist absehbar. Anziehungskraft wird die ANS/NA allerdings auf absehbare Zeit nur unter Jugendlichen haben.«[715]

Aber die Militanten Antifaschisten sind nicht die einzigen, die Zweifel an Verboten von Nazi-Organisationen hegen. Der Autor Klaus Naumann beschreibt ein weiteres Beispiel wirkungsloser Verbotsaktivitäten der Regierung. Es handelt sich um die 1988 von Kühnen gegründete Nationale Sammlung (NS), die schon nach einem Jahr Existenz auf dem Index steht. Die ursprünglich als Wählerinitiative der FAP ins Leben gerufene NS hat personelle Überschneidungen mit der FAP. Sie ist eine der zahlreichen Vorfeldorganisationen Michael Kühnens und dient zur Außendarstellung und Neumitgliedergewinnung.[716]

»Es muss aber stutzig machen, dass sich das Verbot auf die politisch bedeutungslose Wählerinitiative Nationale Sammlung beschränkte, dass die hinter ihr stehende FAP weiterhin unbehelligt bleibt und dass nicht einmal bei der Nationalen Sammlung irgendwelche Verhaftungen vorgenommen wurden, so dass, wie Kühnen schon ankündigte, unter einer anderen Bezeichnung die Politik der Nationalen Sammlung sofort weitergeführt wurde. Eine tiefer greifende Wirkung auf die Entfaltungschancen der extremen Rechten geht von diesem Verbot sicher nicht aus. Womöglich erweist es sich als eine Rationalisierungsmaßnahme, um die Zersplitterung innerhalb der extremen Rechten überwinden zu helfen und deren ›vernünftige‹ Kräfte als Bündnispartner aufzubauen.«[717]

Der Autor Karl-Klaus Rabe, Preisträger des Preises *Das politische Buch* 1982 sieht keinen Sinn in den bisher verhängten Verboten.

»Immer wieder wird die Forderung eines Verbots sämtlicher rechtsextremer Organisationen laut. Sicherlich beständen die rechtlichen Möglichkeiten hierzu, und die Glaubwürdigkeit unseres Rechtsstaates hängt wesentlich davon ab, dass geltende Gesetze auch angewendet werden. In diesem Zusammenhang muß sich aber Jeder bewusst sein, dass diese Maßnahme so gut wie keine Wirkung haben wird. Unzählige, langwierige Verfahren müssten angestrengt werden, die zur Folge hätten, dass eben Organisationen mit anderen Namen gegründet werden, denen dann ein erneuter Prozess gemacht werden müsste usw. ... Andererseits würden immer mehr Leute in den Untergrund gehen, was ihnen zwar nicht ein politisch effektives Agieren ermöglicht, doch die Tendenz zur Fanatisierung unterstützen würde. Außerdem treffen Verbote nicht die Wurzeln des Rechtsextremismus, und es sollte, wenn möglich, die politische Auseinandersetzung mit ihm gesucht werden.«[718]

715 Internes Diskussionspapier (1985), o.S.
716 Vgl. Naumann, Klaus (1989), S. 40f.
717 Naumann, Klaus (1989), S. 40.
718 Rabe, Karl-Klaus (1985), S. 352.

Einzelne Stimmen innerhalb der Militanten Antifaschisten fordern aber trotzdem Verbote. Allerdings weicht ihre Vorstellung erheblich von der der bürgerlichen Antifaschisten ab. So entwickeln sie bspw. für ein Verbot der FAP einen konkreten Maßnahmenkatalog:

»Inhaftierung aller Partei-, Bereichs-, Gau- und Kreisleiter und deren Stellvertreter.

Öffentliche Bekanntmachung und Inhaftierung aller finanziellen Unterstützer der FAP.

Überwachung und Veröffentlichung der Namen aller Ortsmitglieder und rigorose Unterbindung jeglicher Neubetätigung mit der Absicht der Neugründung unter anderem Namen.

Enteignung aller finanziellen und materiellen Mittel (Fahrzeuge, Gebäude, Druckmaschinen, Versammlungslokale, ...), die den Zwecken der genannten Organisationen gedient haben, auch wenn sie juristisch nicht der Organisation, sondern Privatpersonen gehören.

Der Sofortvollzug ist anzuordnen, um zu verhindern, dass Mittel, die der Organisation gedient haben, beiseite geschafft werden.

Die Auflösung ist durch keinerlei Äußerungen vorher anzukündigen.

Neben dem Verbot der FAP selbst müssen dann auch noch alle Nebenorganisationen verboten werden, die ebenso zu behandeln sind wie die FAP: z.B. Aktion Lebensschutz, Nationale Sammlung, BI Deutsche Arbeiterpartei, die Borussen-Front, die Deutsche Frauenfront und die HNG. Dazu kommt noch das Verbot sämtlicher dazu gehörenden Zeitschriften und sonstiger Publikationen.«[719]

Es ist unübersehbar, dass diese radikale Idee eines Verbotes wirksamer wäre als jede bisher realisierte. Diese sehr weitreichenden Forderungen haben wohl eher propagandistischen Charakter …

Das Ende der Strukturen – Die Repression

Die staatlichen Organe registrieren ihren Verlautbarungen zu Folge sehr spät, dass sich im Bereich der »Antifaschismusarbeit«, wie der Verfassungsschutz es nennt, etwas tut, dass sich von den ihnen bisher bekannten Formen unterscheidet.

»›Antifa-Gruppen‹ forderten und praktizierten ›offensive Gewalt‹ und ›gezielte Angriffe gegen Neonazis‹. Die Zahl der Brandanschläge gegen Objekte (Wohnungen, Versammlungsräume usw.), die von Rechtsextremisten benutzt wurden, stieg erheblich an von 12 im Jahr 1986 auf 21 im Jahr 1987.«[720]

719 Vgl. N.N. (1985), S. 35; Vgl. Flugblatt (Dezember 1988).
720 Bundesminister des Innern (1988), S. 68ff.

Spätestens ab diesem Moment müssen die Militanten Antifaschisten ständig mit systematischer Repression rechnen, denn nun sind sie als bundesweites Phänomen offiziell identifiziert. Der §129a lugt für die bundesweite Struktur über den Horizont. Bisher betrafen Ermittlungen und Prozesse »nur« Einzelpersonen, nicht den gesamten Zusammenhang. So sind 1985 in Duisburg mindestens 15 Antifaschisten wegen Landfriedensbruch, Körperverletzung, Widerstand, Verunglimpfung des Staates etc. staatlicher Repression ausgesetzt. Vorgeworfen wird ihnen die Beteiligung an Aktionen gegen Neonazis, wie die Verhinderung des FAP-Landestreffens am 10. November 1984 in Münster, eines Treffens der Nationalistischen Front (NF)[721] am 1. März 1985 in Essen oder des FAP-Landestreffens am 2. März 1985 in Duisburg.

Dabei ist eine enge Zusammenarbeit zwischen Polizei und Neonazis zu beobachten. Ein Teil der Angeklagten bekommen die Vorladung erst, nachdem die Polizisten den Nazis Fotomappen vorgelegt haben, aus denen diese dann nach Belieben »Täter« herausdeuten konnten.[722]

Im selben Jahr kommt es auch zum Schulterschluss zwischen FAP-Neonazis und der hessischen Polizei. Im Februar 1985 veranstaltet die Partei eine Kundgebung an der Konstablerwache in Frankfurt am Main, zu der sie bundesweit aufruft. Über 500 Antifaschisten versuchen die Versammlung zu verhindern. Ein massives Polizeiaufgebot schützt die Neonazis, weil diese sich als legale Partei zusammenfinden. Es kommt zu Konfrontationen zwischen Antifaschisten und Ordnungskräften. Einzelne Neonazis werden in der Umgebung körperlich von Militanten Antifaschisten attackiert. Aus Sicherheitsgründen fährt die Polizei schließlich die FAP-Mitglieder fort, und lässt sie in sicherer Entfernung wieder aussteigen. Parallel dazu laufen und fahren kleine Polizeitrupps durch die Straßen, begleitet von einzelnen Neonazis, um Antifaschisten zu identifizieren, die die Polizei dann aufgrund ihrer Hinweise festnimmt. Im April 1986 müssen sich deshalb zwei Antifaschisten wegen schwerem Landfriedensbruch und Sachbeschädigung vor Gericht verantworten.[723]

Neonazis und Polizei arbeiten nicht nur punktuell gegen Antifaschisten zusammen, sondern scheinen mitunter sogar eng miteinander bekannt zu sein. In einem Prozess in Berlin gegen einen Antifaschisten wegen Körperverletzung in der Nähe des Reichstagsgebäudes zum Nachteil des Mitglieds der Nationalen Front, Christian

721 Nationalistische Front: 1985 gegründete Neonazi-Organisation, seit 1992 verboten. Regionaler Schwerpunkt: Bielefeld und Ostwestfalen-Lippe. Ein VS-Spitzel steigt ab 1989 zum Sicherheitschef auf. So erhält der VS davon Kenntnis, dass die Organisation Nationale Einsatzkommandos nach dem Vorbild der RAF plante. Anschlagsziele waren die Bundesregierung, die Gerichtsbarkeit und staatliche Repräsentanten. Der Plan: In einer Nacht sollte eine Welle der Gewalt ganz Deutschland erschüttern. 1992 wurden bei NF-Mitgliedern Bestandteile zum Bau von Bomben, Munition und Sprengstoff sichergestellt.

722 Vgl. Antifa Info Rundbrief (1985), o.S.

723 Vgl. Flugblatt (1986).

Francke, sagen der verletzte Neonazi und ein Zivilpolizist als Zeugen aus. Die beiden wirken vertraut und duzen sich im Gerichtssaal.[724]

»Man kenne sich seit ›ungefähr dreieinhalb bis vier Jahren‹ durch die Tätigkeit in zivil als ›Fanpolizist‹ beim Fußball, wo er bei rechtsradikalen Fußballfans als ›Bomber-Joe‹ bekannt ist. Am Reichstag hatte Francke dann auch dem Zivilpolizisten nach vertraulichem Gespräch seinen Fotoapparat zur ›Bewachung‹ übergeben.«[725]

Das Ereignis ist keine Ausnahme. Auch die Gerichte stehen Antifaschisten feindlicher gegenüber als Neonazis. 1988 sind in Lübeck fünf Beschuldigte vor der Zweiten Großen Strafkammer des Landgerichts wegen Landfriedensbruch und teilweise schwerer Körperverletzung angeklagt. Schon der Rahmen bedeutet für die Beschuldigten hohe Prozesskosten, keine Möglichkeit der Berufung und ein verschärftes Strafmaß. Dabei geht es um eine Schlägerei zwischen etwa 25 Antifaschisten und einem Dutzend Skinheads. Die schlimmste Verletzung ist eine Platzwunde und Prellungen bei einem Glatzkopf.[726] Die völlige Unverhältnismäßigkeit des Verfahrens stellt die Wochenzeitung *Die Zeit* in den Kontext Lübecker Stadtpolitik. Die Ereignisse dokumentieren lebhaft den Zeitgeist der 1980er-Jahre.

»Vielleicht aber ist es wirklich an der Zeit, die oft gewalttätigen Streitigkeiten zwischen gegnerischen Gruppen so ernst zu nehmen, wie es das Lübecker Jugendamt in seinem jüngsten Bericht über ›Rechtsextreme Tendenzen bei Jugendlichen und jungen Erwachsenen‹ fordert. Die dafür nötige Zusammenarbeit zwischen dem Jugendamt einerseits sowie Polizei und Staatsanwaltschaft andererseits scheint aber nicht zu klappen: Während das Jugendamt vor ›einer zunehmenden Gewaltbereitschaft und nationalistischen und neonazistischen Ausdrucksformen Jugendlicher‹ berichtet, scheint sich die so genannte ›Sonderkommission‹ vorwiegend auf Angehörige linker Gruppen zu konzentrieren. Am 14. April 1988 wurde eine Juso-Veranstaltung in Lübeck-Rangenberg von Skinheads besucht und durch andauernde Zwischenrufe wie ›Sieg Heil‹ und ›Rotfront verrecke‹ gestört. Die anwesende Polizei schritt nicht ein. In Jugendfreizeitheimen singen Skinheads bei Fernsehübertragungen von Fußballspielen das *Horst-Wessel-Lied*. Die Außenwände eines Jugendfreizeitheimes sind wie Fassaden im gesamten Stadtteil mit Hakenkreuzen, nazistischen und ausländerfeindlichen Parolen besprüht. Weiter vermerkt der Jugendbericht: Seit Anfang 1988 sei die Anzahl der Skinheads wieder gestiegen, nähmen ›ihre gewalttätigen Ausschreitungen wieder zu‹. (…)

Dagegen beschrieb vor vier Jahren die Polizeiinspektion Lübeck in einer eigenen Stellungnahme Skinheads als junge Leute, die einer geregelten Arbeit nachgingen,

724 Vgl. radikal (Nr. 136), S. 60.
725 radikal (Nr. 136), S. 60.
726 Vgl. Roggenkamp, Viola (1988).

Sozialhilfe ausdrücklich ablehnten, deren Haartracht gepflegt und kurz sei und deren Kleidung aus einer Jeans, einer Fliegerjacke und aus Schnürstiefeln bestünde.«[727]

Nach Einschätzung von Antifaschisten sind die Verfahren gegen Linke ein politisches Mittel zur Einschüchterung, Ausforschung und Überwachung der Beschuldigten, da sich die Ermittlungen oft über Jahre hinziehen.

»Keiner der Beschuldigten weiß, ob das Hauptverfahren eröffnet wird, oder ob ganz eingestellt wird. So sollen die Antifaschisten eingeschüchtert, d.h. in der militanten Praxis eingeschränkt werden. Die von Verfahren Betroffenen müssen dabei enorme finanzielle Mittel aufbringen, da sie sich Rechtsanwälte besorgen müssen. Kommt es später zum Prozess, selbst wenn er mit geringer Strafe endet, werden den Angeklagten noch die Gerichtskosten draufgedrückt, so dass am Ende nur noch der Pleitegeier kreist.

Dem Wesen des BRD-Staates und der Funktion, die die Nazis für diesen Staat haben (unter anderem: linke und so genannte Randgruppen sollen in Kämpfe mit den Faschos verwickelt und in ihrer Bewegungsfreiheit eingeschränkt werden), entspricht es, dass in den Prozessen gegen militante Antifaschisten politische Inhalte, Begründungen und Erklärungen von den Gerichten und Staatsanwaltschaften weggewischt oder ignoriert werden. Die Verfahren werden auf eine rein strafrechtliche Ebene gezogen und so Gegenwehr gegen Faschisten mit Schützenfestprügeleien gleichgestellt.«[728]

Michaela Neuberger beschreibt, was es heißt, beschuldigt zu sein und ständig überwacht zu werden: »So was nimmt ziemlich in Anspruch. Wie die meisten 129a Verfahren sind die dann irgendwann mal eingestellt worden, aber die Leute sind zwei Jahre damit beschäftigt, und haben dauernd die Bullen an den Hacken, weil sie dauernd unter Beobachtung stehen.«[729]

Trotzdem scheinen sich die Militanten Antifaschisten davon nicht einschüchtern zu lassen. Ende 1986 kommt es in Stuttgart zum Prozess gegen Antifaschisten, die in Stuttgart-Sillenbuch den Aufmarsch und den Bundesparteitag der FAP verhindern wollten. Ein Flugblatt zum Prozess verdeutlicht, dass die Antifaschisten nicht versuchen, sich als Opfer darzustellen.[730]

»Dabei wurden Faschos auch direkt angegriffen und die militante Auseinandersetzung mit den Skinschlägern und anderen organisierten FAP-lern gesucht. Sie stellen auch immer einen Teil der Konfrontation dar, wenn wir den Hitler-Anhängern, Rassisten und ausländerfeindlichen Nationalisten begegnen.«[731]

Die Strafbefehle wegen dem Besitz von Tränengasdosen belaufen sich auf 40

727 Roggenkamp, Viola (1988).
728 Antifa Info Rundbrief (1985), o.S.
729 Interview des Autors mit Michaela Neuberger (2008).
730 Vgl. Flugblatt 1986a.
731 Flugblatt 1986a.

Tagessätze à 30 DM, eine Verurteilung wegen eines Baseballschlägers kostet 2.000 DM.[732]

Das Durchleuchten von linken Strukturen hat System. Es trifft die Militanten Antifaschisten genauso wie alle anderen linksradikalen Kräfte. Aber Ermittlungen nach §129a gegen die bundesweite Struktur sind offenbar bis dahin noch nicht im Gange.

Ab 1985 flaut der Massenwiderstand der Autonomen bundesweit merklich ab. Mobilisierung und militante Aktionen gehen zurück – abgesehen von einem militanten Strohfeuer, dem so genannten Mastensterben, wie das massenhafte Umsägen von Strommasten im Zusammenhang des Atomunfalls in Tschernobyl genannt wird. Die einzigen tragfähigen Strukturen sind Reste der Atombewegung, radikale Frauengruppen und die Militanten Antifaschisten. Es gelingt den Autonomen nicht, szeneübergreifende stabile Strukturen zu schaffen und den Schwund zu stoppen. Auf den Libertären Tagen in Frankfurt am Main wird 1987 darüber lamentiert, Thema ist der »Stand autonomer Bewegungen«. Die anwesenden 2.000 Anarchisten und Autonomen finden keine Antwort auf die eigene Krise und unternehmen auch keine praktischen Schritte gegen den eigenen Niedergang. Sie beschäftigen sich stattdessen lieber mit ihrem »Verhältnis zum bewaffneten Kampf der RAF«, den sie lautstark kritisieren.[733]

Dafür nimmt die Repression deutlich an Fahrt auf. Die Zeitschrift *Vorgänge - Zeitschrift für Bürgerrechte und Gesellschaftspolitik*, herausgegeben von der Humanistischen Union, schreibt 1987: »Dieses Verhältnis ist dadurch geprägt, dass der Staat seit etwa zwei Jahren verstärkt auf die ›autonome Bewegung‹ reagiert: erhöhte Polizeibereitschaft, verschärfte Gesetzgebung (§129a, §111, §90 StGB), straffe Polizeitaktik und -strategie (Hamburger Kessel), Datensammlungen, Hausdurchsuchungen und Zeitschriftenindizierungen gehen inzwischen ihren exekutiven und legislativen ›normalen‹ Gang. Ziel ist es, das (Sympathisanten-) Umfeld der Autonomen näher zu bestimmen.«[734]

Aber wieso reagieren die staatlichen Organe noch immer nicht auf die Militanten Antifaschisten, wenn die Repression gegen andere Linksradikale sichtbar zunimmt? Sind die Anschläge gegen Neonazis und ihre Infrastruktur kein sichtbares Zeichen einer bedrohlichen Organisierung?

»Der Staat hat das am Anfang nicht registriert. Dass es eine militante Struktur gab, hat er eigentlich erst mit den Reaktionen auf den Mord von Günter Saré mitbekommen. Davor haben sicherlich die Geheimdienste oder der Verfassungs-

732 Vgl. Flugblatt 1986a.
733 Vgl. Geronimo (2002), S. 188f.; Zusammenfassung des Autors aus dem Interview mit Roger Ottenheimer (2007).
734 Manns, H.; Treusch, W.-S. (1987), S. 65.

schutz das mitgeschnitten, aber dass das so eine Relevanz hat, das haben die nicht gewusst.«[735]

Erst nach den bundesweiten Krawallen nach dem Tod von Günter Saré 1985 kommt es in Göttingen völlig überraschend zu einer Repressionswelle, die harmlos mit einer Bleistiftzeichnung beginnt.

»Bevor Saré umgekommen ist, gab es ein Plakat zu den ›Antifa-Wochen‹ in Göttingen. Da war im Grunde genommen der faschistische Imperialismus visualisiert. Auf der einen Seite standen Autonome mit allen möglichen Ausrüstungen wie Molotow-Cocktails. Auf der anderen Seite war ein Hakenkreuz, in der Mitte ein Bundesadler und in den Flächen symbolisch Neonazi, Richter, Arbeitsamt und Polizei. ... Diese Abbildung ging inhaltlich schon relativ weit, aber das war alles vorher durchgegangen, kein Repressionsorgan hat darauf reagiert. Nach Günter Saré gab es Scherbendemos in Göttingen. Und dann gab es auf einmal sechs Hausdurchsuchungen, weil sie dieses Plakat kriminalisierten: ›Verunglimpfung des Staates und seiner Symbole‹. Doch es ging nicht um das Plakat. Es ging nur darum, Daten zu sammeln, also möglichst schnell viele Daten von potenziellen Tätern zu kriegen. Sie wussten zwar, dass sie den Leuten nichts nachweisen konnten, aber sie wollten wissen, wer ist denn jetzt die Antifa und wer hängt da alles mit drin. Die waren völlig überrascht von der Wucht nach Saré. So ist es ja auch in anderen Städten gewesen. Die waren dann mit Nachdruck hinter der Antifa her, das ging schon in Richtung Observation. Davor haben sie das gar nicht so ernst genommen, glaube ich. Weil das in der autonomen Szene auch nicht so eine Rolle spielte. Ich glaube, es lag auch ein bisschen am Thema. An Antifaschismus trauten sie sich nicht so unbedingt ran. (…) Aber dann schließlich waren sie dran. (…) Dann haben sie auch zugeschlagen. Das können sie nicht zulassen, eine autonome Struktur, die praktisch einen militanten Kern bildet, der selbst agiert. So was muss natürlich zerschlagen werden. Aber sie haben keinen gekriegt. Wir waren wirklich gut. (...) und das muss man auch noch sagen, dass die Antifa die einzige militante Struktur war, wo sie wirklich keinen [wegen Antifa-Aktionen] gekriegt haben. Das ist niemals passiert«.[736]

Die kleine Repressionswelle in Göttingen 1985 ist ein Vorgeschmack: Hausdurchsuchungen in einem Buchladen, einer Druckerei und zwei Privatwohnungen, Beschlagnahmung von Plakaten und Flugblättern. Kurz darauf druckt die *Göttinger Stadtzeitung* das verfolgte Motiv aus Solidarität ab. Sofort werden ihre Räumlichkeiten und eine weitere Privatwohnung durchsucht. Dann drucken bundesweit

735 Interview des Autors mit Bernd Langer (2008).
736 Interview des Autors mit Bernd Langer (2008).

autonome Zusammenhänge die verbotene Bleistiftskizze ab. Der Sinn hinter dem Verfahren ist aber nicht die Verurteilung eines Täters.[737]

»Hintergrund der Ermittlungen in Göttingen ist zweifellos, dass der Polizeiapparat Informationen über Antifa-Strukturen erlangen will. Der einzige Name, der auf Rechnungen für Flugblätter auftaucht, ist Ernst Schneller. Ein Mann, der öfter die presserechtliche Verantwortung für linke Druckerzeugnisse in Göttingen übernimmt und gegen den schließlich mehrere Ermittlungsverfahren eingeleitet werden«.[738]

Trotz vieler Nachforschung gelingt es der Polizei nicht, den möglichen Täter Ernst Schneller ausfindig zu machen. Wie denn auch, denn tatsächlich ist der Mann ein 1890 geborener deutscher Antifaschist, den die SS 1944 im KZ Sachsenhausen ermordete. Die Verfahren gegen ihn werden schließlich ergebnislos eingestellt. Doch die Erkenntnisse über die Militanten Antifaschisten und ihre Struktur wandern in die Archive der Verfolgungsbehörden.[739]

Das Jahr 1987 ist Zäsur für die Autonomen und alle Arten von militanten Gruppen in der BRD. Am 2. November 1987 werden an der Startbahn West während einer militanten Demonstration zwei Polizisten von dem Startbahngegner Andreas Eichler erschossen. Die Pistole stammt von einem Zivilpolizisten, dem sie bei einer Demonstration in Hanau 1986 von Demonstranten abgenommen worden ist. Seit der Hüttendorfräumung am 2. November 1981 gibt es jährlich an diesem Datum Scharmützel im »Startbahnwald« mit der Polizei. Als die Beamten 1987 im nächtlichen Wald gegen Demonstranten vorrücken, eröffnet Eichler plötzlich das Feuer. Zwei Polizisten sterben durch die Schüsse. Daraufhin geht der Polizeiapparat mit einer gewaltigen Repressionswelle gegen die Startbahnbewegung vor. Über 20 Hausdurchsuchungen werden noch in derselben Nacht durchgeführt und mindestens 48 Personen festgenommen. Schlimmer noch wirken sich aber die internen Diskussionen über die Todesschüsse, Militanz und revolutionäre Gewalt aus, die zu Distanzierungen und Spaltungen in der Szene der Startbahngegner und der Autonomen führen. Statt die Schüsse als Fehler zu kritisieren, wie es bundesweit von radikalen Gruppen getan wird, erscheinen anarchistische und autonome Flugblätter aus Wiesbaden, die Schusswaffen und ihren möglichen Einsatz grundsätzlich kritisieren.[740]

»Wenn auch ein paar autonome Gruppen vor allem aus dem Rhein-Main-Gebiet, unter dem unmittelbaren Damoklesschwert der staatlichen Repression, von der nackten Angst diktierte Distanzierungsbekenntnisse gegenüber den Schüssen veröffentlichten, so zeigte sich doch in der Struktur der Argumentation der meisten

737 Vgl. Langer, Bernd (1997), S. 53.
738 Langer, Bernd (1997), S. 53.
739 Vgl. Langer, Bernd (1997), S. 53.
740 Vgl. Geronimo (2002), S. 188f.; Zusammenfassung des Autors aus dem Interview mit Roger Ottenheimer (2007); Vgl. Langer, Bernd (2004), S. 70.

anderen autonomen Gruppen eine differenzierte Reflexion zu Fragen von Militanz und den damit verbundenen Zielsetzungen revolutionärer Politik.«[741]

Die Distanzierungen führen zu massenhaften Aussagen bei den Ermittlungsbehörden, so dass in Folge viele weitere Startbahngegner von Repressionen betroffen sind. So auch die Militanten Antifaschisten. Die Wiesbadener Antifa Gruppe muss zwei Verhaftete im Kontext der Startbahnschüsse verkraften, weil Verhaftete Aussagen bei der Polizei gegen sie machen. Einer muss schließlich eine mehrjährige Haftstrafe absitzen,[742] einer muss verschwinden, weil international nach ihm gefahndet wird.[743] Zusätzlich laufen intensive Ermittlungen gegen weitere Antfaschisten der Gruppe, einige werden außerdem kurzzeitig inhaftiert. Es ist ein schwerer Schlag für die Wiesbadener und lähmt ihre Aktivitäten.

Knapp einen Monat nach der Repressionswelle in Hessen, im Dezember 1987, durchsuchen die Behörden bundesweit 33 Wohnungen wegen Ermittlungen gegen RZ und die Frauenorganisation Rote Zora. Einige Beschuldigte sind nicht zu fassen, verhaftet werden Ulla Penselin und Ingrid Strobl. Sie sollen an mehreren Bombenanschlägen gegen die Bekleidungsmarktkette Adler beteiligt gewesen sein. Die Rote Zora wirft Adler Ausbeutung und unmenschliche Behandlung von Arbeiterinnen in Asien vor.[744]

»1987 beginnt ein Erosionsprozess der militanten Gruppen. Für die meisten Beteiligten ist das erreichte Eskalationsniveau nicht lange durchzuhalten. Der Druck der Repression wird stärker: Gesetze werden verschärft, Kompetenzen von Polizei und Verfassungsschutz ausgeweitet; das BKA interessiert sich nicht mehr nur für RAF und RZ/Rote Zora, sondern richtet seinen enormen Apparat nun auch gegen militante Kleingruppen. Observationen, Verhaftungen und Prozesse mit teils erheblichen Knaststrafen nehmen zu. Auch wer davon nicht unmittelbar betroffen ist, spürt den Druck, bekommt es mit der Angst, hat Freunde oder Bekannte, die betroffen sind, und muss sich um deren Versorgung kümmern oder findet sich in der defensiven Notwendigkeit, militante Politik öffentlich politisch verteidigen zu müssen. Darüber hinaus gibt es Unfälle mit Toten und Verletzten (vor allem in den eigenen Reihen), interne Konflikte über den Grad der Eskalation, und Zweifel am eigenen Tun, wenn andere militante Aktionen einem fehlerhaft erscheinen. Von Bewegung kann keine Rede sein. Bei manchen nimmt das Gefühl der Isolierung

741 Geronimo (2002), S. 189.

742 Ihm wird Mitgliedschaft in einer terroristischen Vereinigung vorgeworfen. Er soll im Zusammenhang mit dem Protest gegen die Startbahn West Strommasten umgesägt und diverse Sabotageakte verübt haben. Dafür sitzt er zwei Jahre Knast ab.

743 Startbahngegner beschuldigen ihn gegenüber der Polizei die Tatwaffe geraubt zu haben. Der Antifaschist ist unschuldig und kennt den wirklichen Täter. Aber er ist nicht bereit den Namen zu verraten und taucht lieber dreieinhalb Jahre unter. Die Vorwürfe gegen ihn erweisen sich später als haltlos, das Verfahren wird eingestellt, der Antifaschist erscheint Mitte 1991 wieder auf der Bildfläche.

744 Vgl. Geronimo (2002), S. 188f.; Zusammenfassung des Autors aus dem Interview mit Roger Ottenheimer (2007).

zu. Die personelle Erneuerung der Gruppen kommt ins Stocken. Persönliche Bedürfnisse melden sich zu Wort, nachdem sie jahrelang ›im Dienste der Sache‹ vernachlässigt worden waren. Leute machen ›Pause‹, was fast immer der Anfang vom Ausstieg ist.«[745]

Obwohl die bundesweite Struktur der Militanten Antifaschisten als solche noch nicht von gezielter Repression betroffen ist, beginnt analog zur Auflösung der linksradikalen Szene auch ihr Zerfall. Bernd Langer kommentiert den Niedergang in einem seiner Bücher: »Der Versuch einer antiimperialistisch ausgerichteten antifaschistischen Organisierung hat sich bis 1987 kaum weiterentwickelt. Es ist zwar eine bundesweite autonome Antifa-Struktur entstanden, doch basiert sie hauptsächlich auf dem Anti-Nazi-Kampf. Die jahrelangen abgehobenen Diskussionen haben zu einer avantgardistischen Organisationsstruktur geführt. Im Wechselspiel mit militanten Aktionen entsteht ein politisches Bewusstsein, das sich in der Parole: ›Im Kampf gegen Faschismus auf die eigenen Kräfte vertrauen!‹ auf den Punkt bringen lässt.

Als Anfang der achtziger-Jahre eine starke autonome Bewegung existiert und es vor allem darum geht, den neofaschistischen Formierungsprozess durch die Umsetzung einer militanten Antifa-Politik zu behindern, bringt eine solche Taktik Erfolge. Auf Dauer führt sie jedoch in die Isolation. Politisch auf die schwindende Szene konzentriert, lässt sich keine antifaschistische Politik mit Breitenwirkung entwickeln. (...)

Dennoch bleibt festzuhalten, dass die autonomen Antifa-Gruppen das Problem ihrer politischen Isolierung nicht genügend erkennen und ihren einmal eingeschlagenen Weg bis zum Ende gehen. Einem Mangel an politischer Phantasie ist es zuzuschreiben, dass in immer gleichen Stereotypen agiert wird. Viele Leute haben nach einigen Jahren schlichtweg die Schnauze davon voll, kreuz und quer durch die Bundesrepublik zu fahren, um Nazi-Treffen zu verhindern. Anschläge auf Nazi-Zentren etcetera werden zwar von den Medien berichtet, es kommt aber zu keinen Nachahmeffekten. Insgesamt stagniert die politische Entwicklung der Antifa-Bewegung. Fehlersuche in internen Diskussionen und persönliche Brüche innerhalb der Strukturen tragen zur politischen Lähmung bei. Die Folge sind zunehmende politische wie persönliche Irritationen und ein Zersetzungsprozess. Mehr und mehr Personen ziehen sich aus den Antifa-Treffen zurück.«[746]

Ein deutliches Beispiel ist die fehlgeschlagene Mobilisierung gegen das Herbstlager der WJ in Hetendorf im Oktober 1987.[747] Normalerweise, so Langer, wäre der traurige Ausgang der Aktion verkraftbar gewesen. Aber 1987 wird er zum Fiasko.

745 A.G. Grauwacke (2007), S. 146.
746 Langer, Bernd (1997), S. 55.
747 Siehe das Kapitel: Die Verzahnung der politischen und der militanten Ebene.

Immer mehr Militante bleiben den Treffen fern, die Intervalle der Zusammenkünfte werden größer. 1989 wird das Norddeutsche Antifa-Treffen endgültig eingestellt.[748]

Zu dieser Zeit ist das Treffen in Nordrhein-Westfalen wegen einer Vergewaltiger-Diskussion bereits seit zwei Jahren aufgelöst. Auch das Süddeutsche Antifa-Treffen überlebt nicht. Ungefähr zum Jahreswechsel 1988/89 findet die letzte Zusammenkunft statt. Der Zerfall wird als eine indirekte Folge der Startbahnschüsse gesehen. Für die Struktur wichtige Personen sind nicht mehr arbeitsfähig, weil sie direkt oder indirekt mit Repression konfrontiert sind.[749]

Terroristische Antifa-Vereinigung in Hamburg?

Zum schwersten Schlag holen die Repressionsorgane aber erst 1989 in Hamburg aus. Am 4. Dezember 1986 legen militante Antifaschistinnen in Rotenburg-Waffensen Feuer in einer Gaststätte. Dort will sich wenige Tage später die Artgemeinschaft zum jährlichen Treffen versammeln. Der Versammlungsort wird zum großen Teil zerstört, das Treffen wird so verhindert. Die Ermittlungen übernimmt die zuständige Staatsschutzabteilung der Kripo in Verden/Aller in Zusammenarbeit mit dem LKA Niedersachsen. Im August 1987 findet eine erste Hausdurchsuchung bei einem Aktivisten statt.

Erst im Rückblick, so die Einschätzung der Militanten Antifaschisten, ist die Taktik der Behörden als Teil eines umfassenderen Plans zu verstehen. Im Winter 1986/87 entwickelt sich in Verden eine Antifa-Initiative. Die Mitglieder wollen etwas gegen Neonazis unternehmen und die braunen Zusammenhänge behindern. Dazu organisieren sie Veranstaltungen und eine Demonstration. Was sich nach einer normalen Kleinstadtgeschichte anhört, entwickelt sich letztlich zu einer der kraftvollsten Attacken gegen die militante Antifa-Struktur in den 1980er-Jahren.[750]

»Aus den Verdener Zusammenhängen griffen sich damals die Bullen einen Genossen heraus. Ziel war nach unserer Einschätzung zum einen, die gesamte politische Entwicklung in Verden, den Widerstand dort mit ihren Staatsschutzkonstrukten zu blockieren. Zum anderen war es ein Angriff auf die militanten Kerne in der Antifa-Bewegung, ja auf die gesamten politischen Initiativen und Möglichkeiten, die sich in diesem Bereich damals schon andeuteten, nämlich das Zusammenkommen von organisierter Militanz und das ›Betroffen Sein‹ ganzer Gesellschaftsschichten über die zunehmende Faschisierung in allen gesellschaftlichen Bereichen und die sich daraus entwickelnde Mobilisierung von unten, von links, in dieser Entwicklung die organisierten revolutionären Kräfte rauszugreifen und die bürgerli-

748 Vgl. Langer, Bernd (1997), S. 55.
749 Vgl. Langer, Bernd (2004), S. 70; Zusammenfassung des Autors aus dem Interview mit Roger Ottenheimer (2007).
750 Vgl. Info 3 (1990), S. 8.

chen zu stärken (SPD – ›die größte antifaschistische Organisation in der BRD‹).«[751]

Am 15. Juni 1989 werden in Hamburg und Umgebung neun Wohnungen von insgesamt sechs Personen durchsucht. Gegen vier Personen (Andreas, Anke, Burkhard und Renate) ermitteln die Landeskriminalämter Hamburg und Niedersachsen wegen §129a, gegen Burkhard und Renate und zwei weitere Personen zusätzlich wegen schwerem Raub (§250 StGB). Ihnen wird die Beteiligung beim Überfall auf Christian Worch im Mai 1989 vorgeworfen. Burkhard und Renate kommen in Untersuchungshaft, werden aber nach sieben Wochen wieder entlassen.[752]

Insgesamt werden den Betroffenen schließlich 33 Taten aus dem Zeitraum 25. Oktober 1983 bis 26. Mai 1989 vorgeworfen.[753]

- 25.10.1983: Brandanschlag auf das Busunternehmen Hansa-Rundfahrt in Hamburg. Bezug: transportiert Faschisten trotz Warnung.
- 25.10.1983: Brandanschlag auf die Gaststätte Bahrenfelder Eiche in Hamburg. Bezug: Treffpunkt für Faschisten der NPD und der Hamburger Liste Ausländerstopp.
- 25.10.1983: Brandanschläge in Hamburg auf drei KFZ von Neonazis.
- 13.11.1983: Bedrohung des Hamburger Busunternehmens Pelka. Bezug: Transportiert Faschisten z.B. der HIAG.
- 11.12.1984: Brandanschläge auf die Tagungsstätte des Freundeskreis Filmkunst e. V. und der Gesellschaft für biologische Anthropologie, Eugenik und Verhaltensforschung e. V in Hetendorf. Bezug: Dort finden u.a. Seminare und Freizeiten des Bundes Heimattreuer Jugend und der Wiking Jugend statt.
- 11.12.1984: Brandanschlag auf die Wehrsportgruppe des Arztes Uwe Jürgens Nothilfstechnische Übungs-und Bereitschaftsstaffel Bergen in Meißendorf (Winsen/Luhe).
- 7.9.1985: Brandanschlag auf den Bauhof des Bauunternehmers Wilhelm Herr in Hamburg. Bezug: Arbeitet eng mit den Behörden bei der Überwachung und bei Angriffen der Polizei auf die besetzte Hafenstraße zusammen.
- 7.9.85 Anschlag auf die Baufirmen G+K Spezialtiefbau in Pinneberg. Bezug: Beteiligung am Neubau einer Polizeiwache in Hamburg.
- 16.4.1986: Anschlag auf die Anwaltskanzlei von Neonazi Jürgen Rieger in Hamburg.
- 16.4.1986: Sachbeschädigung an Gebäuden und KFZ von sechs bekannten Hamburger Neofaschisten.

751 Info 3 (1990), S. 8.
752 Vgl. Antifa-Soligruppe Hamburg (1991), S. 132ff.
753 Vgl. Info 2 (1989), S. 9; Vgl. Antifa-Soligruppe (1990), o.S.; Vgl. Gestreifte Freiheit (1990), S. 7ff.; Vgl. Antifa-Prozessgruppe Hamburg (1991), S. 161ff.; Vgl. Erklärung (1987b); Vgl. Info 3 (1990), S. 24.

- 16.4.1986: Brandanschlag auf die Gaststätte Gerstenkrug in Hamburg. Bezug: Treffpunkt von Skinheads und FAP-Nazis.
- 16.4.1986: Brandanschlag auf eine Bahnhofsgaststätte in Hamburg (Wandsbek). Bezug: Regelmäßiger Treffpunkt für NPD und revanchistische Landsmannschaften der Vertriebenen.
- 24.5.1986: Brandanschlag auf die Firma Kölle Druck in Preußisch-Oldendorf: Bezug: Herstellung rechtsradikaler Schriften.
- 24.05.1986: Brandanschlag auf den Munin-Verlag in Osnabrück: Bezug: Herausgabe faschistischer Publikationen, wie *Nation Europa* der Neuen Rechten, national-völkischer und militaristischer Schriften, sowie Faksimile von Nazi-Literatur.
- 16.10.1986: Brandanschlag auf Bauwagen der Firma Küsterbau auf der Baustelle der neuen Polizeiwache in Salzgitter.
- 6.11.1986: Buttersäureanschlag auf SPD-Veranstaltung in Hamburg. Bezug: SPD regiert in Hamburg und ist für alle Maßnahmen gegen die besetzte Hafenstraße verantwortlich.
- 11.11.1986: Brandanschlag auf HKL-Baumaschinen in Hamburg. Bezug: HKL unterstützt die Polizei bei Aktionen gegen die besetzte Hafenstraße.
- 27.11.1986: Brandanschlag auf Ford-Vertretung Anker in Lüneburg. Bezug: Anker stellte Hebebühnen für die Polizei bei Überfällen auf die besetzte Hamburger Hafenstraße.
- 4.12.1986: Brandanschlag auf die Tagungsstätte der faschistischen Artgemeinschaft von Jürgen Rieger in Rotenburg/Waffensen.
- 17.12.1986: Brandanschlag auf das Collegium Humanum Akademiefür Umwelt und Lebensschutz in Vlotho (Landkreis Bad Oeynhausen). Bezug: Tagungsräume der an Blut und Boden orientierten rassistischen »Lebensschützer«.
- 20.12.1986: Brandanschläge auf 20 Kaufhäuser in Hamburg. Bezug: Gegen vorweihnachtlichen Konsumzwang und Warnung vor einer Räumung der besetzten Hafenstraße.
- 1.6.1987: Brandanschlag auf die Möbius-Baugesellschaft an der Bundesbahnneubaustrecke zwischen Hohnstedt und Edesheim (Landkreis Northeim). Bezug: die Schnellbahnstrecke ist verkehrstechnisch, ökologisch und ökonomisch unsinnig.
- 25.6.1987: Brandanschlag auf das KFZ von Karl Polacek in Mackenrode (Landkreis Göttingen). Bezug: FAP Führer Polacek nutzt sein Haus als Treffpunkt für Sympathisanten und Mitglieder.
- 6.9.1987: Brandanschlag auf die Tagungsstätte und das Auto des Faschisten Jürgen Riegen während der Jahrestagung der Gesellschaft für biologische Anthropologie, Eugenik und Verhaltensforschung in Lippoldsberg/Weser.

- 4.10.1987: Brandanschlag auf den PKW des WJ Gauführers Nordmark Jörg Geißler in Warnau, Zerstörung der Scheiben seines Wohnhaus sowie Ausschäumen desselben mit Feuerlöschern. Bezug: Geplantes Treffen der WJ in Hetendorf vom 3.-10.10.1987.
- 4.10.1987: Zerstörung der PKW der WJ-Führersippe Küster in Flintbeck bei Kiel. Bezug: Geplantes Treffen der WJ in Hetendorf vom 3.-10.10.1987.
- 8.10.1987: Sachbeschädigung und Beleidigung der WJ-Funktionäre Biber aus Salzgitter-Bad.
- 8.10.1987: Brandanschlag auf den faschistischen Bohlinger-Verlag in Struckum/ Nordfriesland.
- 10.10.1987: Brandanschlag auf die Druckerei Müller in Hamburg (Altona). Bezug: Herstellung faschistischer Publikationen, u.a. für die rassistische Artgemeinschaft von Jürgen Rieger.
- 4.5.1988: Brandanschlag auf das Busunternahmen Meißner in Elmshorn (Landkreis Pinneberg). Bezug: Transport von faschistischen Organisationen wie dem Freundeskreis Filmkunst e. V.
- 21.5.1989: Überfall auf den Neonazi Christian Worch in Hamburg und Raub von Dutzenden Aktenordnern mit internem Neonazi-Material.
- 26.5.1989: Brandanschlag auf den faschistischen Uwe Berg-Verlag in Toppenstedt/Lüneburger Heide.
- 6.1.1989: Versuchter Brandanschlag auf eine Filiale von Daimler Benz in Uelzen. Bezug: Verstrickung von Daimler Benz mit den Nazis im »Dritten Reich« und Unterstützung des Apartheid-Regimes in Südafrika.[754]

Die Militanten Antifaschisten stellen die Anklage und die Ermittlungen in einen politischen Gesamtzusammenhang. Ihrer Meinung nach handelt es sich um »präventive Aufstandsbekämpfung«, als direkte Reaktion auf den entstehenden »militanten Widerstand gegen den Kapitalismus«, der sich seit 1982 in Hamburg und Norddeutschland strukturiert. Weil die Militanten Antifaschisten maßgeblich an der Bestimmung und Entwicklung antifaschistischer Politik beteiligt sind, kommt es nun zu dieser Repressionswelle gegen sie.[755]

»Gegenüber herkömmlichen Positionen, wie sie sich ausdrückten in Parolen wie ›Ein neues 33 verhindern‹, in Forderungen an den Staat, faschistische Organisationen zu verbieten, und in demonstrativen Aktionsformen, setzte sich eine Auffassung von Antifa-Politik durch, die den heutigen und hiesigen Staat als in der

754 Vgl. Info 2 (1989), S. 9; Vgl. Antifa-Soligruppe (1990), o.S.; Vgl. Gestreifte Freiheit (1990), S. 7 ff.; Vgl. Antifa-Prozessgruppe Hamburg (1991), S. 161 ff.; Vgl. Erklärung (1987b); Vgl. Info 3 (1990), S. 24

755 Vgl. Antifa-Soligruppe Hamburg (1991), S. 138ff.

Kontinuität imperialistischer Politik stehend ansieht, d.h. als Erben, Nutzer und Fortsetzer von Strukturen, Methoden und ideologischen Einsätzen, die im Nationalsozialismus entwickelt und angewendet wurden.

Veröffentlichungen und Wahrnehmung der Kontinuität von Faschismus – insbesondere in der BRD – hatte es auch vorher schon von vielen Seiten gegeben. Aber das Horkheimer-Wort ›Wer vom Kapitalismus nicht reden will, sollte auch vom Faschismus schweigen‹ hat in den Diskussionen und inhaltlichen Schwerpunkten der autonomen Antifa-Arbeit eine direkte Umsetzung erfahren, die dazu führte, Antifaschismus zu begreifen als Teil des antikapitalistischen, des antiimperialistischen Widerstands.

Neu war, dass diese Position zum Ausgangspunkt auch der praktischen Politik gemacht wurde: in der Mobilisierungs- und Öffentlichkeitsarbeit bezogen auf die Gruppierungen des linksradikalen Widerstands, in der Öffentlichkeitsarbeit und Bündnispolitik, in der Bestimmung der – bzw. Reaktion auf – Konfrontationen mit Faschistinnen und/oder Staatsgewalt.

Während gerade dieser imperialistische BRD-Staat auf verschiedenen Ebenen propagandistisch sich bemühte, als vom Ruch des Faschismus befreiter Staat der begnadet spät geborenen stolzen Deutschen zu erscheinen (erinnert sei an den Zirkus um den 40. Jahrestag der Kapitulation Nazi-Deutschlands, etikettiert als Befreiung vom Faschismus), wurde die Frage nach dem Verhältnis und der Funktion von Faschismus in diesem Staat wie auch die Frage nach dem Verhältnis antifaschistischen Widerstands zu diesem Staat breiter in der Antifa-Bewegung diskutiert. (…)

Die Überzeugungskraft radikaler Positionen nahm zu mit dem Potenzial autonomer und antiimperialistischer Gruppen, die sich an antifaschistischen Aktionen und Demonstrationen beteiligten. Mit inhaltlichen Aussagen und sorgfältigen Analysen faschistischer Zusammenhänge und Hintergründe konnten revolutionäre Antifaschistinnen in Bündnissen eingreifen, ihre Vorschläge, was Zielvorstellung, inhaltliche Ausrichtung und Aktionsformen zu den konkreten Ereignissen betraf, setzte sich häufiger durch. Die Radikalen hatten etwas zu sagen, daran kam in der Antifa-Bewegung niemand mehr vorbei – auch wenn Medienhetze und Spaltungsversuche der etablierten staatstragenden Verbände und Funktionärinnen immer wieder Früchte trugen (Spaltungsversuche wie eh und je über Führungsansprüche, Antikommunismus und die so genannte Gewaltfrage).

Die Recherchen über die Entwicklungen, Verflechtungen und Aktivitäten neofaschistischer Organisationen wurden von den Radikalen im Zusammenhang mit der aktuellen und möglichen Funktion faschistischer Ideologie und Organisierung für den imperialistischen Staat gewertet und in eine Öffentlichkeitsarbeit eingebracht, die mit Mobilisierung und direkten Aktionen verbunden war.

Die Parole ›Schlagt die Faschisten, wo ihr sie trefft‹ setzte sich um in vielfältigen Angriffen auf faschistische Strukturen, Logistik und Führerinnen. Und die Erfahrung, dass die Staatsorgane im Zuge der Auseinandersetzungen mit Faschistinnen als Hauptaufgabe die Verfolgung von Antifaschistinnen sahen, verbreitete sich ebenfalls in diesen Jahren. Die Ermordung Günter Sarés bei einer antifaschistischen Demonstration durch einen Wasserwerfer der Polizei im September 1985 löste in zahlreichen Orten der BRD (und darüber hinaus) heftige unmittelbare Reaktionen aus. Die Staatsschützerinnen beklagen sowohl die Zunahme militanter Aktionen als auch ihre Akzeptanz und praktische Weiterentwicklung in breiteren Antifa-Kreisen. (…)

Auch in der Praxis gab es konkrete und z.T. neue Erfahrungen von Antifaschisten verschiedenster politischer und sozialer Herkunft miteinander – von DemokratInnen, Radikalen, AusländerInnen, GewerkschafterInnen, KommunistInnen, Jugendlichen: Erfahrung von Solidarität in der Aktion, auf der Straße, in Konfrontationen mit den Faschos und/oder Bütteln. Militanz war kaum eine Frage, die verschiedensten Aktionsformen wurden wahrgenommen und akzeptiert.

Mit der Bedrohung durch Hitler-Anhängerinnen (wie auch dem Auftreten und den Erfolgen rechter Verbände, z.B. der Republikaner) ist die faschistische Entwicklung in diesem Staat vielen Menschen offensichtlicher geworden. In den zahlreichen neuen Antifa-Initiativen organisieren sich vor allem Jugendliche, d.h. über den Antifa-Bereich läuft die Politisierung Jugendlicher nach links.«[756]

Die Militanten Antifaschisten sehen die staatlichen Ermittlungen als einen Angriff gegen die gesamte linke Szene. Antifa ist darin nur ein Teilbereich. Ihrer Einschätzung nach hat die Repression das Ziel, die erfolgreiche politische Entwicklung des Widerstandes zu behindern und zu stoppen. Demnach ist die politische Arbeit positiv in der Entwicklung revolutionärer Perspektiven und militanter Praxis in verschiedenen Teilbereichen des Widerstands verlaufen. Dazu kommen die hoffnungsvollen Organisationsansätze über die Teilbereiche hinaus.[757] Die Militanten Antifaschisten vermuten, dass folgende staatliche Logik dahinter steckt:

»Offensichtlich wird von der Staatsschutzseite eine besondere Gefahr in der Entwicklung des Widerstands während der letzten Jahre gesehen (z.B. im Austausch über die Erfahrungen/Praxis in den verschiedenen Kämpfen und im Bezugnehmen aufeinander). Dieser ausgemachten Gefahr wollen sie vorbeugen, u.a. mit Hilfe des §129a StGB.«[758]

»In den Ermittlungspapieren ist von einer (oder mehreren) terroristischen Vereinigung(en) die Rede, die ›über den Rahmen der Antifa-Bewegung hinaus ih-

756 Antifa-Soligruppe Hamburg (1991), S. 144f.
757 Vgl. Antifa-Soligruppe Hamburg (1991), S. 134.
758 Antifa-Soligruppe Hamburg (1991), S. 134.

re politischen Ziele gewaltsam verfolgt und durchzusetzen versucht hat‹ und ›im gesamten norddeutschen Raum seit 1983 Brandanschläge auf das Eigentum ihrer politischen Gegner und solcher Personen und Vereinigungen verübt hat, die als Repräsentanten des von ihr abgelehnten Staatswesens angesehen werden.‹«[759]

Dass es den Hamburgern scheinbar wirklich gelungen ist, über die Antifa-Gruppen hinaus ein breiteres Umfeld zu erreichen, wird anhand eines Flugblattes deutlich. Dort verurteilen politisch unterschiedliche Gruppierungen die Kriminalisierung der Militanten Antifaschisten. Seit Jahren arbeiten sie immer wieder punktuell mit der Hamburger Antifaschisten Aktion zusammen und erklären sich nun mit den Verfolgten solidarisch: GAL FG Antifa[760], VVN/BdA, Antifa Jugendfront, Jusos, DKP, Volksfront, GJA/R[761], Antifa Hamburg, VSP[762]. Die Organisationen weisen darauf hin, dass *Der Spiegel* wenige Wochen vor den Verhaftungen in einem Artikel[763] behauptet, dass die linke Szene wegen der Wahlerfolge der Republikaner enger zusammenrückt, aber doch im Kern zerstritten sei. Dem widersprechen die Unterzeichner ausdrücklich und weisen die versuchte Spaltung der antifaschistischen Bewegung in »Militante« und »Gewaltfreie« zurück.[764]

»Wir, die Linke, haben gelernt in den letzten Jahren. Wir haben gelernt, dass wir die einzelnen Kämpfe nur gemeinsam erfolgreich führen können. Auch die antifaschistische Bewegung hat dies erkannt. Vor diesem Hintergrund richtet sich unser antifaschistischer Kampf nicht nur gegen ›alte‹ und ›neue‹ Faschisten. Er ist eng verknüpft mit dem Suchen nach ›unseren‹ Lösungen, die bestehenden gesellschaftlichen Widersprüche zu beseitigen. Wir kämpfen für ein menschenwürdiges und gleichberechtigtes Leben aller Menschen. Das greift die bestehenden Machtverhältnisse grundlegend an.«[765]

Während sich linke und weniger radikale Gruppen einander annähern, zersplittert die noch vorhandene Struktur der Militanten Antifaschisten zusehends. Gerade während der Repression wäre eine enge Abstimmung und Zusammenarbeit notwendig, doch in Hamburg passiert das Gegenteil. Es gründen sich zwei Gruppen, die sich mit der Repression gegen die Antifaschisten beschäftigen: die Antifa-Soligruppe Hamburg und die Antifa-Prozessgruppe Hamburg. Obwohl bundesweit immer wieder versucht wird, beide Gruppen zu einer Zusammenarbeit zu bewegen, gelingt eine Einigung

759 Antifa-Soligruppe Hamburg (1991), S. 143.
760 GAL FG Antifa: Grün-Alternative-Liste – Fachgruppe Antifa.
761 GJA/R: Gruppe Junger Anarchisten/Rätekommunisten.
762 VSP: Vereinigte Sozialistische Partei.
763 Dabei geht es wohl um den Artikel »Humanes Geschwätz«, der am 5.6.1989 im Spiegel Nr. 23 auf S. 49ff. erschien.
764 Vgl. Flugblatt (1989g).
765 Flugblatt (1989g).

nicht. Während die Antifa-Soligruppe Hamburg Flugblätter und ein Informationsheft heraus gibt, erstellt die Antifa-Prozessgruppe Hamburg die Zeitschrift *Gestreifte Freiheit*, um über das Verfahren zu informieren. Nach außen hin wird der Konflikt als politisch deklariert. Allerdings sind inhaltliche Differenzen nicht zu erkennen. Im Gegenteil scheint es um rein persönliche Dinge zu gehen.[766] Bernd Langer formuliert es kurz und knapp: »Das Norddeutsche, einst Vorbild, zerfiel infolge einer Ehekrise«.[767]

»Die persönlichen und politischen Brüche, die 1987 im Norddeutschen eine Fraktionierung und Stagnation verursacht haben, finden in der Solidaritätsarbeit zu den §129a-Ermittlungen in Hamburg ihren Höhepunkt. Der Bruch verläuft quer zwischen den Beschuldigten und ist unüberwindlich. Trotz der offensichtlichen politischen Schwäche der antifaschistischen Bewegung gelingt es nicht, zu einer gemeinsamen Solidaritätsarbeit zu kommen. (...) Für Außenstehende entsteht ein undurchsichtiges Wirrwarr. Die Spaltung wirkt lähmend (...) die Unterstützungsarbeit kommt nicht in Gang«.[768]

Die Staatsanwaltschaft bewegt sich mit ihren Vorwürfen gegen die Beschuldigten auf dünnem Eis. So ist eins der Hauptindizien gegen Andreas, dass er gelernter Zimmermann ist. Bei verschiedenen Anschlägen gegen Neonazis waren Löcher in Türen oder Fensterrahmen gebohrt worden, durch die dann brennbare Flüssigkeiten geleitet wurden. Andreas verfügt der Anklage zu Folge als Zimmermann über dieses »einmalige Know-how«. Auch die Täterbeschreibung trifft nach Einschätzung der Ermittler nur auf den Angeklagten zu, auch wenn diese offensichtlich widersprüchlich ist. Die Unterstützer der Antirepressionsarbeit stellen die Ungereimtheiten akribisch zusammen. Demnach ist Andreas: 20 bis 25 Jahre alt, »175 cm« oder »mindestens 190 cm gross«, hat »blonde« oder »dunkelblonde ungeordnete, kurze Haare, mit« oder »ohne Oberlippenbart«.[769]

Die angeklagte Anke wird direkt von einer politischen Gegnerin belastet, der Faschistin Inga Küster. Sie ist Mitglied der WJ und will Anke als Rednerin auf der Veranstaltung *Den organisierten Neofaschismus zerschlagen – Kampf der Wiking-Jugend* am 1. Oktober 1987 erkannt haben. Nach Aktenlage soll Anke auf weiteren Veranstaltungen folgende Neonazis namentlich genannt haben: die Familien Küster, Geissler, Biber und den Bohlinger-Verlag. Die Staatsanwaltschaft stellt fest, dass es wenige Tage nach dieser Veranstaltung bei den genannten Personen zu Straftaten gekommen ist. Nur Anke kann die Täterin sein. Denn, so die Staatsanwaltschaft,

766 Vgl. ID-Archiv im IISG (1991), S. 132; Vgl. Langer, Bernd (2004), S. 57; Vgl. Gestreifte Freiheit (1989).
767 Langer, Bernd (2004), S. 70.
768 Langer, Bernd (1997), S. 108.
769 Vgl. Antifa-Prozeßgruppe Hamburg (1991), S. 135.

niemand sonst hätte in so kurzer Zeit die Anschläge vorbereiten können.[770] Und sonst kannte vermutlich auch niemand in Deutschland die genannten Nazis …

Auch die Verdächtige Renate wird hauptsächlich von Neonazis identifiziert. Diese wollen ca. fünf Sekunden lang ihr Gesicht auf 100 Meter Entfernung gesehen haben. In einer ersten Vernehmung kann der Hauptzeuge Renate auf den vorgelegten Lichtbildern nicht erkennen. Erst bei einer erneuten Vorlage erkennt er sie ein paar Wochen später jedoch überraschend wieder.[771]

Für die Ermittlungsbehörden sind alle Verdächtigen Staatsfeinde, weil sie Militante Antifaschisten sind. Die Ermittlungsakten äußern sich diesbezüglich eindeutig: »Unzweifelhaft dürften die Täter im Kreis so genannter ›Militanter Antifaschisten‹ zu suchen sein, deren erklärtes Ziel die Zerschlagung des Faschismus auf allen Ebenen ist. Während ›Antifaschisten‹ als schlichte Gegner des Faschismus in unserer Gesellschaft auf breiter Basis, insbesondere in Parteien, Verbänden, Gewerkschaften und Kirche, anzutreffen sind, bilden die ›Militanter Antifaschisten‹ eine extremistische Minderheit, die in ihrer Verhaltens- und Vorgehensweise terroristische Arbeitsweisen erkennen lassen.«[772]

Für die antifaschistischen Strukturen steht der staatliche Angriff in der Systematik der Aufstandsbekämpfung. Sie sehen ihn in einer Linie von Repression in den 1980er-Jahren. Denn immer dann, wenn linksradikale Kreise beginnen sich über legale und kontrollierbare Möglichkeiten des Widerstandes auszutauschen, oder gar zu organisieren, schlagen die Verfolgungsbehörden zu. Ihr Ziel ist es inhaltlich und organisatorisch »weitergehende« Diskussionen zu verhindern, die Betroffenen zu beschäftigen, ggf. zu verurteilen, Strukturen zu durchleuchten und Daten zu sammeln. Dabei erweist sich der §129a als Allzweckwaffe, die immer wieder zum Einsatz kommt.[773] Wie zum Beispiel in diesen drei Fällen:

- Verbot der Anti-AKW-Bundeskonferenz in Regensburg 1986 nach dem Super-GAU von Tschernobyl. Es ist die Zeit der größten Mobilisierung, seit Beginn der Anti-AKW-Bewegung, die sich auch in dem so genannten Mastensterben ausdrückt. Die Debatte soll über gemeinsame Ziele und (nicht nur legalen) Widerstand geführt werden. Rechtliche Grundlage für das Verbot ist §129a.
- Verbot des Antiimperialistischen Kongresses in Frankfurt am Main im Februar 1986. Geplant als Auseinandersetzung über Theorie und Praxis antiimperialistischer Politik in den Metropolen. Das Treffen wird nach §129a un-

770 Vgl. Antifa-Prozeßgruppe Hamburg (1991), S. 166; Vgl. Antifa-Soligruppe Hamburg (1991), S. 140ff.
771 Vgl. Antifa-Prozeßgruppe Hamburg (1991), S. 135 und 167.
772 Antifa-Soligruppe Hamburg (1991), S. 148.
773 Vgl. Antifa-Soligruppe Hamburg (1991), S. 149.

tersagt. Der Kongress findet nach erfolgreichem Widerstand der Teilnehmer trotzdem statt.

- Verbot und Verfolgung der Zeitschrift *radikal*[774] seit 1982 auf Basis des §129a.

Seit der Straftatenerweiterung der §§111 und 90 StGB vom 1. Januar 1987 und mit dem §129a werden bis Ende 1989 (also in drei Jahren!) 3.000 Ermittlungsverfahren in Gang gebracht. Nur bei einem Prozent (30 Personen) kommt es zu einem Gerichtsverfahren, davon werden sieben Personen schließlich überhaupt verurteilt.[775] Das sind lediglich 0,23%!

Die Antifaschisten stellen ihre Staatsanalyse in den Mittelpunkt des Ermittlungsverfahrens, und nicht die kriminalistisch-juristische Auseinandersetzung. Ihrer Meinung nach handelt es sich um politische Verfahren, eine kriminalistische Aufarbeitung sei wegen der staatlichen Willkür sowieso sinnlos. Repression ist für sie Teil der Aufstandsbekämpfung, um die wirtschaftliche Ausbeutung der Bevölkerung auch weiterhin zu garantieren.

»Völlig vereinfacht ausgedrückt ist ein Grundbaustein unserer Analyse, dass dieser Staat und die parlamentarische Demokratie nur eine Herrschaftsform des Kapitals ist. Ziel dieser Herrschaft ist ein möglichst reibungsloser Ablauf der Kapitalverwertung und der Profitmaximierung – und deshalb die Ausrichtung allen menschlichen Lebens auf seine Verwertbarkeit in diesen Prozessen. Das ist natürlich sehr vereinfacht dargestellt und lässt alle Widersprüche im Staatsapparat und allen Einfluss verschiedener gesellschaftlicher Strömungen unberücksichtigt, soll aber so ausreichen, um den Ansatz klarzumachen.

Im Laufe der Jahre dieser Herrschaft, zu der wir auch die Zeit des Hitler-Faschismus zählen, sind eine Vielzahl von Methoden entwickelt worden, um den reibungslosen Ablauf von Kapitalverwertung und Profitmaximierung und die Kanalisierung menschlicher Bedürfnisse und menschlichen Handelns garantieren oder wiederherstellen zu können.

Repression mittels Justiz (und zwar sowohl auf gesetzgeberischer als auch auf der strafverfolgenden Seite), um abzuschrecken, zu spalten und zu zerschlagen – das ist eine dieser Methoden. Und die nennen wir Kriminalisierung. Sie steht in der Wahl der Mittel weit am Ende. Danach kommt Repression im Knast und Isolations-Folter«.[776]

Im September 1992 teilen die Ermittlungsbehörden den Betroffenen mit, dass das Verfahren wegen des »Verdachts der Brandstiftung« eingestellt worden ist. Da-

774 Siehe das Kapitel: Die Zeitschrift radikal.
775 Vgl. Antifa-Soligruppe Hamburg (1991), S. 148f.
776 Antifa-Soligruppe Hamburg (1991), S. 137.

mit ist der Kern der Vorwürfe gegen die vier Angeklagten nach §129a verschwunden, und von den den 33 Anschlägen, bleibt am Ende doch nur wenig übrig.[777]

Schließlich wird gegen Renate auch der Vorwurf des Überfalls auf die Worchs eingestellt, weil laut Zeugenaussagen keine Frauen an der Aktion des MAK beteiligt sind. Nur gegen Burkhard bleibt das Verfahren insgesamt acht Jahre in der Schwebe, bis es 1996 ebenfalls zu den Akten gelegt wird.[778]

Die Organisation zerfällt

Ab 1988 ist die bundesweite militante Antifa-Struktur nicht mehr handlungsfähig. Sicherlich ist ein Teil der Repression zuzuschreiben, aber es ist unübersehbar, dass der Zusammenbruch auch mit der veränderten politischen Situation zu tun hat. Die individuellen Lebensentwürfe stellen den politischen Kampf gegen Faschismus nicht mehr in den Mittelpunkt. Die Gruppen lösen sich bundesweit etwa im gleichen Zeitraum auf.

Tübingen/Reutlingen: »Unsere Struktur zerfiel eigentlich unabhängig vom Überregionalen, aber es hängt damit zusammen. Da haben dann zum Teil Leute andere politische Schwerpunkte gesucht. Das war auch so, die Praxis in der Region, also die Antifa-Praxis hatte zum Erfolg, dass die Faschos sich hier nicht mehr getroffen haben. Also es war ein ganz konkreter Erfolg. Es gab wirklich jahrelang keine bekannt gewordenen Treffen mehr, nach diesen ein bis zwei Jahren relativ massiven Antifa-Aktionen. (…) Und das hat dann auch dazu geführt, dass man die Motivation, die Praxis nicht mehr hatte. Es gab einfach nichts mehr ...«.

Frage: Und die süddeutsche Struktur, wann hat die sich aufgelöst, und warum?

»Also unsere Entscheidung, nicht mehr zu der Struktur zu gehören, das war gar keine richtige Entscheidung. Das Interesse der einzelnen Leute aus diesem Zusammenhang ist einfach abgebröckelt. Es hatten immer seltener Leute Zeit und Lust dort hinzugehen. Man hatte keine Lust mehr auf die Diskussionen, und parallel dazu kam dann von den Leuten, die dann doch mal dahin gefahren sind, auch immer wieder die Rückmeldung: Woanders ist auch nicht anders.«[779]

Hannover: »Also richtig offiziell zerfallen ist unsere Struktur gar nicht. Sie hat sich einfach aufgelöst. Es gab da noch nicht mal inhaltliche Differenzen. (…) Irgendwann hatten wir kein Bock mehr auf dieses Antifa-Plenum, das weiß ich noch. Das haben wir irgendwann nicht mehr gemacht. Und als wir es nicht mehr gemacht haben, hat es keiner gemacht. Wir haben es nicht mehr gemacht, weil eigentlich

777 Vgl. Janne und Burkhard (1993), S. 54ff.
778 Vgl. Langer, Bernd (1997), S. 108.
779 Interview des Autors mit Sascha Waigel (2008).

nur noch Leute zum Konsumieren gekommen sind. (…) Man dann auch Aussagen gehört hat, wie ›Gibt grad nichts im Fernsehen, deswegen bin ich hergekommen‹. Da haben wir das einfach nicht mehr gemacht, darauf hatten wir keinen Bock. Da war die Struktur in Hannover schon mal weg. Und dann, ich meine, das hing ja dann auch mit dem Zusammenbruch der DDR zusammen, also so 1989. (…) Da gab es dann plötzlich andere Themen. Wir hatten uns auch so ein bisschen auseinandergelebt, würde ich sagen. Manche Leute haben wieder angefangen zu arbeiten, paar sind weggezogen. Gestritten haben wir uns eigentlich nicht. (…) Es gab kein Abschlusspapier: ›Wir, das Antifa-Plenum Hannover erklärt seine Auflösung, weil wir meinen, das Problem ist nicht mehr wichtig.‹ (…) Aber das war natürlich auch zeitgleich mit diesem ganzen Niedergang der Bewegung.«[780]

Mannheim: »Ich kann mich gut daran erinnern, an diese zersetzenden Diskussionen über Vergewaltigung.[781] Das sind zersetzende Themen, weil es eigentlich keine Themen sind. Da muss man gleich dazu sagen: das ist kein Zufall. (…) Das kannst du nicht politisch diskutieren! Da kannst du nur direkt Maßnahmen ergreifen gegen so jemand! Ist es wahr, dass jemand vergewaltigt hat, dann sagst du ihm, das darf man nicht und haust ihm eine rein! Aber du kannst da nichts diskutieren! (…) Um diese Diskussion ging es aber dann. Dann blieben die Leute weg, die Organisation war plötzlich politisch suspekt. (…) Man hat gewusst, das geht jetzt einfach komplett schief. Das Projekt, an dem man jahrelang gesessen hat, war eigentlich umsonst gewesen. Und es ist ja dann auch passiert. Das ganze Plenum ist zerfallen. Mit der Diskussion wurde alles zermürbt. Ich glaube auch nicht, dass es hinterher irgendwie annähernd etwas Gleichwertiges oder Ähnliches gegeben hat. Also ich habe nie etwas mitgekriegt, oder irgendein Versuch, noch irgendwas auf die Beine zu stellen. (…) So greift auch der Geheimdienst an, wenn er etwas kaputt machen will. Der hat irgendwelche Leute irgendwo sitzen, die zum richtigen Zeitpunkt irgendwelche Sachen lostreten, die zur Zersetzung, zur Denunziation und zur Verleumdung führen. Bis hin, dass du mit Themen beschäftigt bist, die nichts mit deinem politischen Thema zu tun haben. Das sind Fragen, die du immer stellen kannst, so was wie die Vergewaltigungsdiskussion. (…)«

Frage: Ist so eine Diskussion nicht doch wichtig?

»Also erstens erwarte ich, dass solche Sachen prinzipiell klar sind. (…) Du kannst nur darauf setzen, dass die Leute auch ihr persönliches Sein verändern. Dass es Schwächere und Ausfälle gibt, das ist keine Frage, und das man da auch angemes-

780 Interview des Autors mit Lars Balkes (2008).

781 Maalkes bezieht sich auf eine rein theoretische Vergewaltigungsdiskussion, zu der es keinen konkreten Fall gab, in deren Kontext die Wilde Horde aber ausgeschlossen wird, weil sie das Thema aus verschiedenen Gründen in der Zeit nicht diskutieren kann. Siehe dazu das Kapitel: Die bundesweite Struktur.

sen darauf reagiert. Aber was willst du denn auch bei solchen Fragen diskutieren? Ein öffentliches Gelöbnis gegen Vergewaltigung abgeben? Das muss ich zu keinem anderen politischen Thema machen! Niemand hat von mir in meiner politischen Geschichte jemals verlangt, dass ich ein öffentliches Gelöbnis gegen den Militarismus und Kolonialismus abgebe. Oder gegen Völkermord. Das wird alles als ausgemacht angesehen. Aber bei so einer Frage wird es fast verlangt.«[782]

Hamburg: »Es gibt sehr subjektive Erfahrungen aus der Zeit, in der sich das dann allmählich aufgelöst hat. Objektiv denke ich, dass eine ganz wichtige Rolle gespielt hat, auch für die gesamte linke Szene, die Vereinnahmung der DDR, die Auflösung des Ostblocks. Weil man nicht glauben konnte, was da jetzt eigentlich abläuft und dann auch so eine Hilflosigkeit da war. Viele Gruppen wussten dann auch nicht mehr, was sie machen sollten. Die autonome Antifa kann man nicht aus dieser ganzen linken Bewegung rausnehmen und extra sehen. Ich glaube, das betrifft die genauso. Dann hat natürlich auch die Repression eine Rolle gespielt. (…) Das Norddeutsche hat sich ja dann auch irgendwann aufgelöst. Vorher hat sich eine, für die Entwicklung des Norddeutschen wichtige Gruppe in Hamburg, gespalten. Und da ist eine Menge kaputtgegangen«.[783]

Göttingen: »Man kann ja sagen 1987 bricht dann alles ein, 87 ist die absolute Zäsur. ›Verteidigung der Hafenstraße‹[784], wird zwar großartig verteidigt, bricht aber dann in sich zusammen. Damit war die Hausbesetzerbewegung praktisch obsolet geworden. Die Startbahngegner haben ja die Startbahnschüsse, da wurde der ganze Zusammenhang weggeräumt. Das Norddeutsche ist von §129a Verfolgung betroffen, da wurden ein paar Leute eingeknastet und der Repressionshammer angesetzt. Das Norddeutsche war zudem durch innere Konflikte zerrüttet. Das Treffen in Nordrhein-Westfalen hatte sich auf Grund seiner Vergewaltigungsdiskussion zerrieben. (…) Bundesweit gesehen bei der autonomen Bewegung, und auch was die Antifa betraf, war 87 so ein Punkt, da sind die Konzepte an die Wand gefahren. Das militante Konzept, das vom Norddeutschen propagiert worden ist, hat ebenfalls nicht funktioniert. Wo sollte das denn auch hinführen? Was sollte denn diese avantgardistische Politik verdeutlichen? Es wurde zu viel auf unvermittelte Militanz gesetzt. Wenn ich immer diese Auseinandersetzung, die Aktionen gegen die Faschisten, in den Mittelpunkt stelle, und sonst was für Aktionen mache, die auch teilweise ganz gut sind, dann musst du das einbetten in die Politik. Wenn diese Poli-

782 Interview des Autors mit Wilhelm Maalkes (2008).

783 Interview des Autors mit Michaela Neuberger (2008).

784 Hafenstraße: Für die 1982 besetzten Häuser in Hamburg (St. Pauli) steht 1987 die Räumung an. Durch Barrikadenbau und Militanzandrohung wird der Hamburger Senat an den Verhandlungstisch gezwungen. Das Ergebnis ist eine Vereinbarung zwischen Senat und Besetzern. Die Hafenstraße wird zum Symbol des Widerstandes gegen den Staat.

tik nicht genauso entwickelt wird wie die militanten Aktionen, dann stehst du ohne Basis da, bist allein. Und dann schlägt irgendwann der Staatsapparat zu, ist ja klar. Irgendwann sagen die, jetzt nehmen wir die Mal hops.«[785]

Nach dem Debakel gegen die WJ im Jahr 1987 scheitern auch andere Antifa-Aktionen, z.B. gegen den Parteitag der NF im Oktober 1989 in Pivitsheide. Eine fehlende effektive Organisation vor Ort, die Teilnahme von zu wenigen Antifaschisten und die Unmöglichkeit mit der örtlichen Bürgerinitiative verbindliche Absprachen zu treffen werden als Hauptgründe genannt.[786]

Der Zerfall der autonomen und antifaschistischen Strukturen zeigt sich in einigen Städten sehr unschön. So befehden sich in Göttingen zwei Gruppen, die sich Autonome Antifa Göttingen und Autonome Antifaschisten und Antifaschistinnen aus Göttingen nennen. Dabei scheint es um persönliche Feindschaften, aber auch um politische Richtungen zu gehen. Letzteres lässt sich aus den vorhandenen Unterlagen aber nicht sauber herausschälen. Ausgetragen wird der für Außenstehende kaum verständliche Zwist in der Zeitschrift *radikal*[787]. Dadurch erhält er symbolischen Stellenwert und eine scheinbare Wichtigkeit für die linksradikale Szene. Doch vor allem ist der Streit ein sichtbares Zeichen der Auflösung einer funktionierenden Struktur auf Bundesebene. Ähnliches geschieht in Berlin. Dort fangen 1989 autonome Antifa-Gruppen einen öffentlichen Streit an, den sie ebenfalls öffentlich in linken Szenezeitungen austragen. Anlass ist eine Demonstration gegen den Bundesparteitag der Republikaner am 8. Juli 1989. Kernkonflikt ist die Auseinandersetzung um die Bündnispolitik und die Frage, wie weit der Spagat zwischen »gewaltfreiem Widerstand« der Bündnispartnern (DGB, VVN, Jusos etc.) und dem eigenen Selbstverständnis von militantem Widerstand erträglich ist.[788]

Doch die BRD ist keine Ausnahme der politischen Entwicklungen in Europa. Etwa zeitgleich gehen in Amsterdam Autonome unterschiedlicher politischer Richtungen mit Eisenstangen und Elektroschockgeräten aufeinander los. Der Zerfall der einstmals hochanspruchsvollen und moralischen Strukturen zeigt ein sehr hässliches Gesicht.[789]

Es lässt sich heute nicht mehr mit absoluter Sicherheit sagen, auf wann genau die endgültige Auflösung der bundesweiten Struktur oder der einzelnen Nord-, Süd- und NRW-Treffen zu datieren ist. Einige Gruppen oder Einzelpersonen bleiben den Treffen einfach fern, andere kommen trotz geringerer Beteiligung weiter zusammen. Eine offizielle Auflösung gibt es nicht. Insgesamt sind die Angaben widersprüchlich. Ein Beispiel: Für das Süddeutsche Antifa-Treffen wird im Inter-

785 Interview des Autors mit Bernd Langer (2008).
786 Vgl. radikal (Nr. 139), S. 48ff.
787 Vgl. radikal (Nr.137), S. 69; Vgl. radikal (Nr.136), S. 99ff.
788 Vgl. radikal (Nr.138), S. 31ff.
789 Vgl. radikal (Nr. 136), S. 99ff.

net das Jahr 1988 genannt.[790] In den Archiven fand sich aber ein Städtebericht aus München vom Januar/Februar 1989.[791]

Fakt ist aber, dass die antifaschistischen Aktionen schlagartig nachlassen, als der Zusammenhang zerbröselt. Die staatlichen Behörden notieren das in ihren Berichten 1989. So vermerkt das BKA insgesamt eine deutliche Abnahme militanter Aktionen.[792] Der VS-Bericht Niedersachsen betont ebenfalls, dass im »Antifaschismuskampf« die Aktivitäten rückläufig sind.[793] Der Bayrische Verfassungsschutzbericht registriert auch keine Militanten Antifaschisten mehr, sondern ordnet Antifa-Kampagnen nur noch Organisationen wie der VVN-BdA zu.[794]

Aber Geschichte ist nie zu Ende. Während sich die Militanten Antifaschisten untereinander zerstreiten, wird eine neue Generation von Antifaschisten aktiv. Im Sommer 1988 gründet sich eine SchülerInnen-Antifa in Göttingen,[795] und im gleichen Jahr in München die Antifa-Jugendfront.[796] Beide Neuformierungen sind keine Einzelfälle. Sogar auf dem Land, z.B. in Passau, beginnt eine neue Generation junger Menschen den Kampf gegen Neonazis.

»Noch 1989 traten die bisher vom repressiv-katholischen Deckmantel sozialkontrollierten Nazidumpfbacken plötzlich nicht nur zur einmal jährlichen DVU-Großveranstaltung auf die Bildfläche. Während wir bisher Aktionen gegen Shell, für ein eigenes Jugendzentrum oder einfach gegen die CSU durchführten und manchmal auch mitleidiges Gehör in den lokalen Medien fanden, war da plötzlich eine alltägliche, konkrete Bedrohung. Jeder hatte einen Nazi an der Schule, die ersten Pöbeleien gegen Asylbewerber wurden registriert, und es tauchten erste Nazi-Aufkleber auf. Das mobilisierte: Relativ schnell konnten wir ein regelmäßiges Antifa-Cafe einrichten, verteilten monatlich eine Antifa-SchülerInnenzeitung vor allen Schulen, und waren in Kürze zu einer Szene geworden, die sich für unser Kaff sehen lassen konnte. Es entstand eine beachtliche Struktur über einen eigenen Infoladen, Kneipen mit linker Hegemonie, Telefonketten, mehrere Aktivistinnen-WGs bis hin zu regelmäßigen und selbstorganisierten Konzerten. Nach mehreren militanten Aktionen gegen Naziansammlungen und dem Aufmischen ihrer Treffpunkte war das Stadtgebiet innerhalb weniger Monate zur ›No-Go-Area‹ für Nazis geworden. Diese erfahrbare Gegenmacht machte linksradikale Politik gerade für die jüngeren in der Stadt attraktiv.

Inzwischen wurde die Antifa auch in der Öffentlichkeit und in den Medien

790 Vgl. http://www.autonomes-zentrum.org/ai/texte/autonomehistory.htm. 28.11.2013, 12:24h.
791 Vgl. Städtebericht München Januar/Februar 89.
792 Vgl. Bundesminister des Innern (1989), S. 83.
793 Vgl. Der Niedersächsische Minister des Innern (1990), S 24.
794 Vgl. Bayerisches Staatsministerium des Innern (1990), S. 54.
795 Vgl. radikal (Nr. 136), S. 100.
796 Vgl. Städtebericht München Januar/Februar 89.

als Faktor wahrgenommen. Nach einer Entglasungsaktion[797] gegen einen Plattenladen, der unter dem Ladentisch indizierte Nazimusik verkaufte, und nach mehreren Aktionen gegen Zeitungsläden, die Faschopresse im Sortiment anboten, empörte sich der örtliche Polizeidirektor, dass es nicht angehe, dass die Antifa bestimme, was in der Stadt verkauft werden dürfe. Wegen einer bevorstehenden Veranstaltung des Vertriebenenverbandes im Rathaus strahlte das Lokalfernsehen ein Interview mit der Antifa aus, die ankündigt, die Revanchistenveranstaltung zu verhindern. Die Antifa war plötzlich wahrnehmbar, militant und pressewirksam. Und sie hatte im Kampf gegen Nazis ein überzeugendes Konzept, das selbst in linksliberalen Kreisen in der Provinz Anerkennung fand.«[798]

Während die Militanten Antifaschisten von der Bildfläche verschwinden, verzeichnen rechte Parteien 1989 bemerkenswerte Wahlerfolge. Im Januar gelangen die Republikaner mit 7,6 Prozent in den Westberliner Senat, die NPD im März mit 6,6 Prozent in den Stadtrat von Frankfurt am Main.[799]

Das führt bei den antifaschistisch gesinnten Kräften zu unterschiedlichen Entwicklungen. Zum einen gründen sich wie erwähnt bundesweit Jugendgruppen (Antifa-Jugendfront). Zum anderen müssen die weniger radikalen Antifa-Kreise (VVN, DGB etc.) ebenso auf die rechten Erfolge reagieren, wie die Reste der Autonomen, die nach neuen Inhalten und möglichen Arbeitsschwerpunkten suchen. Antifa wird in dieser Situation zu einer Klammer für linke Kreise jeglicher Couleur.

Die Antifaschisten kommen aus verschiedenen Gesellschaftsschichten. Ein Grund sind die Wahlerfolge der Republikaner, aber auch der 100. Geburtstag von Adolf Hitler, den die Neonazis am 20. April 1989 »gebührend« begehen wollen, und dafür bundesweit Aktionen ankündigen. Auf vielen Ebenen machen die Antifaschisten, bzw. Neonazi-Gegner dagegen mobil. So rufen »Antifa Westberlin/Antifa Jugendfront Kreuzberg« 1989 alle Kreuzberger Bewohner zu einem »Sonder-Kiezpalaver gegen Rassismus und Faschismus« auf, um über die Wahlerfolge der Republikaner zu sprechen.[800]

Um das Datum von Hitlers 100. Geburtstag herum nimmt die Polizei in Hamburg 41 türkische Jugendliche fest, die sich »zum Selbstschutz« mit Beilen, Macheten und Gaspistolen ausgerüstet haben. In Berlin bilden sich so genannte Kiez-Milizen, die in Neukölln und Kreuzberg schwerbewaffnet auf Patrouille gehen. Treffen sie auf Skinheads oder Neonazis, werden diese angegriffen und vermöbelt.[801]

797 Gemeint ist das Einwerfen von Fensterscheiben (Entglasen).
798 A.G. Grauwacke (2007), S. 297.
799 Vgl. Langer, Bernd (1997), S. 55ff.
800 Vgl. Flugblatt (1989a).
801 Vgl. Der Spiegel (1989), S. 56.

Unter dem Namen Antifaschistische Koordination Hamburg trifft sich in dem Stadtstaat ein wachsender Kreis von Menschen, die dem Treiben der Neonazis nicht tatenlos zusehen wollen.

»Es hat auch in der Vergangenheit Versuche gegeben, auf Hamburger Ebene die verschiedenen Organisationen und Gruppen, die Interesse an diesem Thema haben, näher zusammenzuführen, um gemeinsam antifaschistische Politik, antifaschistische Strategien zu entwickeln. Diese Versuche waren meist auf ganz konkrete Anlässe bezogen oder schliefen schnell wieder ein. Wir haben mit diesem Neuanfang uns vorgenommen, zu einer längeren und festeren Zusammenarbeit zu kommen«.[802]

Unterschrieben ist das Flugblatt mit einer großen Bandbreite politisch linker Gruppen, deren Abkürzungen und Namen heute z.T. unbekannt sind: Antifa Hamburg, Antifa-Jugendfront, ASTA der FH[803]-Hamburg, BWK, DAG[804]-Jugend, Deutsch-Iranisches Kulturzentrum, DGB-Kreisjugendausschuß, DKP Hamburg, Freunde des Kurdischen Volkes, GAL, GJA/R, HBV[805] Arbeitskreis Frieden, IFFF[806], Jobber- und Erwerbslosenladen, Jusos, Juso-HSG-HWP[807], KB, Kirche von unten, Landesschülerkammer, Mitglieder und Freunde der TBKP[808], Motte e.V.[809], ÖTV[810]-Jugend, Pax Christi, SDAJ, SJD[811]-Die Falken, Solidaritätskomitee, Volksfront, Volkshaus der Türkei, VSP, VVN-Bund der Antifaschisten etc.[812]

Im Schatten der erstarkenden nationalistischen Parteien erwacht scheinbar eine neue antifaschistische Allianz. Die hessische Koordinierungsstelle der VVN registriert 800 Bündnisse gegen rechts. 1988 sind es noch 200.[813]

Diskussionen über Antifaschismus werden vor dem Hintergrund der rechten Wahlerfolge auch unter den Autonomen geführt. Wie beschrieben befeuert die *radikal* seit der Beteiligung der Militanten Antifaschisten die Diskussion um Neonazismus und Faschismus. Dem Thema kommt in der radikalen Linken wachsende Bedeutung zu, erkennen auch die Sicherheitsbehörden.[814]

In der *radikal* heißt es: »Es gibt kaum einen Bereich, der so in der autonomen Bewegung verwurzelt ist, wie antifaschistische Arbeit. Es gibt auch kaum einen Be-

802 Flugblatt (1989c).
803 FH: Fachhochschule.
804 DAG: Deutsche Angestellten Gewerkschaft.
805 HBV: Gewerkschaft Handel, Banken und Versicherungen.
806 IFFF: Internationale Frauenliga für Frieden und Freiheit.
807 Juso-HSG-HWP: Juso-Hochschulgruppe – Hamburger Universität für Wirtschaft und Politik.
808 TBKP: Vereinigte kommunistische Partei der Türkei.
809 Verein für stadtteilbezogene Kultur- und Sozialarbeit in Hamburg.
810 ÖTV: Gewerkschaft Öffentliche Dienste, Transport und Verkehr.
811 SJD: Sozialistische Jugend Deutschlands.
812 Vgl. Flugblatt (1989c).
813 Vgl. Der Spiegel (1989), S. 49.
814 Vgl. Ministerium des Innern und für Sport (1990), S. 50.

reich, in dem autonome Organisierung und konkrete Bündnisarbeit soweit fortgeschritten sind. Besonders in der Provinz kommen viele GenossInnen über Antifa zu einem revolutionären Bewusstsein«.[815]

Doch schnell melden sich auch Mahner. Sie analysieren die »neue Bewegung« der Antifaschisten kritisch: »In dieser verfahrenen Situation bietet sich die ›Antifa-Arbeit‹ als Ausweg aus dem Dilemma an; oder genauer: als Fortsetzung der alten Politik an einem neuen Gegenstand. Aufs Neue kann ein Bündnis mit den Reformisten eingegangen werden. Der reformistischen Linken ist der Schock, den der Wahlerfolg der Republikaner ausgelöst hat, so tief in die Glieder gefahren, dass die alte arbeitsteilige Politik mit den Autonomen langsam wieder aufgenommen wird. Zudem lassen sich so wieder junge Leute mobilisieren, die noch keinem der beiden Lager zuzuordnen sind. Anderer Vorteil der Antifa-Politik: Es gibt wieder ein eindeutig auszumachendes Symbol des autonomen Widerstands – den Faschisten. Dieser ist einerseits empirische Person, dem Mensch aufs Maul hauen kann, und gleichzeitig die Personifizierung des Kapitals schlechthin. Damit ist die Bewegungspolitik der Autonomen wieder auf ihrem angestammten Boden angelangt, ein neuer politischer Zyklus kann seinen Anfang nehmen«.[816]

Auch einige Militante Antifaschisten beteiligen sich noch eine Zeit lang an dem »antifaschistischen Höhenflug«.

»Das führte eben dazu, dass sich ein Teil der Leute auf das Antifa-Cafe konzentriert haben und öffentlichen Ebenen, wie Antifa-Arbeit in Schulen, dort auch Sachen verteilt haben, z.B. an Berufsschulen, Berufsschulzentren und Schulen in Tübingen. Das ging dann noch eine Weile, ist aber immer mehr abgebröckelt. Am längsten hat das Antifa-Cafe durchgehalten«.[817]

Die antifaschistische Eruption erweist sich als Strohfeuer. Als weitere Erfolge der rechten Parteien ausbleiben, beginnt ein erneuter Auflösungsprozess der antifaschistischen Strukturen.[818] Erst 1990, als mit dem Fall der Berliner Mauer Neonazis in den so genannten neuen Bundesländern auf den Plan treten, und die linke Szene eine Antwort auf die Übergriffe gegen sich und vermeintliche Ausländer sucht, sind auch Antifa-Gruppen wieder bundesweit aktiv.

»Autonome ›Antifa-Gruppen‹ aus Westdeutschland und dem Westteil Berlins bemühten sich seit Jahresanfang um Kontakte zu Gleichgesinnten im Ostteil der Stadt und in der damaligen DDR und halfen, dort ›Antifa‹-Gruppen aufzubauen. Die erste Antwort einer linksradikalen Bewegung auf die Wiedervereinigung müsse

815 radikal (Nr.137), S. 27.
816 MTK (1990), S. 65.
817 Interview des Autors mit Sascha Waigel (2008).
818 Vgl. Langer, Bernd (1997), S. 55ff.

sein, den Faschos eine militante Gegenwehr in den Weg zu stellen; dazu seien die erforderlichen Strukturen zu schaffen«.[819]

Soweit feststellbar war, sind höchstens Einzelpersonen der militanten Antifa-Struktur an der »Aufbauhilfe« zu dieser Zeit beteiligt. Es kommt nicht zu einer organisierten Unterstützung. Die »alten Kader« treten vereinzelt erst 1992 wieder auf den Plan, als sich die Antifaschistische Aktion/Bundesweite Organisation (AA/BO) gründet.

»Nach den massenhaften Angriffen von Neonazis auf Ausländerinnen und Flüchtlinge Anfang der neunziger-Jahre, bildete sich eine steigende Zahl von so genannten Antifa-Gruppen. Viele Jugendliche gründeten zusammen mit Freunden, Bekannten aus der Schule, dem Betrieb oder der Universität Gruppen, die sich mit Rechtsextremismus beschäftigten. Diese Kreise bauten untereinander und zu den bereits existierenden Gruppen Kontakt auf. Autonome Gruppen fanden sich unter dem Stichwort ›Antifa‹ neu zusammen oder benannten sich einfach um. Die Motivation für dieses Engagement lag sicherlich primär in der moralischen Empörung über die rechtsextreme, ausländerfeindliche Gewalt und der Angst vor einem neuen ›Großdeutschland‹. Wichtig war auch ein gewisser ›Selbstläufereffekt‹, die Bewegung galt bei bestimmten Jugendlichen als ›cool‹. Sie war vielleicht auch eine gute Möglichkeit, sich von den Erwachsenen abzugrenzen«.[820]

Ab diesem Zeitpunkt ist die Geschichte der Antifaschistischen Bewegung in Deutschland wieder gut in der Literatur nachzulesen, sowohl in seriösen Abhandlungen als auch in den Verfassungsschutzberichten des Bundes und der Länder. Die meisten Veröffentlichungen beginnen genau an dieser historischen Schnittstelle, als Rechtsradikalismus ab 1990 zum gesellschaftlich begriffenen Problem wird und sich Initiativen aller Art dagegen bilden.

»Auch im Raum Mainz/Wiesbaden haben Autonome ihre Aktivitäten gegen ›faschistische‹ Gruppierungen und Einzelpersonen verstärkt. Im Januar 1991 haben sie mit der Eröffnung eines ›Antifa-Cafes‹ im ›Haus Mainusch‹ auf dem Mainzer Universitätsgelände zusätzlich ein neues Kommunikationszentrum zur weiteren Ausbreitung ihres ›Antifaschistischen Kampfes‹ geschaffen«.[821]

1992 wird ein erneuter Versuch unternommen, eine Antifa-Struktrur zu gründen, die Antifaschistische Aktion – Bundesweite Organisation (AA/BO). Mit dabei »altgediente Antifaschisten« aus Bonn, Wuppertal, Berlin, Rüsselsheim, Göttingen und Wiesbaden.[822]

Bernd Langer über den Sinn und Zweck der AA/BO: »[Das] war der Versuch (…) eine Organisierung zu schaffen, (…) in verschiedenen Städten unter dem

819 Vgl. Bundesminister des Innern (1990a), S. 51f.
820 Schröder, Henning (2003), S. 6.
821 Ministerium des Innern und für Sport (1991), S. 57.
822 Zusammenfassung des Autors aus dem Interview mit Roger Ottenheimer (2007).

gleichen Logo mit ähnlichen Inhalten gemeinsam zu agieren. (...) Die AA/BO sollte weit über das hinausgehen, was Nord- und Süddeutsche und das NRW-Treffen waren, das war ja eher eine Koordination. Die haben sich auch nur als Koordination begriffen. Die AA/BO wollte eine Organisierung sein, das war ein Schritt weiter. In ihrer Praxis hat sie politische Kampagnen gemacht, das heißt, sie war ausgerichtet auf die Medien, auf die Mediengesellschaft, Pressemappen, Auseinandersetzung damit. Das war total wichtig. Das war eine konkrete Lehre aus dem davor, wo man sagt, die berichten sowieso über uns. Aber wir müssen natürlich versuchen, unsere Inhalte reinzubringen. Es gab Bündnisdiskussionen und man machte auch Bündnisse mit politischen Organisationen. Das waren schon eine ganze Menge Dinge, die es vorher nicht gab. Die Militanz gab es auch noch, aber die ging nicht von der AA/BO aus. Da hat man sich drauf beziehen können, aber man hat sich mehr als primär politische Organisierung begriffen. Das war anders als das, was es vorher gab. Das Prinzip illegaler Parallelstrukturen gab es bei der AA/BO nicht. Aber nicht alle Antifaschisten wollten so eine Organisation. Deshalb gab es noch ein anderes Treffen, das Bundesweite Antifa-Treffen(BAT). Das war ja praktisch eine reine Anti-Nazi-Koordination. Die gab es parallel«.[823]

Roger Ottenheimer teilt die Ansicht von Bernd Langer nur teilweise. Für ihn formuliert die AA/BO vor allem einen hohen Anspruch. Aber sie erreicht nicht annähernd so viel Schlagkraft. Die Kommandomilitanz erreicht keine vergleichbare Qualität und Quantität, wie in dem Jahrzehnt davor. Damit sinkt nach seiner Meinung auch die politische Effektivität und Durchschlagskraft. Die AA/BO wirkt organisierter und konsequenter, ist es aber in der Praxis im Vergleich zur Struktur der Militanten Antifaschisten seiner Meinung nach nicht.[824]

Offenbar ist das aber auch gar nicht der Anspruch der neuen Organisation: »Die Differenz zu den früheren Strukturen bestand vor allem darin, dass AA/BO-Kampagnen auf politische Breitenwirkung angelegt waren, und sie voll und ganz in Händen einer neuen Generation lagen. Außerdem bot die AA/BO kein Forum für die Absprache von militanten Aktionen«.[825]

Was haben die Militanten Antifaschisten bewirkt?

Allen Interview-Partnern wird diese Frage gestellt, denn sie ist für die Retrospektive natürlich von zentraler Bedeutung: Was haben die Militanten Antifaschisten bewirkt?

823 Interview des Autors mit Bernd Langer (2008).
824 Zusammenfassung des Autors aus dem Interview mit Roger Ottenheimer (2007).
825 Langer, Bernd (2004), S. 210.

»Oh, das ist natürlich schwierig. Ich sag immer, eine Revolution natürlich nicht. Aber natürlich haben diese ganzen autonomen Bewegungen, Antifa-Bewegungen, wie sie alle heißen, eine ganze Menge bewirkt, also in der Gesellschaft verändert. Aber da sie nicht organisiert waren als Partei, nicht organisiert waren als Irgendwie-Organisation, (...) kann man jetzt nicht so einen Erfolg ablesen, wie z.B. es haben Hunderttausend Leute was gespendet, oder es sind viele beigetreten. (...). Da wurden natürlich gesellschaftliche Themen vorangetrieben. Wir waren Teil eines progressiven Prozesses in der Gesellschaft. Wir haben uns damals als revolutionärer Teil definiert. Ob wir das waren, ist eine andere Frage. Aber im Grunde haben wir sehr massiv an diesem Prozess teilgehabt. Wir haben natürlich das Denken, das Bewusstsein der Leute beeinflusst, ganz ohne Zweifel. Wir haben Themen überhaupt erstmal aufs Trapez gebracht. Bei der Antifa kann man das ja sehr deutlich sehen. Das hängt natürlich nicht nur von der Antifa-Bewegung ab, da gibt es jede Menge andere Faktoren, die dazu zählen. Also das soll das hier jetzt nicht überbewerten, aber auf alle Fälle auch nicht unterbewerten. Dass es diese Bewegung in dieser Form in den 1980ger-Jahren gab, war notwendig, weil der Staat den Neofaschismus nicht als Gefahr gesehen hat. Wir haben natürlich nicht gekämpft, um den Staat zu schützen, wir wollten den Staat zerstören. (...) Der Staat war seit den 1970er-Jahren vor allen Dingen mit RAF und autonomer Bewegung beschäftigt, und mit der Militanz, die es in vielen Facetten gegeben hat. Und diese Spinner da, Hoffmann[826] und wie sie alle hießen, wurden ja erst gar nicht wahrgenommen (...) Wir haben das politisch interpretiert. Wir haben gesagt, die [Neonazis] agieren im Sinne des Staates. Das kann man natürlich so im Grunde genommen nicht sagen, aber für uns hat sich das damals so dargestellt. (...) [Der Staat hat] Nazis damals wirklich nicht als Problem gesehen, glaube ich heute. (...) Und dass man sich mit dem Faschismus auseinandersetzt, dass es einen radikalen Antifaschismus gibt, ist nur aufgrund des Aufbruchs in den 1980er-Jahren zu verstehen. Das war notwendig, war wichtig und das hat bis heute seine Wirkung. Die heutige Antifa-Szene ist nicht denkbar ohne diesen Aufbruch damals«.[827]

»Was vielleicht noch so rückblickend das Tolle am Antifa-Ansatz war, dass man da glaubte, den direktesten politischen Gegner identifiziert zu haben, wo man sich dann abarbeiten konnte. Und natürlich waren das auch Erfolgserlebnisse vom politischen Zusammenhang, Erfolg zu sehen, dass die Organisierung [der Nazis] in der Region zum Beispiel behindert wird. (...) Das hat jahrelang gewirkt. Schade fand ich, dass diese Antifa-Szene, die ja damals relativ groß war, aus die-

826 Gemeint ist Karl-Heinz Hoffmann, der Anführer der gleichnamigen Wehrsportgruppe.
827 Interview des Autors mit Bernd Langer (2008).

ser Erfahrung nicht hat lernen können, sich nicht irgendwie weitergetragen hat. Vielleicht nicht mit dem Ziel, den gleichen Erfolg zu haben, weil das war einfach etwas Spezifisches, auch inhaltlich. (...) Aber die Leute hätten sich ja zum Beispiel überlegen können: ›OK, Antifa ist nichts mehr, aber es gibt noch genügend andere Bereiche, die so ätzend sind, dass man sich dagegen wehren muss, wo man vielleicht auch praktisch was machen kann‹. Das war halt so nicht. Das Nazi-Problem war irgendwann gelöst, und damit war eigentlich auch diese militante Praxis auf diesem etwas niedrigeren Niveau, die aber ganz erfolgreich war, die war dann auch weg. Das ist das, was ich rückblickend nicht so richtig nachvollziehen kann. (...) Es ist nach wie vor in Tübingen so, außer einem Aufmarschversuch von der NPD letztes Jahr [2007], passiert hier nichts. (...) Das ist klar das Ergebnis der Antifa. Seit Mitte der 1980er-Jahre ist hier nazimäßig nichts mehr«.[828]

»So eine Aktion gegen die Wehrsportgruppe Jürgens hat natürlich eine Menge bewirkt. Die hat ja deren Infrastruktur zum größten Teil zerstört. Die Nazi-Gruppe hat ja in der Form danach nicht mehr existiert. (...) Die Wehrsportgruppe Jürgens hatte ihr gesamtes Material in Hetendorf stehen. Und die Gebäude in Hetendorf sind ja auch abgebrannt, zum Teil. (...) Auch bei den kleineren Gaststätten hat sich natürlich auch rum gesprochen, dass es Folgen haben kann, wenn man Nazi-Versammlungen bewirtet. (...) Auch die Aktionen gegen faschistische Verlage sind für die immer ein teurer Spaß, außerdem können die ihren Scheiß nicht mehr drucken. Das behindert die Formierung schon«.[829]

»Das hat etwas bewirkt. Also die [ANS/NA] waren schon aktiv in Norddeutschland, und deren erklärtes Ziel war es, die Straße zu erobern. Also in der Stadt beherrschend zu sein. Und das haben wir in großen Teilen verhindert, dadurch dass wir denen in die Hacken oder auf die Füße getreten sind. (...) Militante Anschläge gehörten auch dazu. (...) Ich glaube auch, dass das eine Menge gebracht hat. Die [Neonazis] wirklich eine ganze Zeit aufgehalten hat.«[830]

»Natürlich haben die [militanten Anschläge] was bewirkt. Die haben auf der einen Seite den Nazis einige Schwierigkeiten bereitet. Sie haben auf der anderen Seite unsere Bewegung unglaublich mobilisiert, weil das Schlagzeilen waren in der Zeitung. (...) Jede gelungene militante Aktion hat eine mobilisierende Wirkung, wenn in der Zeitung steht, dass in der Nacht der gesamte Wehrsportgruppen-Fuhrpark niedergebrannt ist. Ich denke, dass die Leute dann schon sagen, ›Also diese Leute haben Mumm, die sind keine Schwätzer, oder so was‹. (...) Und natürlich hatte das seine Wirkung. Aber trotzdem haben wir damit die Nazi-Bewegung langfristig nicht

828 Interview des Autors mit Sascha Waigel (2008).
829 Interview des Autors mit Lars Balkes (2008).
830 Interview des Autors mit Michaela Neuberger (2008).

aufhalten können. Das war ja das Manko. Wo zumindest ich mir gesagt habe, hier fehlt was. Und was da fehlte war eben der politische Bereich. Du musst in die Öffentlichkeit gehen, du musst auch dein Gesicht zeigen, du musst praktisch vors Mikrofon gehen und sagen: ›Wir sind eine politische Bewegung, eine Organisation. Wir (…) haben das technische Know-how, haben das inhaltliche Know-how. (…) Wenn wir sagen, wir machen eine Demonstration, dann sind wir 2.000 Leute und nicht 20. Wir führen den Kampf an. Und weil wir den Kampf anführen, sind wir ein politischer Faktor, und ihr habt uns damit wahrzunehmen. Wir haben auch andere Inhalte als ihr, wir kritisieren nämlich den Kapitalismus. Das hängt für uns zusammen und deswegen sind wir eine antikapitalistische politische Organisierung‹. Das ist wichtig, und das fehlte. Wenn du Anschläge machst und das fehlt, dann hast du praktisch so einen militärischen, oder militanten Arm, aber es fehlt der andere. Von daher kannst du gar keinen Nutzen aus den Aktionen ziehen, keinen politischen Nutzen.«[831]

»Den Nazis in die Suppe zu spucken hat auf jeden Fall was gebracht. Ich denke auf zwei Ebenen. Zum einen haben wir ihnen das Leben echt schwer gemacht. Wir waren jung, wir waren voller Tatendrang. Wenn wir abends nicht wussten, was wir machen sollten, dann haben wir die FAP'ler in der Stadt terrorisiert. Einfach so. Und das zermürbt die. Natürlich haben wir die ja auch gezielt angegangen, aber wenn du außerdem ständig als Nazi zu deinem Auto kommst, und es ist platt, dann nervt das auf Dauer erheblich. Und natürlich die Karre an und ab mal abfackeln, oder was von ihrer Logistik. Klar hält die das auf. Beim Nazi-Müller in Mainz war nach dem Brand in seiner Walhalla Schluss. Da gab es erst mal keine Hitler-Geburtstagfeiern mehr, keine bundesweiten Treffen, keine Winter- und Sommersonnenwendfeiern. Da war erst mal eine ganze Weile Ruhe im Karton. Klar hat das was gebracht. Zum anderen hat es uns als Gruppe auch weiter gebracht. Die Diskussionen waren schon was anderes als sonst in der autonomen Bewegung. Auch die Disziplin und die Verlässlichkeit. Du konntest mit der Bande Pferde stehlen. Ein Anruf und die waren da. Noch ein Anruf, und da waren 50 Leute. Das ist schon geil. (…) Man hätte da vielleicht härter, straffer noch organisieren müssen. Noch weiter von dem autonomen Durcheinander weggehen und richtig effektiv durchorganisieren. (…) Jetzt haben die Autonomen ja das Thema. Autonome und Antifas sind ja heute identisch. Militante Antifas sind Autonome und umgekehrt. Insofern ist das ja schon ein interessanter Weg. Erst kommen wir Antifas aus der autonomen Bewegung, und dann werden die neuen Autonomen Antifas.«[832]

»Bei den Leuten, die ich über die Antifa-Arbeit kennen gelernt habe, da hat sich herausgestellt, das ist ja auch heute noch so, dass die Leute teilweise ja politisch immer noch tätig sind. Die sind nicht unpolitisch geworden, und haben sich auch

831 Interview des Autors mit Bernd Langer (2008).
832 Interview des Autors mit Roger Ottenheimer (2007).

nicht von ihrer Geschichte abgewendet. Das ist ja immer so ein Zeugnis davon, dass die Leute damals die richtige Entscheidung getroffen haben. Vielleicht stehen sie heute der Sache kritisch gegenüber, aber es ist so grundverkehrt offensichtlich nicht gewesen. Sonst würden sie das heute nicht so als ihre Geschichte betrachten.«[833]

Persönliche Spuren

Die Jahre im Kampf gegen Neonazis und Faschismus haben die Aktivisten von damals geprägt. An keinem und keiner ist diese Zeit spurlos vorüber gegangen.

»Antifa war mein Leben. Das hatte natürlich seine interessanten, guten Seiten. Ich habe das gemacht, was ich gut und richtig fand, und ich hab es durchgezogen. Ich habe ein Leben gelebt, was viele sich gar nicht vorstellen können, weil sie es in der Konsequenz nie durchgezogen haben ... Das ist natürlich eine Erfahrung, mal das zu erleben, wie man als Idealist agiert, wie losgelöst, (…) von allen Zwängen – schon geil. Aber es hat natürlich auch seine Mankos, es gibt auch seinen Rückschlag. Ich bin ja jetzt nicht in einer Position, wo ich sagen kann, das ist alles super gelaufen. Ich hab da auch meine Kritik daran. Aber dass ich das überhaupt erlebt habe, das finde ich erstmal okay, das ist eine super Erfahrung gewesen. Es war natürlich nicht alles richtig, logischerweise. Es gibt auch Dinge, wo man sich – das ist sehr schwierig, in wenigen Sätzen zu sagen. Das ist zum Beispiel das Anerkennen von Autoritäten (…), dass man meint, bestimmte Leute wüssten mehr, oder hätten mehr zu sagen. Wir lehnten Autoritäten im Grunde ab, aber wir haben die Autorität der Hamburger doch akzeptiert. Und das hat sich dann irgendwann als Fehler entlarvt! Da fragt man sich natürlich selber: Was hast du da eigentlich gemacht? Wie bist du denn drauf? Der ganze Zusammenbruch vom Norddeutschen, ich hätte nicht gedacht, dass das durch die [persönlichen] Konflikte zugrunde geht. (…) Man kann natürlich heute sagen, dass hinter den meisten politischen Konflikten auch immer ein persönlicher steckt, weil es in der Politik immer um Macht geht, und die Leute, die erzählen, es geht ihnen gar nicht um Macht, gerade die sind total geil auf Macht!«[834]

»Antifa war für mich ganz wichtig. Ich war viel unterwegs, bei vielen Treffen, überregional hatte ich Kontakte, weil es mir auch liegt und ich habe da echte Freundschaften gewonnen, die heute noch bestehen. Ich denke solche Erfahrungen an Solidarität, Verlässlichkeit und ›zusammen was machen‹, (…) das ist so positiv, das möchte ich auf keinen Fall missen. Ich glaube, dass es nirgendwo anders als in solchen linken Gruppierungen möglich ist, oder möglich war, solche Erfahrungen

833 Interview des Autors mit Wilhelm Maalkes (2008).
834 Interview des Autors mit Bernd Langer (2008).

zu machen. (…) Das ist auch ganz viel Lebensfreude, die da drin steckt. Wenn du praktisch was zusammen machst, was da für ein Spaß dabei ist. Du bist auch mit Menschen im Austausch, auch das macht Spaß. Du lernst dabei viel über andere. Auch dadurch, dass es eben unterschiedliche Leute unterschiedlicher Herkunft waren, hast du ein viel breiteres Spektrum, als wenn du in irgendeiner Szene fest drinsteckst, und da nicht drüber wegkommst. (…) Ich denke, alles was du zusammen machst und was mit einer bestimmten Gefahr verbunden ist, das schweißt zusammen. Das ist so eine Seite. Und dann die Erfahrungen: Du weißt, auf wen du dich verlassen kannst, auf was du dich verlassen kannst, und du spürst deine Macht, eine Mächtigkeit, wenn du Aktionen durchziehst und was durchsetzt. (…) Das ist auch ein Gefühl der Mächtigkeit, dass man noch mehr erreichen kann, bis hin zum Umsturz oder Revolution. Das sind ja dann eher diffuse Vorstellungen. Wir hatten nie ein Konzept, wenn wir jetzt die Revolution hier anzetteln könnten und durchführen könnten, wie das organisiert werden sollte, diesen Haufen von 80 Millionen Menschen irgendwie weiterzuführen oder zu strukturieren. Das glaube ich hat auch keiner – von den Autonomen jedenfalls keiner – so gedacht. Da wird es nämlich ganz schön kompliziert.«[835]

»Die Antifa-Zeit war für mich schon etwas sehr Besonderes. Die Militanz war für mich nicht neu, die kannte ich schon von der Startbahn West, da haben wir uns ja jeden Sonntag mit den Bullen beharkt. Aber der bundesweite Knall wegen Saré, das war für mich so wie eine Initialzündung. Da wurde mir klar, was sein kann, wenn man mal organisiert ist. Auf den ersten Treffen auf dem Norddeutschen wurde das dann bestätigt. Die Leute waren anders drauf, klarer, konsequenter. Das fing ja schon mit der Tagesordnung an, dass es die überhaupt gab! Als Autonomer war ich gewöhnt, dass alle mehr oder weniger sinnlos durcheinanderquatschten, oft ohne Ziel und Richtung. Oft wurde auch noch persönlich herumgepöbelt. Das war manchmal ganz schön unreif. In unserer Antifa-Gruppe war es dann später natürlich nicht immer so straight. Wir waren ja im Kern immer noch Autonome, aber auf dem Weg von dem Larifari weg, zu einer richtig organisierten Gruppe. Das war nicht immer leicht, hat aber funktioniert. Und viele wollten dann da dabei sein. Manche kamen ja sogar aus Städten aus der Umgebung, weil mit uns was anzufangen war. Toll war auch unsere Verankerung in der Stadt. Wenn wir gerufen haben, dann kamen 50 Jugendliche, bzw. junge Erwachsene. Und da war immer klar, da sind Nazis in der Stadt, die verprügeln wir jetzt. Und da standen auch alle zusammen. Aber das kannten wir natürlich auch schon von der Startbahn so, da waren wir dann quasi schon geübt. (…) Persönlich habe ich in dieser Zeit auch politisch viel verstanden. Ohne die Auseinandersetzung über Faschismus und Kapitalismus

835 Interview des Autors mit Michaela Neuberger (2008).

würde ich die Welt von heute nicht so gut begreifen. (…) Beeindruckend finde ich im Nachhinein noch, dass ich niemanden getroffen habe, der nicht zu seinen Antifa-Sachen von damals steht. Alle stehen voll dahinter, auch wenn sie vielleicht nicht alles noch mal so machen würden. Und es hat nie jemand verraten, also bei den Bullen gequatscht, oder so.«[836]

Resümee

Die Militanten Antifaschisten bewegten sich in der linksradikalen Szene der 1980er-Jahre, können aber nicht als »typische« Autonome angesehen werden. Sie bildeten einen praxisorientierten Zusammenhang politisch interessierter Menschen, der früh die akute Gefahr des aufkommenden Neonazismus erkannte: Zum einen als physische Bedrohung für die radikale Linke, aber auch als grundsätzlich mögliche Herrschaftsoption, die in einer ökonomischen und politischen Krise zum Zuge kommen könnte, dem Faschismus. Teil ihrer Arbeit war von Anfang an die gesellschaftskritische Analyse. Sie organisierten Veranstaltungen, schrieben Diskussionspapiere und führten interne Schulungen durch. Dass in einer Struktur, bei deren Geburt die Autonomen Pate standen, überhaupt politische Seminare durchgeführt wurden, war damals ein absolutes Novum.

Heute ist praktischer Antifaschismus innerhalb linksorientierter Kreise eine Selbstverständlichkeit. Zahllose Antifa-Gruppen beschäftigen sich mit dem Erstarken der neonazistischen Szene und arbeiten dagegen. Zivilgesellschaftlicher Ungehorsam gehört zur Aktionspalette breiter Bevölkerungskreise, um gegen Neonazi-Aufmärsche zu protestieren. Dabei ist das vorherrschende Ziel die Verhinderung der Neonazi-Demonstrationen und nicht nur ihr bloßer Protest dagegen! Dieser qualitative Schritt ist sicherlich auch der Vorarbeit der Militanten Antifaschisten zu verdanken, denn in den 1980er-Jahren waren öffentliche Aufmärsche von NS-Vereinigungen wie der HIAG, oder Friedhofsbesuche alter Nazis am Volkstrauertag durchaus normal und wurden weder kritisch noch lautstark begleitet.

Auch die Existenz mehrerer Zeitschriften, die sich seit über 20 Jahren schwerpunktmäßig mit der rechtsradikale Szene, sowie ihren Übergängen in konservative Kreise beschäftigen, wäre ohne die Vorarbeit der antifaschistischen Strukturen von damals undenkbar. Durch die Arbeit der unabhängigen Antifa-Gruppen ist das Thema Neonazismus in der Bevölkerung angekommen. Heute berichten bürgerliche Zeitungen selbstverständlich über rechte Aktivitäten. Dazu kommt natürlich auch die Notwendigkeit sich zu wehren, denn Neonazis sind heute leider ebenfalls präsenter den je!

836 Interview des Autors mit Roger Ottenheimer (2007).

Die Militanten Antifaschisten setzten sich von ihren historischen Vorläufern wie der Studentenbewegung, Ostermarschierern und K-Gruppen ebenso ab, wie von ihrem autonomen Umfeld. Sie schafften mit ihrer festen Organisationsstruktur einen Zusammenhang auf Basis maximaler Freiwilligkeit, arbeiteten aber trotzdem mit großer Verbindlichkeit zusammen, weil sich die einzelnen Personen in den Kontext der anderen Gruppen und Aktionen stellten und Verantwortung übernahm. Das Individuum war temporär bereit, sich den politischen und praktischen Notwendigkeiten des antifaschistischen Kampfes unterzuordnen.

Die neue Organisationsform verzahnte legale und illegale Aktionen. Ihre Aktivitäten setzten nachhaltige Akzente und es gelang den Militanten Antifaschisten den Vormarsch der Neonazis zumindest zu behindern. Ihre illegalen Aktionen rechtfertigten sie aus der Untätigkeit staatlicher Organe und dehren teilweisen inhaltlichen Übereinstimmung mit neonazistischen Gruppen und ihrem Gedankengut. Darüber hinaus lag ihrer antifaschistischen Analyse zugrunde, dass »der imperialistische Staat einen faschistischen Kern in sich trägt«, so dass demnach sowieso nicht damit zu rechnen war, dass der Staat überhaupt gegen seine neonazistischen Helfershelfer aktiv wird.

Heute kann Dank NSU jeder sehen, dass sich in der braunen Soße staatliche Behörden, bezahlte Spitzel, militante Neonazis, Zuhälter und andere Kriminelle problemlos nebeneinander tummeln. Ihr Zusammenwirken funktioniert bestens und ideologische Fragmente verbinden. Wenn überhaupt jemand in diesem Abgrund herumstochert, dann nur oberflächlich. Zu wirkungsvoll sind die (geheimdienstlichen) Schutzmechanismen nach außen.

Die militante Praxis der Antifaschisten bewirkte temporär eine Dominanz gegenüber neonazistischen Gruppen in den Städten. Das sorgte für Sicherheit bei potenziell Gefährdeten und hielt die faschistische Formierung auf. Aber Militanz ist allein nicht ausreichend, um die Ausbreitung neonazistischen Gedankengutes zu verhindern. In anderen lokalen Politikfeldern fand von Seiten der Militanten Antifaschisten zu wenig Engagement statt. Das ist sicherlich ein Punkt, der kritisch herausgehoben werden muss. Die Militanten Antifaschisten beschränkten sich auf den konkreten Kampf gegen Neonazis und verbal auch gegen den Staat. Ein politischer Arm oder eine politische Vorfeldorganisation existierte nicht, weshalb strategische Allianzen auf lokaler Ebene kaum möglich waren, oder gar praktische Dinge wie Auftritte in Schulen oder Fortbildungen von Pädagogen. Die Militanz schien die alleingültige Form des antifaschistischen Kampfes zu sein. Aber ohne den Kontakt zu den Menschen, mit denen man zusammen kämpfen möchte, ist eine Umwälzung nicht denkbar. Die Arbeit an der Basis in Form von Vereinsaktivitäten, Hausaufgabenhilfe, Rechtsberatung etc. ist bspw. ein Erfolgsfaktor der NPD! Wer die Bevölkerung ignoriert, kann nicht auf sie zählen.

Gut funktionierte die Zusammenarbeit in den 1980ern mit migrantischen Jugendlichen und anderen von neonazistischer Gewalt Betroffener. Aber in anderen Bereichen, bspw. bei politischen Bündnissen, war das dogmatische Bekenntnis der Antifaschisten zur Militanz immer ein Hemmschuh. Mehr Offenheit und Toleranz wäre an diesem Punkt sicherlich zielführender gewesen. Hier war das Denken der Militanten zu eindimensional.

Für Außenstehende scheint es verwunderlich, dass Gewalt und Militanz gegen Neonazis Wirkung zeigte. An diesem Punkt gab das Ergebnis den Militanten Antifaschisten Recht. Ihre zahlreichen militanten Aktionen, von Brandanschlägen über Buttersäureattacken bis zu physischen Angriffen setzten den rechtsradikalen Strukturen bundesweit zu. Ihre Logistik wurde erheblich beschädigt, der Aufbau der Neonazi-Strukturen behindert. Natürlich lässt sich nicht qualifizieren, wie stark diese Behinderung letztendlich war. Wir können uns nur auf Aussagen der Beteiligten und Betroffenen verlassen. So äußerte Michael Kühnen einmal öffentlich, dass sich die ANS in Hamburg wegen der massiven Gegenwehr kaum noch treffen konnte.

Nach dem Zerfall der organisierten Antifa-Struktur gegen Ende der 1980er-Jahre, konnten die Neonazis trotz Gegenwehr schnell wieder Boden gut machen. »Die entwickelte Militanz autonomer antifaschistischer Praxis der 80er-Jahre hat effektiv in die Strukturen ihrer Propaganda, Organisation und Rekrutierung eingegriffen. Heute, da nationalsozialistische Zentren kaum noch zerstört werden, wird die Verantwortung militanter Zusammenhänge deutlich. Die Realität der pogromartigen Überfälle beantwortet Befürchtungen über die Eskalation faschistischer Gewalt eindeutig: sie eskaliert, je weniger ihr entschieden entgegengetreten wird.«[837]

Wer sich die Zahlen neonazistischer Übergriffe in den Jahren nach dem Zusammenbruch der militanten und organisierten Antifa-Struktur ansieht, kann erahnen, was die Aktionen in den 1980er-Jahren bewirkt haben. Ab 1989 schnellten die Wahlergebnisse rechter Parteien nach oben, die Angriffe auf so genannte Ausländer, Minderheiten und Andersdenkende explodierten und neonazistische Organisationen bekamen ungeahnten Zulauf. Seit einigen Jahren haben Neonazis von Die Rechte und NPD sogar den Sprung in die Parlamente geschafft. Von 1990 bis Ende 2012 wurden 184 Menschen Opfer tödlicher Gewalt durch Faschisten.[838]

Die Militanten Antifaschisten haben die Gefahr erkannt, sie waren in gewisser Weise ihrer Zeit voraus, als sie schon Anfang der 1980er-Jahre erkannten, was po-

837 Flugblatt (1992).

838 Vgl. https://www.mut-gegen-rechte-gewalt.de/news/chronik-der-gewalt/todesopfer-rechtsextremer-und-rassistischer-gewalt-seit-1990; 9.7.2014, 20:07

litisch-organisatorisch notwendig und zukunftsweisend für die linksradikale Szene sein könnte. Alle Interviewpartner wiesen mehrfach darauf hin, dass die Autonomen mittlerweile fast alle zu Antifaschisten wurden und die heutigen militanten Antifaschisten sämtlich Autonome sind. In der Retrospektive klingt das paradox. Ausgerechnet die, von denen sich Teile der Militanten Antifaschisten dereinst unterscheiden wollten, führen heute die antifaschistische Politik weiter und agieren unter dem Label Antifaschistische Aktion. Allerdings sind heute weder die organisatorischen Strukturen von damals wieder aufgenommen, noch ist eine organisierte Kommandomilitanz sichtbar.[839]

Neben den veränderten politischen Gegebenheiten und der gesellschaftlichen Entwicklung trifft die heutigen Aktivisten ein völlig neues staatliches Überwachungs- und Ermittlungspotenzial. Mit den technischen Möglichkeiten und dem allgemeinen Ausbau des Repressionsapparates ändert sich natürlich auch der praktische Spielraum der Antifaschisten von heute! Vor diesem Hintergrund sind die folgenden Äußerungen zu verstehen. Die Zeiten haben sich erheblich geändert!

»Was sich heute Autonome nennt, (…) die Leute sind ja pazifistisch, im Vergleich. (…) Also ich will da jetzt nicht den einzelnen Leuten einen Vorwurf machen. (…) Aber man soll ja nicht denken, weil es in den Achtzigern Leute gegeben hat, die sich autonom genannt haben, ist das identisch mit denen, die es heute 30 Jahre später gibt«.[840]

»Einerseits gibt es die Strukturen nicht mehr. Andererseits ist natürlich auch das Risiko entdeckt zu werden wesentlich höher als früher. Heute reicht ja ein Haar oder ein Fingernagel oder eine Hautschuppe und der Apparat kann dich identifizieren. Früher war man mit Handschuhen gegen Fingerabdrücke schon ziemlich auf der sicheren Seite«.[841]

Die Dimension staatlicher Überwachung und Einschüchterung müsste heute erneut unter der Fragestellung eines erstarkenden Staatsfaschismus diskutiert werden. Die Totalerfassung der Bevölkerung durch digitale Registrierung von Foto und Fingerabdruck im Ausweis, die optische Identifikation durch Hundertausende von Kameras und Gesichtserkennungssoftware im Alltag, die Aufhebung privater Kommunikation und ihrer vollständigen Kontrolle, sowie die Echtzeitortung jedes Handys und jedes PKW rund um die Uhr, erzeugen einen Nebel der Angst und ein berechtigtes Gefühl völliger Unfreiheit. Der totalitäre Staat hebt das Privatleben auf, Intimsphäre und Geheimnisse geraten unter Terrorverdacht, Anpassung und Konformität werden zur selbst verordneten Verhaltenszwangsjacke des Individuums.

839 Vgl. Autonome Traditions-Antifas (2000), o.S.; Zusammenfassung des Autors aus den Interviews mit Bernd Langer (2008) und Roger Ottenheimer (2007).
840 Interview des Autors mit Wilhelm Maalkes (2008).
841 Interview des Autors mit Lars Balkes (2008).

Schon vertraute Kommunikation, oder das Abschalten des Handys sind Indikatoren für Staatsfeindlichkeit, denn da möchte wohl jemand nicht kontrolliert werden ...

Innerhalb der gesetzten Grenzen ist hier das Ausleben jedes Spleens und jeder Lebensspielart erlaubt, nur das Rütteln an der scheinbar »von Gott« erschaffenen Verwertungslogik des Kapitalismus führt zu unnachgiebiger Verfolgung und Bestrafung. Angebliche RZ-Mitglieder werden auch noch mit über 80 Jahren vor den Richter gezerrt und Nazi-Demo-Sitzblockierer über Jahre verfolgt. Selbst vor einem politisch unbequemen Jugendpfarrer (Lothar König) aus Dresden macht der Rachewille der staatlichen Apparate nicht Halt.

Wir befinden uns in einer dunklen Zeit. Die Herrschenden und das Kapital müssen sich nicht einmal mehr bemühen, ihre Zusammenarbeit mit Faschisten zu verstecken. Gab es in Bezug auf Österreich im Jahr 2000 noch Sanktionen von der EU, Tschechien, Kanada, Israel und Norwegen, als die FPÖ Teil der Regierung wurde, so löste die Regierungsbeteiligung der rechtsradikalen Partei Jobbik in Ungarn 2014 nur noch schlappe Reaktionen aus. In der Ukraine ist man sogar bereit mit faschistischen Mordbrennern (Rechter Sektor etc.) offen zusammen zu arbeiten.

Der Kapitalismus benötigt neonazistische Banden, die bereit sind jede Drecksarbeit für ihn zu erledigen, indem sie z.B. fortschrittlich denkende Personen eliminieren. Kommunisten stehen dabei ganz oben auf den Todeslisten. Beispielhaft zeigt sich in der Ukraine, dass die grundsätzliche Bereitschaft von Regierung und Kapital besteht, mit Faschisten zu kooperieren, Hauptsache das System der Ausbeutung funktioniert weiter.

Das Thema Antifaschismus ist heute in Deutschland präsent. Es gibt eine linke Partei im Parlament (Die Linke) und eine antifaschistische und antikapitalistische Tageszeitung (*Junge Welt*). Das gab es in den 1980er-Jahren nicht! Im Internet finden sich unzählige Antifa-Gruppen, allerdings ohne einen sichtbaren, festen und organisatorischen Zusammenhang. Es bleibt zu hoffen, dass sie aus den politischen Fehlern der Vergangenheit lernen, und auch außerhalb der Anti-Nazi-Politik Fuß fassen und den Kontakt zu anderen linksradikalen Gruppen und politischen Themenfeldern suchen.

Wenn sich Antifaschisten konsequent auch gegen Imperialismus, soziale Ungerechtigkeit, Krieg, Ausbeutung und für internationale Solidarität engagieren, kommt es zu einem politischen Schritt nach vorn. Allerdings ist es dann nicht mehr so leicht möglich neben SPD-Politikern auf der Straße zu sitzen, um Neonazi-Aufmärsche zu blockieren. Denn dann wird deutlich, dass ernstgemeinter Antifaschismus ein politisches Selbstverständnis meint, das mit dem bürgerlicher Parteien nicht übereinstimmen kann. Dann ist nämlich ausgemacht, dass HARTZ IV, Aufrüstung, weltweiter Hungermord, Ausbeutung, Unterdrückung, Rassismus,

Ungleichheit usw. die Seite des kapitalistischen Verwertungsinteresses sind. Dem gegenüber meint Antifaschismus eine menschliche Perspektive für alle: Freiheit, Gleichheit und Gerechtigkeit ohne Unterdrückung, Ausbeutung und Völkermord!

Danksagung

Ohne das Vertrauen der Interviewpartner in mich und diese Arbeit wäre das vorliegende Buch nicht machbar gewesen. Ohne ihre Offenheit hätte die Arbeitsweise und Struktur der Militanten Antifaschisten nicht beleuchtet werden können. Für die konstruktive und ehrliche Zusammenarbeit und das damit verbundene Vertrauen möchte ich mich herzlich bedanken.

Dank gilt auch dem ungenannten Rechtsanwalt, der das Manuskript überprüfte, den Korrekturlesern und den Lesern, die meine Worte kritisch überprüften und auf Tragfähigkeit abklopften. Eine wesentliche Rolle spielten auch zwei Archivare, die mich tatkräftig mit Material aus der damaligen Zeit versorgten. Ihnen allen gilt mein aufrichtiger Dank!

Bücher / Texte / Artikel

Agentur BILWET (1991): Bewegungslehre. Botschaften aus einer autonomen Wirklichkeit. Berlin.

A.G. Grauwacke (2007): Autonome in Bewegung. Aus den ersten 23 Jahren. 3. Aufl., Berlin.

Aierbe, Peio (1991): Bewaffneter Kampf in Europa. Korsika, Italien, Nordirland, BRD, Baskenland. Berlin.

Antifa-Prozessgruppe Hamburg (1991): Kriminalisierung des militanten Antifaschismus nach §129a. In: ID-Archiv im IISG (1991): Aufruhr. Widerstand gegen Repression und §129a. Amsterdam. S. 151–178.

Antifa-Soligruppe (1990): 2. Vorläufige Materialsammlung. Aktionen, Erklärungen, andere Veröffentlichungen aus dem Antifa-Bereich zu dem Staatsschutz-Angriff (129a-Verfahren und Worch-Verfahren) gegen die revolutionäre Antifa und Widerstand insgesamt in Norddeutschland. Hamburg. April 1990.

Antifa-Soligruppe Hamburg (1991): Gegen den Staatsschutzangriff auf die revolutionäre Antifa und den Widerstand. In: ID-Archiv im IISG (1991): Aufruhr. Widerstand gegen Repression und §129a. Amsterdam. S. 132–150.

Antifaschistische Aktion (1990): Antifaschismus ist undemokratisch oder staatstragend. In: Kongreß der Radikalen Linken. Reden und Diskussionsbeiträge zum Kongreß an Pfingsten 1990 und auf der Demo »Nie wieder Deutschland« am 12.5.1990 in Frankfurt am Main. Frankfurt. S. 227–231.

Autonome Traditions-Antifas (2000): Wir sind die Guten. Ein Abriß zur Antifa-Politik. In: interim 509 vom 7.9.2000. Quelle: http://www.trend.infopartisan.net/trd0900/t260900.html. 13.7.2014, 0:40h.

Autorenkollektiv gegen Totalitarismus (2002): Antifa heißt Gewalt. »Feuer und Flamme für jeden Staat«. Tübingen.

Backmund, Michael (2003): Der Kandidat, die Bombe und der Einzeltäter. Das Oktoberfest-Attentat vom 26. September 1980. In: Antifaschistisches Infoblatt Nr. 60, S. 24–26.

Baillargeon, N. /Barsamian, D. (2002): Entretiens avec Chomsky, Montreal 2002, S. 45 f. In: Baillargeon, N.; Liebl, E. (2008): Crash-Kurs Intellektuelle Selbstverteidigung: Wie wir die alltägliche Manipulation aus Blenden, Täuschen und Vernebeln. München. S. 50–51.

Bauerkämper, Arndt (2006): Der Faschismus in Europa 1918–1945. Stuttgart.

Bayerisches Staatsministerium des Innern (1982): Verfassungsschutzbericht Bayern 1981. München.

Bayerisches Staatsministerium des Innern (1983): Verfassungsschutzbericht Bayern 1982. München.

Bayerisches Staatsministerium des Innern (1984): Verfassungsschutzbericht Bayern 1983. München.

Bayerisches Staatsministerium des Innern (1985): Verfassungsschutzbericht Bayern 1984. München.

Bayerisches Staatsministerium des Innern (1986): Verfassungsschutzbericht Bayern 1985. München.

Bayerisches Staatsministerium des Innern (1988): Verfassungsschutzbericht Bayern 1987. München.

Bayerisches Staatsministerium des Innern (1989): Verfassungsschutzbericht Bayern 1988. München.

Bayerisches Staatsministerium des Innern (1990): Verfassungsschutzbericht Bayern 1989. München.

Bayerisches Staatsministerium des Innern (2002): Verfassungsschutzinformationen Bayern. 1. Halbjahr 2002. München.

Blomeier, Hans-Hartwig (2000): Militärs und Menschenrechte – ein erster Schritt in Richtung Versöhnung? Santiago de Chile. Quelle: http://www.kas.de/wf/de/33.2407. 14.7.2014, 7:49h.

Brandt, Peter (1985): Antifaschismus in Deutschland – Eine historisch-politische Bestandsaufnahme. In: Brandt, P.; Schulze-Marmeling, U. (1985): Antifaschismus. Ein Lesebuch. Deutsche Stimmen gegen Nationalsozialismus und Rechtsextremismus von 1922 bis zur Gegenwart. Berlin. S. 8–86.

Bundesamt für Verfassungsschutz (2002): Aufgaben – Befugnisse – Grenzen. Köln.
Bundesminister des Innern (1981): betrifft: Verfassungsschutzbericht 1980. Bonn.
Bundesminister des Innern (1982): betrifft: Verfassungsschutzbericht 1981. Bonn.
Bundesminister des Innern (1983): betrifft: Verfassungsschutzbericht 1982. Bonn.
Bundesminister des Innern (1984): Verfassungsschutzbericht 1983. Bonn.
Bundesminister des Innern (1985): Verfassungsschutzbericht 1984. Bonn.
Bundesminister des Innern (1986): Verfassungsschutzbericht 1985. Bonn.
Bundesminister des Innern (1987): Verfassungsschutzbericht 1986. Bonn.
Bundesminister des Innern (1988): Verfassungsschutzbericht 1987. Bonn.
Bundesminister des Innern (1989): Verfassungsschutzbericht 1988. Bonn.
Bundesminister des Innern (1990): Verfassungsschutzbericht 1989. Bonn.
Bundesminister des Innern (1990a): Verfassungsschutzbericht 1990. Bonn[842].
Bundesministerium des Innern (2000): Verfassungsschutzbericht 1999. Berlin.
Bundesministerium des Innern (2007): Verfassungsschutzbericht 2006. Berlin.
Bundesministerium des Innern (2010): Verfassungsschutzbericht 2009. Berlin.
Butterwegge, Christoph (1996): Der moderne Rechtsextremismus und die Krise des Antifaschismus. In: Deppe, F.; Fülbert, G.; Rilling, R. (Hg.): Antifaschismus. Heilbronn. S. 349–358.
Butterwegge, Christoph (2002): Rechtsextremismus und Jugendgewalt - Erklärungsmodelle in der Diskussion. Zur Kritik an schwammigen Begrifflichkeiten und einflussreichen Erklärungsansätzen. Opladen. Quelle: http://christophbutterwegge.de.vu/. 23.12.2007, 15:27h.
Ceylanoglu, Sena (2004): Linksextremismus in Deutschland heute. In: Extremismus in Deutschland. Erscheinungsformen und aktuelle Bestandsaufnahme. Berlin. S. 136–162.
Der Innenminister des Landes Nordrhein-Westfalen (1983): Verfassungsschutzbericht des Landes Nordrhein-Westfalen 1982. Düsseldorf.
Der Innenminister des Landes Nordrhein-Westfalen (1984): Verfassungsschutzbericht des Landes Nordrhein-Westfalen 1983. Düsseldorf.
Der Innenminister des Landes Nordrhein-Westfalen (1985): Verfassungsschutzbericht des Landes Nordrhein-Westfalen 1984. Düsseldorf.
Der Innenminister des Landes Nordrhein-Westfalen (1986): Verfassungsschutzbericht des Landes Nordrhein-Westfalen 1985. Düsseldorf.
Der Innenminister des Landes Nordrhein-Westfalen (1987): Verfassungsschutzbericht des Landes Nordrhein-Westfalen 1986. Düsseldorf.
Der Innenminister des Landes Nordrhein-Westfalen (1988): Verfassungsschutzbericht des Landes Nordrhein-Westfalen 1987. Düsseldorf.
Der Innenminister des Landes Nordrhein-Westfalen (1989): Verfassungsschutzbericht des Landes Nordrhein-Westfalen 1988. Düsseldorf.
Der Niedersächsische Minister des Innern (1982): Verfassungsschutz-Bericht 1981. Hannover.
Der Niedersächsische Minister des Innern (o.J.): Verfassungsschutz-Bericht 83–84. Hannover.
Der Niedersächsische Minister des Innern (1986): Verfassungsschutz-Bericht 85. Hannover.
Der Niedersächsische Minister des Innern (1987): Verfassungsschutz-Bericht 86. Hannover.
Der Niedersächsische Minister des Innern (1988): Verfassungsschutz-Bericht 87. Hannover.
Der Niedersächsische Minister des Innern (1989): Verfassungsschutz-Bericht ›88. Hannover.
Dimitroff, Georgi (1935): Die Offensive des Faschismus und die Aufgaben der Kommunistischen Internationale im Kampf für die Einheit der Arbeiterklasse gegen den Faschismus, Bericht auf dem VII. Weltkongreß der Kommunistischen Internationale, 2. August 1935. Quelle: http://www.marxists.org/deutsch/referenz/dimitroff/1935/bericht/. 13.7.2014, 17:30h.
Drücke, Bernd (2007): Zur Geschichte der radikal. (Aktualisierte Fassung). In: Drücke, Bernd (1998): Zwischen Schreibtisch und Straßenschlacht? Anarchismus und libertäre Presse. Ulm, S. 181–190. Quelle: http://www.uwz-archiv.de/ Dokumente.167.0.html. 13.7.2014, 13:41h.
Eckert, Roland (2003): Politisch motivierte Gewalt. Warum es in modernen Gesellschaften zu politischer Gewalt kommt. In: Landeszentrale für politische Bildung Baden-Württemberg (Hg.) (2003): Sicherheit und Kriminalität. 53.Jahrgang, Heft 1. S. 53–57. Quelle: http://www.buergerimstaat.de/1_03/Kriminalitaet.pdf. 13.7.2014, 22:08h.
Erdmann, Bettina (2009): Schon entdeckt? Antifaschistisches Infoblatt. In: M – Menschen machen Medien. Stuttgart. S. 20.
Faller, Kurt (1989): Antifaschismus ist mehr als eine Gegenbewegung. In: Hellfeld, Matthias von (Hg.) (1989): Dem Haß keine Chance. Der neue rechte Fundamentalismus. Köln. S. 117–122.

842 Anm.d.Verf.: Das Erscheinungsdatum der Verfassungsschutzberichte 1989 und 1990 ist korrekt wieder gegeben!

Frankfurter Rundschau (12.2.2010): Mehr rechte Gewalt. Vorläufige Zahlen für 2009 zeigen Anstieg. Frankfurt.
Friemann, Andrea (2002): Theorien und Feindbilder der deutschen Autonomen. Seminararbeit Sommersemester 2002, Neuere Geschichte. Freie Universität Berlin.
Fritzsche, Klaus (1979): Faschismustheorien – Kritik und Perspektive. In: Neumann, Franz (Hg.) (1979): Handbuch Politischer Theorien und Ideologien. Hamburg. S. 467–528.
Geronimo (2002): Feuer und Flamme. Zur Geschichte der Autonomen. 6. Aufl. Berlin.
Geronimo (1997): Glut & Asche. Reflexionen zur Politik der autonomen Bewegung. Münster.
Gilges, Konrad (1983): Neonazis unterwandern Fußball-Fan-Club. In den Stadien wird die Ausländerfeindlichkeit angeheizt. In: Sozialdemokratischer Pressedienst Nr. 221 vom 18.11.1983; Bonn. S. 3–4.
Goebel, Olaf (1995): »Bombenhirn« Peter Naumann. Verbindungen zu Österreichs rechter Terrorszene. In: Der Rechte Rand Nr. 34 vom April/Mai 1995, Hannover. S. 19.
Goebel, Olaf (1995a): Wer ist Naziterrorist Peter Naumann: Aussteiger, VS-Agent, Bombenhirn, Einzeltäter, Verräter? Alles oder nichts? In: Der Rechte Rand Nr. 37 Nov./Dez. 1995, Hannover. S. 11–12.
Goebel, Olaf (1997): Gladio in der Bundesrepublik. In: Mecklenburg, Jens (Hg.) (1997): Gladio. Die geheime Terrororganisation der Nato. Berlin. S. 48–89.
Gruppe MAGMA (2001): »... denn Angriff ist die beste Verteidigung«. Die KPD zwischen Revolution und Faschismus. Bonn.
Hebestreit, Steffen (2010): Steinbach redet sich raus. Frankfurter Rundschau vom 10.9.2010. Frankfurt.
Heinemann, Mirko (2005): Wirrwarr der Begriffe. Die Unterschiede zwischen Radikalismus, Extremismus und Populismus. In: Das Parlament Nr. 45. Berlin. 7.11.2005. Quelle: http://webarchiv.bundestag.de/cgi/show.php?fileToLoad=1717&id=1149. 13.7.2014, 23:51h.
Hessisches Ministerium des Innern (1987): Verfassungsschutz in Hessen. Bericht 1986. Wiesbaden.
Hessisches Ministerium des Innern (1988): Verfassungsschutz in Hessen. Bericht 1987. Wiesbaden.
Hessisches Ministerium des Innern (1989): Verfassungsschutz in Hessen. Bericht 1988. Wiesbaden.
Hessisches Ministerium des Innern und für Landwirtschaft, Forsten und Naturschutz (1997): Autonome. Wiesbaden. o.S.
Hessisches Ministerium des Innern und für Sport (2007): Verfassungsschutz in Hessen. Bericht 2006. Wiesbaden.
Hillenkamp, Sven (1995): Die Autonomen: Zwischen kultureller Wirklichkeit und politischer Wirksamkeit. In: Forschungsjournal Neue Soziale Bewegungen: Subkultur und Subversion. Jg. 8, Heft 2, S. 54–66.
HKS 13 (o.J.): Vorwärts bis zum nieder mit. Dreißig Jahre Plakate unkontrollierter Bewegungen. Berlin.
Hirsch, J.; Roth, R. (1986): Das neue Gesicht des Kapitalismus. Vom Fordismus zum Post-Fordismus. Hamburg.
Hirsch, Joachim (2009): Die Krise des neoliberalen Kapitalismus: Welche Alternativen?. In: Altvater, E.; Bischoff, J.; Hickel, R.; Hirsch, J.; Hirschel. D.; Huffschmid, J.; Zinn, H.G. (2009): Krisen Analysen. Hamburg. S. 75–88.
Hübner, Carsten (2009): Liquidierung als Ziel. In der militanten Neonaziszene wächst die Bereitschaft, den politischen Gegner zu töten. Internationale Vernetzung und intensives Kopieren linker Kultur dient der weiteren gesellschaftlichen Integration. In: Junge Welt vom 5.9.2009, S. 10–11.
Hüttner, Bernd (1997a): Geschichte wird gemacht! Zur Geschichtslosigkeit der Autonomen. BdWi-Home Forum Wissenschaft Nr. 3. Quelle: http://www.unrast-verlag.de/unrast,6,1,26.html. 13.7.2014, 21:12h.
Hüttner, Bernd (1997b): Weder Glut noch Asche. Probleme einer Geschichtsschreibung der Autonomen. In: Zeitschrift Marxistische Erneuerung Nr. 32. Quelle: http://www.unrast-verlag.de/unrast,6,1,26.html. 13.7.2014, 21:12h.
Hüttner, Bernd (2001): Rezension: Die Autonomen zwischen Subkultur und sozialer Bewegung. In: Forum Wissenschaft Nr. 4/2001. Quelle: http://www.unrast-verlag.de/unrast,6,1,26.html. 13.7.2014, 21:12h.
Hüttner, Bernd (2004): Geschichte von unten und radikale Linke. Quelle: http://www.linksnet.de/de/artikel/18765. 14.7.2014, 0:10h.

Hundseder, Franziska (2003): Stichwort Rechtsextremismus. München.
ID-Archiv im IISG (1991): Aufruhr. Widerstand gegen Repression und §129a. Amsterdam.
Innenministerium des Landes Baden-Württemberg (1985): Verfassungsschutzbericht Baden-Württemberg 1984. Stuttgart.
Innenministerium des Landes Baden-Württemberg (1986): Verfassungsschutzbericht Baden-Württemberg 1985. Stuttgart.
Innenministerium des Landes Baden-Württemberg (1987): Verfassungsschutzbericht Baden-Württemberg 1986. Stuttgart.
Innenministerium des Landes Schleswig-Holstein (1984): Verfassungsschutz in Schleswig-Holstein 1983. Kiel.
Innenministerium des Landes Schleswig-Holstein (1985): Verfassungsschutz in Schleswig-Holstein 1984. Kiel.
Innenministerium des Landes Schleswig-Holstein (1987): Verfassungsschutz in Schleswig-Holstein 1985/1986. Kiel.
Jaschke, Hans-Gerd (1991): Streitbare Demokratie und Innere Sicherheit. Grundlagen, Praxis und Kritik. Opladen.
Janne und Burkhard (1993): »Nie werden wir unseren Todfeinden wehrlos gegenüberstehen!« Militante Praxis – Antwort auf rassistische Pogrome? In: 17°C, Hamburg. S. 54–57.
Jansen, Frank (2010): 137 Tote durch rechte Gewalt: Politische Reaktionen. Quelle: http://www.tagesspiegel.de/politik/rechtsextremismus/137-tote-durch-rechte-gewalt-politische-reaktionen/1935434.html. 20.7.2014, 12:55h.
Jesse, Eckhard (2003): Extremismus. In: Andersen, Uwe; Wichard Woyke (Hg.) (2003): Handwörterbuch des politischen Systems der Bundesrepublik Deutschland. 5. Aufl. Opladen. Lizenzausgabe Bonn: Bundeszentrale für politische Bildung 2003. Quelle: www.bpb.de/wissen/0453383768680961270431315020095 8,0,0,Extremismus.html. 21.12.2013, 18:08h.
K.H. (2003): Antifaschistische Offensive. Der »Kampf gegen Rechts«: Machtstrategie in der Moralgesellschaft. In: Groth, Klaus J.; Schäfer, Joachim (2002): Stigmatisiert: Der Terror der Gutmenschen. Unna. S. 237–256.
Kaminsky, Anne (Hg.) (2007): Orte des Erinnerns. Gedenkzeichen, Gedenkstätten und Museen zur Diktatur in SBZ und DDR. 2. Aufl. Berlin.
Keller, M.; Kögler, L.; Krawinkel, M.; Schlemermeyer, J. (2011): ANTIFA Geschichte und Organisierung. Stuttgart.
Köhler, Otto (2005): Rechtsaußenberater. Maßnahmen gegen NPD. Freitag 11.2.2005. Quelle: : http://www.freitag.de/autoren/der-freitag/rechtsaussenberater. 19.7.2014, 00:08.
Knütter, Hans-Helmuth (1961): Ideologien des Rechtsradikalismus im Nachkriegsdeutschland. Eine Studie über die Nachwirkungen des Nationalsozialismus. Bonn. In: Butterwegge, Christoph (2002): Rechtsextremismus und Jugendgewalt – Erklärungsmodelle in der Diskussion. Zur Kritik an schwammigen Begrifflichkeiten und einflussreichen Erklärungsansätzen. Opladen. Quelle: http://christophbutterwegge.de.vu/. 23.12.2007, 15:27h.
Knütter, Hans-Helmut (1993): Die Faschismus-Keule. Das letzte Aufgebot der deutschen Linken. Frankfurt M.; Berlin.
Krafeld, Franz Josef (1995): Antifa und ihr Kampf gegen Rechtsextremismus. Gedanken zu einer umstrittenen Rolle. In: Schacht, Konrad; Leif, Thomas; Janssen, Hannelore (1995): Hilflos gegen Rechtsextremismus? Ursachen, Handlungsfelder, Projekterfahrungen. Köln. S. 383–398.
Kulick, H.; Staud, T. (Hg.) (2009): Das Buch gegen Nazis. Was man wissen muss und wie man sich wehren kann. Köln.
Landesamt für Verfassungsschutz Hessen (1985): Verfassungsschutz in Hessen. Bericht 1984. Wiesbaden.
Landesamt für Verfassungsschutz Hessen (1986): Verfassungsschutz in Hessen. Bericht 1985. Wiesbaden.
Landesamt für Verfassungsschutz Hessen (2005): Die Beobachtung des Extremismus durch den Verfassungsschutz. Wiesbaden.
Landesamt für Verfassungsschutz Sachsen (2004): Autonome Szene im Freistaat Sachsen. Dresden.
Lang, Jürgen P. (2006): Die Extremismustheorie zwischen Normativität und Empirie. 2006. Quelle: http://www.extremismus.com/texte/extrem.htm. 23.12.2013, 12:42h.
Langer, Bernd (1997): Kunst als Widerstand. Göttingen.
Langer, Bernd (2004): Operation 1653. Stay rude – stay rebel. Berlin.
Lauterbach, Jörg (1994): Staats- und Politikverständnis autonomer Gruppen in der BRD. Zur Notwendigkeit einer radikalen Opposition. In: Widersprüche Heft 50. Frankfurt./S. 101–119.

Lázaro, Julio M. (1998): El final de los GAL. Claves del juicio a Barrionuevo y Vera por el secuestro de Marey, que se inicia hoy en el Tribunal Supremo.In: El Pais Nr. 752 vom 25.5.1998. Quelle: http://www.udel.edu/leipzig/010498/elb25058.htm. 28.9.10, 20:58h.

Lecorte, Tomas (1992): Wir tanzen bis zum Ende. Die Geschichte eines Autonomen. Hamburg.

Leesen, Gesa von (2007): »Das sagt man nicht!«. Political Correctness zwischen Moral und Kampfbegriff. In: Das Parlament Nr. 1–2. Quelle: http://web.archive.org/web/20101104184628/http://www.das-parlament.de/2007/01-02/Thema/016.html. 5.7.2014, 10:40h.

Lenin, Wladimir Iljitsch (1901): Womit beginnen? Iskra Nr. 4, Mai 1901. In: Lenin, W.I. (1966), Werke Band 5, Berlin. S. 5–13.

Mailänder, Ulf; Zander, Ulrich (2003): Das kleine Westberlin-Lexikon. Von »Autonome« bis »Zapf« – Die alternative Szene der siebziger und achtziger-Jahre. Berlin.

Manns, H.; Treusch, W.-S. (1987): »Hau weg die Scheiße«. Autonomer Widerstand in der Bundesrepublik. In: Vorgänge Nr. 85 (Heft 1/1987). Berlin. S. 65–74.

Marx, Karl (1844): Ökonomisch-philosophische Manuskripte. Paris. Quelle: http://www.marxists.org/deutsch/archiv/marx-engels/1844/oek-phil/1-4_frem.htm. 21.3.2014, 17:07h.

Mecklenburg, Jens (Hg.) (1996): Handbuch Deutscher Rechtsextremismus. Berlin.

Meyer, Thomas Prof. Dr. (2006): Islamismus, Linksextremismus und der »Westen«. In: Bundesministerium des Innern: Feindbilder und Radikalisierungsprozess. Elemente und Instrumente im politischen Extremismus. Berlin, S. 74–92.

Ministerium des Innern und für Sport (1984): Verfassungsschutzbericht 1983. Mainz.

Ministerium des Innern und für Sport (1985): Verfassungsschutzbericht 1984. Mainz.

Ministerium des Innern und für Sport (1986): Verfassungsschutzbericht 1985. Mainz.

Ministerium des Innern und für Sport (1987): Verfassungsschutzbericht 1986. Mainz.

Ministerium des Innern und für Sport (1988): Verfassungsschutzbericht 1987. Mainz.

Ministerium des Innern und für Sport (1989): Verfassungsschutzbericht 1988. Mainz.

Ministerium des Innern und für Sport (1990): Verfassungsschutzbericht 1989. Mainz.

Ministerium des Innern und für Sport (1991): Verfassungsschutzbericht 1990. Mainz.

Mletzko, Matthias (1992): Die »ANTIFA«-Kampagne autonomer Gruppen. Gefahren schärferer Konfrontation zwischen Links- und Rechtsextremisten. In: Kriminalistik Heft 3/92. Heidelberg. S. 147–151.

Mletzko, Matthias (2001): Gewaltdiskurse und Gewalthandeln militanter Szenen – Teil 1. Unterschiede am Beispiel »Antifa« und »Anti-Antifa«. In: Kriminalistik Heft 8-9/01, S. 543–547.

Möller, Kurt (2010): Rechtsextreme Tendenzen bei Jugendlichen. Ein Überblick über Definitionsprobleme, aktuelle Entwicklungen, Ursachen und pädagogische Schlussfolgerungen. Quelle: http://www.gew-bayern.de/index.php?id=558&tx_ttnews%5BbackPid%5D=381&tx_ttnews%5Bpointer%5D=39&tx_ttnews%5Btt_news%5D=671&cHash=b86e507847f5522ee8f68f54076bf5ce. 14.4.2014, 00:06h.

MTK (1990): Der Antifaschismus der Autonomen. In: Kritik & Krise. Nr. 2/3. Freiburg, S. 65–68.

Müller, Rudolf (1984): Schule des Terrorismus. Die Wehrsportgruppe Hoffmann und andere militante Neonazis. In: Benz, Wolfgang (Hg.) (1984): Rechtsextremismus in der Bundesrepublik. Voraussetzungen, Zusammenhänge, Wirkungen. Frankfurt, S. 238–254.

N.N. (1985): Was ist revolutionärer Antifaschismus? Eine Diskussion zwischen revolutionären Antifaschisten über Verbot oder Zerschlagung der faschistischen Organisationen, Kontinuität des Faschismus, Militanz und Strategie & Taktik.[843] In: Dokumentation (1987): Autonomes Antifa Seminar 28./29.3.87. Bremen. S. 16–37.

Naumann, Klaus (1989): Wieso Republikaner? Welche Republik? Die neue Konjunktur der extremen Rechten - Aussichten, Grenzen, Gegenkräfte. In: Hellfeld, Matthias von (Hg.) (1989): Dem Haß keine Chance. Der neue rechte Fundamentalismus. Köln. S. 274–279.

Neugebauer, Gero (2001): Extremismus – Linksextremismus – Rechtsextremismus. Begriffsdefinitionen und Probleme. Quelle: http://www.bpb.de/politik/extremismus/linksextremismus/33591/definitionen-und-probleme?p=all. 5.6.2014, 14:09h.

Niebel, Ingo (2009): Polizeistaat Spanien. Regierung und Opposition streiten über illegale Abhöraktionen. In: Junge Welt vom 4.9.2009. Berlin. S. 7.

Niebel, Ingo (2009a): Spurlos verschwunden. »Wo ist Jon?« 2.000 Demonstranten fragen in Baiona nach dem Schicksal eines ETA-Mitglieds. In: Junge Welt vom 22.9.2009. Berlin. S. 6.

Nordbruch, Claus (o.J.): Der Verfassungsschutz. o.O. S. 88. Quelle: http://de.scribd.com/doc/45317146/Nordbruch-Der-Verfassungsschutz. 9.7.2014, 21:35h.

843 Anm.d.Verf.: Nach Angaben von Lars Balkes und Roger Ottenheimer stammt das Papier ursprünglich aus Hannover.

Pfahl-Traughber, Armin (1998): Die Autonomen. Portrait einer linksextremen Subkultur. In: Aus Politik und Zeitgeschichte, B 9-10/98, Bonn. S. 38–45.
Pfahl-Traughber, Armin (2008): Antifaschismus als Thema linksextremistischer Agitation, Bündnispolitik und Ideologie. Eine Analyse zu ideengeschichtlichen Hintergründen und strategischen Funktionen eines Kampfbegriffs. Berlin. Quelle: http://www.bpb.de/themen/Y8K5VO.html. 13.11.2013 16:03h.
Pinkert, Reiko (2009): Nato-Geheimarmeen. Terror im Namen der Demokratie. In: Antifaschistisches Infoblatt Nr. 82, 1/2009, Berlin. S. 46–49.
Poulantzas, Nicos (1973): Faschismus und Diktatur. Die Kommunistische Internationale und der Faschismus. München.
Pragal, Peter (2008): Der unheimliche Außenminister. Schillernd wie keiner: Franz Josef Strauß verteidigte die Apartheid, traf Mao und vermittelte den Milliardenkredit. Süddeutsche Zeitung, München. Quelle: http://www.sueddeutsche.de/bayern/2.220/serie-zum-todestag-von-fjs-der-unheimliche-aussenminister-1.708772. 4.9.2013, 8:13h.
Pravda (1987): Antifaschistisches Info Wuppertal. Nr.1. Wuppertal.
Projektgruppe (Hg.) (1994): Antifa. Diskussionen und Tips aus der antifaschistischen Praxis. Berlin; Amsterdam.
Prantl, Heribert (2002): NPD-Verbot: Bundesverfassungsgericht macht Bock zum Gärtner. Süddeutsche Zeitung vom 5.2.2002. Quelle: http://www.sueddeutsche.de/politik/npd-verbot-bundesverfassungsgericht-macht-bock-zum-gaertner-1.423365. 21.12.2013, 23:56h.
Rabe, Karl-Klaus (1985): Der hilflose Antifaschismus. In: Brandt, P.; Schulze-Marmeling, U. (1985): Antifaschismus. Ein Lesebuch. Deutsche Stimmen gegen Nationalsozialismus und Rechtsextremismus von 1922 bis zur Gegenwart. Berlin. S. 350–353.
Redaktionsgruppe (1996): Zwanzig Jahre radikal. Geschichte und Perspektiven autonomer Medien. Hamburg; Berlin; Münster.
Richter, Horst-Eberhard (1989): Gewalt bei Demonstrationen. In: Bock, Marlene; Reimitz, Monika; Richter, Horst-Eberhard; Thiel, Wolfgang; Wirth, Hans-Jürgen (1989): Zwischen Resignation und Gewalt. Jugendprotest in den achtziger-Jahren. Opladen, S. 121–132.
Roggenkamp, Viola (1982): Das Töten lernt man. Unterhaltsame Stunden für Gesinnungsgenossen. Die Zeit vom 23. April 1982. Lübeck.
Roggenkamp, Viola (1988): Die üblichen Schikanen gegen uns. Antifaschisten stehen vor Gericht, Skinheads nicht. Aus einem Prozess wegen Landfriedensbruch. Die Zeit Nr. 42 vom 14.10.1988. Quelle: http://www.zeit.de/1988/42/die-ueblichen-schikanen-gegen-uns. 30.6.2014, 13:08h.
Rohde, Markus (1992): Autonome Bewegungsmelder – Eine Szene publiziert. Forschungsjournal Neue Soziale Bewegungen, Jg.5, Heft 3, Marburg, Schüren PV, S. 87–92.
Roth, Karl Heinz (1996): »Sich aufs Eis wagen« – Zur Wiederbelebung der Totalitarismustheorie durch das Hamburger Institut für Sozialforschung. In: Frank Deppe; Georg Fülberth; Rainer Rilling (1996): Antifaschismus. Heilbronn. S. 403–415.
Rucht, Dieter (2003): Neue soziale Bewegungen. Handwörterbuch des politischen Systems der Bundesrepublik. Bundeszentrale für politische Bildung. Bonn. Quelle: http://www.bpb.de/wissen/06182920075052092624361933117076,0,0,Neue_soziale_Bewegungen.html. 17.4.2014, 21:44h.
Schlichter, J.; Corinth, J.; Kügler, K. (1999): Literaturstudie zu den Begriffen Rassismus, Faschismus, Rechtsextremismus, Neonazismus. Im Auftrag des Deutschen Gewerkschaftsbundes (DGB), Marburg.
Schultze, Thomas; Gross, Almut (1997): Die Autonomen. Ursprünge, Entwicklung und Profil der autonomen Bewegung. Hamburg.
Schwarzmeier, Jan (2001): Die Autonomen. Zwischen Subkultur und sozialer Bewegung. Göttingen.
Sichrovsky, Peter (1999): Der Antifa-Komplex. Das korrekte Weltbild. München.
Spörl, Gerhard (1985): Beschwörung einer versunkenen Welt. Kohl bei den Schlesiern: Die Vertriebenen vor den Karren der Politik spannen. Die Zeit vom 21.6.1985. Quelle: http://pdf.zeit.de/1985/26/Beschwoerung-einer-versunkenen-Welt.pdf. 12.4.2007, 15:23h.
Staeck, Klaus (Hg.) (1979): Einschlägige Worte des Kandidaten Strauß. 3. Aufl., Göttingen.
Stöss, Richard (1989): Die extreme Rechte in der Bundesrepublik. Entwicklung – Ursachen – Gegenmaßnahmen. Opladen.
Stöss, Richard (2007): Rechtsextremismus im Wandel. Berlin.
Veith, Martin (1996): Morris Beckmann: Antifaschistischer Kampf in Großbritannien 1946–1950 »The 43-Group«. In: Direkte Aktion Nr. 115. Quelle: http://www.syndikalismusforschung.de/43.htm. 5.12.2013, 18:03h.

Walther, Rudolf (1996): Militanter Antifaschismus. Die Zeit 5/1996.
Weichler, Kurt (1983): Neonazis im Wienerwald. Antifaschisten enthüllen in St. Georg. Die tageszeitung vom 28.4.1983.
Wolfschlag, Claus M. (2002): Das »antifaschistische Milieu«. Graz.
Worch, Christian (1989): Überfall auf Familie Worch in Hamburg. Nachrichten der HNG, Nummer 109, Juni 1989. In: Langer, Bernd (1997): Kunst als Widerstand. Göttingen. S. 110.
Yolcu, Mahir (2010): Zwischen Krieg und Krise besteht ein Zusammenhang. In: Junge Welt vom 10.3.2010. Berlin.

Zeitschriften / Zeitungen / Broschüren

Antifa Infoblatt (2009): Extremismus der Vernunft. Antifa Infoblatt Nr. 83. Berlin, o.S. Quelle: http://antifaalzey.blogsport.de/2009/09/09/antifa-heisst/. 10.9.2009, 21:21h.
Antifa Infoblatt (2009a): Hamburg: Wolf im Schafspelz. Antifa Infoblatt Nr. 84. Berlin. S. 22f. Quelle: https://www.antifainfoblatt.de/artikel/hamburg-wolf-im-wolfspelz. 12.7.2014, 22:23h.
Antifa Info Rundbrief (1985): Staatsjagd auf Antifaschisten. In: Antifa Info Rundbrief Nr. 0. Duisburg. o.S.
Antifaschistische Informationen (1980): Antifaschistische Informationen. Zeitschrift für die antifaschistische Praxis. Nr. 0. März 1980. Herford.
Antifaschistische Zeitung (1987): Antifaschistische Zeitung. Nr. 1. 15.1.1987. Coburg.
Antifaschistische Zeitung (1987a): Antifaschistische Zeitung. Nr. 3. 20.4.1987. Coburg.
Blick (18.1.91): Zum Schämen sieht er keinen Grund. Interview mit FAP-»Aussteiger« Jörg L.; In: Autonomer Widerstand 1990/1991. Region Südniedersachsen. Göttingen. S. 106.
Braunschweiger Antifa Info (1985): Braunschweiger Antifa Info. Nr. Drey. Dez. 85. Braunschweig.
Braunschweiger Zeitung (1985): »Kreuz des Ostens« bei Bad Harzburg angezündet. 1000 kamen zur Kundgebung. 18.7.1985.
Broschüre (1980): 17. Juni 80. Eschwege-Phillipsthal. Herausgeber: Antifaschistischer Arbeitskreis Göttingen, Linke Liste Initiative Göttingen etc. Göttingen.
Broschüre (1980a): Was will die NPD? Informationen und Argumentation gegen den geplanten NPD-Bundesparteitag in Augsburg 22./23.November 1980. Herausgeber: Antifaschistischer Arbeitskreis Augsburg. Augsburg.
Broschüre (1981): Schonzeit für Nazis? Rechtsradikale in MA/LU. Eine Dokumentation. Herausgeber: Die antifaschistische Gruppe LU. Ludwigshafen.
Broschüre (1986): Broschüre zur Antifa-Veranstaltung am 15.2.1986 im Mehringhof. Berlin.
Broschüre (1986a): Antifaschistische Veranstaltung. Verden.
Broschüre (1987): Antifa Veranstaltung. Infos zur Braunzone. Wiesbaden.
Broschüre (1990): Nazis raus! Hamburg.
Der Spiegel (1983): Nester ausheben. Der Spiegel Nr. 41 vom 10.10.1983. Hamburg. S. 111–114.
Der Spiegel (1983a): Weg zum Fan. Der Spiegel Nr. 44 vom 31.10.1983. Hamburg. S. 138–142.
Der Spiegel (1983b): Müllers Heimwehr. Der Spiegel Nr. 6 vom 7.2.1983. Hamburg. S. 76.
Der Spiegel (1983c): Die neue Welt von 1984. Der Spiegel Nr. 1 vom 8.1.1983. Hamburg. S. 19–30.
Der Spiegel (1983d): Militant drauf. Der Spiegel Nr. 37 vom 12.9.1983. Hamburg. S. 114.
Der Spiegel (1984b); Verfassungsschutz: Was dürfen die eigentlich. Der Spiegel Nr. 39 vom 24.9.1984. Hamburg. S. 102ff.
Der Spiegel (1984): Völlig verbiestert. Auf neonazistische Umtriebe reagieren militante linke Gruppen in Hamburg mit Selbstjustiz. Der Spiegel Nr. 23 vom 4.6.1984. Hamburg. S. 65–71.
Der Spiegel (1984a): So was wie GSG 9. In einem hessischen Dorf feiern Veteranen der SS-Totenkopf-Division fröhliche Feste. Der Spiegel Nr. 13 vom 26.3.1984. Hamburg. S. 90–92.
Der Spiegel (1986): Die laufen jeder Trommel nach. Der Spiegel Nr. 25 vom 16.6.1986. Hamburg. S. 72–79.
Der Spiegel (1986a): Abschalten mit Säge. Der Spiegel Nr. 44 vom 27.10.1986. Hamburg. S. 71–74.
Der Spiegel (1986b): Lügen, Lügen, Lügen. In der Konservativen Aktion, die im Namen des »anständigen Deutschland« agiert, wüten innere Kämpfe. Der Spiegel Nr. 28 vom 7.7.1986. Hamburg. S. 36–39.
Der Spiegel (1988): Müssen sengeln. Militante Linke gehen mit spektakulären Aktionen gegen neonazistische Umtriebe vor. Verfassungsschützer befürchten eine Eskalation der Gewalt. Der Spiegel Nr. 40 vom 3.10.1988. Hamburg. S. 51–55.
Der Spiegel (1989): Humanes Geschwätz. Linke Bündnisse verstärken ihre Aktionen gegen die

neuen Rechtsparteien – droht eine Eskalation der Gewalt? Der Spiegel Nr. 23 vom 5.6.1989. Hamburg. S. 49–56.
Der Spiegel (1998): Hitlerjunge mit Tränensäcken. Der Spiegel Nr. 18 vom 27.4.1998. Hamburg. S. 70–76.
Der Spiegel (2008): Schlägerei in Sachsens NPD-Fraktion. Der Spiegel vom 12.11.2008. Quelle: http://www.spiegel.de/politik/deutschland/0,1518,590006,00.html. 20.10.2013, 18:36h.
die tageszeitung (19.5.1983): Kommandoerklärung. Allen Interessierten zur Kenntnis.
die tageszeitung (13.3.1984): Nazi-Aktionen in Bergedorf. Anschlag auf GAL-Frauen ungeklärt.
die tageszeitung (17.11.1986): Schnipseljagd auf radikal. In: ID-Archiv im IISG/Amsterdam (Hg.) (1989): Schwarze Texte. Politische Zensur in der BRD 1968 bis heute. Dokumente. Analysen Diskussionen. Amsterdam. S. 141.
Die Welt (6.4.1984): Rechtsradikalismus wird von Linken aufgewertet.
Gestreifte Freiheit (1989): Prozeß-Info 1. Von »Antifa-Prozeßgruppe Hamburg«. Hamburg.
Gestreifte Freiheit (1990): Prozeß-Info 3. Von »Antifa-Prozeßgruppe Hamburg«. Hamburg.
Göttinger Tagblatt (26.6.87): Brandanschlag auf FAP »Gau Kassierer«. Göttingen.
Grosse Freiheit (1984): Betr. Antifaschistische Aktion. Hamburg.
Hamburger Abendblatt (21.2.1985): »Anschlag auf Kriegerdenkmal« am Hamburger Dammtorbahnhof. In: Texte aus dem antifaschistischen Widerstand. Braunschweig. o.S.
Hessisch/Niedersächsische Allgemeine (7.9.1987): Explosion zerstört Auto von Anwalt. Verteidiger von Neonazis.
Hessisch/Niedersächsische Allgemeine (9.9.1987): »Bekennerschreiben« zu Brandanschlag.
ID-Archiv im IISG/Amsterdam (Hg.) (1989): Schwarze Texte. Politische Zensur in der BRD 1968 bis heute. Dokumente. Analysen Diskussionen. Amsterdam.
ID-Archiv im IISG/Amsterdam (Hg.) (1989a): radikal 1984–1989. Ein Interview. Amsterdam.
Info 2 (1989): Gegen den Staatsschutzangriff auf die revolutionäre Antifa und den Widerstand. Von »Antifa-Soligruppe Hamburg«. Hamburg.
Info 3 (1990): Gegen den Staatsschutzangriff auf die revolutionäre Antifa und den Widerstand. Von »Antifa-Soligruppe Hamburg«. Hamburg.
Infomappe Südniedersachsen (1988): Infomappe Südniedersachsen Januar 1987–1988. 3. Aufl. Göttingen.
Nazi-Zentrale (1987): Eine Dokumentation über die bundesweiten Aktivitäten der Nazi-Zentrale. Göttingen.
Norddeutsche Rundschau (16.5.1988): Holzlager in Flammen. Bushalle ausgebrannt.
radikal (1982): radikal. Zeitung für den reißenden Absatz. Nr. 106. Berlin.
radikal (1983): radikal. Zeitung für Liebe und Tod. Nr. 115/116. Berlin.
radikal (1984): radikal. Fachblatt für alles, was Terroristen Spaß macht. Nr. 126/127. Berlin.
radikal (1984a): radikal. Anleitung für den Herzinfarkt von Staat und Staatsanwalt. Nr. 128. Zürich.
radikal (1986): radikal. Nr. 131. o.O.
radikal (Nr.132): radikal. Teil 2. Nr. 132. o.O. 1986.
radikal (Nr. 133): radikal. Zeitung für den brodelnden Untergrund. Nr. 133. o.O. August 1987.
radikal (Nr. 134): radikal. lebt und lest radikal. Teil 1 & 2. o.O. 1988.
radikal (Nr.136): radikal. Teil 2. Nr. 136. o.O. ca. 1988/89.
radikal (Nr.137): radikal. Nr. 137. o.O. Mai 1989.
radikal (Nr.138): radikal. Teil 2. Nr. 138. o.O. ca. 1989.
radikal (Nr. 139): radikal. November 89. o.O. 1989.
radikal (1990): radikal. o.O.
radikal (10/91): radikal. Teil 2. Ohne Nummernangabe. o.O. 1991.
Radikal Info (1987): Radikal Info Nr. 1. o.O.
Reader (1996): Autonomie-Kongreß der undogmatischen linken Bewegungen. Standpunkte – Provokationen – Thesen. Münster.
Zeitschrift (1988): Information zum antifaschistischen Kampf. Nr. 2. Braunschweig, o.S.
Zeitschrift (1988a): Informationsbroschüre zu faschistischen Organisationen in der BRD. Neumünster.

Flugblätter

Flugblatt (1981): Naziterror und Staatsgewalt. Anmerkungen zum Anschlag auf den DKP-Buchladen. Hamburg.

Flugblatt (1982): Neonazi Schlägertruppe tritt in Häusern der Jugend massiv auf. Von »Antifaschistische Aktion«. Hamburg.
Flugblatt (1983): KB-Technik besetzt! Von »Freunde und Genossen der Antifaschistischen Aktion Hamburg«. Hamburg.
Flugblatt (1983a): Erklärung zur Kriminalisierung des Widerstands. Von »Antifaschistische Aktion Hamburg«. Hamburg.
Flugblatt (1983b): Genoss/inn/en im KB. Von »Freunde und Genossen der Antifaschistischen Aktion Hamburg«. Hamburg.
Flugblatt (1983c): Die Neo-Nazis machen mobil – Der Staat zieht die Fäden und profitiert davon! Fußball-Länderspiel BR Deutschland-Türkei am 26.10. im Berliner Olympiastadion. Von »einige autonome Gruppen«. Berlin.
Flugblatt (1984): Neofaschistische Provokation in Bergedorf. Von verschiedenen linken Gruppen. Hamburg.
Flugblatt (1984a): Kampf dem Faschismus! Widerstand gegen das SS-Totenkopf Treffen in Oberaula 30. März–1. April'84. Von »Autonome und Antifaschisten«. Göttingen.
Flugblatt (30.1.85): Wehrsportgruppe Jürgens. Trainingslager der bundesdeutschen Neonazis. Celle.
Flugblatt (1985): Klassenkrieg gegen sozialen Frieden. Von »Antifaschistische Aktion Hamburg«. Hamburg.
Flugblatt (1985a): Antifaschistisches Diskussionspapier. Von Antifaschistische Aktion Wuppertal. Wuppertal.
Flugblatt (1985b): Keine Nazi-Totenehrung! Keine Verehrung des Militarismus! Von »Autonome antifaschistische Gruppen«. o.O.
Flugblatt (1986): Keinen Fussbreit den Faschisten. Bielefeld.
Flugblatt (1986a): Aufruf zu den Prozessen in Stuttgart gegen den antifaschistischen Widerstand. Stuttgart.
Flugblatt (1986b): Antifaschismus ist undemokratisch oder staatstragend. In: radikal (Nr. 133): radikal. Zeitung für den brodelnden Untergrund. Nr. 133, 1987. o.O. S. 46–47.
Flugblatt (1986c): Kampf dem Faschismus. Witten.
Flugblatt (1986d): Gegen Faschismus, Staat & Reaktion! Duisburg.
Flugblatt (1986e): Deutsche Polizisten schützen die Faschisten. Gegen den Bundesparteitag der faschistischen FAP am 7.6. in Stuttgart! Stuttgart.
Flugblatt (1986f): Einen klaren Trennungsstrich ziehen – zwischen uns und dem Feind. Von »Genoss/innen/en der Antifaschistischen Aktion Hamburg«. Hamburg.
Flugblatt (1986g): Tod dem deutschen und türkischen Faschismus. Von verschiedenen antifaschistischen Gruppen. Hamburg.
Flugblatt (1986h): NPD-Bundesparteitag in Willingen. Von »Antifaschistische Gruppe«. Wiesbaden.
Flugblatt (1986i): Kampf dem Faschismus heißt Kampf dem imperialistischen System. Von »Autonome Antifaschisten«. Wiesbaden.
Flugblatt (1986j): FAP: Faschistische Propaganda in Buxtehude für »Rassenstolz« und »Volksgemeinschaft«. Von »Antifaschistische Aktion Buxtehude«. Buxtehude.
Flugblatt (1986k): Einwohner vertreiben Neonazis. Von »Antifaschistisches Bündnis Hamburg«. Hamburg.
Flugblatt (1986l): Prozeß gegen Antifaschisten 15.4.1986. Frankfurt.
Flugblatt (1986m): Der Kampf gegen den Faschismus ist ein Kampf gegen den Imperialismus! Von »Autonome und Antiimperialist-inn-en«.
Flugblatt (1986n): Arbeiter, hörst Du es nicht? Vertreibung ist Mord! Von »Antifaschistisches Aktionsbündnis Hamburg«.
Flugblatt (9-1986): Die Hetze gegen Ausländer hat System. Braunschweig.
Flugblatt (27.9.86): Flugblatt zur Demo am 27.9.1986 in Frankfurt. Von »Autonome Antifaschisten«. Frankfurt.
Flugblatt (9.11.86): Flugblatt zum NPD Bundesparteitag 8./9.11.1986 in Willingen. Von »Antifaschistische Gruppe«. o.O.
Flugblatt (15.11.1987): Keine Nazi-Totenehrung! Keine Verehrung des Militarismus!. Von »Antifa Harburg Land«. Harburg.
Flugblatt (1987): Imperialismus und Patriarchat. Von »Antifaschistische Aktion Hamburg«. Hamburg.
Flugblatt (1987a): Staat und Neonazis. Oder: Was wir von der Verbotsforderung halten. Von »Antifa Jugendfront«. Berlin.
Flugblatt (1987b): Die Einzeltäter-Legende. Oder: Sie wissen was sie tun! Göttingen.

Flugblatt (1987c): Keinen Fussbreit den Faschisten! Verhindern wir den Aufmarsch der NPD- in Sigmaringen! Von »Antifaschistische Gruppen und »Volksfront«. Stuttgart.
Flugblatt (1987d): Alles unter Kontrolle. Von »Autonome Antifa-Gruppe im UJZ Kornstraße«. Hannover.
Flugblatt (Mai 1987): Bundesparteitag der Republikaner: Die Ratten suchen ein Schiff. Von »Antifaschistische Aktion Bremen«. Bremen.
Flugblatt (1988): Neo-Nazis in Wuppertal. Wuppertal.
Flugblatt (1988a): Für eine revolutionäre antifaschistische Jugendbewegung! Von »Antifa Jugendfront Berlin«. Berlin.
Flugblatt (1988b): Antifaschisten Angeklagt! Von versch. linken Gruppen. Lübeck.
Flugblatt (1988c): Ein Richter sieht Rot! Von versch. Gruppen. Lübeck.
Flugblatt (1988d): Gegen Faschismus, Staat & Reaktion. Von »Bochumer Autonome«. Bochum.
Flugblatt (1.5.88): Für einen starken antifaschistischen Block! Von »Antifaschisten aus Braunschweig«. Braunschweig.
Flugblatt (Mai 1988): Antifaschistische Veranstaltungsreihe Mai–November 1988. Hamburg.
Flugblatt (6-1988): Kriminalisierung von Antifaschisten und Antifaschistinnen in Hamburg - wir stehen nicht tatenlos daneben! Von »Hamburger Antifa Koordination«. Hamburg.
Flugblatt (18.9.88): Autonome Antifa Nürnberg. Nürnberg.
Flugblatt (Dezember 1988): FAP auflösen – sofort! Von »Autonome Gruppe Kiel & Arbeitskreis Antiimperialistischer Widerstand/Lübeck«. Lübeck.
Flugblatt (1989): Je weniger die Linke links ist, umso rechter wird die Rechte. Für einen antikapitalistischen Antifaschismus. Hamburg.
Flugblatt (1989a): An alle Bewohner/innen in Kreuzberg! Aufruf zum Sonderkiezpalaver gegen Rassismus und Faschismus. Berlin.
Flugblatt (1989b): Antifaschistischer Kampf ist immer auch der Kampf um die Zusammenlegung der politischen Gefangenen. Bielefeld.
Flugblatt (1989c): Antifaschistischer Kongress. Von »Antifaschistische Koordination«. Hamburg.
Flugblatt (1989d): Gegen Repression. Von »Antifa Hamburg«. Hamburg.
Flugblatt (1989e): Schluss mit der Kriminalisierung von Antifaschisten! Von »Antifa-Gruppen aus Harburg und Wilhelmsburg«. Hamburg.
Flugblatt (1989f): Kriminalisierung von Antifa. Verhaltet euch! Von »Antifa SH«.
Flugblatt (1989g): Kriminalisierung von Antifaschisten und Antifaschistinnen in Hamburg – wir stehen nicht tatenlos daneben! Hamburg.
Flugblatt (1989h): An die radikale Linke – zur Diskussion und Stellungnahme! Von »Antifa-Westberlin«. Berlin.
Flugblatt (1992): §129a-Verfahren gegen autonome Antifaschisten eingestellt. Militante Praxis – Antwort auf rassistische Pogrome? »Nie werden wir unseren Todfeinden wehrlos gegenüberstehen!«. Hamburg. Von Janne und Burkhard.

Sonstiges

Antifaschistische Aktion Wuppertal (1985): Antifaschistisches Diskussionspapier. In: Textsammlung (1986): Texte aus dem antifaschistischen Widerstand. Braunschweig. o.S.
Antifaschistische Arbeit (1986): Antifaschistische Arbeit – Teil autonomer Politik. Von »Antifaschistische Aktion« aus Hamburg. In: Antifa Texte 2 (1986): Antifa Texte 2. Textsammlung Antifaschistische Gruppen. o.O. o.S.
Antifaschistischer Arbeitskreis Bad Lauterberg (o.J.): »Befreiung vom Faschismus« oder Kontinuität imperialistischer Herrschaft? – Überlegungen zum autonomen Antifaschismus. Bad Lauterberg.
Antifaschistischer Arbeitskreis Bad Lauterberg (o.J.a): »Deutschland 1945 – Befreiung des Kapitals vom NS-Regime.« Ergänzung zu »Befreiung vom Faschismus« oder »Kontinuität imperialistischer Herrschaft?«. Bad Lauterberg.
Antifaschistischer Arbeitskreis Bad Lauterberg (o.J.b): Zur Diskussion des Faschismusbegriffs. Bad Lauterberg.
Antifaschistischer Arbeitskreis Bad Lauterberg (o.J.c): »Zerschlagung des Proletariats« – Ergänzung zu »Befreiung vom Faschismus« oder »Kontinuität imperialistischer Herrschaft?«. Bad Lauterberg.
Antifaschistischer Kalender (1995): Kurze Geschichte des autonomen Antifaschismus in den 80er-Jahren. Münster. S. 32–44.

Antifaschistisches Kommando »Janusz Korczak« (1987): Erklärung zu Brandanschlag auf Veranstaltung der »Gesellschaft für biologische Anthropologie, Eugenik und Verhaltensforschung e.V.« und den PKW von Nazi-Anwalt Jürgen Rieger. In: Infomappe Südniedersachsen (1988): Infomappe Südniedersachsen Januar 1987–1988. 3. Aufl. Göttingen. S. 50–51.
Antifa Texte 2 (1986): Antifa Texte 2. Textsammlung Antifaschistische Gruppen. o.O.
Arbeitsgruppe »Faschismusdefinition« (o.J.): Protokoll der Arbeitsgruppe »Faschismusdefinition«. Heilbronn; Bietigheim.
Arbeitspapier (1982): Gründe für eine neue Struktur der Arbeit. Von »Antifaschistische Aktion Hamburg«. Hamburg. In: Texte aus dem Antifaschistischen Widerstand. o.O. S. 7–8.
Arbeitspapier (1983): Auswertung der antifaschistischen Aktion gegen das Treffen des »Stahlhelm-Kampfbund für Europa« in Celle vom 18./19.6.1983. Von »Antifaschistische Aktion Hamburg«. Hamburg.
Autonome Gruppen West-Berlin (1983): Faschismus im Kapitalismus. Texte zur Veranstaltung einiger autonomer Gruppen am 18.10.1983 in West-Berlin. Berlin.
Backes, Uwe (2003): Entwicklung und Elemente des Extremismuskonzepts. Vortrag anlässlich der Konstituierung der Ad-hoc-Gruppe »politischer Extremismus« auf dem 22. Wissenschaftlichen Kongress der Deutschen Vereinigung für Politische Wissenschaft. Dresden. 25. September 2003.
Chronologie (1995): radikal – Chronologie einer Repressionsgeschichte. In: Interim Nr. 339, 6. Juli 1995, S. 7. Berlin.
Diskussionspapier (1990): Wer über Kapitalismus redet, darf über den Faschismus nicht schweigen. Beitrag zur Konferenz der Radikalen Linken, Hamburg 1990. Von »Arbeitskreis keinen Fußbreit der FaschistInnen Oldenburg. Oldenburg.
Dokumentation (1985): Dokumentation: Faschisten in Lübeck. Lübeck.
Dokumentation (1987): Autonomes Antifa Seminar 28./29.3.1987. Bremen.
Einladung (1983): Norddeutsches Antifa-Treffen am 10. Juli, Hamburg. Hamburg.
Erklärung (1983): Erklärung zu Aktionen am 9. November 1983. Von der Gruppe »Brecht die faschistische Tradition des 9. November. In: Texte aus dem Antifaschistischen Widerstand. o.J. o.O. S. 10–11.
Erklärung (1983a): Erklärung zu Aktionen der Gruppe »Verhindert die faschistische Provokation in Berlin« In: Textsammlung (1986): Texte aus dem antifaschistischen Widerstand. Braunschweig. o.S.
Erklärung (1983b): Aktiv gegen Rassismus und neonazistische Umtriebe. Von der »Antifaschisten Westberlin«.
Erklärung (1984): Staat und Faschisten – Hand in Hand. Von »Gruppe: ›Das tut uns aber leid!‹«.
Erklärung (1984a): Advent, Advent die TENO brennt. Von »Gruppe: Macht Feua! Paranoia!«. In: Langer, Bernd (1997): Kunst als Widerstand. Göttingen. S. 103.
Erklärung (1985). Erklärung zu Aktionen anlässlich des NPD-Landesparteitages in Velbert-Langeberg vom 20.1.85. In: Textsammlung (1986): Texte aus dem antifaschistischen Widerstand. Braunschweig. o.S.
Erklärung (1985a): Erst was machen und dann auch noch weglaufen!
Erklärung (1986): Kampf der rassistischen Internationale. Von »Revolutionäre Antifaschisten gegen Rassismus«.
Erklärung (1986a): Es muss ein Ende haben. Von »Militante Antifaschisten«.
Erklärung (1986c): Betr.: Feuer bei Müller in MZ-Gonsenheim. Von »Revolutionäre Antifaschisten – Feuer und Flamme«.
Erklärung (1986d): Schlagt die Faschisten wo ihr sie trefft. Von »Kommando: Wir kriegen sie alle«.
Erklärung (1987): Erklärung zu Brandanschlag gegen NPD-Vorsitzenden und Sprühereien in Wiesbaden am 30.1.1987. Von »Rotfront«.
Erklärung (1987a): Burn Fascho, burn. Erklärung von »Antifaschistisches Kommando Siegbert und Lotte Rotholz«.
Erklärung (1987b): Erklärung zu Anschlägen vom 3.10. auf den 4.10.87 gegen die WJ Mitglieder der »Führersippe« Küster in Flintbeck und gegen die WJ Sippe Geißler in Warnau. In: Langer, Bernd (1997): Kunst als Widerstand. Göttingen. S. 103.
Erklärung (1987c): … und die Moral von der Geschicht‹: fahr keine Faschos nicht! Von »Militante Antifaschisten«.
Erklärung (1987d): Kein Laut, kein Lichtschein hat uns verraten – Das Schwein hat uns gerochen. Von »Militante Antifaschisten – Rache für Orhan Malik«.
Erklärung (1989): Brandanschlag auf das Versandantiquariat des Nazis Uwe Berg in Toppenstedt.
Erklärung zur Aktion gegen die Rede von Alain de Benoist (1983): Erklärung zur Aktion gegen die

Rede von Alain de Benoist. In: Textsammlung (1986): Texte aus dem antifaschistischen Widerstand. Braunschweig. o.S.

Internes Diskussionspapier (1985): Der Neofaschismus in Westdeutschland. 25 Thesen zur aktuellen Einschätzung. Von »ein Mitglied der Antifaschistischen Initiative Hannover«. Hannover.

Interview im SF-Beat (1987): Schriftliche Wiedergabe eines Interviews mit Autonomen im SF-Beat vom 7.5.1987. In: radikal (Nr. 133): radikal. Zeitung für den brodelnden Untergrund. Nr.133. o.O. S. 77.

Konkret-Interview (o.J.). »Wenn Kühnen was auf die Nase kriegt«. Geführt von Warner Poelchau. In: Textsammlung (1986): Texte aus dem antifaschistischen Widerstand. Braunschweig. o.S.

Langer (2008a): Mitschrift des Vortrags über revolutionären Antifaschismus von Bernd Langer. Diskussionsveranstaltung der A.L.I. (Antifaschistische Linke International) am 6.6.2008 in Göttingen. Quelle: http://normalzustandrot.blogsport.de/images/BerndLangerundderrevolutionreAntifaschismus.pdf. 26.4.2009, 08:55h.

Langer (2008b): Redebeitrag auf der Antifa-Demo »Es gibt kein ruhiges Hinterland« am 19.1.2008 in Bad Lauterberg. Quelle: http://www.inventati.org/ali/index.php?option=com_content&view=article&id=145:bad-lauterberg-im-harz-1912008#reden. 26.4.2014, 9:07h.

Leserbrief (23.2.1985): Der Anschlag auf das Kriegerdenkmal. Hamburger Abendblatt vom 20.2.1985. Quelle: http://80.237.193.200:8000/article.php?url=/ha/1985/xml/19850223xml/habxml850103_7609.xml. 12.5.2009, 15:30h.

Mobiles Antifa Kommando (1989): Erklärung des Mobilen Antifa Kommandos (MAK) zum Überfall auf den Faschisten Christian Worch. Hamburg.

Offener Brief (1983): Offener Brief an die »Antifa-Kommission, KB/Gruppe Hamburg«. Von »Antifaschistische Aktion Hamburg«. Hamburg 1983. In: Texte aus dem Antifaschistischen Widerstand. o.O. S. 3f.

Offener Brief (1983a): Offener Brief an die örtliche Initiative zur Verhinderung des NPD-Parteitags. Von « Antifaschistische Aktion Hamburg«. Hamburg.

Der Track zu Gewalt, Männlichkeitswahn und Homophobie: Hardcore

Hardcore hat Innerhalb der RechtsRock-Szene in den letzten Jahren immer mehr an Popularität gewonnen. Neben der Musik spielt vor allem auch der von der HC-Punk-Szene adaptierte Lifestyle von Coolness und Härte eine wichtige Rolle.

Die HC-Szene entstand in den späten 70er Jahren als linke politische Abgrenzung zum Punk mit seiner »No-Future«-Attitüde.

Durch die langjährige Ausdifferenzierung der HC-Punk-Szene, die in der Breite zu einer Entpolitisierung geführt hat, konnte ein reaktionäres Rollback einsetzen, das weit in die extrem rechte Szene führt und in diesem musikalischem Genre heute Mastermind ist.

NS-HC-Bands versuchen, Themen der HC-Punk-Szene zu besetzen und nutzen dabei ideologische Anknüpfungspunkte: Männlichkeitswahn, Fetischisierung von Gewalt und Homophobie.

Metaphern und subtile Botschaften sind an die Stelle von unverhohlener NS-Propaganda und Symbolik getreten und dominieren die aktuelle NS-HC-Szene, deren Auftreten sich kaum noch von dem der HC-Punk-Bands unterscheiden lässt.

Ingo Taler
Out of Step
Hardcore-Punk zwischen Rollback und neonazistischer Adaption

ISBN: 978-3-89771-821-0
360 Seiten · 18,00 Euro

Selbstorganisierter migrantischer antifaschistischer Widerstand

Die Antifaşist (Antifa) Gençlik wurde 1988 in Berlin an der Schnittstelle migrantischer Vereinskultur, Jugendbanden des Kiez und autonomer antifaschistischer Politik gegründet. Bald bildeten sich Antifa-Gençlik-Gruppen in mehreren deutschen Städten und darüber hinaus. Mitte der 1990er Jahre lösten sich die Strukturen als Folge staatlicher Repression auf. Bis heute stellt die Antifa Gençlik einen einzigartigen Organisationsansatz im Kontext autonomer und antifaschistischer Politik in Deutschland dar.

Dieser Band dokumentiert die theoretischen Grundlagen und die Praxis der Organisation anhand von Artikeln, Diskussionspapieren und Interviews, die von 1988 bis 1994 erschienen.

»Das Buch trägt dazu bei, dass dieser wichtige Moment antifaschistischer Bewegungsgeschichte und migrantischer Selbstorganisation nicht in Vergessenheit gerät und regt zu weiteren Auseinandersetzungen an.« Tobias Hoff, lotta

ak wantok (Hg.)
Antifa Gençlik
Eine Dokumentation
(1988-1994)

ISBN 978-3-89771-566-0
164 Seiten · 13Euro

Der Vernichtung widerstanden – Zeugnisse vom Überleben im Holocaust.

Treblinka

Richard Glazar, einer der ganz wenigen, der der Vernichtung in Treblinka entkommen konnte, schildert seine Verschleppung aus der Tschechoslowakei über das Ghetto Theresienstadt nach Treblinka, wo 1942/43 900.000 Juden ermordet worden sind.

Glazar war dort als einer der »Arbeitsjuden« eingesetzt. Er überlebte, weil ihm nach zehn Monaten während des Aufstands im Sommer 1943 als einem der wenigen die Flucht gelang. Bis zum Kriegsende konnte er als »Fremdarbeiter« getarnt in Deutschland untertauchen. Seine Aufzeichnungen, die über vier Jahrzehnte unveröffentlicht blieben, sind ein einzigartiges historisches Dokument und legen ein bewegendes Zeugnis ab für die vielen Menschen, die Opfer der nationalsozialistischen Gewaltherrschaft wurden.

208 Seiten | 20 €
ISBN 978-3-89771-819-7

Sobibór
Der vergessene Aufstand

Thomas Blatt ist einer von ungefähr 50 Überlebenden des Aufstandes im Vernichtungslager Sobibór. Dass das Morden in diesem heute fast vergessenen Lager der »Aktion Reinhardt« im Oktober 1943 schließlich endete, war auch das Ergebnis dieses Aufstandes, den mehr als 350 der so genannten Arbeitshäftlinge zur Flucht nutzen konnten.

Thomas Blatt war als 16-Jähriger in die Planungen des Aufstandes eingeweiht und in die Umsetzung dieser Pläne einbezogen. In seinem Buch beschreibt er detailliert die scheinbar unmöglichen Voraussetzungen für den Aufstand und dessen Durchführung.

Mit seiner Veröffentlichung zeichnet Thomas Blatt ein zutreffendes und umfassendes Bild des Aufstandes und lässt dem Widerstand gegen den nationalsozialistischen Völkermord die Bedeutung zukommen, die ihm gebührt.

Damit kämpfte er gegen das fast vollständige Fehlen von Spuren an, da die Nationalsozialisten nahezu alle Opfer ermordet sowie das gesamte Lager zerstört hatten.

256 Seiten · 16 €
ISBN 3-89771-813-8

Mit einer ausführlichen Recherche von Heike Kleffner und Miriam Rürup zur Nachkriegsaufarbeitung der Sobibór-Verbrechen in Justiz und Medien